大学应用型课程专业（精品）系列教材　喻世友◎主编

大学应用型课程专业（精品）系列教材·工商管理类　陈功玉◎主编

新编电子商务概论
XINBIAN DIANZI SHANGWU GAILUN

毛锦庚　钟肖英　主　编

戴国良　王秀梅　陈代进　甘卫民　陆奕荣　副主编

中山大学出版社
SUN YAT-SEN UNIVERSITY PRESS
·广州·

版权所有　翻印必究

图书在版编目（CIP）数据

新编电子商务概论/毛锦庚，钟肖英主编；戴国良，王秀梅，陈代进，甘卫民，陆奕荣副主编．—广州：中山大学出版社，2018.9

［大学应用型课程专业（精品）系列教材/喻世友主编；大学应用型课程专业（精品）系列教材·工商管理类/陈功玉主编］

ISBN 978 - 7 - 306 - 06356 - 4

Ⅰ.①新… Ⅱ.①毛… ②钟… ③戴… ④王… ⑤陈… ⑥甘… ⑦陆… Ⅲ.①电子商务—教材 Ⅳ.①F713.36

中国版本图书馆 CIP 数据核字（2018）第 105803 号

出 版 人：王天琪
责任编辑：黄浩佳
封面设计：曾　斌
责任校对：李艳清
责任技编：何雅涛
出版发行：中山大学出版社
电　　话：编辑部 020 - 84111996，84113349，84111997，84110779
　　　　　发行部 020 - 84111998，84111981，84111160
地　　址：广州市新港西路 135 号
邮　　编：510275　传　真：020 - 84036565
网　　址：http://www.zsup.com.cn　E-mail：zdcbs@mail.sysu.edu.cn
印 刷 者：佛山市浩文彩色印刷有限公司
规　　格：787mm×1092mm　1/16　20.25 印张　460 千字
版次印次：2018 年 9 月第 1 版　2018 年 9 月第 1 次印刷
定　　价：56.00 元

如发现本书因印装质量影响阅读，请与出版社发行部联系调换

大学应用型课程专业（精品）系列教材
编 委 会

主 编　喻世友

委 员　（按姓氏拼音排序）

陈功玉　陈剑波　陈天祥　丁建新　方海云　冯　原
何江海　黄静波　黎颂文　廖俊平　孙　立　王丽荣
卫建国　杨　智　喻世友　赵过渡

大学应用型课程专业（精品）系列教材·工商管理类
编 委 会

主 编　陈功玉

副主编　张　琳

编 委　（按姓氏拼音排序）

陈功玉　戴国良　刘　婵　毛锦庚　钟肖英　张　琳

本书编委会

主 编　毛锦庚　钟肖英

副主编　戴国良　王秀梅　陈代进　甘卫民　陆奕荣

目 录

第1章 电子商务概述 ·········· 1
1.1 电子商务基本概念和特点 ·········· 3
1.1.1 电子商务的定义 ·········· 3
1.1.2 电子商务的特点 ·········· 5
1.2 电子商务的产生和发展 ·········· 6
1.2.1 电子商务的发展阶段 ·········· 6
1.2.2 当前电子商务的发展情况 ·········· 8
1.2.3 我国电子商务的发展情况 ·········· 10
1.3 电子商务分类 ·········· 12
1.3.1 按照商业活动的运作方式分类 ·········· 12
1.3.2 按照开展电子交易的范围分类 ·········· 12
1.3.3 按照商务活动的内容分类 ·········· 13
1.3.4 按照使用网络的类型分类 ·········· 13
1.3.5 按照交易对象分类 ·········· 13
1.3.6 从采用的技术标准和支付角度分类 ·········· 14
1.3.7 按商业模式分类 ·········· 14
1.4 电子商务的基本框架与组成 ·········· 16
1.4.1 电子商务体系框架 ·········· 16
1.4.2 电子商务的基本组成要素 ·········· 17
1.4.3 电子商务运作框架 ·········· 18
1.5 电子商务的功能及对经济生活的影响 ·········· 21
1.5.1 电子商务的功能 ·········· 21
1.5.2 电子商务对经济生活的影响 ·········· 22
本章小结 ·········· 23
思考题 ·········· 23
实训题 ·········· 24

第2章 电子商务模式 ·········· 26
2.1 商业模式概述 ·········· 29
2.2 B2B 模式 ·········· 30
2.2.1 B2B 电子商务 ·········· 30
2.2.2 关于 B2B 商业模式的研究 ·········· 31

2.2.3　B2B 案例——以"中国制造网"为例 …………………………………… 33
　2.3　B2C 模式 ……………………………………………………………………………… 36
　　　2.3.1　B2C 电子商务 …………………………………………………………………… 36
　　　2.3.2　实物产品的 B2C 电子商务模式 ……………………………………………… 37
　　　2.3.3　无形产品和劳务的 B2C 电子商务模式 ……………………………………… 38
　　　2.3.4　B2C 案例——当当网 …………………………………………………………… 45
　2.4　B2G 模式 ……………………………………………………………………………… 47
　　　2.4.1　B2G 电子商务 …………………………………………………………………… 47
　2.5　其他电子商务交易模式 ……………………………………………………………… 48
　　　2.5.1　C2C 电子商务 …………………………………………………………………… 48
　　　2.5.2　C2B 模式 ………………………………………………………………………… 49
　　　2.5.3　G2C、C2G 政府与公众之间的电子商务 …………………………………… 50
本章小结 ………………………………………………………………………………………… 50
思考题 …………………………………………………………………………………………… 50
实训题 …………………………………………………………………………………………… 51

第 3 章　电子商务网络技术 …………………………………………………………………… 54

　3.1　计算机网络技术 ……………………………………………………………………… 55
　　　3.1.1　计算机网络的概念 ……………………………………………………………… 56
　　　3.1.2　计算机网络的拓扑结构 ………………………………………………………… 59
　　　3.1.3　计算机网络的体系结构 ………………………………………………………… 63
　　　3.1.4　计算机网络的分类 ……………………………………………………………… 66
　　　3.1.5　计算机网络的组成 ……………………………………………………………… 67
　3.2　Internet 相关技术 …………………………………………………………………… 71
　　　3.2.1　Internet 的产生与发展 ………………………………………………………… 71
　　　3.2.2　Internet 的通信协议 …………………………………………………………… 72
　　　3.2.3　Internet 的 IP 地址及域名 ……………………………………………………… 74
　3.3　Internet 的接入方法 ………………………………………………………………… 79
　　　3.3.1　PSTN 拨号接入 ………………………………………………………………… 79
　　　3.3.2　ISDN 综合业务数字网 ………………………………………………………… 79
　　　3.3.3　DDN 数字数据网络 …………………………………………………………… 79
　　　3.3.4　xDSL 数字用户线路 …………………………………………………………… 80
　　　3.3.5　无线网络 ………………………………………………………………………… 80
　3.4　Internet 的 WWW 技术 ……………………………………………………………… 81
　　　3.4.1　WWW 概述 ……………………………………………………………………… 81
　　　3.4.2　WWW 技术 ……………………………………………………………………… 82
　　　3.4.3　XML 语言 ……………………………………………………………………… 83
　　　3.4.4　Java 与 Java Script 语言 ……………………………………………………… 83

  3.4.5 ASP 技术 ········· 83
  3.4.6 JSP 技术 ········· 84
 3.5 Intranet 和 Extranet 相关技术 ········· 84
  3.5.1 Intranet 技术 ········· 84
  3.5.2 Extranet 技术 ········· 86
 本章小结 ········· 88
 思考题 ········· 89
 实训题 ········· 89

第 4 章 网络金融 ········· 90
 4.1 电子支付技术 ········· 91
  4.1.1 电子支付的概念及特征 ········· 91
  4.1.2 电子支付系统的基本构成 ········· 91
  4.1.3 电子支付的类型 ········· 93
  4.1.4 电子支付的方式 ········· 93
 4.2 网上银行 ········· 98
  4.2.1 网上银行及其发展 ········· 98
  4.2.2 网上银行的种类 ········· 98
  4.2.3 网上银行的功能 ········· 99
 4.3 第三方支付 ········· 100
  4.3.1 第三方支付概述 ········· 100
  4.3.2 第三方平台支付模式的优缺点 ········· 101
  4.3.3 第三方支付的实现过程 ········· 102
  4.3.4 第三方支付产品 ········· 102
  4.3.5 移动支付 ········· 103
  4.3.6 移动支付的模式 ········· 105
 本章小结 ········· 106
 思考题 ········· 107
 实训题 ········· 107

第 5 章 网络营销 ········· 108
 5.1 网络营销的概念 ········· 109
  5.1.1 网络营销的概念 ········· 109
  5.1.2 网络营销的内容 ········· 110
 5.2 网络营销策略 ········· 111
  5.2.1 产品策略 ········· 111
 5.3 网络营销方法 ········· 115
  5.3.1 企业网站营销 ········· 116

　　　　5.3.2　搜索引擎营销 ·· 116
　　　　5.3.3　博客/微博营销 ·· 117
　本章小结 ··· 123
　思考题 ·· 123
　实训题 ·· 123

第6章　电子商务安全 ··· 124
　6.1　网络安全与防范 ··· 125
　　　　6.1.1　计算机病毒定义 ·· 126
　　　　6.1.2　计算机网络病毒的防治 ··· 127
　6.2　防火墙技术简介 ··· 127
　　　　6.2.1　防火墙原理 ·· 128
　　　　6.2.2　防火墙的分类 ·· 130
　　　　6.2.3　防火墙的使用 ·· 131
　6.3　安全检测措施 ··· 131
　　　　6.3.1　网络安全检测思路与技巧 ··· 131
　　　　6.3.2　网络安全检测工具种类 ··· 133
　　　　6.3.3　入侵检测系统 ·· 134
　6.4　信息安全技术 ··· 136
　　　　6.4.1　识别和认证技术 ·· 136
　　　　6.4.2　电子加密技术 ·· 140
　6.5　安全电子交易技术 ··· 144
　　　　6.5.1　SSL 协议 ··· 144
　　　　6.5.2　SET 协议 ··· 147
　　　　6.5.3　PKI 协议 ··· 149
　本章小结 ··· 150
　思考题 ·· 151
　实训题 ·· 151

第7章　电子商务物流 ··· 154
　7.1　现代物流概述 ··· 155
　　　　7.1.1　现代物流的产生 ·· 155
　　　　7.1.2　物流的概念 ·· 156
　　　　7.1.3　物流的分类 ·· 158
　　　　7.1.4　物流管理概述 ·· 159
　　　　7.1.5　电子商务与物流的关系 ··· 159
　7.2　基于电子商务环境的供应链管理 ·· 160
　　　　7.2.1　供应链及供应链管理思想产生背景 ······································· 160

7.2.2 供应链定义及内涵 ··· 161
　　　7.2.3 供应链管理的定义及其管理范围 ··· 161
　　　7.2.4 电子供应链及其管理方法 ·· 162
　7.3 电子商务物流的作用与特点 ·· 163
　　　7.3.1 电子商务物流的定义 ·· 163
　　　7.3.2 电子商务中物流的作用 ··· 163
　　　7.3.3 电子商务中物流的特点 ··· 165
　　　7.3.4 电子商务物流的发展趋势 ·· 166
　7.4 电子商务物流信息技术 ·· 168
　　　7.4.1 条码技术及应用 ·· 169
　　　7.4.2 EDI 技术及应用 ·· 170
　　　7.4.3 射频技术及应用 ·· 171
　　　7.4.4 GIS 技术及应用 ·· 172
　　　7.4.5 GPS 技术及应用 ··· 173
　7.5 电子商务物流模式 ··· 173
　　　7.5.1 电子商务企业自营物流体系 ··· 174
　　　7.5.2 与第三方物流企业建立协同配送体系 ··································· 174
　　　7.5.3 物流外包模式 ·· 174
　7.6 电子商务物流配送 ··· 175
　　　7.6.1 配送的概念和要素 ·· 175
　　　7.6.2 配送中心概念 ·· 176
　　　7.6.3 配送中心基本作业流程 ··· 176
　本章小结 ·· 177
　思考题 ·· 178
　实训题 ·· 178

第 8 章 新兴电子商务与相关技术 ··· 179
　8.1 移动电子商务的概念和特点 ·· 181
　　　8.1.1 移动电子商务的概念 ·· 181
　　　8.1.2 移动电子商务的特点 ·· 181
　　　8.1.3 移动电子商务发展现状 ··· 182
　8.2 移动电子商务技术 ··· 184
　8.3 移动电子商务应用 ··· 185
　8.4 基于位置的服务（LBS） ·· 186
　　　8.4.1 休闲娱乐模式 ·· 186
　　　8.4.2 生活服务模式 ·· 186
　　　8.4.3 社交模式 ·· 186
　　　8.4.4 LBS＋团购商业模式 ··· 187

8.4.5　移动电子商务的其他应用模式 …………………………………… 187
8.5　互联网金融 ……………………………………………………………………… 189
　　　8.5.1　互联网金融的发展现状 …………………………………………… 189
　　　8.5.2　互联网金融的经营模式 …………………………………………… 191
　　　8.5.3　互联网金融目前存在的风险 ……………………………………… 192
8.6　大数据与数据挖掘 ……………………………………………………………… 195
　　　8.6.1　大数据时代 …………………………………………………………… 195
　　　8.6.2　数据挖掘的概念 ……………………………………………………… 198
　　　8.6.3　大数据的主要应用 …………………………………………………… 198
8.7　物联网 …………………………………………………………………………… 201
　　　8.7.1　物联网的基本概念 …………………………………………………… 201
　　　8.7.2　物联网应用的关键技术 ……………………………………………… 205
8.8　云计算 …………………………………………………………………………… 206
　　　8.8.1　云计算的特点 ………………………………………………………… 206
　　　8.8.2　云计算平台介绍 ……………………………………………………… 207
8.9　智慧城市 ………………………………………………………………………… 208
　　　8.9.1　智慧城市的概念 ……………………………………………………… 208
　　　8.9.2　建设智慧城市 ………………………………………………………… 210
8.10　"互联网+" ……………………………………………………………………… 213
　　　8.10.1　"互联网+"的概念 ………………………………………………… 213
　　　8.10.2　"互联网+"的商业模式 …………………………………………… 215
　　　8.10.3　"互联网+"的应用前景 …………………………………………… 218
本章小结 …………………………………………………………………………………… 222
思考题 ……………………………………………………………………………………… 222
实训题 ……………………………………………………………………………………… 223

第9章　电子商务下的客户关系管理 …………………………………………………… 225
9.1　客户关系概述 …………………………………………………………………… 228
　　　9.1.1　客户关系分类 ………………………………………………………… 228
　　　9.1.2　客户价值 ……………………………………………………………… 230
9.2　客户关系管理概述 ……………………………………………………………… 231
　　　9.2.1　客户关系管理的定义 ………………………………………………… 231
　　　9.2.2　对客户关系管理的理解 ……………………………………………… 232
　　　9.2.3　客户关系管理基本理念 ……………………………………………… 233
　　　9.2.4　客户关系管理对现代企业管理的意义 ……………………………… 238
9.3　客户关系管理系统（CRM）概述 ……………………………………………… 239
　　　9.3.1　CRM应用系统基本功能 …………………………………………… 239
　　　9.3.2　CRM应用系统的基本分类 ………………………………………… 241

        9.3.3　CRM 应用系统的实施管理 ················ 242
　　本章小结 ················ 243
　　思考题 ················ 244
　　实训题 ················ 245

第 10 章　电子商务与国际贸易及电子商务法律、税收 ················ 246
　　10.1　电子商务与国际贸易 ················ 247
　　　　10.1.1　电子商务在国际贸易中的基本功能 ················ 248
　　　　10.1.2　在国际贸易中运用电子商务的主要优势 ················ 249
　　　　10.1.3　电子商务的发展对国际贸易的影响 ················ 250
　　10.2　电子商务交易中的法律问题 ················ 251
　　　　10.2.1　电子商务立法现状 ················ 252
　　　　10.2.2　电子商务相关的主要法律问题 ················ 256
　　10.3　电子商务税收 ················ 264
　　　　10.3.1　电子商务下税收的问题 ················ 265
　　　　10.3.2　电子商务税收种类 ················ 266
　　　　10.3.3　电子商务税收方法——电子征税 ················ 267
　　　　10.3.4　电子商务税收问题探讨 ················ 268
　　本章小结 ················ 271
　　思考题 ················ 271
　　实训题 ················ 272

第 11 章　电子商务网站建设 ················ 273
　　11.1　电子商务网站的定义 ················ 276
　　11.2　电子商务网站的基本功能 ················ 276
　　11.3　电子商务网站的类别 ················ 277
　　11.4　电子商务网站的建设流程 ················ 277
　　11.5　网页制作技术 ················ 278
　　　　11.5.1　网页的分类 ················ 278
　　　　11.5.2　网页设计的原则与要求 ················ 279
　　　　11.5.3　网页制作使用的工具 ················ 280
　　11.6　HTML 基础知识 ················ 286
　　　　11.6.1　HTML 概念 ················ 286
　　　　11.6.2　HTML 基本语法 ················ 286
　　11.7　DIV + CSS 概述 ················ 296
　　　　11.7.1　DIV + CSS 介绍 ················ 296
　　　　11.7.2　自适应布局技术 ················ 298
　　11.8　JavaScript 简介 ················ 300

  11.8.1　认识 JavaScript …………………………………………… 300
  11.8.2　JavaScript 编写工具 ……………………………………… 301
  11.8.3　JavaScript 在 HTML 中的使用 …………………………… 303
 本章小结 ……………………………………………………………………… 307
 习题 …………………………………………………………………………… 307
 实训题 ………………………………………………………………………… 308

参考文献 ………………………………………………………………………………… 310

第1章　电子商务概述

本章学习目标

本章主要介绍电子商务的概念、特点、发展历史、电子商务的类别、电子商务对社会经济的影响以及电子商务的一般框架结构。通过本章的学习，读者应该掌握：

- 电子商务的概念、特点、发展历史、电子商务的类别
- 电子商务的一般框架结构
- 电子商务的功能及对社会经济的影响

 开篇案例

电商时代"购"生活

"如果哪天没有快递收，感觉生活都不完整了。"相信很多人都听到过身边的小伙伴感叹。伴随着互联网的发展，旧时"足不出户，购遍全球"的网络购物梦想，已经在每个人的生活中实现，在每个人身上留下了深深的"电商时代"的烙印。

对于当下的上班族来说，睁开眼的第一件事——打开手机，似乎已经是每日"标配"。在北京上班的小 L 也不例外，正如往常一样，伴随着早晨的第一缕阳光照在脸颊上，小 L 一边揉着惺忪的睡眼，一边默默从床头摸出了手机。除了翻看朋友圈以外，就是打开手机上的各大电商购物 APP，查看一下各快递包裹的物流进度，看看今天能收到哪些"惊喜"。

确认好物流信息仅仅是小 L 一天"买买买"生活的第一篇，正如某购物网站广告语中所描述的，随时随地的购物已经融入了大家的生活。对于小 L 来说，洗漱、地铁通勤、排队等待……一切的碎片化时间都成为逛网店的"黄金时段"。除了清扫购物车，查看常用网店上新情况及秒杀优惠以外，当下渐渐时兴

的集优惠信息、网友晒单分享等网购产品推荐网站也是小 L 的每日必逛。午间则是小 L 的"收获时间",快递员对此似乎也已经形成了一种默契。"我负责的这片主要是办公区,午饭时间派送的成功率相对较高。"快递员小傅如是说。对于接收快递的小 L 来说,"买东西下单时有购买的兴奋,收货时又能再惊喜一次,不仅买到了便宜的东西,还收获了两次快乐"。

除了国内的一些电商网站,近年来,国内消费者对生活品质的要求逐渐提高,海淘直邮、转运、跨境电商等多元网络购物方式发展十分迅速。在电商时代开启新生活方式的同时,也带动了从生产、销售、物流、快递等整体产业链的发展。特别是电商"造节"效应下,对消费的刺激效应十分明显。公开数据显示,2015 年天猫"双 11"全球狂欢节全天交易额达 912.17 亿元,其中无线交易额为 626.42 亿元,无线成交占比为 68.67%。

相对于"剁手党"小 L 来说,股民小张似乎就没那么容易笑出来。作为常年依靠电商平台囤积日用品的广大消费者中的一员,去年"双 11"数据创下新高的新闻一出,小张立刻入手买了苏宁云商(002024,股吧)。"现在电商都是同步促销,我想着既然数据这么靓丽,电商股肯定不差,脑海中第一个就浮现了当天刚下过单的苏宁,但是……"小张叹气道。

从 K 线图上来看,小张的伤感并非空穴来风,苏宁云商在 2015 年 11 月 11 日当天就下跌了 2.67%,此后更是延续了"漫漫跌途",至今年 2 月已经跌破了 10 元,创下了一年多以来的新低。与苏宁云商类似,很多电商概念股同期表现也并不理想。

虽然如小张一样买入电商股的股民难免感到失落,但电商行业未来的发展空间依然十分广阔,这点却不容置疑。艾瑞咨询就指出,随着智能终端和移动互联网的快速发展,移动购物的便利性越来越突出。在主流电商平台的大力推动下,消费者对于通过移动端购物的接受程度亦大大增加,用户移动购物习惯已经养成。截至 2015 年年底,中国移动购物用户规模达到 3.64 亿人,2016 年将突破 4 亿人;预计到 2018 年,中国移动电商用户规模将接近 5 亿人。中国移动购物市场交易额稳定增长,占整体网络零售市场交易额的比例不断上升。预计到 2018 年,移动端交易额在网络零售市场中的交易占比将超过 75%。

在一天即将结束的时候,小 L 躺在床上再度打开了手机,看了看促销预告,确认订单动态,催了发货时间之后,才关上手机,沉沉地睡去。对于众多像小 L 一样的消费者来说,网上购物已然成为快节奏生活中的一种"调剂"。几家欢喜几家愁,股民小张则在睡前默默看了一眼股票账户,才略带失落地放下了手机。但其实无论是谁,不可否认的是,电商时代的印记已经深深地留在了每个人的生活当中。

文章来源:证券报,2016 年 5 月 16 日。

议一议:

从案例可以看到电子商务为消费者带来了哪些变化?

电子商务为企业的生产及销售带来了哪些变化?

1.1 电子商务基本概念和特点

21世纪，我们已步入信息时代，就在人们对互联网络刚刚有所熟悉的时候，电子商务这一全新的概念又急速兴起，并改变着社会经济生活的各个方面。商业活动的电子化使企业活动产生着重大的变革，推动着企业的发展。如今借助于互联网，企业不仅能够以较低的成本获取和发布大量的信息，还能节约时间和金钱，使企业集中精力进一步改善内部管理，提高产品和服务品质，并能及时处理急需解决的关键问题。毋庸置疑，电子商务技术将成为企业取得成功的有效工具。

1.1.1 电子商务的定义

电子商务泛指通过电子手段进行的商业贸易活动，1997年布鲁塞尔全球信息社会标准大会上提出了关于电子商务较严密、完整的定义："电子商务是各参与方之间以电子方式而不是通过物理交换或直接接触完成业务交易。"由于电子商务涵盖的范围很广，国内外对电子商务至今没有统一、规范的认识。各国政府、企业界人士、专家学者根据自己所处的地位和对电子商务的参与程度给出了不同的表述，下面是几个比较有代表性的定义：

1. 有关国家与组织对电子商务的定义

（1）国际标准化组织（ISO）关于电子商务的定义：电子商务（EB）是企业之间、企业与消费者之间信息内容与需求交换的一种通用术语。

（2）世界电子商务会议关于电子商务的定义：1997年11月6日至7日在法国首都巴黎，国际商会举行了世界电子商务会议（The World Business Agenda for Electronic Commerce），认为电子商务是指对整个贸易活动实现电子化。从涵盖范围方面可以定义为：交易各方以电子交易方式而不是通过当面交换或直接面谈方式进行的任何形式的商业交易。从技术方面可以定义为：电子商务是一种多技术的集合体，包括交换数据（如电子数据交换、电子邮件）、获得数据（共享数据库、电子公告牌）以及自动捕获数据（条形码）等。

（3）美国政府在其"全球电子商务纲要"中比较笼统地指出：电子商务是指通过因特网（Internet）进行的各项商务活动，包括广告、交易、支付、服务等活动，全球电子商务将会涉及世界各国。

（4）联合国经济合作和发展组织（OECD）是较早对电子商务进行系统研究的机构，它将电子商务定义为：电子商务是利用电子化手段从事的商业活动，它基于电子数据处理和信息技术，如文本、声音和图像等数据传输。其主要是遵循TCP/IP协议，通信传输标准，遵循Web信息交换标准，提供安全保密技术。

（5）全球信息基础设施委员会（GIIC）的定义是：电子商务是运用电子通信手段的经济活动。

（6）联合国国际贸易法律委员会（UNITRAL）的定义是：电子商务是采用电子数据交换（EDI）和其他通信方式增进国际贸易的职能。

（7）欧洲议会关于"电子商务欧洲会议"给出的定义是：电子商务是通过电子方

式进行的商务活动。它通过电子方式处理和传递数据，包括文本、声音和图像。它涉及许多方面的活动，包括货物电子贸易和服务、在线数据传递、电子资金划拨、电子证券交易、电子货运单证、商业拍卖、合作设计和工程、在线资料、公共产品获得。

(8) 加拿大电子商务协会给电子商务的定义是：电子商务是通过数字信息进行商品和服务的买卖以及资金的转账，它还包括公司间和公司内利用 E-mail、EDI、文件传输、传真、电视会议、远程计算机联网所能实现的全部功能（如市场营销、金融结算、销售及商务谈判）。

2. 有关企业对电子商务的定义

(1) IBM 提出了一个电子商务的定义公式，即：电子商务 = WEB + IT。它所强调的是在网络计算环境下的商业化应用，是把买方、卖方、厂商及其合作伙伴在因特网、企业内部网（Intranet）和企业外部网（Extranet）结合起来的应用。它所强调的是在网络计算环境下的商业化应用，不仅仅是硬件和软件的结合，也不仅仅是我们通常意义上的强调交易的狭义的电子商务（E-Commerce），而是把买方、卖方、厂商及其合作伙伴在因特网（Internet）、内联网（Intranet）和外联网（Extranet）结合起来的应用。它同时强调这三部分是有层次的。只有先建立良好的 Intranet，建立好比较完善的标准和各种信息基础设施，才能顺利扩展到 Extranet，最后扩展到 E-Commerce。

(2) 惠普公司（HP）对电子商务的定义：电子商务（EC）是通过电子化手段来完成商业贸易活动的一种方式，电子商务使我们能够以电子交易为手段完成物品和服务等价值的交换，是商家和客户之间连接的纽带。

(3) 通用电气公司（GE）：电子商务是通过电子方式进行商业交易，分为企业与企业间的电子商务和企业与消费者之间的电子商务。企业与企业间的电子商务：以 EDI 为核心技术，增值网（VAN）和互联网（Internet）为主要手段，实现企业间业务流程的电子化，配合企业内部的电子化生产管理系统，提高企业从生产、库存、到流通（包括物资和资金）各个环节的效率。企业与消费者之间的电子商务：以 Internet 为主要服务提供手段，实现公众消费和服务提供方式以及相关的付款方式的电子化。

3. 专家学者对电子商务的定义

(1) 美国学者瑞维·卡拉克塔和安德鲁·惠斯顿在《电子商务的前沿》一书中提出："广义地讲，电子商务是一种现代商业方法。这种方法通过改善产品和服务质量、提高服务传递速度，满足政府组织、厂商和消费者降低成本的需求。这一概念也用于通过计算机网络寻找信息以支持决策。一般地讲，今天的电子商务通过计算机网络将买方和卖方的信息、产品和服务联系起来，而未来的电子商务则通过构成信息高速公路的无数计算机网络中的一条线将买方和卖方联系起来。"

(2) 美国 NIIT 负责人 John Longenecker 从营销角度将电子商务定义为"电子化的购销市场，使用电子工具完成商品购买和服务"。

(3) 美国学者沈鸿在其著作《电子商务——基础篇》中认为电子商务是利用现有的计算机硬件设备、软件和网络基础设施，通过一定的协议连接起来的电子网络环境中进行各种各样商务活动的形式。

(4) 加拿大专家 Jenkins 和 Lancashire 在《电子商务手册》中从应用角度定义 EC 为

数据（资料）电子装配线（Electronic Assembly Line of Data）的横向集成。

（5）中国电子商务研究专家王可则从过程角度定义电子商务为"在计算机与通信网络基础上，利用电子工具实现商业交换和行政作业的全过程"。

（6）电子商务研究专家李琪教授在其专著《中国电子商务》一书中指出电子商务是指在技术、经济高度发达的现代社会里，掌握信息技术和商务规则的人，系统化运用电子工具，高效率、低成本地从事以商品交换为中心的各种活动的总称。

（7）中经贸信息公司认为：电子商务是以现代网络技术为手段实现的商务活动。从狭义上讲，它是指在网上进行的商业活动；从广义上讲，它包括了企业内部的商务活动。

《2003年中国电子商务发展分析报告》对电子商务的定义：电子商务是运用现代通信、计算机和网络技术进行的一种社会经济形态，电子商务的发展将是一个从基础应用入手、循序渐进、最终实现普遍应用的发展过程；在网络基础之上，电子商务构筑的是全新的社会基础结构，以及新的工作方式、生活方式、学习方式和生活理念。

以上定义从不同角度界定了电子商务，这些定义有相同点，也有不同之处。相同点主要表现在：第一，都采用（或源于）同一个术语——电子商务；第二，它们都强调电子工具，强调在现代信息社会利用多种多样的电子信息工具；第三，工具作用的基本对象都为商业活动。不同点主要表现在：前提描述不同；作用对象的定义范畴不尽相同。电子技术特别是网络互联技术和商业活动是电子商务的主要内容。一方面，电子商务是在计算机网络推动下跨越时空界限的商业领域的一场革命，是通过电子手段建立一个新的经济秩序。它不仅涉及电子技术和商业交易本身，而且涉及金融、税务、教育等社会其他层面。另一方面，电子商务是指生产企业、商贸企业、金融机构、政府机构、个人消费者等各种具有商业活动能力的实体利用网络和先进的数字化传媒技术进行的各项商业贸易活动。

对电子商务概念的科学理解应包括以下几个基本方面：

（1）电子商务是整个贸易活动的自动化和电子化。

（2）电子商务是利用各种电子工具和电子技术从事各种商务活动的过程。

（3）电子商务渗透到贸易活动的各个阶段，因而内容广泛，包括信息交换、售前售后服务、销售、电子支付、运输、组建虚拟企业、共享资源等。

（4）电子商务的参与者包括消费者、销售商、供货商、企业雇员、银行或金融机构以及政府等各种机构或个人。

（5）电子商务的目的就是要实现企业乃至全社会的高效率、低成本的贸易活动。

1.1.2 电子商务的特点

电子商务与传统商业方式不同，电子商务是综合运用信息技术、以提高贸易伙伴间商业运作效率为目标，将一次交易全过程中的数据和资料用电子方式实现，在商业的整个运作过程中实现交易无纸化、直接化。企业不但可以通过网络直接接触成千上万的新用户，和他们进行交易，从根本上精简商业环节，降低运营成本，提高运营效率，增加企业利润，而且能随时与遍及各地的贸易伙伴进行交流合作，使贸易环节中各个商家和厂家更紧密地联系，在全球范围内选择贸易伙伴，增强企业间的联合，提高产品竞争力。

电子商务与传统的商务活动方式相比，具有以下特点：

（1）数字化。在电子商务中，传统交易的现金、支票、报告、面对面的会议、图片、纸质资料等都转变为二进制的 0、1 代码，在光纤中以光速流动。有形的商品可以转化为无形的商品，如书籍、唱片、计算机软件等以数字产品的形式提供给消费者。

（2）直接化。电子商务大大简化了商品流通环节，劳务的提供更加便捷，提高了交易效率，降低了交易费用；通过互联网，企业和客户可以实现直接地交流，通过网络下订单、电子货币支付货款、邮寄或通过网络下载，从而完成产、供、销全过程。

（3）全球化。电子商务跨越了时间和空间，是跨地区跨国家交易的最佳途径。跨国经营不再只是大企业、大公司才能做到的，中小企业甚至个人都可以建立一个网站或在网上交易平台中向全球各地经销、购买产品或提供服务。

（4）虚拟化。通过计算机互联网络进行的贸易，贸易双方从贸易磋商、签订合同到支付等无需当面进行，均通过计算机互联网络完成，整个交易完全虚拟化。

（5）透明化。买卖双方的整个交易过程都在网上进行，各种交易信息之间可以相互核对，防止伪造信息的流通。

1.2 电子商务的产生和发展

1.2.1 电子商务的发展阶段

电子商务这个概念并非新兴之物。当电报、电话出现以后，人们就开始用电子手段从事商务活动。但真正意义的电子商务始于 20 世纪 70 年代末。随着互联网技术的成熟，到 20 世纪 90 年代末期电子商务得到了全面的发展。

1. 基于电子数据交换（EDI）技术的电子商务阶段

20 世纪 70 年代，美国银行家协会（American Bankers Association）提出无纸金融信息传递的行业标准，以及美国运输数据协调委员会（Transportation Data Coordinating Committee，TDCC）发表的第一个 EDI 标准，开始了美国信息的电子交换。

随着美国政府的参与和各行业的加入，美国全国性的 EDI 委员会于 20 世纪 80 年代初出版了第一套全国性的 EDI 标准，接着，20 世纪 80 年代末期联合国公布了 EDI 运作标准 UN/EDIFACT（United Nations Rules for Electronic Data Interchange for Administration，Commerce and Transport），并于 1990 年由国际标准化组织正式接受为国际标准 ISO9735。随着一系列 EDI 标准的推出，人们开始通过网络进行产品交换、订购等活动，EDI 得到广泛的使用和认可。

不过，EDI 是一种为满足企业需要而发展起来的先进技术手段，必须遵照统一标准。企业所从事的商业活动当时仅限于在封闭的系统中进行运作，而普通消费者却无法参与。

2. 基于 Internet 的电子商务阶段

20 世纪 90 年代，随着 Internet 技术的飞速发展，电子商务日益蓬勃起来，并成为

20 世纪 90 年代初期美国、加拿大等发达国家的一种崭新的企业经营方式。在 1997 年年底世界瞩目的亚太经合组织非正式首脑会议（APEC）上，美国总统克林顿提出了一个议案，敦促世界各国共同促进电子商业的发展，这个议案引起全球首脑的关注。IBM、HP、SUN 等国际著名的信息技术厂商宣布 1998 年为电子商务年。他们在产品技术方面引领市场的同时，更认定电子商务是一个前所未有的大市场，纷纷向世界各地投资，投入到电子商务建设上去。在发达国家，电子商务的发展非常迅速，通过 Internet 进行交易已成为潮流。基于电子商务而推出的商品交易系统方案、金融电子化方案和信息安全方案等，已形成了多种新产业，给信息技术带来许多新的机会，并逐渐成为国际信息技术市场竞争的焦点。

1998 年 10 月，在加拿大渥太华世界经济合作发展组织召开了电子商务专题讨论会，共同商讨促进全球电子商务发展的策略。会议推出了《全球电子商务行动计划》，在实现全球电子商务的共同行动方面迈出了重要的一步。

会议提出了六个重要观点：

（1）电子商务提供了一种崭新的商业交易途径。它促进了全世界经济的发展，是未来推动经济增长的关键动力。

（2）在制定政策时必须鼓励所有参与者（政府、消费者、工商界、劳工界和公众团体）之间的合作和对话。在可能的条件下，他们的行动应当争取国际上的公认。

（3）各国政府应当促进建立有利于竞争的环境，以促进电子商务迅速发展。各国政府应当设法减少和消除不必要的贸易障碍；在必要时，确保对关键的公众利益目标给予恰当的保护。

（4）政府的干预（如有此要求）应当在技术上是中性的，而且是有节制的、透明的、前后一致的和可预测的。

（5）各国政府应当承认工商界在制定标准、加强可操作性方面继续合作的重要性，合作环境应当是国际性的、自愿的和协调一致的。

（6）在开发和实施对电子商务发展的一系列重要问题的解决方案方面，工商界应当继续发挥关键作用。应当承认并考虑基本的公众利益、经济和社会目标，并与各国政府和其他参与者紧密合作。

会议提交了三个主要文件：

（1）《OECD 电子商务行动计划》，该计划概述了各项活动和对未来工作的建议。

（2）《有关国际组织和地区性组织的报告：电子商务的活动和计划》，该报告概述了这些组织当前和将来开展的工作。

（3）《工商界全球电子商务计划附案：对各国政府的建议》，该计划概述了工商界当前的计划和他们对重要问题的看法。

为了增强人们对电子商务的信任，明确电子商务的规则，通过实施自由化和竞争型的市场，强化基础设施的作用，为公民争取最大利益，与会的 OECD 各国部长们最终通过了三个具体的实施宣言和一个实施报告：

（1）通过了《在全球网络上保护个人隐私宣言》。该宣言再次确认了他们对在全球网络上有效地保护个人隐私的承诺，确认了他们采取必要措施达到此目的的决心，认识到了与工商界合作的必要性。根据宣言的条款，OECD 应当为根据各国的经验与案例实施它保护个人隐私的指导方针提供实用指导。

（2）通过了《关于在电子商务条件下保护消费者的宣言》。该宣言认为各国政府、工商界、消费者及其代表必须继续共同合作，以确保消费者能获得透明而有效的保护。宣言督促 OECD 在 1999 年内完成正在起草的《在电子商务条件下保护消费者指导方针》。

（3）通过了《关于电子商务身份认证的宣言》。该宣言确认了身份认证对电子商务的重要性，并概述了一系列促进开发和使用身份认证技术和机制的行动。

（4）通过了题为《电子商务：税务政策框架条件》的报告。该报告确定了应用于电子商务的税务原则，概述了一个税务政策框架的公认条件。

渥太华会议是迈向全球电子商务和明确未来任务的里程碑。它促进了全球对电子商务的深刻认识，明确了政府在电子商务推进中的作用，有助于国际政策进一步协调，使各种经济体都能充分利用新的电子平台带来的机遇。

欧盟委员会于 1997 年提出了《欧洲电子商务行动方案》，为规范欧洲电子商务活动制定了框架，1998 年颁布《关于信息社会服务的透明度机制的指令》，1999 年通过了《关于建立有关电子签名共同法律框架的指令》。

1998 年 11 月，在马来西亚吉隆坡亚太经合组织第六次领导人非正式会议上，电子商务的发展也被列入正式讨论的议题中。这一切都表明了各国政府对电子商务发展的关注，Internet 带来的电子商务时代真正来临。

1.2.2　当前电子商务的发展情况

联合国贸易和发展会议（后文简称"贸发会议"）在 2017 年 4 月 21 日公布的最新统计数据显示，全球电子商务市场规模已经达到 25 万亿美元，美国、日本和中国在这个市场占据领先地位，西班牙排在第九位。

贸发会议的统计显示，美国是最大的电子商务市场，2015 年电子商务交易额超过 7 万亿美元，其次是日本（2.5 万亿美元）和中国（2 万亿美元）。接下来的排名依次是韩国（1.2 万亿美元）、德国（1 万亿美元）、英国（8450 亿美元）、法国（6610 亿美元）、加拿大（4700 亿美元）、西班牙（2420 亿美元）和澳大利亚（2160 亿美元）。上述十大经济体的电子商务市场规模加起来超过 16 万亿美元。在 B2C 贸易市场，中国仍然以 6170 亿美元的规模排在榜首，领先于美国（6120 亿美元）和英国（2000 亿美元）。在 B2B 贸易市场，美国以 6.4 万亿美元的规模排名第一，紧随其后的分别是日本（2.4 万亿美元）和中国（1.4 万亿美元）。

电子商务增长迅速、引人注目，现在必须要注意让这个市场推动经济，创造繁荣和发展。贸发会议建议那些无法与强大对手竞争的国家和中小企业加入电子商务平台，以避免被忽视。同样，现在正是避免全球化对传统商务造成的问题在电子商务领域重现的良好时机。贸发会议秘书长穆希萨·基图伊指出，要尽量避免电子商务领先者欢呼庆祝而落后者被漠视的局面出现。

《2016 年世界互联网发展乌镇报告》显示全球互联网用户增至 35 亿，移动蜂窝网络已覆盖95%的人口。到2016年年底，全球固定宽带用户数将达到8.84亿，移动宽带用户数将达到36亿。发达国家和发展中国家分别有75%和50%的用户带宽达到10 Mbps。

信息通信技术继续成为全球研发投入最集中、创新最活跃、应用最广泛、辐射带动最大的技术创新领域。2016年美国麻省理工学院（MIT）发布的全球十大科技突破性技术中，涉及信息通信技术领域的占6项。此外，全球云计算市场规模预计2016年至2020年复合年增长率达22%，大数据市场规模预计从2015年的0.14万亿美元将增长到2020年的1.03万亿美元。随着"工业6.0""工业互联网"等概念的出现，对海量数据深度挖掘和专业分析、庞大计算能力等的需求培育了新的市场，云计算、大数据、物联网技术三者结合，成为向各行业渗透的重要切入点。基于此，中国、印度、韩国、新加坡、美国等国均推出了智慧城市建设计划和项目。

过去一年里，全球互联网用户由32亿提升至35亿，互联网普及率达到47.1%，但仍有半数以上的人口未使用过互联网。发达国家互联网用户普及率超过80%，而最不发达国家和地区网民数量（2.7亿）普及率仅为23.5%，发达国家和发展中国家之间的数字和技术鸿沟仍需弥合。联合国通过的《2030年可持续发展议程》明确提出，信息通信技术对保护文化创意和文化多样性的重要作用。

如今，互联网对多语种的支持让更多文化内容得以展现。2016年7月，联合国教科文组织启动"世界语言地图"项目，促进世界语言在互联网上的发展。互联网应用所能支持的语言种类已超过300种，网络的包容性让更多文化成果得以传承。移动社交平台为不同文化群体的交流提供便利，其对文化多样性的促进作用日益显现，2016年移动社交用户达26.4亿人，成为人们网络社交应用的主流。得益于人工智能技术，语音识别、翻译软件等应用取得显著发展，进一步为不同语言间的文化交流提供便利。世界经济加速向以网络信息技术产业为重要内容的经济活动转变。在电子商务、金融科技、互联网媒体和数字物流等领域，创新型ICT企业和互联网初创企业正在创造新的商业模式。互联网推动更多跨境货物、服务贸易，使更多消费者和企业摆脱国家边界限制。

据预测，2016年，全球电子商务零售市场规模将达1.9万亿美元，其中欧洲电商市场规模将达0.51万亿欧元，中国网络零售额将达0.8万亿美元。

互联网通过消除信息障碍、优化要素配置等，降低了全社会的信息、交易成本，为实现联合国《2030年可持续发展议程》的目标提供有力支撑，使边远地区、贫困家庭以及各类弱势群体的人们都有机会享受数字红利。

《乌镇报告》预计全球互联网发展和治理将呈现五大趋势：

（1）数字红利逐渐惠及全人类。
（2）网络文化多样性获得更多理解与尊重。
（3）制定各方普遍接受的网络空间国际规则。
（4）多边参与、多方参与将成为互联网治理常态。
（5）网络安全和互联网治理的国际交流与合作将成为国际社会最关注的话题之一。

1.2.3　我国电子商务的发展情况

我国早期的电子商务是以国家公共通信网络为基础，以国家"金关"工程为代表，以外经贸管理服务为重要内容逐步发展起来的。我国政府相继实施了金桥、金卡、金关等一系列金字工程，为我国电子商务的发展作了良好的铺垫。1993年3月在国务院的一次会议上提出并部署了"金桥"工程（国家公用经济信息通信网）。同年9月4日，"金卡"工程启动。同年，国务院提出了实施"金关"工程。

1994年9月中国公用计算机互联网（CHINANET）建设启动。同年10月中国教育和科研计算机网（CERNET）启动。1995年1月中国电信开始向社会提供Internet接入服务。1995年4月中国科学院启动百所联网工程。在此基础上，网络不断扩展，形成了中国科技网（CSTNET）。同年作为中国内地第一家互联网应用服务商"中国黄页"推出了定位于外向型企业的贸易撮合服务，为国内外企业搭建了全新的贸易桥梁。1996年1月中国公用计算机互联网（CHINANET）全国骨干网建成并正式开通。1996年中国国际电子商务中心（CIECC）正式成立。由中国国际电子商务中心承建并运营的中国国际电子商务网是国家"金关工程"的骨干网络，是对外经贸专用网络。1996年9月中国电子进出口总公司成为中国国际电子商务网的第一个用户。1996年9月中国金桥信息网（CHINAGBN）向社会提供Internet接入服务。1997年中国公用计算机互联网（CHINANET）、中国科技网（CSTNET）、中国教育和科研计算机网（CERNET）、中国金桥信息网（CHINAGBN）实现了互联互通。

1995年年底随着互联网络演变成为一种潮流，网络开始蔓延到社会生活的各个层面，各种基于商务网站的电子商务业务和网络公司开始不断涌现，电子商务在中国迅速发展。

1997年各种网站广告和宣传大量出现，电子商务的名词和概念开始在中国传播。中国商品订货系统（CGOS）、中国商品交易中心（CCEC）、虚拟"广交会"等大型电子商务项目陆续推出，拉开了中国电子商务应用的序幕。1998年国家经贸委与信息产业部联合启动以电子贸易为主要内容的"金贸工程"，以推广网络和电子商务在经贸流通领域的应用。1998年10月5日纺织品配额招标系统在中国国际电子商务网上投入运行，全国首次实现纺织品被动配额电子招标。

1998年12月1日软件公司北京四通利方宣布并购"华渊资讯"，成立全球新浪网，引起海内外极大关注。1998年，北京、上海等城市启动了电子商务工程。

1997年和1998年中国电子商务的主体正是一些IT厂商和媒体，尤其是以IBM为首的IT大厂商，在1998年以前的中国电子商务热中扮演了无可争议的主要角色，它们以各种方式对人们进行电子商务的"启蒙教育"，激发和引导人们对电子商务的认识、兴趣和需求，推动电子商务技术的介绍、应用与发展，使中国电子商务技术在很短时间内跟上世界潮流，并为进一步发展奠定了基础。1998年以推动国民经济信息化为目标的企业间电子商务示范项目开始启动。1999年消费类电子商务市场全面启动。电子商务开始进入市场导入期，呈现出蓬勃发展的势头。自1999年以来，电子商务在中国开始了由概念向实践的转变，1999年消费类电子商务活动中网上购物总交易额达5500万元。

1999年中国电子商务开始进入以探索并推出大型电子商务项目为特征的新时期。尤其是进入下半年以后，中国的ICP和ISP等网络服务商开始大举进入电子商务领域，新的电子商务网站和电子商务项目急剧增加，令人目不暇接，几乎每天都有各类电子商务信息与咨询网站、网上商店、网上商场、网上商城、网上邮购、网上拍卖等站点诞生，如中华网、8848、易趣等。电子商务发展地域也迅速扩大，从原来局限于北京、上海、深圳、广州等极少数城市，开始向沿海及东部、中部各大城市发展。

电子商务支撑环境初具体系。网上支付由1998年招商银行等的试行到1999年进入了多元化的实用阶段，典型的如首都电子商城电子商务支付平台等。电子商务的物流配送出现可喜的突破。

随着B2C、C2C的发展，B2B也有了一定起步。1999年不少电子商务企业和工商企业开始酝酿企业间电子商务（B2B），首都电子商城推出企业间电子商务，海尔集团等国内大型企业开始在企业内部和企业间应用电子商务。到2002年年底，各行各业电子商务总交易额约为10242亿元。其中证券公司网上交易总量达5230亿元、外贸电子商务的总交易额2490亿元、电子行业B2B经营额在572亿元。

中国互联网络信息中心（CNNIC）2017年8月4日在京发布第40次《中国互联网络发展状况统计报告》（以下简称《报告》）。《报告》显示，截至2017年6月，中国网民规模达到7.51亿，占全球网民总数的五分之一。互联网普及率为56.3%，超过全球平均水平6.6个百分点。手机网民规模达7.24亿，网民中使用手机上网的比例由2016年年底的95.1%提升至96.3%。

2017年上半年，我国网民规模增长趋于稳定，互联网行业持续稳健发展，互联网已成为推动我国经济社会发展的重要力量。以互联网为代表的数字技术正在加速与经济社会各领域深度融合，成为促进我国消费升级、经济社会转型、构建国家竞争新优势的重要推动力。同时，在线政务、共享出行、移动支付等领域的快速发展，成为改善民生、增进社会福祉的强力助推器。

截至2017年6月，使用率排名前三的社交应用均属于综合类社交应用。微信朋友圈、QQ空间作为即时通信工具所衍生出来的社交服务，用户使用率分别为86.3%和65.8%。

截至2017年6月，我国网络购物用户规模达到5.14亿，相较2016年年底增长10.2%，其中，手机网络购物用户规模达到6.80亿，半年增长率为9.0%，使用比例由63.4%增至66.4%。

截至2017年6月，我国网上外卖用户规模达到2.95亿，较2016年年底增加8678万，增长率达到41.6%。其中，我国手机网上外卖用户规模达到2.74亿，增长率为41.4%，使用比例达到37.9%，提升10个百分点。

截至2017年6月，在网上预订过机票、酒店、火车票或旅游度假产品的网民规模达到3.34亿，较2016年年底增长3441万人，增长率为11.5%。

2017年上半年，网络娱乐类应用进一步向移动端转移，手机网络音乐、视频、游戏、文学用户规模增长率均在4%以上，其中手机网络游戏增长率达到9.6%。

截至2017年6月，我国网络游戏用户规模达到6.22亿，较去年年底增长460万，占整体网民的56.1%。

截至2017年6月,网络文学用户规模达到3.53亿,较去年年底增加1936万,占网民总体的46.9%。

截至2017年6月,中国网络视频用户规模达5.65亿,较2016年年底增加2026万人,增长率为3.7%;网络视频用户使用率为75.2%,较2016年年底提升0.7个百分点。其中,手机视频用户规模为5.25亿,与2016年年底相比增长2536万人,增长率为5.1%;手机网络视频使用率为72.6%,相比2016年年底增长0.7个百分点。

截至2017年6月,网络音乐用户规模达到5.24亿,较去年年底增加2101万,占网民总体的69.8%。其中手机网络音乐用户规模达到6.89亿,较去年年底增加2138万,占手机网民的67.6%。

截至2017年6月,网络直播用户共3.43亿,占网民总体的45.6%。其中,游戏直播用户规模达到1.80亿,较去年年底增加3386万,占网民总体的23.9%;真人秀直播用户规模达到1.73亿,较去年年底增加2851万,占网民总体的23.1%。以秀场直播和游戏直播为核心的网络直播业务保持了蓬勃发展趋势,多家大型直播平台在2017年上半年完成高额融资。

共享单车服务自2016年下半年起在资本的大力推动下实现了快速发展,小型共享单车创业公司不断涌现,行业头部品牌则在不足一年的时间里完成多轮融资。截至2017年6月,共享单车用户规模已达1.06亿,占网民总体的16.1%,其业务覆盖范围已经由一二线城市向三四线城市渗透,融资能力较强的共享单车品牌则开始涉足海外市场。

2005年中国首部关于电子签名的法律《电子签名法》《电子认证服务管理办法》生效,国务院办公厅发布了《关于加快电子商务发展的若干意见》,这些法律法规的颁布实施对电子商务的发展推动极大,使电子商务获得切实的法律保障,并降低了成本,提高了效率。

1.3 电子商务分类

按照不同的标准,电子商务可划分为不同的类型。

1.3.1 按照商业活动的运作方式分类

按照商业活动的运作方式分类,电子商务可分为完全电子商务和非完全电子商务。

(1) 完全电子商务是指完全通过电子商务方式实现和完成完整交易行为和过程。换句话说,完全电子商务是指商品或者服务的完整过程都是在信息网络上实现的。双方超越地理空间的障碍来做交易,可以充分挖掘市场潜力。

(2) 非完全电子商务是指不能完全依靠电子商务方式实现和完成完整交易行为和过程。它要依靠一些外部因素,如运输系统的效率等。

1.3.2 按照开展电子交易的范围分类

按照开展电子交易的范围分类,电子商务可分为本地电子商务、远程国内电子商务和全球电子商务。

（1）本地电子商务通常是指利用本城市或者本地区的信息网络实现的电子商务活动，电子交易的范围较小。本地电子商务系统是基础系统，没有它就无法开展国内电子商务和全球电子商务。因此，建立和完善本地电子商务是实现全球电子商务的关键。

（2）远程国内电子商务是指在本国范围内进行的网上电子交易活动。其交易的地域范围较大，对软硬件的技术要求较高，要求在全国范围内实现商业电子化、自动化，实现金融电子化，交易各方应具备一定的电子商务知识、经济能力和技术能力，并具有一定的管理水平。

（3）全球电子商务是指在全世界范围内进行的电子交易活动，交易各方通过网络做生意。它涉及交易各方的相关系统，如买卖双方国家进出口公司、海关、银行金融、税务、保险等系统。这种业务内容繁杂，数据来往频繁，要求电子商务系统严格、准确、安全、可靠。电子商务要想得到顺利发展，就得制定出世界统一的电子商务标准和电子商务协议。

1.3.3 按照商务活动的内容分类

按照商务活动的内容分类，电子商务可分为间接电子商务和直接电子商务。

（1）间接电子商务是指有形货物的电子订货与付款等活动，它依旧用传统渠道（如邮政服务和商业快递车送货等）送货。

（2）直接电子商务是指无形货物或者服务的订货、付款等活动，如某些计算机软件、娱乐内容的联机订购、付款和交付，或者是全球规模的信息服务。

间接和直接电子商务都提供特有的机会，同一家公司往往二者兼顾。前者要依靠一些外部因素，如运输系统的效率等。后者则使双方跨越时空限制，更能充分发掘市场潜力。

1.3.4 按照使用网络的类型分类

按照使用网络的类型分类，电子商务目前主要分为：

（1）基于EDI网络的电子商务就是利用EDI网络进行电子交易。EDI是指将商业或行政事务按照一个公认的标准，形成结构化的事务处理或文档数据格式，以及从计算机到计算机的电子传输方法。简而言之，也就是按照商定的协议将商业文件标准化和格式化，并通过计算机网络，与贸易伙伴的计算机网络系统之间进行数据交换和自动处理。

（2）基于Internet网络的电子商务就是利用Internet网络进行电子交易。Internet是采用TCP/IP协议组织起来的松散的、独立国际合作的国际互联网络。

（3）基于Intranet（企业内部网）网络的电子商务就是利用企业内部网络进行电子交易。Intranet是在Internet基础上发展起来的企业内部网，是在原有局域网上附加一些特定的软件，将局域网与Internet连接起来，从而形成企业内部的虚拟网络。

1.3.5 按照交易对象分类

按照交易对象分类，电子商务可以分为五类：企业与企业间的电子商务（B2B）、企业与消费者间的电子商务（B2C）、企业与政府间的电子商务（B2G）、消费者与政府间的电子商务（C2G）、消费者与消费者间的电子商务（C2C），这些模式将在后续章节介绍。

1.3.6 从采用的技术标准和支付角度分类

国际电子商务的标准化工作集中在在线交易型业务方面，目前已被公认的电子商务标准是基于信用卡交易的安全电子交易协议，即 SET 协议（Secure Electronic Transaction）。从电子商务采用的技术标准对电子商务业务进行分类；可以将其划分为两个大的应用领域，即基于 SET 协议的电子商务和非 SET 通用协议的电子商务。从支付角度来分，可以分为支付型电子商务业务和非支付型电子商务业务。

（1）支付型电子商务业务是指涉及支付的电子商务业务。这类业务不仅对业务系统的安全有要求，而且要求业务系统提供安全的支付功能。

（2）非支付型电子商务业务是指不涉及支付的电子商务业务。这类业务仅对业务系统有安全要求，它直接建立在安全基础结构之上。

1.3.7 按商业模式分类

1. 电子商店（E-Shops）

电子商店是企业的网络营销，它帮助企业推销其商品和服务。当企业拥有自己的网站，并通过该网站进行公关宣传和信息传递，提供商品在线订货和在线服务等基本功能后，企业就开设了一家电子商店。在这个模式中，企业价值链的营销元素和买方价值链的采购元素直接通过网络相连；由于省去了渠道价值链，电子商店为企业减少了推广和销售费用，而给予客户更低的价格、更全面的信息以及更多的便利，这种一对一营销方式给买方和卖方都增加了收益。这种模式的驱动者一般是卖方，但是整个模式的发展要受到宏观网络环境和客户对网络采购偏好的影响。

2. 电子采购（E-Procurement）

电子采购是指商品和服务的网上招标和采购，政府、大公司及其战略联盟都可以上网进行某种方式的电子采购。电子采购可以使政府和企业降低供应商的搜寻成本和采购成本；同时使操作透明化和程序化，这一点对于我国政府和企业而言具有重要意义；另外，大公司及其战略联盟通过网上采购与后台 ERP 等系统的整合可以优化供应链，使采购元素替代本公司的部分制造元素。这种受采购方驱动的模式最近两年在国内发展很快，例如，在国内竞争激烈的家电行业，绝大多数公司（如科龙、小天鹅战略联盟、美的、海尔、TCL 等）已经开始进行电子采购，并取得了显著成效。

3. 电子购物中心（E-Mall）

电子购物中心是多个电子商店的集合，它本质上扮演了一个基于网络环境下的中间商角色，处于价值链体系中渠道价值链的地位。它为企业设置形式相对统一的电子商店，并为客户提供交易大厅。很多电子购物中心以某几个电子商店为核心，通过品牌强化和连锁效应，扩大电子购物中心规模，增加销售额。模式的推动者是中间商，或者是强势品牌的生产商和销售商。这种模式一个不能忽视的技术性问题是网络相邻与实际相邻的概念存在本质差异，导致这种模式正在受到挑战。

4. 电子拍卖（E-Auction）

电子拍卖是传统拍卖形式的在线实现。卖方可以借助网上拍卖平台运用多媒体技术来展示自己的商品，免除传统拍卖中实物的移动；竞拍方也可以借助网络，足不出户进行网上竞拍。该模式的驱动者是传统的拍卖中间商和平台服务提供商（PSP）。

目前中国知名的拍卖网站有：易趣网、中拍网、雅宝拍卖网、易必得、八佰拜电子拍卖等。现有的两大优势：价廉物美与即买即得。选购的物品多集中在手机、电脑和女性用品（服装、化妆品）。电子拍卖的参与者主要是消费者，企业参与的比较少，主要是C2C或B2C形式。

5. 虚拟社区（Virtual Communities）

虚拟社区的核心是网上论坛，它并不属于价值链的基本元素，但能够为整个价值链或价值链系统增加信息交换量。虚拟社区的最终价值来自成员（伙伴或客户）为社区环境提供的信息；也正因为此，它正逐渐变成一种附加功能，人们用它为其他商业模式（电子商店、第三方交易场所、价值链整合商）提供辅助功能。模式的驱动者则是根据其作为哪一种模式的附加功能而定；如果它是独立的，那么驱动者就是本身（如腾讯公司），收益主要来自广告、会员费和其他增值服务。

6. 第三方交易市场（Third-party Marketplace）

第三方交易场所的产生及快速发展是有其必然性的，它是网络应用的专业化分工，是价值链优化的内在要求。它为那些打算把网络营销交给第三方的公司提供了服务。它的共同特点是为供应商产品建立目录，提供界面和产品总量数据库。它的另一个特征是行业性，这表现在它作为一个行业供应链系统的聚集场所，由于它是受买方拉动的，大型采购商的参与对它的存在至关重要。

7. 价值链整合商（Value-Chain Intergrators）

价值链整合商主要是整合价值链中的多个步骤，并将这些步骤之间的信息流作为附加值来开发。价值链整合商对企业的要求比较高，一般只有那些价值链系统中关键路径的控制者才有可能采用这种模式。在我国企业中，海尔公司是该模式的实践者。海尔通过面对用户的四大模块：个性化定制、产品智能导购、新产品在线建设和用户设计建设，为用户提供了独到的信息服务。海尔还成立了自己的物流中心，为自身和第三方提供配送服务。

8. 价值链服务提供商（Value-Chain Service Provider）

价值链服务主要针对价值链中的某一具体功能而言，如电子支付和电子记录，服务商以此来形成独有的竞争优势。银行一直是传统的价值链服务提供商。在生产和储蓄管理领域，一些新的运作方法也在产生，其中包括通过新的中介商来提供分析和调整生产运作，物流管理所需要的专业化知识。

9. 信息中介（Information Center）

为给公共网络上众多的数据、客户档案、商业中介和投资咨询增加价值，许多新兴的信息服务正在崛起。综合性信息服务网站的收入主要来自广告和增值服务，专业性信息服务网站则更多地依靠信息咨询。

1.4 电子商务的基本框架与组成

1.4.1 电子商务体系框架

电子商务框架是描述电子商务的组成元素、影响要素、运作机理的总体体系架构，是电子商务各个领域的有机组成方式以及实现电子商务活动环境中所依赖的服务体系的总称。电子商务的开展需要具备现实的基础环境，包括强大的基础通信网络、高效的互联信息技术、安全的信息网络保障、标准化建设和政策法规，它们作为电子商务的支持条件，构成电子商务完成交易的根本保障体系。从总体上来看，电子商务框架结构由5个层次和两大支柱构成，如图1-1所示。其中，电子商务框架结构的5个层次分别是基础网线层、互联网络层、信息传输层、电子商务服务层和电子商务应用层，两大支柱是指社会人文性的公共政策和法律规范以及自然科技性的技术标准和安全网络协议。

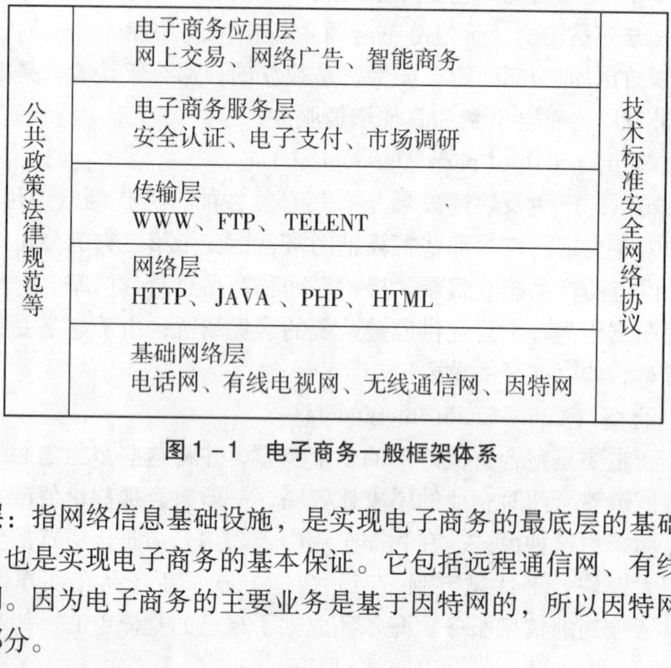

公共政策法律规范等	电子商务应用层 网上交易、网络广告、智能商务	技术标准安全网络协议
	电子商务服务层 安全认证、电子支付、市场调研	
	传输层 WWW、FTP、TELENT	
	网络层 HTTP、JAVA、PHP、HTML	
	基础网络层 电话网、有线电视网、无线通信网、因特网	

图1-1 电子商务一般框架体系

基础网络层：指网络信息基础设施，是实现电子商务的最底层的基础设施，它是信息的传输系统，也是实现电子商务的基本保证。它包括远程通信网、有线电视网、无线通信网和因特网。因为电子商务的主要业务是基于因特网的，所以因特网是网络基础设施中最重要的部分。

商务的最底层的基础设施，它是信息的传输系统，也是实现电子商务的基本保证。它包括远程通信网、有线电视网、无线通信网和因特网。因为电子商务的主要业务是基于因特网的，所以因特网是网络基础设施中最重要的部分。

互联网络层包括了HTML、XML、Java、HTTP等计算机网络语言和互联网协议，信息传输层则包括了WWW、E-mail、FTP等一些网络应用基础服务。

电子商务服务层：该层实现标准的网上商务活动服务，如网上广告、网上零售、商品目录服务、电子支付、客户服务、电子认证（CA认证）、商业信息安全传送等。其真正的核心是CA认证。因为电子商务是在网上进行的商务活动，参与交易的商务活动各方互不见面，所以身份的确认与安全通信变得非常重要。电子商务应用层：在基础通信设施、多媒体信息发布、信息传输以及各种相关服务的基础上，人们就可以进行各种实际应用。比如供应链管理、企业资源计划、客户关系管理等各种实际的信息系统，以及在此基础上开展企业的知识管理、竞争情报活动。而企业的供应商、经销商、合作伙伴及消费者政府部门等参与电子互动的主体也是在这个层面上和企业产生各种互动。在以上5个层次的电子商务基本框架的基础上，技术体系标准和政策、法律规范是两类影响其发展的重要因素。

（1）技术标准和网络协议技术标准是信息发布、传递的基础，是网络上信息一致性的保证。技术标准定义了用户接口、传输协议、信息发布标准等技术细节，是信息发布、传递的基础，是网络信息一致性的保证。就整个网络环境来说，标准对保证兼容性和通用性是十分重要的。技术标准不仅包括硬件的标准，还包括软件的标准，如程序设计中的一些基本原则；通信标准，如目前常用 TCP/IP 协议就是保证计算机网络通信顺利进行的基石；系统标准，如信息发布标准 XML 以及 VISA 和 Mastercard 公司同业界制定的电子商务安全支付的 SET 标准。各种类型的标准对促进整个网络的兼容和通用十分重要，尤其是在十分强调信息交流和共享的今天更是如此。网络协议是计算机网络通信的技术标准，对于处于计算机网络中的两个不同地理位置上的企业来说，要进行通信，必须按照通信双方预先约定好的规程进行，这些约定和规程就是网络协议。

（2）公共政策和法律规范国家对电子商务的管理和促进可以通过政策来实现。电子商务是对传统商务的彻底革命，由此也带来了一系列新的问题。国家和政府通过制定各种政策来引导和规范各种问题的解决，采用不同的政策可以对电子商务的发展起到支持或抑制作用。目前各国政府都采取积极的政策手段鼓励电子商务快速发展。美国的《全球电子商务框架》和我国的《国家电子商务发展总体框架》都是重要体现。具体说来，政府的相关政策围绕电子商务基础设施建设、税收制度、信息访问的收费问题进行。另外，国家和政府也可以通过制定法律法规来规范电子商务的发展。法律维系着商务活动的正常运作，对市场的稳定发展起到很好的制约和规范作用。电子商务引起的问题和纠纷也需要相应的法律法规来解决。而随着电子商务的产生，原有的法律法规并不能完全适应新的环境，因此，制定新的法律法规，并形成一个成熟、统一的法律体系，对世界各国电子商务的发展都是不可或缺的。

1.4.2 电子商务的基本组成要素

电子商务是指以信息网络技术为手段，以商品交换为中心的商务活动。也可理解为依托因特网（Internet）、企业内部网（Intranet）和增值网（Value Added Network，VAN），以电子交易方式进行的商业活动，是传统商业活动各环节的电子化、网络化。电子商务包括电子货币交换、供应链管理、电子交易市场、网络营销、在线事务处理、电子数据交换（EDI）、存货管理和自动数据收集系统。就具体的电子商务的基本组成部分来说，包括信息通信网络（包括 Internet、Intranet、Extranet）、电子市场、需求方、供给方、物流配送、认证机构、银行以及经济管理部门。

（1）信息通信网络。包括因特网、内联网、外联网（Internet、Intranet、Extranet），其承担着电子商务体系中信息传递的基本功能。因特网是电子商务的基础，是商务、业务信息传送的载体；内联网是企业内部商务活动和经营管理的网络平台；外联网是企业与企业及企业与个人进行商务活动的纽带。

(2) 需求方和供给方。统称为电子商务用户。电子商务用户可分为个人用户和企业用户。个人用户使用浏览器、电视机顶盒、可视电话、移动终端等接入因特网，获取信息，购买商品。企业用户建立企业内联网、外联网和企业管理信息系统，对人、财、物、供、销、存进行科学管理，接受订单，发布信息等。

(3) 认证中心，即证书授权中心（Certificate Authority, CA），或称证书授权机构，作为电子商务交易中受信任的第三方，承担公钥体系中公钥的合法性检验的责任。认证中习是法律承认的权威机构，负责发放和管理电子证书，使网上交易的各方能相互确认身份。电子证书是一个包含证书持有人、个人信息、公开密钥、证书序号、有效期、发证单位的电子签名等内容的数字文件。

(4) 物流配送中心。接受商家的送货要求，组织运送无法从网上直接得到的商品，跟踪产品的物流情况，将商品送到客户的手中。现代物流不仅直接面对客户，直接影响客户满意度，而且是快速掌握市场变动的一个重要环节。

(5) 网上银行（Electronic Bank）。也称为网络银行、在线银行，是指银行利用因特网技术，通过因特网向客户提供开户、查询、对账、行内转账、跨行转账、信贷、网上证券、投资理财等传统服务项目，使客户足不出户就能够安全便捷地管理活期和定期存款、支票、信用卡及投资等。网上银行又被称为"3A 银行"，因为它不受时间、空间限制，能够在任何时间（Anytime）、任何地点（Anywhere），以任何方式（Anyway）为客户提供金融服务。网上银行在互联网上实现传统银行的业务，为电子商务交易中的用户和商家服务。

(6) 电子市场（Electronic Market）是指在因特网通信技术和其他电子化通信技术的基础上，通过一组动态的 Web 应用程序和其他应用程序把交易的买卖双方集成在一起的虚拟交易环境。电子市场是指一个交互式的企业所提供的一个中立的市场空间，其中有很多的买方和供应商从事电子商务交易与其他电子商务活动。

(7) 经济管理部门。电子商务相关的经济活动为了实现电子商务活动顺利健康的发展运行，针对电子商务相关领域制定政策法规，对电子商务相关的生产经营活动进行计划、组织、指挥、协调和监督的组织和结构。

1.4.3 电子商务运作框架

如上所述、要实现完整的电子商务还会涉及很多方面，除了买家、卖家外，还要有银行或金融机构、政府机构、认证机构、配送中心等机构的加入才行。由于参与电子商务中的各方在物理上是互不谋面的，因此整个电子商务过程并不是物理世界商务活动的翻版，网上银行、在线电子支付等条件和数据加密、电子签名等技术在电子商务中发挥着不可或缺的作用。从商业活动的角度分析，电子商务可以在多个环节实现，由此也可以将电子商务分为两个层次：较低层次的电子商务，如电子商情、电子贸易、电子合同等；高级层次的电子商务应该是利用信息互联网络能够进行全部的贸易活动，即在网络上将信息流、商流、资金流和部分物流完整地实现，也就是说，可以从寻找客户开始，一直到洽谈、订货、在线付（收）款、开电子发票以至电子报关、电子纳税等通过 Internet一气呵成。电子商务的任何一笔交易都包含3种基本的"流",即信息流、资金流和物流,如图1-2所示。

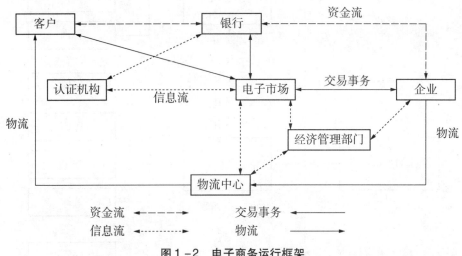

图1-2 电子商务运行框架

(1)信息流信息是客观世界中各种事物的变化和特征的反映,是客观事物之间相互联系的表征,它包括各种消息、情报、信号、资料等,也包括各类科学技术知识。信息流是电子商务交易各个主体之间的信息传递与交流的过程。经济信息的流动是经济活动的重要组成部分,是对持续不断、周而复始的商品流通活动的客观描述,是资金流、物流运动状态特征的反映。在实际电子商务活动中,信息流既包括商品信息的提供、促销营销、技术支持、售后服务等内容,也包括询价单、报价单、付款通知单、转账通知单等商业贸易单证,还包括交易方的支付能力、支付信誉、中介信誉等。

(2)资金流是指资金的转移过程,包括支付、转账、结算等,资金的加速流动具有财富的创造力,商务活动的经济效益是通过资金的运动来体现的。

(3)物流是指因人们的商品交易行为而形成的物质实体的物理性移动过程,它由一系列具有时间和空间效用的经济活动组成,包括包装、存储、装卸、运输、配送等多项基本活动。实际上,物流主要指商品和服务的配送和传输渠道。对于大多数商品和服务来说,物流可能仍然经由传统的经销渠道传输;而对有些商务和服务来说,可以直接以网上传输的方式进行配送,如各种电子出版物、信息咨询服务、有价信息等。在信息技术高速发展的今天,物流作为物质实体从供应者向需求者的物理性移动,依然是社会再生产过程中不可缺少的中间环节。电子商务通过相关信息网络渠道进行信息发布、传输和交流,沟通各相关市场主体,实现信息流;通过电子支付技术手段,实现电子商务交易中资金流所有权的转移、流通;通过物流配送体系等方式实现物流。信息流、资金流和物流的基本功能如图1-3所示。

物流的流通伴随着资金流的发生,资金流的滞障又是影响电子商务物流发生的重要因素,如在由原材料供应商、零部件供应商、生产商、分销商、零售商等一系列企业组成的供应链中,物流从上游的供应商向下游的零售商流动,资金流从下游往上游流动,

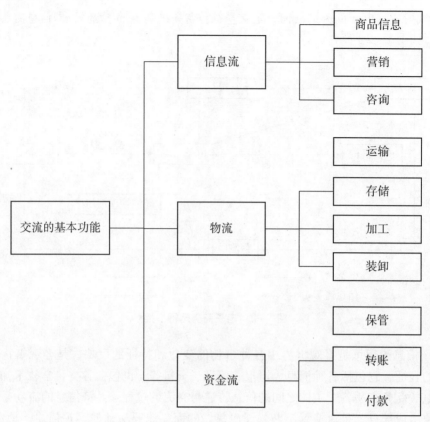

图1-3 信息流、物流、资金流的功能

而信息流的流动则是双向的。三者之间的有效互动构成了一个完整的电子商务模型。信息流平台是资金流平台、物流平台的基础。没有信息流平台作技术支撑，资金流和物流都无法快速、有序地流动，也不可能有效地运转。在整个电子商务的实施过程中，信息流、资金流和物流是流通过程中的三大相关部分，三者的关系可以表述为：以信息流为依据，通过资金流实现商品的价值，通过物流实现商品的使用价值。物流是资金流的前提和条件；资金流是物流的依托和价值担保，并为适应物流的变化而不断进行调整；信息流对资金流和物流运动起指导和控制作用，并为资金流和物流活动提供决策的依据。由这"三流"构成了一个完整的流通过程，其互为依存，密不可分，相互作用。它们既相互独立，又互相联系。信息流、资金流和物流只有作为一个整体，相互协调、共同推进才是有效完成商务活动的根本保障，才会产生更大的能量，创造更大的经济效益。在传统商务活动中，买卖双方是面对面交易，信息流、资金流和物流是在同一时间、同一地点完成的。例如：消费者了解商品信息、询价是信息流，消费者付款给卖方是资金流，卖方将商品交付给消费者便完成了物流。因此，传统商务活动是"一手交钱，一手交货"，把"三流"一次性完成了。在电子商务交易过程中，信息流、资金流和物流被分离了，它们通过不同的渠道来协同完成其任务，如信息流的渠道主要是网络，物流的渠道是配送中心或快递公司，而资金流的渠道主要是银行。信息流是电子商务交易过程中各个主体之间不断进行的双向交流。物流进行的是一个正向的流程，即从原材料供应商到制造商,再通过经销商或配送中心到顾客。而资金流进行的是一个反向的流程,顾客付款时需要通过他的开户银行将货款汇给经销商,经销商再汇款给制造商,制造商汇款给原材料供应商。

近年来,人们提到物流的话题时,常常与商流、资金流和信息流联系在一起,这种说法有一定道理。因为商流、物流、资金流和信息流是流通过程中的四大组成部分,由这"四流"构成了一个完整的流通过程。"四流"互为存在,密不可分,相互作用,既是独立存在的单一系列,又是一个组合体。将商流、物流、资金流和信息流作为一个整体来考虑和对待,会产生更大的能量,创造更大的经济效益。

1.5 电子商务的功能及对经济生活的影响

1.5.1 电子商务的功能

电子商务通过 Internet 可提供在网上交易和管理的全过程的服务,具有对企业和商品的广告宣传、交易的咨询洽谈、客户网上订购和网上支付、电子账户、销售前后服务传递、客户意见征询、交易过程管理等功能。

(1) 广告宣传。电子商务使企业可以通过自己的 Web 服务器、网络主页(Home Page)和电子邮件(E-mail)在全球范围内做宣传,在 Internet 上宣传企业形象和发布各种商品信息,客户用网络浏览器可以迅速找到所需的商品信息。与其他广告形式相比,网上的广告成本最为低廉,而给顾客的信息量却最为丰富。

(2) 咨询洽谈。电子商务使企业可借助非实时的电子邮件(E-mail)、新闻组(News Group)和实时的讨论组(Chat)来了解市场和商品信息、洽谈交易事务,还可用网上的白板会议(Whiteboard Conference)、公告板 BBS 来交流即时的信息。在网上咨询和洽谈能超越人们面对面洽谈的限制、提供多种方便的异地交谈形式。

(3) 网上订购。电子商务通过 Web 中电子邮件的交互传送实现客户在网上的订购。企业的网上订购系统通常都是在商品介绍页面上提供十分友好的订购提示信息和订购交互表格,当客户填完订购单后,系统回复确认信息单表示订购信息已收集。电子商务的客户订购信息采用加密方式,使客户和商家的商业信息不会泄漏。

(4) 网上支付。网上支付是电子商务交易过程中的重要环节,客户和商家之间可采用信用卡、电子钱包、电子支票和电子现金等多种电子支付方式进行网上支付,采用在网上电子支付的方式,节省了交易开销。对于网上支付的安全问题现在已有实用技术来保证信息传输的安全性。

(5) 电子账户。交易的网上支付由银行、信用卡公司及保险公司等金融单位提供电子账户管理等网上操作的金融服务,客户的信用卡号或银行账号是电子账户的标志。电子账户通过客户认证、数字签名、数据加密等技术保证电子账户操作的安全性。

(6) 服务传递。电子商务通过服务传递系统将客户订购的商品尽快地传递到已付款的客户手中。对于有形商品,服务传递系统可以对本地和异地的仓库在网络中进行物流调配,并通过快递业务完成商品传送;而无形的信息产品,如软件、电子读物、信息服务等则立即从电子仓库中将商品通过网上直接传递给用户。

（7）意见征询。企业的电子商务系统可以采用网页上"选择""填空"等形式及时收集客户对商品和销售服务的反馈意见，客户的反馈意见能提高网上交易售后服务的水平，使企业获得改进产品、发现市场的商业机会，使企业的市场运作形成了一个良性的封闭回路。

（8）交易管理。电子商务交易管理系统可以完成对网上交易活动全过程中的人、财、物，客户及本企业内部各方面的协调和管理。

电子商务的上述功能，为网上交易提供了一个良好的服务和管理环境，使电子商务的交易过程得以顺利和安全地完成，并使电子商务获得更广泛的应用。

电子商务是对传统商业观念的冲击。以往靠商务活动为生的企业，在网络的冲击下，也必然经历一场深刻的变革。企业及产品的信息交流打破了传统商务活动中固定的客户关系，促进一种全新的供应链形成。电子商务应用正随着世界经济的多极化、区域化、一体化及国际贸易自由化的发展逐步渗透到社会经济的各个环节。随着互联网络的惊人成长以及信息科技的快速进步，新一代电子商务将对管理模式、市场营销观念等多方面提出更多新的要求，逐步改变企业经营的面貌，同时也为企业带来巨大的效益。

1.5.2 电子商务对经济生活的影响

电子商务代表着一种趋势，它对人类社会进行着全方位的改造，在企业竞争、政府部门、公共研究机构、教育以及娱乐等方面改变着人们相互交往的方式，为人们展示了一个全新的世界。随着电子商务魅力的日渐显露，虚拟企业、虚拟银行、网络营销、网上购物、网上支付、网络广告、网络招标、网上拍卖、政府网上采购等一大批前所未闻的新商业模式正在为人们所熟悉和认同，这反映了电子商务正在对社会和经济产生影响。

（1）电子商务将改变商务活动的方式。通过互联网，人们可以进入网上商场浏览、采购各类商品，还能得到在线服务；商家可以在网上与客户联系，利用网络进行货款结算服务。

（2）电子商务将改变人们的消费方式。网上购物的最大特征是消费者的主导性，购物意愿掌握在消费者手中；同时消费者还能以一种轻松自由的自我服务方式来完成交易，消费者主权可以在网络购物中充分体现出来。

（3）电子商务将改变企业的生产方式。由于电子商务是一种快捷、方便的购物手段，消费者的个性化、特殊化需要可以通过网络展示在生产厂商面前，大批量的生产方式转变为满足用户不同要求的个性化生产方式。

（4）电子商务将改变企业的组织方式。很多企业和战略业务单位都是在介于市场型和等级制两种经济结构之间的中间模式下运行的，这种中间模式就是网络型。在这种网络经济结构下，不同的企业根据共同的目标建立长期稳定的关系，以协调它们的战略、资源和技术组合。这种网络型的组织特别适合于信息密集的高技术行业。电子商务可以使这种主要依赖信息共享的网络更容易建设和维护。一些研究者认为，商务活动的这种网络组织形式在未来将占据主导地位。

（5）电子商务将给传统行业带来一场革命。电子商务是在商务活动的全过程中，采用电子商务可以改善信息的流动、协调不同活动、降低不确定性,极大地提高商务活动的效率,减少不必要的中间环节,从而降低交易成本。传统的制造业借此进入小批量、多品种时代,"零库存"成为可能;零售业和批发业开创了"无店铺""网上营销"的新模式;各种网上服务为传统服务业提供了全新的服务方式。

(6) 电子商务将改进现有的市场并创造全新的市场。企业在网上做的广告可以把企业的促销信息传递到世界各地的潜在顾客手中。企业也可以通过电子商务送达在地理上极为分散,而需求非常狭小的目标市场。因特网和"WWW"在创造虚拟社区方面特别有效,这些虚拟社区可以成为企业理想的目标市场。

(7) 电子商务将带来一个全新的金融业。由于在线电子支付是电子商务的关键环节,也是电子商务得以顺利发展的基础条件,随着电子商务在电子交易环节上的突破,网上银行、银行卡支付网络、银行电子支付系统以及网上支付服务、电子支票、电子现金等服务,将传统的金融业带入一个全新的领域。

(8) 电子商务将改变经济增长的方式,经济增长不再单纯依赖资本投入,而是依靠信息技术、科学知识;从以物质生产为主的产业经济发展模式向以信息生产和知识生产为主的经济发展模式转变,即由传统经济向信息经济、知识经济转变。知识资本、网络化知识取代传统钱物成为创造财富的原动力。电子商务的推广、普及是发展信息经济、知识经济的重要途径。

(9) 电子商务将转变政府的行为。政府承担着大量的社会经济、文化的管理和服务功能,作为"看得见的手",在调节市场经济运行、防止市场失灵带来的不足方面有着很大的作用。在电子商务时代,当企业应用电子商务进行生产经营,银行实现金融电子化以及为消费者实现网上消费的同时,将同样对政府管理行为提出新的要求,电子政府或称网上政府,将随着电子商务发展而成为一个重要的社会角色。

总而言之,作为一种商务活动过程,电子商务将带来一场史无前例的革命。其对社会经济的影响会远远超过商务本身,除此之外,它还对就业、法律制度以及文化教育等带来巨大的影响。世界正在进入知识经济时代,应用网络信息技术已成为提高竞争力的一个重要手段。电子商务为我们创造了崭新的市场机会。它必将有力地推动世界经济的发展。我们应从各方面做好准备,抓住机遇,迎接电子商务时代的挑战!

本章小结

从电子商务的基本概念、对社会的影响、在企业经营管理中的作用、发展趋势等问题出发来讲述,这是全书的概念和后续章节的知识基础。通过这一章的学习,我们可以看到,电子商务的影响将远远超出商务本身,它将对社会生产和管理、人们的生活和就业、政府职能、法律制度以及教育文化带来巨大的影响。尤其是经济贸易领域里由电子商务所引发的一系列活动和技术进步,将使各国以电子商务作为前奏进入信息化社会。

思考题

(1) 不同机构对电子商务有不同的定义,上网进行搜索,结合现实案例,讨论电子商务的含义,并举例说明。

（2）利用网络搜索引擎，上网收集"电子商务、虚拟企业、泛在网络、数字证书、摩尔法则、白板会议、虚拟现实、无纸贸易、物联网、智慧地球"的图文资料，编辑整理成 Word 文档。

（3）电子商务将在哪些方面影响企业管理的变革？

（4）电子商务的发展趋势是什么？

（5）电子商务具有什么功能？

（6）试述电子商务的一般框架，讨论其各个组成部分的作用。

（7）试述电子商务信息流、物流、资金流三者的关系。

实训题

案例："我乐"家具开展电子商务

南京"我乐"家具是全国十大家具品牌之一，曾经荣获中国橱柜行业最具影响力品牌。该公司商务部经理王广云向记者介绍说，"我乐的订单周期比较长，从订单合同的开始，到安装完成，大部分都需要1～3个月的时间，其流程包括初测、复测、合同、订单、生产、发货、经销商提货、安装、维修等阶段，其中我乐与经销商需要就订单进行信息往来的环节非常多，且由于周期长，存在订单变更等情况，对订单的跟踪也很困难"。

由于我乐的产品物流费用由经销商承担，经销商对费用的控制要求很高，因此我乐对产品发货控制很严格，同时要求整个发货和物流过程对经销商更加透明，传统方式由于很难采用统一的口径将这个信息反馈给经销商，我乐和经销商都要为此付出很多精力和成本。

此外，我乐所销售的橱柜、家具等产品大多需要安装，对经销商上门的安装以及后续的维修过程需要进行管理和回访，以便保障我乐品牌的服务质量，且其产品存在备品备件购买的管理。我乐现在没有统一的管理模式，这块业务的管理成本非常的高。"我们的跟单员经常忙得中午吃饭喝水都顾不上，还老接到经销商的投诉。"王广云说。

最近，他们初步建设了基于互联网的金蝶友商网供应链电子商务服务平台，通过应用，我乐家具一方面能通过标准的模式更加准确快速地接收经销商订单，并对订单的执行进行全程监控和实时反馈，另一方面确保了现场安装和售后服务的质量，在销售和品牌建设方面都有了大幅度的提升。

据介绍，其应用效益表现在：第一，信息通过互联网实时同步，准确地获取经销商上报的订单数据，防止定制产品生产出现错误；第二，订货过程实时高效、数据准确、过程监控严密，订单状态反馈及时准确，经销商满意度显著提高；第三，物流信息反馈及时，查询规范统一，减轻线下沟通工作量；第四，在线管理安装过程和售后服务，精确计算安装费用，同时方便建立经销商回访机制，全程监控售后服务质量，提升企业品牌维护能力，提升经销商美誉度。

现在，按照我乐家具的统计，只是一期已上线的订货平台，就"平均减少了商务部、计划部员工25%的工作量，而且两个部门之间协助的错误明显减少"。据我乐家具表示，未来他们希望能通过友商网在线服务，将我乐的整体运营能力，上到云端服务、中到生产计划监控、下到物流全程配送，全部信息一体化，实现供应链服务全程电子商务化。

资料来源：友商网联手我乐家具切入供应链电子商务（http://www.youshang.com/content/2010/08/18/40936.html）

案例讨论：

1. "我乐"的订单周期包括哪些环节？传统商务方式对订单的跟踪为什么困难？电子商务为什么可以解决这些困难？

2. 何谓"云端"服务？如果没有互联网，可以做到或做好"云端"服务吗？

3. 本案例的电子商务是属于狭义的电子商务还是广义的电子商务？为什么？

第 2 章 电子商务模式

本章学习目标

本章主要介绍电子商务交易模式的划分以及各交易模式的具体知识。通过本章的学习,读者应掌握以下内容:
- 电子商务模式的分类
- B2B 电子商务交易模式的概念、特点与基本内容
- B2C 电子商务交易模式的概念、特点与基本内容
- B2G 电子商务交易模式的概念、特点与基本内容
- C2C 电子商务交易模式的概念、特点与基本内容
- 其他电子商务模式

阿里巴巴商业模式的三级跳

阿里巴巴凭借电子商务商业模式的不断创新,成为中国乃至世界最大的电子商务企业。从最早的 B2B 商业模式,到 C2C、B2C,每一步都极为惊险。

1.0 时代:B2B 横空出世

阿里巴巴从 1999 年以 B2B 业务切入电子商务领域至今,阿里巴巴一直在干一件事情,即建立一个基于网络的电子商务生态系统。这个生态系统与传统线下的商业生态系统并无本质的区别,主要面向消费者、渠道商、制造商和服务商。唯一的区别在于,由于主要依托于互联网,在产品展示、交易达成等环节上,与传统商务在形式上有一些不同。

马云曾说,阿里巴巴从来就不是一家技术公司,而是一家技术驱动的电子商务服务公司,按照互联网的俗语,我们不妨把过去 13 年走过的第一步称为"阿里巴巴的 1.0 时代"。

1999年年初，阿里巴巴在杭州正式推出旗下第一个平台——B2B平台，为中小企业提供"网站设计+推广"服务，即打造"网络义乌"模式，核心是帮助有绝对成本优势的中小制造企业"走出去"。当时一个大的背景是，阿里巴巴成立前，做外贸生意的中国中小企业可选途径一般只有广交会（中国进出口商品交易会），但广交会门槛高，对中小企业是个大的挑战。随着平台的发展，尤其是欧美经济的回落，阿里巴巴B2B将内贸和外贸置于同等重要的位置。2010年3月，阿里巴巴中国交易市场采用1688.com作为新域名，同时完成战略升级，成为网上批发交易平台，将传统商业模式中信息搜寻、报价、下订单、合同签订等需要线下完成的流程电子化，极大提高中小批发交易的效率。

相关推荐：

阿里巴巴的盈利模式也很简单，即向供应商提供额外的线上和线下服务，将服务打包，以会员费的方式进行收费。2002年，阿里巴巴又推出"关键词"服务，同年首次实现盈利。此后阿里巴巴"会员费+增值服务"模式的B2B道路开始清晰。

阿里巴巴B2B的出现，就在于帮助中小企业解决国际贸易高进入门槛的问题，甚至在盈利模式（会员费）的设计上，也是模仿广交会展位收费的方式，不与交易效果挂钩。相对于广交会高昂的费用和门槛，阿里巴巴B2B平台的价值充分得以体现。

淘宝网的推出和免费模式，同样是依托于对中小卖家和中低收入人群的深刻理解。因此，淘宝网构建基于新商品的、联接中小卖家和中低收入人群的C2C交易平台，规模释放二者低成本对接带来的市场效益。虽然免费模式使淘宝网并未成为阿里巴巴的盈利来源，但基于淘宝网发育出来的支付宝平台和聚划算等，已经成为阿里巴巴未来核心价值所在（虽然名义上支付宝未在阿里巴巴的范畴，但支付宝事件本身正以事实充分展现了支付宝的价值）。

淘宝/天猫商城的导入，同样是踩着中国消费升级和网购用户升级的节奏顺势而为。虽然到目前为止，C2C仍然在总量上以绝对优势压倒B2C，但B2C替代性超越C2C是不可逆的市场大势，无论是在全球范围还是中国市场。因此，淘宝/天猫商城的盈利模式是向卖家收费便成为理所当然——优质商品的溢价足以支撑平台费用。

总体来讲，阿里巴巴是一家电子商务公司，无论是ToB还是ToC业务，都是基于互联网为促成买家和卖家的交易提供服务。

2.0时代：B与C的融合演化

2003年年初，在阿里巴巴B2B核心业务盈利稳定后，马云为寻找新增长点开始日本之行。马云发现，雅虎日本凭借本土化策略在日本C2C市场大胜eBay日本，这坚定了他推出C2C业务的决心。2003年5月，淘宝成功上线；2003年7月，阿里巴巴宣布投资淘宝1亿元人民币；2005年10月，阿里巴巴宣布再向淘宝网投资10亿元人民币。在5年时间内，淘宝网市场份额从0做到86%，eBay则从90%跳水至6.6%。

淘宝网的成功，除了开创性地推出具备担保交易（能同时解决支付信用与安全问题）的第三方支付工具支付宝之外，更重要的在于"免费模式"，即不向买家和卖家收取交易佣金、商品展示费。免费模式正是淘宝网彻底击垮eBay中国的法宝。之所以如此，是因为阿里巴巴对中国经济和消费的深刻理解——与欧美等发达国家相比，当时的中国人并没有太多的二手货可供交易，基于二手货交易收费的eBay模式在中国本土明显缺乏市场基础。

通过免费模式，淘宝网迅速聚拢了中国零售市场大批分散的中小型卖家，但"增量不增收"也成为困扰阿里巴巴集团的一大问题。通过调研发现，淘宝网虽然卖家众多，但真正的品牌卖家较少，产品品质也参差不齐，甚至成为"山寨"商品的天堂，很大程度上影响消费者的购物体验。消费者的负面口碑又反过来影响优质商家的进驻和资源投入，从而影响到整个平台的公信力，形成恶性循环。于是，2008年年初，对商家资质和商品品质有相对控制的品牌商城淘宝商城推出，希望借此开辟与C2C淘宝集市完全不同的B2C品牌商城，借以吸引优质商家和中高端消费者。

在筹备过程中，阿里巴巴为淘宝商城设计了三种方案：一种是运营和域名完全独立；第二种是运营独立，但在淘宝网设置两扇门，一扇通往集市，一扇通往商城；第三种则是在淘宝内设一个独立频道，让商城完全依附于集市的流量。三种模式各有利弊。如果用独立域名，可从根本上杜绝假货水货问题，消费者可识别清楚，但是风险在于用户是否能接受这个新平台；如果用"两扇门"模式，消费者可以清楚地进入商城或者集市，但是弊端在于，进入商城要再次从首页上点击。在互联网上，每增加一次点击，用户量会大幅度衰减；如果是以独立频道的方式启动商城，好处是可以最大程度地和淘宝共享用户资源，风险也最小，但是弊端在于商城的识别特征不是很清晰。最终，淘宝商城选择采用第三种方案。

正是这一保守的选择，导致C店和B店左右手互博，不但未能实现借势的目的，还带来商城和集市的内耗。痛定思痛，2010年11月，阿里巴巴宣布淘宝商城域名独立，同时彻底将商城与集市的组织架构隔离开来。2011年6月，宣布采用全新的中文名称"天猫"，希望彻底与淘宝网划清界限，成为完全独立业务。与此同时，除C2C淘宝集市和B2C天猫之外，淘宝网还分拆出一家专门聚焦于购物搜索的一淘网。

在核心平台层面，阿里巴巴基本形成阿里巴巴B2B平台、淘宝集市C2C平台、天猫B2C平台等。此外，ToB和ToC两大业务线条中，发育出一系列服务于平台或基于平台延伸的公司，如：ToB系列的速卖通（外贸B2C）、阿里金融（为中小企业提供融资服务）等。

至此，大阿里战略格局初成。总而言之，打造一个线上的电子商务生态系统，阿里巴巴负责搭建此系统架构以及提供一切交易前中后所需要的基础服务。

3.0 时代：C2B 应运而生

阿里巴巴在当前重重危机重压下适时进行了调整。2012 年 7 月 23 日，阿里巴巴宣布新"七剑"架构调整，淘宝、一淘、天猫、聚划算、阿里巴巴 B2B 及阿里云 6 大子公司，被重新调整为淘宝、一淘、天猫、聚划算、阿里国际业务、阿里小企业业务和阿里云 7 大事业群。阿里巴巴 B2B 的中小企业，将通过淘宝、一淘、天猫、聚划算，与消费者对接起来，阿里云则在打通底层数据中起到基础性作用，最终形成一个有机的整体——从消费者到渠道商，再到制造商的 CBBS（消费者、渠道商、制造商、电子商务服务提供商）市场体系，加速推进 One-Company 的目标，把阿里巴巴中小企业和淘宝市场体系有效结合。说到底，就是充分发挥阿里巴巴独有的"ToB + ToC"，从流量到支付、数据、技术等的全业务线条、全程服务能力的"系统作战"优势，以便于随时"集中优势兵力，打歼灭战"。

在这样的架构和思维之下，理所当然地出现了最近被热炒的新概念——"C2B"。用阿里巴巴总参谋长曾鸣的话说，B2C 模式是传统工业经济时代的运作模式，随着互联网的发展，未来的商业模式中定制会是主流，这就是"C2B"，它对背后商业运作的要求是个性化需求、多品种、小批量、快速反应、平台化协作。

联系起来看，所谓 C2B 模式其实就是阿里巴巴 CBBS 体系的概念化，背后折射的是一种典型的 IT 式思维。实际上，定制化的商业模式自古有之。不可否认，互联网的出现使得定制的信息传递效率更高，成本更低，但定制是否会成主流，从来就不是某种技术决定的，而是人心，即消费者心智所决定的。在多数时候，消费者并不知道自己需要的是什么，除非你把它们设计出来摆在他们的面前，让他们比较和选择。即使在网络高度发达的今天和可预见的未来，定制仍然将是非主流，这是由人类的本性决定的。当然，毋庸置疑的是，互联网的出现让企业可以比以往更快、更全面、更深刻地跟踪和理解消费者，把握消费趋势。

参考文献：http://www.sohu.com/a/65135061_320733

2.1 商业模式概述

所谓"商业模式"是指企业从事某一领域经营的市场定位和赢利目标，以及为了满足目标顾客主体需要所采取的一系列的、整体的战略组合。

（1）麦肯锡管理咨询公司认为存在三种新兴电子商务模式，即销售方控制的商业模式，购买方控制的商业模式和中立的第三方控制的商业模式。销售方控制的商业模式只提供信息的卖主网站，可通过网络订货的卖主网站；购买方控制的商业模式是通过网络发布采购信息，是采购代理人和采购信息收集者偏好的模式；中立的第三方控制的商业模式提供特定产业或产品的搜索工具，包括众多卖主店面在内的企业广场和拍卖场。

（2）美国"网络就绪组织"认为商业模式包括：

1）电子商店作为电子经济中买卖发生的场所，从传统的市场渠道中夺取价值。

2）信息中介是内容、信息、知识及经验的代理商，能够为某一特定电子商务领域增加价值，也称为内容集成商。

3）信用中介是在买卖双方建立信用的机构。

4）电子商务实施者：是为其他电子商店或信息中介提供组件、功能及相关服务，使电子商务得以进行或者进行得更好的机构。

5）基础设施供应商/商务社区作为跨越不同领域（如产品、内容及服务）机构，由于共同的兴趣，通过一个共同的基础设施组织到一起的商业集合体。

（3）按照交易对象进行分类的，可以划分为企业与企业（Business to Business）之间的电子商务，简称为B2B（B to B）电子商务；企业与消费者（Business to Consumer）之间的电子商务，简称为B2C（B to C）电子商务；企业与政府（Business to Government）之间的电子商务，简称B2G（B to G）；以及其他电子商务交易模式。

企业与企业（B2B）之间的电子商务是商业机构利用因特网或其他商务网络向提供所需商品或服务的其他商业机构订货或付款等。这种商业机构对商业机构的电子商务包括增值网络环境下的电子数据交换（EDI），该交易模式已经有多年的发展历史，而且至今仍以其可操作性强、成功率高的特点在电子商务中占据主导地位。

企业与消费者（B2C）之间的电子商务是商业机构利用因特网向顾客提供类似于传统零售商业的服务。目前各种网上商店、商城提供的商品和服务基本都属于这一模式。消费者通过网络了解商品和服务并下订单，商家送货上门收费或者通过邮政划拨或银行转账的方式取得顾客付款是目前这一交易模式的主要实现方式。另外，这种模式下的零售价格比传统零售方式可以接受的价格要低是这一模式能够发展的重要条件。

企业与政府（B2G）之间的电子商务主要涵盖企业与政府之间的经济事务，如政府采购和企业税收的上缴。该模式刚刚起步，尚在发展的初期。

其他电子商务交易模式主要包含：消费者与消费者（Consumer to Consumer）之间的电子商务，简称C2C（C to C）；消费者与政府（Consumer to Government）之间的电子商务，简称C2G（C to G）。C2C 主要是指利用网络提供个人交易平台，最有代表性的就是形形色色的网上二手市场；后者主要是指政府将福利费的发放、个人所得税的征收等与电子商务技术相结合，利用网络开展工作。

2.2 B2B 模式

2.2.1 B2B 电子商务

B2B 电子商务是指企业与企业之间的电子商务。传统的商务过程大致含有以下过程：市场调查、原材料采购、产品生产、产品销售、货款结算、货物交割。在这种商务过程中，人们使用各种交通工具实现物流，通过语言、文字交流实现信息流，通过货币完成资金流。在商务劳动中，人、财、物的流动产生大量的成本，占用大量的时间；信息不畅导致商品在一些地区滞销的同时在另一些地区脱销。随着贸易的国际化、全球化，原有商务模式的弊端越来越明显地显露出来。

在电子商务模式下，商务过程通过电子手段实现：通过网络进行市场调查，以电子单证的形式调查原材料信息确定采购方案、生产产品，通过网络广告开展销售宣传，以电子货币的形式代替实体货币，利用电子银行结算、商品交割（如果是可利用网络传播的信息类产品，则可通过网络直接交割）。

企业之间的 B2B 电子商务是供应链中整合企业和企业的供货商、销售商的过程，利用 Internet 及其他专用网络，以中心制造商为核心，将产业上游原材料和零配件供应商、产业下游的经销商、物流运输商及往来银行联系在一起，构成一个完整的电子商务供应链。这样就降低了企业的采购成本和物流成本，提高了企业对市场和最终顾客需要的响应速度，从而增强了企业的市场竞争力。

据统计，不良企业供应链耗费运营成本的 1/4 以上。利用电子商务降低供应链耗费，对企业提高利润率意义重大。

2.2.2　关于 B2B 商业模式的研究

美国德州大学学者按照创新程度的高低和功能整合能力的多寡对 B2B 商业模式进行了分类：

（1）电子商店促销，降低成本，寻找需求和新的商业机会。
（2）电子采购降低成本，寻找供给和新的供货商。
（3）电子拍卖通过拍卖撮合交易，共享信息，降低成本。
（4）电子商城、电子商店的集大成者。
（5）第三方市场对多重业务提供交易服务，营销支持。
（6）虚拟社区成员之间交流，价值的增进。
（7）价值链服务提供商支持部分价值链，比如物流、支付体系。
（8）价值链整合通过集成价值链的众多环节增进价值。
（9）联合平台：商业过程的合作，比如联合设计。
（10）信息中介、信用服务：商业信息查阅，中立可信的第三方服务。

Steven Kaplan 和 Mohanbir Sawhney 认为：

（1）从商务购买内容划分为制造投入（Manufacturing Inputs）和运营投入（Operating Inputs）。制造投入指原材料和成分直接形成制成品或者进入制造过程。

从本质上看，制造投入倾向于"垂直"。运营投入也称为 MRO，是指非直接的原材料和服务投入，它们不直接形成制成品。运营投入倾向于"水平"，它们适合于第三方通过配送提供服务。

（2）在商务购买中的另外一个重要区分点是如何购买产品和服务。由此可以划分出系统采购和现货采购。系统采购（Systematic Sourcing）通过与合格供应商事先的协商，通常合约是长期合约，这些采购是"关系导向"（Relationship-Oriented），大部分制造投入是系统采购完成的。现货采购（Spot Sourcing）从陌生的供应商处采购，这些采购属于"交易导向"（Transaction-Oriented），很少涉及长期买卖关系。

对于 B2B 模式的划分，Charles Phillips 和 Mary Meeker 认为可以分为：

（1）多部门网络公司，比如 ICG、Ventro、CMGI、FreeMarkets。

（2）市场买卖共同体，包括多层垂直交易、垂直交易和 B2B 拍卖。

（3）买方拍卖，比如 Ariba、Commerce One。

（4）对参与者的过程管理：包括垂直交易过程门户、频道关系管理、产品生命周期管理和供应链管理软件。代表的企业有 i2、Agile Software、Webridge、Asera。

（5）为构建市场提供工具：B2B 交易软件、B2B 目录管理、B2B 管理基础设施、B2B 第三方服务、B2B 买卖双方的集成、B2B 规程交易网络。

（6）从网站向电子商务过渡的工具：B2B 订单管理、B2B 与内部和外部的集成、卖方商务服务器、网站内容管理、个性化服务、产品外形和互动售货、目录内容软件和服务、顾客分析和竞争管理。

中国社科院财贸所课题组认为主要的 B2B 商业模式有：

（1）名录模式。这种模式主要介绍各类公司的经营特点、推荐产品、宣传企业的业绩，主要代表有：Thomas Register、Chemdex、SciQuest.com 和中国黄页 Chinapages。

（2）兼营模式。兼营模式是指既作 B2B，又作 B2C。比如华夏旅游网的 B2B——网上旅游交易会；B2C——网上旅游超市；实华开的 B2B——国际贸易一条龙服务；B2C——EC123 打折店。

（3）政府采购和公司采购。政府采购和公司采购的数量极其庞大，仅美国 MRO 市场每年就高达 2500 亿美元，主要的网站有：W. Grainger、Fastparts 和亚商商务在线网。

（4）供应链模式。《做数字商场的主人》一书的作者奥尔德里奇认为零担货物的运输服务会增长。建立全国性的面包连锁店可以节省 1500 万美元，同时控制技术安装到位，可以有大约 5000 万美元的货物免遭偷窃。

（5）中介服务模式。

1）信息中介模式。这种模式与名录模式有类似的特点。其实名录模式应该也属于信息中介模式。主要网站有中联在线 CNUOL、易创全球电子商务等。阿里巴巴已经拥有 176 个国家的 18 万用户，6 万余注册商家，20 万条库存信息。

2）CA 中介服务。比如德达创新 datatrust 等。

3）网络服务模式。提供开展电子商务的技术支持，为落实商业计划提供整套的网络服务，网络服务自助餐。包括百联网讯、你好万维网、绿色兵团、IBM、Oracle、Microsoft、AsiaOnline、Bigstep、Smartage 等。

4）银行中介服务。提供相关的金融服务，包括境内的代收货款、承兑汇票、银行汇款等；境外的信用证、DA、DP、TT。主要的银行包括招商银行、建设银行、中国银行。

（6）拍卖模式。主要代表包括 iMark.com、Adauction.com 等。

（7）交换模式。代表网站有 PaperExchange、E-steel 等。通过投资技术管理要求和业态变迁两个指标，在业态变迁的第一阶段，业态的变迁基本上是按照游商、日杂店、百货商场、购物中心的轨迹进行延伸，而后出现了两个分支。业态变迁的第二阶段就进入了电子商务阶段，按照门户模式 - B2C 模式 - B2B 模式发展。随着商业模式的变迁，过去的"烧钱"模式逐步让位于"赚钱"模式,让位于中国目前亟待解决的电子商务基础建设上,比如银行中介服务、供应链服务、商务平台设计与开发,最后到 ERP 的整合,只有建立良好的网络基础并对传统产业彻底改造,才能为发展电子商务奠定基础。

2.2.3 B2B 案例——以"中国制造网"为例

1. 中国制造网的领导人

(1) 个人经历。

沈锦华,出生于 1967 年 2 月。1987 年毕业于上海交通大学,获工学学士学位;1990 年,毕业于东南大学,获工学硕士学位。历任南化集团化工机械厂技术员、南京方正新技术有限公司经营部副主任。沈锦华先生为焦点科技的创始人,现任本公司董事长兼总经理。

(2) 事业成就。

1996 年 1 月,29 岁的沈锦华创办南京焦点,致力于互联网技术的应用研究,探求运用互联网改善中小企业经营环境、提高中小企业盈利能力、推动中小企业稳定成长的最佳途径。1998 年 2 月,南京焦点注册国际顶级域名"Mad-in-China.com",同年 3 月推出中国制造网英文版,开始向以中小企业为主体的中国供应商提供第三方 B2B 电子商务平台服务。2009 年 12 月 9 日,焦点科技(中国制造网运营公司)成功登陆深圳中小板市场,它是中国继阿里巴巴、慧聪国际、环球资源、网盛科技之后,第 5 家登陆资本市场的本土 B2B 企业。

2. 企业简介

焦点科技股份有限公司(原南京焦点科技开发有限公司),成立于 1996 年 1 月 9 日,是国内领先的综合型第三方 B2B 电子商务平台运营商,专注服务于全球贸易领域,在帮助中国中小企业应用互联网络开展国际营销、产品推广方面拥有超过 10 年的成功经验。

公司自主开发运营的中国制造网电子商务平台(Mad-in-China.com)作为第三方 B2B 电子商务平台为中国供应商和全球采购商(供求双方)提供了一个发布供求信息和寻找贸易合作伙伴的电子交易市场,为供求双方提供交易信息的发布、搜索、管理服务,提供初步沟通与磋商的手段与工具,及其他涉及供求双方业务与贸易过程的相关服务。

中国制造网电子商务平台(Mad-in-China.com)由英文版(http://www.mad-in-chi-na.com)和中文版(包括简体版 http://cn.mad-in-china.com 及繁体版 http://big5.mad-in-china.com)组成,已成为全球采购商采购中国制造产品的重要渠道,英文版主要为中国供应商和使用英文的全球采购商提供信息发布与搜索等服务,中文版主要为中国供应商和使用中文的全球采购商提供信息发布与搜索等服务。

3. 服务介绍

(1) 会员服务。

中国制造网的注册免费会员可以通过虚拟办公室发布并管理企业、产品和商情信息;注册收费会员(目前为中国供应商)除享有注册免费会员的所有服务外,还可以发布网上展示厅、专业客服支持、在产品目录和搜索结果中享有优先排名的机会。

(2) 推广服务。

1) 名列前茅(TopRank):搜索结果优先排名,包括关键词搜索结果和产品目录搜索结果。推广客户购买以后,其产品图文信息在相应的关键词搜索结果和产品目录搜索结果均位于最前列位置,并享有特别的背景颜色和"名列前茅"(TopRank)服务标志,可以最有效地引起目标产品买家的注意。

2) 产品展台(Spotlight Exhibits):在中国制造网首页、各产品目录首页上以静态图片文字链接的方式进行,对产品形象的推广及企业品牌的宣传作用尤其明显,一直受到各推广客户的认同和支持。

(3) 细化服务。

1) 采购商享受的服务:

搜索产品并通过中国产品目录联系供应商。

发布采购商情,将采购信息加入商情板。

采用收费的贸易服务,有效开展同中国产品供应商之间的贸易往来。

加入中国制造网后,免费查阅信息和获得多种功能。

2) 中国制造商、供应商、出口商享受的服务:

将产品和公司信息加入中国产品目录。

通过商情板,搜索全球买家及其采购信息。

采用名列前茅,使您的产品脱颖而出,获取无限商机。

采用产品展台,迅速提高产品曝光几率,直观、形象地引起目标买家的关注。

采用中国制造网的高级会员服务,拥有更高级的网站功能和服务。

采用中国制造网英文版实地认证服务(认证供应商),获得更多买家的关注和信任。

3) 海外供应商享受的服务:

将产品和公司信息加入商情板。

通过商情板搜索全球买家及其采购需求。

4. 合作者

(1) 国际展会:

中国制造网在海内外参展了众多大型的国际展会,如:华交会、消博会、高交会、东盟博览会、英国伯明翰国际博览会、德国慕尼黑电子展、美国拉斯维加斯汽车配件展等著名大型展会,旨在弘扬中国制造,服务国际贸易。

(2) 国际组织和机构:

在合作上,中国制造网已与国内外多家权威贸易机构和组织积极合作,共同探索"中国制造"走向世界的多种途径。中国制造网与瑞士通用公证行SGS联手打造的认证供应商(Audited Suppliers),是国内电子商务领域里率先为大规模客户提供第三方权威机构实地认证的服务,对中国制造商更好地展示企业的实力、了解自身与采购商要求之间的差距,在竞争中脱颖而出、赢得更多买家青睐起了很大的作用;而对于国际采购商而言，认证供应商服务能够帮助其快捷方便地对比不同供应商，为其节省采购考察的成本，降低了 B2B 交易的风险。

5. 盈利模式

中国制造网目前提供的是一个"金字塔"结构的服务模式，最底层的是占其收入来源最大比例的金牌会员服务；位于中间层的为提供的增值服务；处于金字塔尖的是认证供应商服务。下面为中国电子商务中心绘制的中国制造网的服务和收入模式的"金字塔"结构图。

在盈利模式上，我们可以发现：中国制造网的收入来源主要包括会员费用、提供增值服务所带来的广告与搜索排名费用，及认证供应商收取的认证费。中国制造网的盈利模式显示出与其服务模式相对应的"金字塔"结构：随着所提供服务的深化，相对应的收取费用也随之大幅提高，但各项服务整体收入却也随之减少。

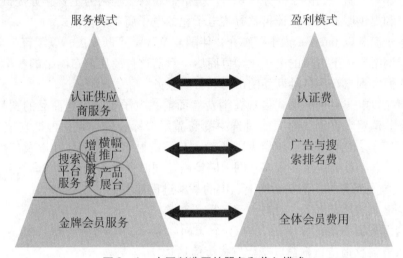

图 2-1 中国制造网的服务和收入模式

6. 中国制造网的优势

中国制造网是国内最早的 B2B 平台，而且专业做海外，从 1996 年到现在的 16 年间，已经在海外积累了 400 万国际买家。国外买家访问 www.mad-in-china.com 的在 83% 以上，浏览率非常高，可以说中国制造网已经深深在国外顾客心里扎根。作为一个专业的 b2b 平台，网站上所有的供应信息全部来自 china suppliers，这保证国内供应商利益。另外，相较于其他 B2B 平台，中国制造网价格适中，性价比较高。例如，中国制造网的询盘邮件具有针对性，即国外买家看到国内供应商的产品信息后，所发的询盘邮件只会发到该供应商的 mail 里，不会再转发给其他同行或竞争对手。

7. 中国制造网面临的挑战

（1）业务增量可能受阻。目前第三方 B2B 电子商务将更多地应用在出口行业，而由于全球金融危机的影响还未完全消除，出口复苏出现反复，对中国制造网的业绩将产生负面影响。

（2）行业价格竞争过于激烈，可能削弱公司的盈利能力。第三方 B2B 行业的业务模式主要依赖商务营销，竞争对手之间业务差异有限，价格仍是竞争最主要的手段之一。同时 B2B 的行业属性也导致卖家对第三方平台的忠诚度不高,买家则喜欢多平台接入,B2B 行业难以出现赢家通吃的局面。

(3) 缺乏战略优势。第三方 B2B 电子商务传统的付费会员服务成长空间很小,提高增值服务质量是当前的主流。中国制造网虽然与瑞士通用公证行(SGS)合作推出的认证供应商服务较有特色,增长势头明显,但其本身并无战略优势,不少同行也有类似服务,其可持续性存在疑问。

2.3 B2C 模式

2.3.1 B2C 电子商务

商业企业对消费者的电子商务(B2C)是指企业以互联网为主要服务提供手段,实现公众消费和提供服务,并保证付款方式电子化的电子商务运营模式。

B2C 电子商务以 Internet 为主要媒介,伴随着 WWW 不断发展,以零售为主要方式,基本等同于网络环境下虚拟的电子化零售商店。目前这种商店遍布网络的各个角落,提供小到卡片而大到汽车等各种商品的出售和售后服务。

网上商品以电子目录的形式展现在消费者面前,电子目录包含商品的图片、说明、规格和价格。消费者在购买时只需对选中的商品用鼠标轻轻一点,再把它拖到"购物车"里就可以了。在付款时,消费者需要输入自己的姓名、家庭住址以及信用卡信息,提交后,网上购物就完成了。大多数网上销售商还同时提供免费电话咨询服务。

在 B2C 电子商务中,消费者网上购物的基本过程如下:

(1) 顾客查找所需商品,比较后确定购买对象。
(2) 向服务器发出订货单。
(3) 服务器反馈应付款额、交货方式等信息。
(4) 顾客利用电子钱包中的信用卡付款。
(5) 支付网关对此信用卡号码采用某种加密算法加密后提交给相应的银行,同时销售商店也收到了经过加密的购货账单,销售商店将自己的顾客编码加入电子购货账单后,再转送到电子商务服务器上处理,这一过程中商家是不知道顾客信用卡号码的,销售商店无权也无法处理信用卡中的钱款。信用卡被送到电子商务服务器上处理,经过电子商务服务器确认这是一位合法的顾客后,将其同时送到信用卡公司和商业银行。在信用卡公司和商业银行之间进行应收应付钱款和账务往来的电子数据交换和结算处理。信用卡公司将处理请求再送到商业银行请求确认并授权,商业银行确认并授权后送回信用卡公司。
(6) 经商业银行确认并授权销售后,商店就应该付货了。与此同时,销售商店留下整个交易过程中发生往来的财务数据,并且将电子收据发送给顾客。
(7) 上述交易成功后,销售商店按照顾客提供的订货单将货物通过物流配送系统配送货物。

为了充分利用国际互联网络达到最佳的商业效果,不同企业利用电子商务的模式是不同的。企业应根据自身的经营特点,开发适合企业发展的电子商务战略。就商业机构对消费者来讲，其电子商务模式主要就是网上在线的商务模式。但是，网上销售无形产品和劳务与销售实物商品有很大不同。以下分别针对这两种情况对实际产品及无形产品的电子商务模式进行介绍。

2.3.2　实物产品的 B2C 电子商务模式

实物产品的电子商务模式指的是这种产品或服务的成交是在国际互联网上进行的，而实际产品和劳务的交付仍然通过传统方式。其所包含的具体产品和劳务的交付实现要按照传统的方式，这种产品和劳务的交付不能通过电脑的信息载体来实现。

据调查，在目前网上交易活跃、热销的实物产品依次为：

（1）电脑产品。
（2）旅游。
（3）娱乐。
（4）服饰。
（5）食品饮料。
（6）礼品鲜花。

目前在互联网上进行的实物产品的交易不十分普及，但还是取得了进步，网上成交额有增无减。

网上实物产品销售之所以火爆，有其独特的优势。网上实物商品销售的特点主要反映在网上在线销售使市场扩大了，机会增多了。与传统的店铺市场销售相比，哪怕你的企业（公司）再小，网上销售也可以将业务伸展到世界各个角落。美国的一种创新产品"无盖凉鞋"，其网上销售的订单有 2 万美元来自非洲国家、马来西亚和日本等非美国客户。

网上销售（虚拟商店）只要较少的雇员，可以直接从仓库销售。有时虚拟商店可以直接从经销商处订货，省去了商品储存阶段。在网上销售的商品中，一些出售独特商品的虚拟商店较为成功。

比如一家出售与大象有关产品的虚拟商店开展在线销售仅两个月，其产品销售额就达 5000 美元。独特商品商店之所以较成功，是由其产品特点和国际互联网的特点决定的。在实际市场上，对特殊产品的需求是有限的，由于市场上特殊商品的消费者比较分散，传统实物店铺市场的覆盖范围不足以支持店铺经营。而国际互联网触及世界市场的各个角落，人们可以根据自己的兴趣来搜索虚拟商店。因此，见缝插针式的商品在在线销售方面就更容易成功。

另一类在线销售较成功的产品是一些众所周知、内容较确切的实物商品，如书籍、CD 盘和品牌电脑等。

实物企业产品在线销售的形式目前有两种：一种是在网上设立独立的虚拟店铺；一种是参与并成为网上在线购物中心的一部分。

国际互联网服务商（ISP）帮助企业设计网页，创立独立的虚拟商店，为用户提供接入服务。例如，Amazon（www. amazon. com）书店的绝大多数生意都是在网上进行的。它是较成功的在线销售商店。

由于开发在线购物前期投入较大,而且投资回报周期较长,许多中小型公司对自己建立在线购物商场止步不前,纷纷选择其他公司开发的在线购物平台,租用人家的平台进行在线交易。IBM 就在这方面不断努力,目前已经开设 World Avenue 购物中心,参与销售活动的销售商至少需要支付 3 万美元建立在线商店。其服务包括设计网上多达 30044 种商品的目录网页,费用为每月 2500 美元。除此之外,IBM 对每一笔交易按交易额收取 5% 的佣金。

我国很多 ISP 也纷纷开展了电子商务,除了提供一般的 ISP 服务,也设立了自己的在线市场。网上行是香港电讯的网络供应商,在它的主页上设一项购物坊,里边有每日更新的商品信息,同时也有按货物种类和服务特性划分的 10 个类。到目前为止,已有 100 多家商店和公司在上面出售商品,提供服务。

网上行的另一个栏目"惠康商店"里资料更加齐全,除了购物的网页外,还有企业的相关信息。

有很多虚拟销售商取得了成功,例如 Express 就是一家零售商,在这之前它没有自己的产品目录,也没有在美国之外设立商店,而开展在线销售后,20% 的订单来自国外。它的管理者说,我们成功不仅仅因为我们的产品和服务,还因为我们采用多种模式,我们有电子期刊的订阅费和服务费收入,还有很大数量的广告收入。

实际上,多数企业网上销售并不仅仅采用一种电子商务模式。它们往往采用综合模式,即将各种模式结合起来实施电子商务。

Golfweb 就是一家有 3500 页高尔夫球相关信息的网站。这家网站采用的就是综合模式,其中 40% 的收入来自订阅费和服务费,35% 的收入来自广告,还有 25% 的收入是该网址专业零售点的销售收入。该网址已经吸引了许多大公司,如美洲银行(Bank of America)、Lexus 公司、美国电报电话公司(AT&T)等在这里做广告。专业零售点开始两个月的收入就高达 10 万美元,该网站既卖服务,又卖产品,还卖广告,一举三得。

由此可见,在网上销售中,一旦确定了电子商务的基本模式,企业不妨考虑一下采取综合模式的可能性。例如,一家旅行社的网页向客户提供旅游在线预订业务,同时不妨也接受度假村、航空公司、饭店和旅游的促销广告,如有可能,还可向客户提供一定的折扣或优惠,以便吸引更多的生意。再如,书店不仅销售书籍,而且可以举办"读书俱乐部",接受来自其他行业和零售商店的广告。在网上尝试综合的电子商务模式有可能带来额外的收入。

2.3.3 无形产品和劳务的 B2C 电子商务模式

网络具有信息传递和信息处理的功能。因此,无形产品和劳务(如信息、计算机软件、视听娱乐产品等)就可以通过网络直接向消费者提供。无形产品和劳务的电子商务模式主要有 4 种:网上订阅模式、付费浏览模式、广告支持模式和网上赠予模式。

1. 网上订阅模式

网上订阅模式(Subscription Based Sales)指的是企业通过网页安排向消费者提供网上直接订阅、直接信息浏览的电子商务模式。网上订阅模式主要被商业在线机构用来销售报纸杂志、有线电视节目等。网上订阅模式主要包括以下情况:

(1) 在线服务 (Online Services)。

在线服务指在线经营商通过每月向消费者收取固定的费用而提供各种形式的在线信息服务。例如，美国在线（AOL）和微软网络（Microsoft Network）等在线服务商都使用这种形式，让订阅者每月支付固定的订阅费用以享受其所提供的各种信息服务。

1996年以前在线服务商一般是按实际使用时间向客户收取费用。从1996年起，一些网络服务商（ISP）改为收取固定的费用向消费者提供国际互联网的接入服务，在线服务商现在也遵从相同的做法，以固定费用的方式提供无限制的网络接入和各种增值服务。

在线服务商一般都有自己服务的客户群体。以美国的在线服务商为例，美国在线（AOL）的主要客户群体是家庭使用者；微软网络（Microsoft Network）的主要客户群体是 Windows 的使用者；Prodigy 的主要客户群体是消费者。

在线服务商提供的服务有以下共同特点：

1）基础信息服务到位。在线服务商所提供的基础信息服务一般可以满足订户对基础信息的要求。例如在线服务商一般都提供优秀的剪报信息，有的在线服务商还独家发布在线报纸、杂志和其他信息（如 AOL 就独家发布消费者报刊 Consumer Reports）。我国的网易也给广大客户提供信息服务。

2）网络安全可靠。由于在线服务都是在专有的网络上运行，通过在线服务商连接的安全保障比直接连接国际互联网要可靠。在线服务商还提供额外的安全保障措施，如在线可供下载的软件都要经过反病毒查询，证明安全可靠后才向客户提供。

3）AOL 不仅提供信息服务，而且还让客户享受到了方便快捷的银行在线业务。目前，在线服务环境下，订户可以更放心地通过提供并传输信用卡号码来进行网上在线购物。

4）给客户提供支持服务系统。在线服务商既通过电脑网络，又通过电话线路向客户提供支持服务。在线服务商解释技术问题的能力比网络经营商要强。强大的支持服务系统加上有竞争力的价格优势使在线服务商在网络内容日益丰富的情况下继续生存下去。

5）专业网络在线服务商也面临新的竞争。迅速崛起的国际互联网服务商（ISP）成为在线服务商的主要竞争对手，许多企业转向当地网络服务商寻求更快捷的网络文件下载方式。

6）在线服务一般是针对某个社会群体提供服务，以培养客户的忠诚度。在美国，几乎出售的电脑都预装了在线服务免费试用软件。在线服务商强大营销攻势（如 AOL 的免费试用软件到处都能看到）使他们的订户数量稳步上升。

(2) 在线出版 (Online Publications)。

在线出版指的是出版商通过电脑互联网络向消费者提供除传统出版之外的电子刊物。在线出版一般不提供国际互联网的接入业务，仅在网上发布电子刊物，消费者可以通过订阅来下载刊物的信息。

但是以订阅方式向一般消费者销售电子刊物被证明存在一定的困难。因为一般消费者基本上可以由其他途径获取相同或类似的信息。因此，在线出版模式主要靠广告支持。1995年，美国的一些出版商网站开始尝试向访问该网址的用户收取一定的订阅费，后来在线杂志开始实施双轨制，即免费和订阅相结合，有些内容是免费的但有些内容是专门向订户提供的。这样网址既吸引一般的访问者，保持较高的访问率，同时又有一定的营业收入。由于订阅人数开始回升，1996年8月，《华尔街日报》（The Wall Street Journal）开始向访问该网址的75万订户收取每年49美元的订阅费。《今日美国》（USA Today）又开始对检索访问的用户收取费用。其他免费与订阅相结合的报纸杂志有时代华纳（Time-Warner）出版社的《Pathfinder》杂志、美国电话电报公司（AT&T）的个人在线服务（Personal Online Services）和ESPN的《体育地带》（Sport Zone）。

《华尔街日报》可以免费享受两个星期的服务，此后只能交费订阅。

与大众化信息媒体相对的是，更趋于专业化的信息源的收费方式却比较成功。网上专业数据库一直就是付费订阅的。无论是网上的信息还是其他地方的信息，似乎研究人员相对更愿意支付费用。Forester Research咨询公司的研究报告就在网上收费发布，一些大企业愿意支付这笔不菲的订阅费。

对于在线出版模式是否是一种成功的信息销售模式，许多研究和经验显示这并不是理想的在线销售模式。因为在现今信息爆炸的时代，对于大众信息来讲，互联网的用户获取相同或类似的信息渠道很多。因此，他们对价格非常敏感，即使对他们每月收取很少的费用，如果能从其他渠道获取类似的信息，这些消费者对付费网站还是敬而远之。

然而，对于市场定位非常明确的在线出版商，在线出版还是卓有成效的。例如，ESPN《体育地带》杂志将免费浏览与收费订阅结合起来，特别是推出的一系列独家在线采访体育明星的内容吸引了不少订户。显然，内容独特，满足特定消费群体是在线出版成功的重要因素。体育地带杂志，定位准确、内容深入，订户自然不在少数。

网络传媒与传统报纸相比，其地位目前还比较低，但在未来的几年里会彻底改变，更关键的是两者之间信息的互动影响。

基于此种认识，我国在1997年先后出现了把网络架进电台直播间，中央电视台在其王牌体育节目中每周专门介绍来自Internet上的最新体育网站，东方时空"3·15"热线也走上网站发布，长篇小说《钥匙》的网上接入更是文学出版的进步。当然最多的还是电子报刊的大量涌现，截至1997年10月，全球上网报刊超过3600家，其中1700多家是在1997年之后上网的，我国现在大约有1500家。

我国网络报刊主要有以下几种模式：

1）网上报刊完全是纸质母报的翻版。目前我国大多数网络报刊都属此类，不管是由于人力、技术还是财政原因。这种模式适合于大报、老报，因为这类报纸资格老、历史久，品牌美誉度高，已得到读者的广泛认可并形成阅读习惯。世界著名的《纽约时报》网络版就是如此，它主要通过档案数据库的网络检索，给读者提供完整权威的资料。而我国上网的大多数是地方报，影响小、信息少、缺乏特色。

2）网上报刊的内容不完全与纸质母报相同。典型代表是《华尔街日报》，主要内容是财经类信息，读者对象是中高级阶层。这种模式适合于专业或特殊发行对象报刊，比如《中国计算机报》《华声月报》（面向海外华人）。《Internet世界》网络杂志短短两年订阅用户达万人，瀛海威游戏网站订阅用户也有上万人，可见互补的网络信息的吸引力不比纸质母报逊色。

3) 网上报刊的内容大大超过纸质母报的容量，形成跨媒体的地区性综合平台。《波士顿环球报》除了母报提供的信息外，它还囊括了全市 30 多个信息源（电台、电视台、杂志、博物馆、图书馆，甚至芭蕾舞团、音乐团、气象交通服务等），成为当地最丰富的信息平台。从信息平台上分析类似于我国的 169 工程，但各地信息网站显然没有如此丰富和条理的服务，其实《联合早报》《星岛日报》《华讯新闻网》就有此特色，国内有影响的地区大报不妨尝试一下此类信息服务模式。

4) 众多报刊联合经营创建大型新闻网站。未来的信息竞争将超越目前的导航浏览而成为中心阶段，那将是信息量、速度和准确权威性的竞争。众多媒体强强联合取得竞争优势，今后地域化报业集团将呼之欲出。像《南方日报》、上海的《解放日报》，北京的《中国经营报》系列都可逐步向此种网络信息服务方式过渡。

5) 数家报刊或出版部门与网络服务商联合形成专业性信息服务网站。国外众多中小报刊上网的主要驱动力是担心分类广告被别人占据。大众传媒将被重新定义为发送和接收个人化信息和娱乐的系统。在后信息时代中，大众传媒的受众往往只是单独一个人。这种观点说明未来网络信息传播对象化、交互性的结果，导致以对象化、实用性为基本特征的分类广告将广受欢迎。建立分类广告检索库、分类广告信息发布网站、与网络商联合经营创建专业的信息服务网站会成为潮流。国内目前做得比较好的有 Chinabyte、金台源服装信息、和讯股票信息等，希望在信息容量和深度上再下工夫，实际上此领域会有深厚的市场潜力。

目前已有若干业内公司直接或间接介入报刊 IT 信息的提供，类似创联通信代理《市场与电脑》杂志广告、亚信在《信息产业报》包版提供信息等，起到宣传公司、普及网络技术的双重目的。

未来网络信息与传统传媒的互动将在几个方向上推进：从事网络上更广范围的跨媒介经营，1996 年、1997 年默多克新闻集团在全球的表演充分展示了未来 Internet 跨媒介经营的优势，比特将涵盖所有媒体的文字、图像、声音，产生的交互性、实时性为信息传播带来质的飞跃。随着上网人数和人们网络经验的增加，信息的提供方式面临新的革命，必然会有更多类似"Yahoo！"这样的商业模式；建立完整规范的网络广告标准，当前网络广告不论数量、经营额都还远远不够，但谁也不会忽视其未来的潜力，迫在眉睫的事情是尽快制定开放的通用网络广告标准，包括统计方法、发布手段等；进一步开发网络信息传播的多媒体潜能，大众传播发展的历史告诉我们每一次传播媒体的出现都伴随信息传播功能的增加，数码相机、高精度扫描仪、网络电话的使用，为网上信息传播创造了广阔的多媒体天地。同时也为联机服务商们在信息制作、提供、发布上创造了无限商机。在线出版将成为网络的一道独特风景。

（3）在线娱乐（Online Entertainment）。

在线娱乐是无形产品和劳务在在线销售中令人注目的一个领域。一些网站向消费者提供在线游戏，并收取一定的订阅费。目前看来这一领域还比较成功。

游戏成为继"网络门户"争夺战第二波攻击的核心。Microsoft、Excite、Infoseek 以及世嘉、VM 实验室等，纷纷在游戏方面强势出击，跟进先行一步的 Yahoo！和 Lycos、游戏之门顿时成为网络会战的焦点，而 1998 年 5 月 30 日结束的 E3（电子娱乐大展）正好构成很好的背景舞台。

网络门户是人们上网进入的第一个网页，它是未来财富的主要汇集点。在第一次会战中，各网络门户公司的争夺重点在搜索引擎和免费邮件两方面，因为这两方面是公认的网络门户必备经典手段。在 Internet 上权威的网络门户分析中，5 家主要网络门户公司有 4 家具备游戏战略，这显示出游戏的重要性。当 Excite 和 Infoseek 宣布与娱乐总网（TEN）结成在线游戏服务联盟，提供基于 Java 的多人经典游戏。Microsoft 同一天宣布与 Ultra Corps 合作在 START 网络门户中的 Internet 游戏区开办在线收费游戏，并确定在 Windows 95 发布的日子启动。比尔·盖茨选择这个万众瞩目的日子来发布游戏项目，可见游戏在他心目中的战略地位。

雅虎早在 1998 年 3 月让它的游戏区初次登场，而 Lycos 在 5 月紧随而上。目前 Yahoo! 的思路是最前卫的，包括 Microsoft 在内的其余各家，仅得这一阶段作战要领的皮毛，而没有把网络门户的战略目标与战术手段有机结合起来，思路上比 Yahoo! 至少落后了 2 周。Microsoft 虽然早就开办了"Internet 游戏区"，但开办思路是在线式的。在线游戏是工业文明式的，以直接收费为目标，以不开放的专用软件为手段；"网络门户"游戏是信息文明式的，以猎取用户点击数为目标，以免费开放为手段。Yahoo! 已经意识到：如果游戏收费，在获得眼前利益时，会损害增加用户点击数这个战略目标；而网络门户的战略目标，正是积累用户点击这种信息资本。

Yahoo! 门户上的游戏采用免费这种战术手段是与网络门户的战略目标一致的，是深思熟虑、可以持久的。这是在信息资产形成过程中不能与最终用户发生直接交换关系这条规律的体现。退一步从在线经营角度看，一般是形成垄断后再采用封闭策略，而在竞争中采用开放策略。

AOL 通过网上聊天等手段拢住用户，形成了某种垄断，才敢提高收费；Microsoft 网络并没有 AOL 那种强势，却和 AOL 一样收费，赔了"用户点击"这个"夫人"，并不一定就能得到"赚钱"这个"兵"。也许是看到游戏有前途，还来不及细想罢了。

可以看出，网络的经营者们已将眼光放得更远，它们通过一些免费的网上娱乐吸取访问者的点击数和忠诚度。

鉴于目前这一领域的发展，一些游戏将来很可能会发展为按使用次数或小时数来计费。

2. 付费浏览模式

付费浏览模式（the Pay-per-View Model）指的是企业通过网页安排向消费者提供计次收费性网上信息浏览和信息下载的电子商务模式。付费浏览模式让消费者根据自己的需要，在网上有选择性地购买想要的东西。在数据库里查询的内容也可付费获取。另外，一次性付费参与游戏是很流行的付费浏览方式。

（1）付费浏览模式的优缺点。

付费浏览模式是目前电子商务中发展最快的模式之一，它的成功主要有以下几个因素：

首先，消费者事先知道要购买的信息并且该信息值得付费获取。

其次，信息出售者必须有一套有效的交易方法，而且该方法在付款上要允许较低的交易金额。例如，对于只获取一页信息的小额交易，目前广泛使用的信用卡付款方式就需改进，因为信用卡付款手续费可能要比实际支付的信息费要高。随着小额支付方式的出现，付费浏览模式有待进一步发展。

小额支付方式带来一些问题，如公司必须跟踪许多小金额的账款。美国麻省威廉斯通市的 Clickhere Corp 公司就是专门提供小额账款结算服务的公司。消费者如果开立了 Clickshare 账户，就可以浏览和购买任何一家与 Clickshare 公司联网结算网站的信息。通过 Clickshare 结算系统进行信息销售的出版商包括《基督教科学箴言报》《美国报道》和《摄影棚报道》等。

目前在国际互联网上开展付费浏览模式的网站之一是 First Virtual's InfoHaus。该网站是一家信息交易市场，其付款方式采用该企业自己开发的国际互联网付款系统（First Virtual's Internet Payment System）。

该付款系统的运作方式是：消费者先下载所需要的信息，然后决定是否值得对该信息付费，如果值得就办理付款。这一系统看似对信息出售者有一定的风险，但是 First Virtual 公司在交易说明中指出，信息出售者几乎没有多大的损失，因为重新制作该信息的成本几乎接近零。另外，该公司内部控制系统还可以对那些经常下载信息而不付账的消费者自动关闭账户。然而，令人遗憾的是该网站目前没有办法维持下去了。网站的拥有者在尝试其他方法来提供收费信息。从这一点看，付费浏览模式还在走探索之路。

（2）知识产权问题。

网上信息的出售者最担心的是知识产权问题，他们担心客户从网站上获取了信息，又再次分发或出售。一些信息技术公司针对这个问题开发了网上信息知识产权保护技术。例如，Cadillac 公司的知识产权保护技术就是 IBM 的所谓密码信封技术，信息下载者一开密码信封，即自动引发网上付款行为。为了解决信息再次分发和出售的问题，密码信封的设计允许信息购买者作为代理人将信息再次出售，而且给予代售者一定的佣金，这样就鼓励了信息的合法传播。

密码信封技术还被用在 IBM 的信息交易市场（InfoMarket）上。美国在线（AOL）的用户可以直接连接该交易市场，其交易将计在每月的账单里。其他的使用者还可以成为 InfoMarket 的信息销售代理人，IBM 向这些销售代理人就每笔交易收取 30%～40% 的费用。

3. 广告支持模式

广告支持模式（Advertising Supported Model）是指在线服务商免费向消费者或用户提供信息在线服务，而营业活动全部用广告收入支持。此模式是目前最成功的电子商务模式之一。例如，Yahoo! 和 Lycos 等在线搜索服务网站就依靠广告收入来维持经营活动。信息搜索对于用户在信息浩瀚的互联网上寻找相关信息是最基础的服务，企业也最愿意在信息搜索网站上设置广告，特别是通过付费方式在网上设置旗帜广告（Banners），有兴趣的用户通过点击"旗帜"就可直接连上企业的网址。

由于广告支持模式需要上网企业的商务活动靠广告收入来维持，因此，企业网页能否吸引大量的广告就成为是否成功的关键。吸引网上广告又主要靠网站的知名度，而知名度又要靠该网站被访问的次数。网景公司之所以取得广告收入第一名，主要是因为网景的浏览器包括了信息搜索功能。可见为访问者提供信息的程度是吸引广告的主要因素。

广告网站必须提供对广告效果的客观评价和测度方法，以便公平地确定广告费用的计费方法和计费额。目前大致有以下几种计费方法：

（1）按被看到的次数计费。网上广告按该广告在网上被看到的次数来计费是最普通的计费方式。其具体费率是按看到的千次多少金额（CPM）来计算。

（2）按用户录入的关键字计费。大多数的搜索网站，一般都是按用户录入的搜索关键字（Keywords）来收费的。例如，InfoSeek 对用户录入的每个广告涉及的关键字向发布广告者收取 50 美元。

（3）按击取广告图标计费。这种计费方法是按照用户在广告网页上击取广告图标的次数来计费。当然，用户看到广告并不意味着会击取广告图标。有研究表明：只有约 1% 的在线广告被用户击取，活动的广告图标被击取的可能性要大一些。

很多服务商将上述各种计费方式结合起来使用，尽量提供市场定位更明确的广告服务。

4. 网上赠予模式

网上赠予模式是一种非传统的商业运作模式。它指的是企业借助于国际互联网全球广泛性的优势，向互联网上的用户赠送软件产品，扩大产品知名度和市场份额。通过让消费者使用该产品，从而让消费者下载新版本的软件或购买相关软件。

由于所赠送的是无形的计算机软件产品，用户通过国际互联网自行下载，企业所投入的成本很低。因此，如果软件的确有实用价值，那么是很容易让消费者接受的。

网景公司（Netscape）在这方面做得很成功。网景公司较早地运用了这一电子商务模式，将其国际互联网浏览器在网上无偿赠予，以此推动该网络浏览器新版本的销售。

RealAudio 音频播放器是第一个在网上直接实时播放音频的播放器。RealAudio 在网上赠予了成千上万份的音频播放器软件，希望并鼓励软件开发商将该软件的图标放到开发商的网址上，进而在软件开发上购买其播放器软件。

微软公司使用这一模式来扩大市场份额与网景相比有过之而无不及。微软在网上赠送了 IE 浏览器、网络服务器和国际互联网信息服务器（IIS）等。

网上赠予模式的实质就是试用，然后购买。用户可以从互联网站上免费下载喜欢的软件，在真正购买前对该软件进行全面的评测。以往用户在选择和购买软件时只是靠介绍和说明以及人们的口碑，而现在可以免费下载，试用 60 天或 90 天后再决定是否购买。

适宜采用网上赠予模式的企业主要有两类：软件公司和出版商。

电脑软件公司在发布新产品或新版本时通常在网上免费提供测试版。用户可以免费下载试用。这样软件公司不仅可以取得一定的市场份额，还扩大了测试群体，保证了软件测试的效果。当最后版本公布时，测试用户可以购买该产品，或许因为参与了测试版的试用可以享受到一定的折扣。

有的出版商也采取网上赠予模式，先让用户试用然后购买。例如，《华尔街日报》，对绝大多数在线服务商以及其他出版社一般都提供免费试用期。《华尔街日报》在进行免费测试期间拥有 65 万用户,其中有很大一部分都成为后来的付费订户。

目前,国际互联网已经真正成为软件销售的测试市场。在以质取胜的同时,国际互联网使得小型软件公司更快速地进入市场并取得一定的市场份额。当然消费者在采购软件时对不太了解的软件就更加谨慎,而对免费试用的软件就会有更自由的选择权。

2.3.4 B2C 案例——当当网

B2C 是企业对消费者的电子商务模式。这种形式的电子商务一般以网络零售业为主,主要借助于 Internet 开展在线销售活动。

1. B2C 已有的几种模式以及适用商品

B2C 网购平台的代表有京东商城、钻石小鸟(有实体店)、当当、红孩子(没有实体店)。

垂直 B2C 平台的代表有佐丹奴、达芙妮(线上线下都是同一品牌)、报喜鸟(线上线下不同品牌 bono)等。这类型的电子商务会吸引忠实客户,对当当网等网购平台有很大的冲击力。

2. 目前 B2C 大型商场

目前 B2C 大型商场只有淘宝网,我们可以先了解当当网的模式。当当网是属于第一种的第二类、即没有实体店的 B2C 网购平台。我们可以看到当当网的发展历程——从中国亚马逊—中国 ebay—网上沃尔玛,它的经营范围不断扩大。销售的产品有家居百货、化妆品、数码产品、家电、图书、音像、服装以及母婴等类别的商品。B2C 也是主要适合服装、化妆品、珠宝饰品、食品、日化用品、玩具、家居类、母婴、文体书籍、家电数码、保健等快销品或其他类。笔者认为,随着物流体系的发展,各种实体商品都可以在网络上销售。

我们看到适合做 B2C 的企业都有几个共同点,包括:

(1) 个性化的网购平台。

(2) 产品直接面向终端消费者。

(3) 相对成熟的电子商务运营团队。

(4) 与企业战略规划相匹配的电子商务规划。

这些都是一个企业运作 B2C 模式最基本的要求。

3. B2C 运作需解决的问题

产品定位——正确的定位有助于产品的销售与推广。当当网产品定位就是向大众提供最便宜的商品。当当网的推出的智能比价系统在很大程度上保证了其低价保证。

品牌信用——网站的品牌影响力以及商品的品牌影响力。我们知道,当当网从 1999 年 11 月成立,发展到现在已经是全球最大的综合性中文网上购物商城,坚持诚信为本,提供货到付款、免费无条件上门收取退换货物、假一赔一,为国内电子商务企业树立了良好的榜样。所以,当当的品牌信誉是很高的。同时,当当网也和众多知名品牌合作,比如飞利浦、欧莱雅。而且当当网对入驻品牌都有较好的筛选。当当网的认知度优势明显,显示了其较好的品牌影响。

营销推广——当当网开辟了"网络销售+地面发行"的全新唱片销售模式，同时吸引知名品牌入驻，增加了知名品牌的忠实顾客的访问。并且与各大门户网站合作，向其用户发放礼券，吸引更多人的眼球。当当网还提供了个性化服务。比如当当网推出的"最佳拍档"功能。当当网联盟营销的手法三方互赢，低风险，效益不错。

网站建设——网站需要对用户有非常深入的了解，合理设置购买流程、产品分类等，提供给购买用户好的用户体验功能，有效提供转化率，将营销效果最大化，并且节约后续营销成本。当当网用户只要在同一台计算机上登录过，下次就可以自动登录，简便的用户的操作。

物流配送——物流系统的完善性将为电子商务带来更好的口碑宣传和良好的用户感受。当当网建立了庞大的物流系统，仓库中心覆盖全国。

售后服务——良好的售后服务会带来高的顾客回头率。我们认为当当网"顾客先收货、验货后付款""免费无条件上门收取退还货物"以及"全国假一赔一"的承诺，在售货前、售货交易过程中以及销售后都在很大程度上加强了消费者的消费信心。

客户关系维护——购买结束后，了解客户需求满意度，改善网站后续服务，提高网站黏性，形成循环购买和好的口碑，进一步降低销售成本、提高网站销售量，实现盈利。SNS服务可以帮助当当网及时了解消费者信息，并可以借此及时反馈做出调整，更好地服务广大消费者。

4. B2C成长所需的宏观环境

政策环境——产业振兴提供发展机遇，地方政策领先全国立法。

经济环境——我国居民消费者潜在和实际购买力双双提升。

社会环境——我国消费者信心指数企稳回升。

技术环境——3G带动移动支付业务，第三方支付工具不断优化。

5. 机遇与挑战

（1）机遇。包括：①各级政府出台一系列扶持性措施，网购市场发展面临的政策环境更加宽松；②经过金融危机的刚性调整和重新洗牌，市场内部结构和环境更趋优化；③互联网普及率持续上升，网民网络使用更加成熟。

（2）挑战。物流、售后仍然是制约用户满意度的最大因素，同时，对网络环境的不信任，也是消费者不愿意涉足网购的重要原因。为了促进网络购物市场的发展，需要互联网使用环境的优化、网民使用技能的提升与行业运行标准的健全等。主要体现在：①国内缺乏统一的物流配送市场，影响网民网购热情；②网络交易未纳入国家统一管理，市场运行规范性不强；③网络诚信和安全形势不容乐观，亟待社会各界协力维护。

对于当当网最大的挑战应该是来自同行业的卓越网的威胁。这两家公司从并存开始就一直进行着竞争，当当网一直学习亚马逊模式，走低价和规模路线。而卓越网在被亚马逊并购以后也开始采用亚马逊模式，从小而精到大而全。亚马逊模式会造成库存、配送、销售、管理成本的攀升。当当网采用的是高库存、低风险、高成本的库存战略，而卓越网则是低库存、高风险、低成本的策略。当当网和卓越网由始至终的竞争都离不开其价格战。虽然当当网暂时领先，但这两家公司都追求规模，导致成本上升，努力占取市场份额，实现规模与盈利的平衡是两家都应该做的。

目前中国电子商务供应链不成熟。要做到像亚马逊那样既要零库存又要配送及时是比较困难的。

总的来说，当当网在 B2C 领域还是相当成功的，即使面对着各种挑战，但是其管理者有效的经营战略和策略都推进着当当网的进步。

垂直 B2C 平台的发展进步、大型 B2C 商城的发展变化都在影响着市场份额的变化，发展潜力巨大。在未来的时间里，当当网要发展壮大就需要更加注重品牌知名度和利润规模平衡的问题。

2.4 B2G 模式

2.4.1 B2G 电子商务

政府与企业之间的各项事务都可以涵盖在 B2G 电子商务中，商检、管理条例的发布等也包含在内；狭义上，政府与企业间的经济事务属于 B2G 电子商务，主要包括政府采购、税收等。例如，政府利用网站发布采购清单，开展招投标工作。

先是 B2C，然后是 B2B，而现在让投资者兴奋不已的是新近出现的 B2G 电子商务模式，即"商家到政府"网站。

私人企业痴迷于从互联网获取暴利已有些时日，而相比之下，政府对此则有些无动于衷，停滞不前。已出版的《Jupiter Benchmarking Report》指出：大多数情况下，政府机构只给来自他们网站 52% 的电子邮件答复且经常是答非所问；在所有的官方网站中只有不到 1% 的网站使用除英语以外的其他语言；大多数网站要求使用高档计算机才能访问或要求用户下载极易引发系统崩溃的软件来浏览信息。

近几个月来，大量主要由私人经营的小公司热衷于与大企业合作以提高企业网站的效率并帮其建立虚拟市场。B2G 专家称：最终，政府机构只要一点鼠标便可采购到小至剪纸机大到军用直升机的一切物品。

为给政府停滞不前的在线服务注入活力以使他们更加关注顾客的要求并感到紧迫性，Ezgov.com 公司现在正与国际商用机器公司合作为各级政府机构提供在线协商解决方案，帮助其建立和改进一些官方网站以方便个人和商家访问。

政府对电子商务巨大利益的认识显然是太迟了，这主要因为他们把精力都集中在解决行政问题上了，国际商用机器公司全球政府部的总经理 Todd Ramsey 说，"在过去 6～9 个月，我们已注意到政府对在线交易以及它给国民所带来价值的认识已提高了一大步"。专家们指出在线政府采购市场极为巨大，可为精明的企业家和投资者带来丰厚利润。Gartner 技术研究公司的报告显示：联邦、州和地方政府的电子商务花销从 2000 年的 15 亿美元增加到 2005 年的 62 亿美元。

面对 B2G 投资者应保持冷静，尽管 B2C（商家到顾客）和 B2B（商家到商家）早已出现，并已成为称呼该类交易的标准字眼。但 B2G 还是比较新的，它有时亦被称为 G2B（政府到商家）。这种缩略语层出不穷，又如 G2C，即政府与市民的交易，诸如交纳违规停车罚款和税金。而无论叫作什么，人们都会用像对 B2B、B2C 那样的狂热来形容它。"G2B 市场会变得非常巨大"，德克萨斯州立大学管理科学与信息系统系主任 Andrew Whinston 说，"就拿政府采购来说，在网上就可完成向合同商拍卖、进行产品开发、交货，甚至可完成航天业与国防部之间搭卖产品的关联交易。政府采购可能成为世界上最大的电子商务市场"。尽管前景如此广阔，但在选择像 Ezgov.com 和 Govworks.com 这样的私人企业或像 National Information Consortium 这样的公众企业作为投资对象之前，投资者还是应从其他类似的虚拟市场吸取一定的教训，B2C 企业曾一度是华尔街最大的投资热门，可是在 1999 年它们却走了下坡路，大多数电子商务公司的股票不再创新高，很多甚至都跌破了发行价。维也纳 BB&T 公司资产研究部副主管 Tom Meagher 认为 B2G 不太可能会受到像 B2B 和 B2C 那样的追捧。Meagher 预言：B2G 企业之间一番惨烈的厮杀将在所难免；最终，明年的市场将会只由剩下的四五家有实力的公司占据。他说："我们预感 G2B 领域即将有一场合并风暴到来，其速度要比预想的快得多。人们听了我的观点不禁要问在 B2B、B2C 领域都未出现合并，在 B2G 会出现吗？我的回答是'会'而且合并得会更快"。尽管 B2G 的市场空间不太可能超过 B2B（估计到明年每年有 3 万亿到 50 万亿美元），政府电子商务仍就是一个潜在的巨大市场。许多专家预测，政府电子商务将从只与企业交易扩展到与消费者和企业都进行交易的更完备形式。到那时市民便可在网上的 G2C 站点交纳税金和进行车辆注册了。这不仅减少了政府对纸张的大量需求，还可为像 Ezgov.com 那样新建和改进政府网站以收取使用费的公司带来收入。

Ezgov.com 的首席执行官 Ed Trimble 认为 G2C 会使生活变得更轻松。Trimble 以 Ezgov.com 公司与加州的 Riverside 政府合作为该地居民提供在线交纳财产税服务的例子说明了这一点。Trimble 回忆道，"在上个收税周期，我们在最后截止日仍收到了数百笔缴款，我清楚记得在那晚 11：54 我们收到了最后一笔款项：一个身穿睡衣的小伙在只剩 6 分钟就到期限的情况下迅速地交完了税金并马上得到收据"。

2.5 其他电子商务交易模式

电子商务要改变的是整个社会生活，众多的消费者当然不能被动地接受改造。于是消费者之间的电子商务（C2C）模式就应运而生了，或许网上拍卖这个提法更能够大众化一些，不过网上拍卖毕竟是对面不见人的交易，对对方的信用安全实在不敢掉以轻心，所以尽管这个"网络游戏"比较有趣，但真正对它感兴趣的人还有待发掘。不过我们的眼光应当放长远一些，随着社会信息化程度加强，各种条件成熟后，C2C 模式仍不失为一个很酷的主意，而并不只是游戏与梦想。

作为整个社会的管理者和监控者的政府，对信息化的大潮也未能"免俗"。因为 G2B（税收电子化）、C2G（个人到政府）等模式也已浮出水面，而且在实际中取得了较好的效果。

2.5.1 C2C 电子商务

C2C 电子商务是消费者之间的网络交易活动，没有商家的参与，最有代表性的就是网上二手货交易市场。然而 C2C 交易的规模化并非简单的模式复制就能实现，最大的障碍来自资金流。C2C 交易若采用现金支付，则完全失去了"在线拍卖"的意义，网站的作用仅仅作为"二手商品信息中心"而存在。在线支付才是 C2C 交易产生临界规模的关键，因而没有合适的支付机制 C2C 难以做大。当然，并非实现在线支付就可以解决所有问题，C2C 的真正难点在于交易信用与风险控制。互联网跨越了地域的局限，把全球变成了一个巨大的"地摊"，而互联网的虚拟性决定了 C2C 的交易风险更加难以控制。这时交易集市的提供者必须扮演主导地位，必须建立起一套合理的交易机制，一套有利于交易在线达成的机制。eBay 是 C2C 模式成功的典例，他收购了 PayPal 公司，利用其完全基于互联网的 P2P 支付模式，迅速得到互联网社群的认可，这种支付方式也正好适合在线竞价交易业务的需求。然而，从本质上说，P2P 支付还必须依赖于传统的支付工具，如信用卡。为了促成 C2C 交易的实现，eBay 建立起来的一套交易机制，包括买方保护政策与卖方保护政策，是与信用卡交易流程密切相关的。而我国的银行卡网上支付是基于网上银行业务的借记卡转账，并非遵从标准的信用卡支付流程，在复制其交易模式时，所有的流程与条款必须加以修改，甚至重新建立一套支付规范。我要想 P2P 支付被消费者所接受，还必须具备足够的金融土壤。从银行的角度看，PayPal 是收单商家；从消费者的角度来看，PayPal 则扮演了银行的角色。这种双重角色使得 PayPal 聚拢了买方与卖方的大量资金，掌握着买卖双方的交易与信用状况，消费者为了达成交易必须信任 PayPal，这种信任度甚至超过了现实环境的银行角色。从政策与法律的角度来说，PayPal 实际上已经涉足了银行业务，正是美国多层次的法律架构及鼓励创新的政策取向，才使基于互联网的 P2P 业务得以大行其道，可以在联储"谨慎的监管"策略下自由发展。而我国目前的金融政策与基础环境还无法允许新技术公司越雷池半步。作为 C2C 老大的易趣，还没有显示出发展创新业务的迹象，而占据传统个人对个人支付领域统治地位的邮政汇款，更看不到一点发展在线电子业务的规划。可以看到，作为 C2C 交易核心的支付与交易机制还难以复制与创建。我们看到的结果只能是易趣 440 万的用户，仅仅产生出月均 1000 万的交易额，且不论这些交易额有多少完全通过互联网实现。事实上，易趣已经做得不错了，成功地复制了 eBay 的"外壳"与行销策略，聚拢了大量的人气，但却无法也难以完全复制出一套适合中国的交易机制。与此同时，交易与支付机制的不完善导致的众多欺诈与投诉让易趣焦头烂额。与 B2C 不同，C2C 的瓶颈并不在于规模的扩展，而是还没有找到适合的交易机制。创新的主动权掌握在 IT 技术公司手中，谁敢去吃，何时才能够吃到第一个螃蟹？我们只能拭目以待。

2.5.2　C2B 模式

俗话说："团结就是力量。"消费者数目巨大成为一大瓶颈，但同时也可以转化成好事，比如联合起来共同指向企业。这是一种由美国流行起来的正宗"舶来品"，即消费者对企业（C2B）模式。

C2B 完全改变了传统商业中固定价格出售和一对一讨价还价的定价模式，使买方定价成为现实，单个消费者通过聚合成为强大采购集团的一分子，充分享受到以大批发商的价格买单件商品的实际利益。当然作为一种比较新的电子商务模式，它的发展还需要一段时间的磨合与完善，毕竟能让消费者有利可图的事，商家就不敢放任自流了，高利润无论在现实中还是在网上都是商家的第一目标。

2.5.3　G2C、C2G 政府与公众之间的电子商务

政府与公众之间的电子商务是指政府通过电子网络系统为公众提供的各种服务。G2C、C2G 政府与公众之间的电子商务内容包括：福利费发放服务、公众就业服务、电子医疗服务、社会保险网络服务、公众信息服务、交通管理服务、公众电子税务、电子证件服务、教育培训服务等。

本章小结

所谓"商业模式"是指企业从事某一领域经营的市场定位和赢利目标，以及为了满足目标顾客主体需要所采取的一系列的、整体的战略组合。获得业内一致认同的分类方法是把企业和消费者作为划分标准，分别划分出企业与企业（Business to Business）之间的电子商务，简称为 B2B（B to B）电子商务；企业与消费者（Business to Customer）之间的电子商务，简称为 B2C（B to C）电子商务；企业与政府（Business to Government）之间的电子商务，简称 B2G（B to G）；以及其他电子商务交易模式。

B2B 是指企业与企业之间的电子商务。传统的商务过程大致含有以下过程：市场调查、原材料采购、产品生产、产品销售、货款结算、货物交割。在这种商务过程中，人们使用各种交通工具实现物流，通过语言、文字的交流实现信息流，再通过货币完成资金流。在商务劳动中，人、财、物的流动会产生大量的成本，占用大量的时间；信息的不畅导致商品在一些地区滞销的同时另一些地区脱销。随着贸易的国际化、全球化，原有商务模式的弊端越来越明显地显露出来。

网络商业企业对消费者的电子商务（B to C）是指企业以互联网为主要服务提供手段，实现公众消费和提供服务，并保证与其相关的付款方式的电子化的电子商务运营模式。

政府与企业之间的各项事务都可以涵盖在 B2G 电子商务中，商检、管理条例的发布等也包含在内；狭义上，政府与企业间的经济事务属于 B2G 电子商务，主要包括政府采购、税收等。例如，政府利用网站发布采购清单，开展招投标工作。

作为整个社会的管理者和监控者的政府，对信息化的大潮也未能"免俗"。因为G2B（税收电子化）、C2G（个人到政府）、C2B 等模式也已浮出水面，而且在实际中取得了较好的效果。

思考题

1. 电子商务的商业模式有哪些要素？
2. 分析大众点评网的商业模式。
3. 分析 58 同城的商业模式。
4. 分析猪八戒网络的商业模式。

实训题

网上实操小指导

一、实践目的

熟悉电子商务 C2C 平台的交易环境；掌握和体验网上购物的操作过程。

二、实践步骤

以"淘宝网"买东西为例。

（一）注册会员。进入"淘宝网"主页，如图 2-2 所示。单击左上边的"免费注册"即可注册成为淘宝用户。单击"登陆"，登陆淘宝网站。

图 2-2 淘宝网会员注册和宝贝页面

（二）搜索商品。如图 2-2 所示，选择"宝贝"，在搜索框内输入想要搜索的商品，然后按 Enter 回车键或单击"搜索"；或在网页"商品类目"商品分类页面中浏览查找所要搜索的商品。

（三）选择商品。在所有的同类商品中找到自己喜欢的商品之后，如果确定购买，选择好尺码、颜色，单击"立刻购买"，或单击"加入购物车"，继续选择其他商品或方便下次很快找到此商品。如图 2-3 所示。

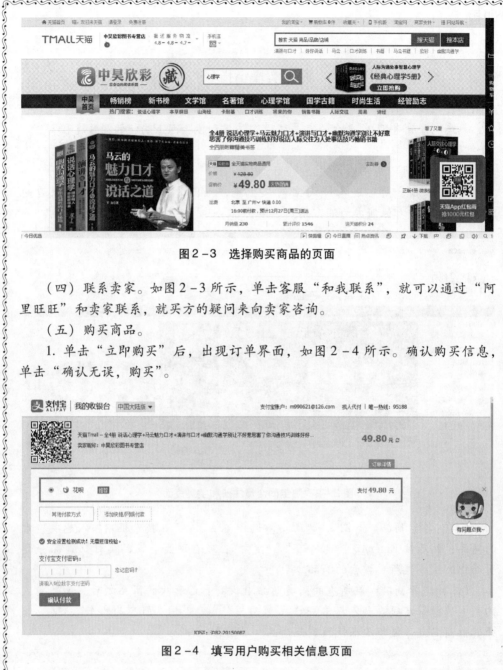

图 2-3 选择购买商品的页面

（四）联系卖家。如图 2-3 所示，单击客服"和我联系"，就可以通过"阿里旺旺"和卖家联系，就买方的疑问来向卖家咨询。

（五）购买商品。

1. 单击"立即购买"后，出现订单界面，如图 2-4 所示。确认购买信息，单击"确认无误，购买"。

图 2-4 填写用户购买相关信息页面

2. 网上银行付款（银行卡网上银行的开通需要在此次网购实践之前完成，或者无需开通网上银行，采用银行卡快捷支付方式付款）。如图 2-4 所示，选择你要使用的网上银行，目前支付宝提供 28 家网上银行通道可供付款选择：工行、农行、招行、建行、交通、兴业、浦发、广发、光大、中信、平安、深发、民生等；单击"确认开通并付款"，按提示信息操作。单击"已完成付款"；在付款遇到问题时，可点击"付款遇到问题"查找原因。

  3. 收货确认。收到货后，7天之内登陆淘宝网，在"我的淘宝"后台进行收货确认，第三方支付宝将货款付给卖方。如果收到货不确认，一段时间后，支付宝也会将货款交到卖方手里。如需退货，需与卖家联系协商，退货成功后第三方货将款返给买家。

  （六）评价。在商品交易完成后，买方可根据需要对此次购买商品的卖方进行信用评价。

第 3 章 电子商务网络技术

本章学习目标

熟悉计算机网络的相关概念，理解因特网的通信协议、IP 地址和接入方法，掌握 WWW 技术的核心，熟悉企业内部网和企业外部网的应用及技术，通过本章的学习，读者应该掌握以下内容：
- 计算机网络的相关知识
- 因特网有关知识
- Internet 相关技术
- OSI 模型相关知识
- IP 地址相关知识

 开篇案例

人物生涯

1988 年，马云从杭州师范学院外语系英语专业毕业，获文学学士学位，被分配到杭州电子工学院，任英文及国际贸易讲师。

1991 年，马云初次接触商业活动，创办海博翻译社，第一个月，收入 700 元，房租高达 2000 元。他于是利用转手小商品交易的方式，从广州、义乌等地进货，成功地养活了翻译社，还组织了杭州第一个英语角。

马云于 1995 年 4 月创办了"中国黄页"网站，这是全球第一家网上中文商业信息站点，在国内最早形成面向企业服务的互联网商业模式。1997 年年底，马云和他的团队在北京开发了外经贸部官方站点、网上中国商品交易市场、网上中国技术出口交易会、中国招商、网上广交会和中国外经贸等一系列国家级站点。

1999 年 3 月，马云和他的团队回到杭州，以 50 万元人民币创业，开发阿里

巴巴网站。他根据长期以来在互联网商业服务领域的经验和体会，明确提出互联网产业界应重视和优先发展企业与企业间电子商务（B2B），他的观点和阿里巴巴的发展模式很快引起国际互联网界的关注，被称为"互联网的第四模式"。

1999年10月和2000年1月，阿里巴巴两次共获得国际风险资金2500万美元投入，马云以"东方的智慧，西方的运作，全球的大市场"的经营管理理念，迅速招揽国际人才，全力开拓国际市场，同时培育国内电子商务市场，为中国企业尤其是中小企业迎接"入世"挑战构建一个完善的电子商务平台。

2000年10月，阿里巴巴公司继续为中国优秀的出口型生产企业提供在全球市场的"中国供应商"专业推广服务，此服务依托世界级的网上贸易社区，顺应国际采购商网上商务运作的趋势，推荐中国优秀的出口商品供应商，获取更多更有价值的国际订单。当时加盟企业近3000家，超过70%的被推荐企业在网上实现成交，众多企业成为国际大采购商如沃尔玛、家乐福、通用、克莱斯勒等的客户。

2002年3月10日，阿里巴巴倡导诚信电子商务，与邓白氏、ACP、华夏、新华信等国际国内著名的企业资信调查机构合作推出电子商务信用服务，以"诚信通"服务来帮助企业建立网上诚信档案，通过认证、评价、记录、检索、反馈等信用体系，提高网上交易的效率和成功的机会，安平县环航网业有限公司，新达海绵制品有限公司、是较早加入阿里巴巴"诚信通"民营企业，业绩有了显著提高。

截至2003年5月，阿里巴巴汇聚了来自220个国家和地区的200多万注册商人会员，每天向全球各地企业及商家提供150多万条商业供求信息，是全球国际贸易领域内最大、最活跃的网上市场和商人社区，是全球B2B电子商务的著名品牌。

WTO首任总干事萨瑟兰出任阿里巴巴顾问，美国商务部、日本经济产业省、欧洲中小企业联合会等政府和民间机构均向本地企业推荐阿里巴巴。

阿里巴巴两次被美国权威财经杂志《福布斯》选为全球最佳B2B站点之一，多次被相关机构评为全球最受欢迎的B2B网站、中国商务类优秀网站、中国百家优秀网站、中国最佳贸易网。从阿里巴巴成立至今，全球十几种语言400多家著名新闻传媒对阿里巴巴的追踪报道从未间断，被传媒界誉为"真正的世界级品牌"。

议一议：如果你是阿里巴巴技术主管，你将如何为企业选择电子商务网站？
资料来源：https://wenku.baidu.com

3.1 计算机网络技术

因特网是自印刷术以来人类通信方面最大的变革。现在人们的生活、工作、学习和交往都已离不开因特网。电子商务的运作离不开以因特网为代表的计算机网络，网络技术特别是广域网技术作为电子商务最关键的技术之一,对电子商务的正常、稳定运行及深层次的发展起着决定性的作用。因此,要深入了解、掌握和应用电子商务,必须对计算机网络有一个较为全面的了解和认识。

3.1.1 计算机网络的概念

所谓计算机网络,是指利用各种通信线路,把地理上分散的、彼此独立的多台计算机连接起来,遵循某种约定进行通信,实现资源的共享及相互协同工作的系统。一群计算机联成网络后,具有共享资源,数据通信,信息的有机集中与综合处理,提高可靠性,分担负荷和实现实时管理等功能。

计算机网络的三要素:计算机设备、通信线路及连接设备、网络协议。

计算机网络自 20 世纪 50 年代出现,随着技术的进步和应用需求的不断增加,获得了前所未有的发展,经历了从简单到复杂,从低级到高级的发展过程。

第一阶段是从单个网络 ARPANET 向互联网发展的过程。1969 年美国国防部创建的第一个分组交换网 ARPANET 最初只是一个单个的分组交换网(并不是一个互连的网络)。所有要连接在 ARPANET 上的主机都直接与就近的结点交换机相连。但到了 20 世纪 70 年代中期,人们已认识到不可能仅使用一个单独的网络来满足所有的通信问题。于是 ARPA 开始研究多种网络(如分组无线电网络)互连的技术,这就促进了后来互联网的出现。这样的互连网就成为现在因特网(Internet)的雏形。1983 年,TCP/IP 协议成为 ARPANET 上的标准协议,使得所有使用 TCP/IP 协议的计算机都能利用互联网相互通信,因而人们就把 1983 年作为因特网的诞生时间。1990 年,ARPANET 正式宣布关闭,因为它的实验任务已经完成。请读者注意以下两个意思相差很大的名词 internet 和 Internet [RFC 1208]:以小写字母 i 开始的 internet(互联网或互连网)是一个通用名词,它泛指由多个计算机网络互连而成的网络。在这些网络之间的通信协议(即通信规则)可以是任意的。以大写字母 I 开始的 Internet(因特网)则是一个专用名词,它指当前全球最大的、开放的、由众多网络相互连接而成的特定计算机网络,它采用 TCP/IP 协议族作为通信的规则,且其前身是美国的 ARPANET。

第二阶段的特点是建成了三级结构的因特网。从 1985 年起,美国国家科学基金会 NSF(National Science Foundation)就围绕六个大型计算机中心建设计算机网络,即国家科学基金网 NSFNET。它是一个三级计算机网络,分为主干网、地区网和校园网(或企业网)。这种三级计算机网络覆盖了全美国主要的大学和研究所,并且成为因特网中的主要组成部分。1991 年,NSF 和美国的其他政府机构开始认识到,因特网必将扩大其使用范围,不应限于大学和研究机构。世界上的许多公司纷纷接入到因特网,网络上的通信量急剧增大,使因特网的容量已满足不了需要。于是美国政府决定将因特网的主干网转交给私人公司来经营,并开始对接入因特网的单位收费。1992 年因特网上的主机超过 100 万台。1993 年因特网主干网的速率提高到 45 Mb/s(T3 速率)。

第三阶段的特点是逐渐形成了多层次 ISP 结构的因特网。从 1993 年开始,由美国政府资助的 NSFNET 逐渐被若干个商用的因特网主干网替代,而政府机构不再负责因特网的运营。这样就出现了一个新的名词:因特网服务提供者 ISP(Internet Service Provider)。在许多情况下，因特网服务提供者 ISP 就是一个进行商业活动的公司，因此 ISP 又常译为因特网服务提供商。例如，中国电信、中国联通和中国移动就是我国最有名的 ISP。

ISP 可以从因特网管理机构申请到很多 IP 地址（因特网上的主机都必须有 IP 地址才能上网，同时拥有通信线路（大的 ISP 自己建造通信线路，小的 ISP 则向电信公司租用通信线路）以及路由器等联网设备，因此任何机构和个人只要向某个 ISP 交纳规定的费用，就可从该 ISP 获取所需 IP 地址的使用权，并可通过该 ISP 接入到因特网。所谓"上网"就是指"（通过某个 ISP 获得的 IP 地址）接入到因特网"IP 地址的管理机构不会把一个单个的 IP 地址分配给单个用户（不"零售"IP 地址），而是把一批 IP 地址有偿租赁给经审查合格的 ISP（只"批发"IP 地址）。由此可见，现在的因特网已不是某个单个组织所拥有而是全世界无数大大小小的 ISP 所共同拥有的，这就是因特网也称为"网络的网络"的原因。图 3-1 说明了用户通过 ISP 上网。

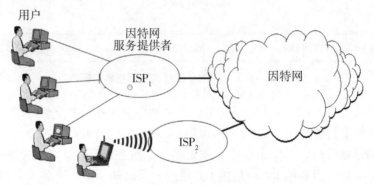

图 3-1 用户通过 ISP 上网

根据提供服务的覆盖面积大小以及所拥有的 IP 地址数目的不同，ISP 也分成为不同的层次：主干 ISP、地区 ISP 和本地 ISP。

主干 ISP 由几个专门的公司创建和维持，服务面积最大（一般都能够覆盖国家范围），并且还拥有高速主干网（例如 10 Gb/s 或更高）。有一些地区 ISP 网络也可直接与主干 ISP 相连。

地区 ISP 是一些较小的 ISP。这些地区 ISP 通过一个或多个主干 ISP 连接起来。它们位于等级中的第二层，数据率也低一些。

本地 ISP 给端用户提供直接的服务。本地 ISP 可以连接到地区 ISP，也可直接连接到主干 ISP。绝大多数的端用户都是连接到本地 ISP 的。本地 ISP 可以是一个仅仅提供因特网服务的公司，也可以是一个拥有网络并向自己的雇员提供服务的企业，或者是一个运行自己的网络的非营利机构（如学院或大学）。本地 ISP 可以与地区 ISP 或主干 ISP 连接。

从原理上讲，只要每一个本地 ISP 都安装了路由器连接到某个地区 ISP，而每一个地区 ISP 也有路由器连接到主干 ISP，那么在这些相互连接的 ISP 的共同合作下，就可以完成因特网中所有的分组转发任务。但随着因特网上数据流量的急剧增长，人们开始研究如何更快地转发分组，以及如何更加有效地利用网络资源。于是，因特网交换点 IXP（Internete Xchange Point）就应运而生了。

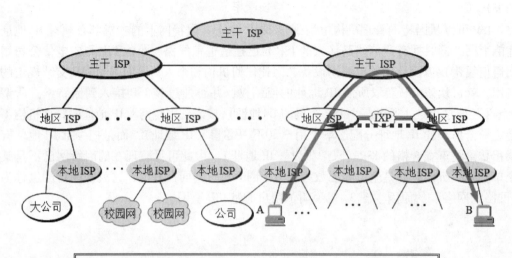

图3-2　基于ISP的多层结构的因特网的概念

因特网交换点 IXP 的主要作用就是允许两个网络直接相连并交换分组，而不需要再通过第三个网络来转发分组。这样就使因特网上的数据流量分布更加合理，同时也减少了分组转发的迟延时间，降低了分组转发的费用。现在许多 IXP 在进行对等交换分组时，都互相不收费。但本地 ISP 或地区 ISP 通过 IXP 向高层的 IXP 转发分组时，则需要交纳一定的费用。IXP 的结构非常复杂。典型的 IXP 由一个或多个网络交换机组成，许多 ISP 再连接到这些网络交换机的相关端口上。IXP 常采用工作在数据链路层的网络交换机。这些网络交换机都用局域网互联起来。

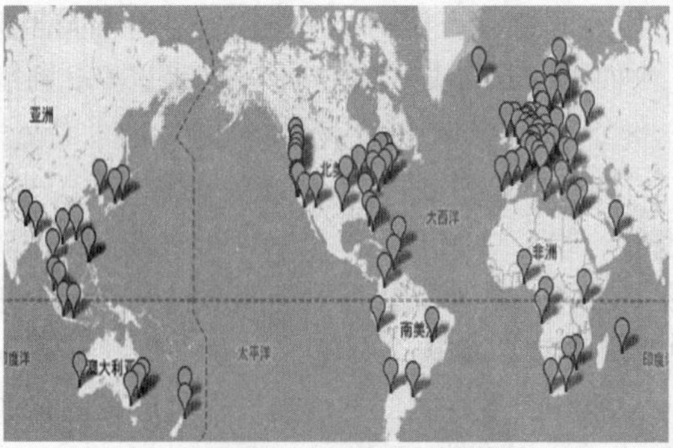

国家	IXP数
美国	85
巴西	19
日本	16
法国	15
德国	14
中国大陆	3

图3-3　因特网交换点 IXP 在全球的分布

据统计，到 2012 年 3 月，全球已经有 91 个国家拥有 IXP，其中拥有 10 个以上 IXP 的国家仅有 9 个，而仅拥有一个 IXP 的有 48 个国家。目前世界上仍有 107 个国家还没有 IXP。可以看出，因特网的发展在全世界还是很不平衡的［W-IXP］。现在，世界上最大的IXP是1995年建造在德国法兰克福的DE-CIX［W-DECIX］,其峰值吞吐量已超过4 Tb/s。这个IXP已成为因特网在欧洲的枢纽。

因特网已经成为世界上规模最大和增长速率最快的计算机网络,没有人能够准确说出因特网究竟有多大。因特网的迅猛发展始于20世纪90年代,由欧洲原子核研究组织CERN开发的万维网WWW(World Wide Web)被广泛使用在因特网上,大大方便了广大非网络专业人员对网络的使用,成为因特网的这种指数级增长的主要驱动力。万维网的站点数目也急剧增长,因特网上准确的通信量是很难估计的。美国网络设备巨头思科公司估计,全球互联网流量将在2012—2017年间增长三倍,每年运行速率达1.4泽字节,超过每年一万亿GB。该公司预计,2017年网络流量将达到每月近121艾字节——相当于300亿张DVD、28万亿首MP3音乐或750万亿条短信。较2012年的每月44艾字节大增近三倍。预计到2017年全球大约有36亿人可以访问互联网,占世界预计总人口的48%左右。相比之下,全球2012年能够使用互联网的人口约为23亿,占全球72亿人口的近32%。

此外,思科公司还预计,这一时期的平均固定宽带速度将极具提高,从2012年的11.3 Mbps增至2017年的39 Mbp。而非计算机互联网流量将在2017年达到49%,较2012年的26%增长近一倍。

3.1.2 计算机网络的拓扑结构

计算机网络的拓扑结构,即是指网上计算机或设备与传输媒介形成的结点与线的物理构成模式。网络的结点有两类:一类是转换和交换信息的转接结点,包括结点交换机、集线器和终端控制器等;另一类是访问结点,包括计算机主机和终端等。

拓扑结构是决定通信网络整体性能的关键因素之一,即对于不同环境下的网络,选择一种合适的拓扑结构至关重要。

网络拓扑按通信信道的不同,可分为点到点链路拓扑和共享链路拓扑两大类。点到点式拓扑网络中,每两台主机、两台结点交换机或主机与结点交换机之间都存在一条物理信道,没有直拉连接的就通过中间的节点连接,从而进行存储转发的分组交换直至目的地,包括星型、环型、树型、混合型以及网状型等拓扑形式。共享链路拓扑网络中,所有联网的计算机共享一条通信信道,包括总线型、环型、混合型、无线型以及卫星通信型等多种拓扑形式。

1. 星型拓扑

星型拓扑如图3-4(a)所示。星型拓扑是由中央节点和通过点到点通信链路接到中央节点的各个站点组成。中央节点执行集中式通信控制策略,因此中央节点相当复杂,而各个站点的通信处理负担都很小。星形网采用的交换方式有电路交换和报文交换,尤以电路交换更为普遍。这种结构一旦建立了通道连接,就可以无延迟地在连通的两个站点之间传送数据。目前流行的专用交换机PBX(Private Branch exchange)就是星形拓扑结构的典型实例。

星型拓扑结构的优点:

(1)结构简单,连接方便,管理和维护都相对容易,而且扩展性强。

(2) 网络延迟时间较小，传输误差低。

(3) 在同一网段内支持多种传输介质，除非中心结点故障，否则网络不会轻易瘫痪。因此，星形网络拓扑结构是目前应用最广泛的一种网络拓扑结构。

星型拓扑结构的缺点：

(1) 安装和维护的费用较高。

(2) 共享资源的能力较差。

(3) 通信线路利用率不高。

(4) 对中心结点要求相当高，一旦中心结点出现故障，则整个网络将瘫痪。

星形拓扑结构广泛应用于网络的智能集中于中央节点的场合。从目前的趋势看，计算机的发展已从集中的主机系统发展到大量功能很强的微型机和工作站，在这种形势下，传统的星形拓扑的使用会有所减少。

2. 总线拓扑

总线拓扑结构如图 3-4（b）所示。总线拓扑结构采用一个信道作为传输媒体，所有站点都通过相应的硬件接口直接连到这一公共传输媒体上，该公共传输媒体即称为总线。任何一个站发送的信号都沿着传输媒体传播，而且能被所有其他站所接收。

因为所有站点共享一条公用的传输信道，所以一次只能由一个设备传输信号。通常采用分布式控制策略来确定哪个站点可以发送 o 发送时，发送站将报文分成分组，然后逐个依次发送这些分组，有时还要与其他站来的分组交替地在媒体上传输。当分组经过各站时，其中的目的站会识别到分组所携带的目的地址，然后复制下这些分组的内容。

总线拓扑结构的优点：

(1) 总线结构所需要的电缆数量少，线缆长度短，易于布线和维护。

(2) 总线结构简单，又是元源工作，有较高的可靠性。传输速率高，可达 1～100 Mbps。

(3) 易于扩充，增加或减少用户比较方便，结构简单，组网容易，网络扩展方便。

(4) 多个结点共用一条传输信道，信道利用率高。

总线拓扑的缺点：

(1) 总线的传输距离有限，通信范围受到限制。

(2) 故障诊断和隔离较困难。

(3) 分布式协议不能保证信息的及时传送，不具有实时功能。站点必须是智能的，要有媒体访问控制功能，从而增加了站点的硬件和软件开销。

3. 环形拓扑

环形拓扑，如图 3-4（c）所示。环形拓扑网络由站点和连接站点的链路组成一个闭合环。每个站点能够接收从一条链路传来的数据，并以同样的速率串行地把该数据沿环送到另一端链路上。这种链路可以是单向的，也可以是双向的。数据以分组形式发送，例如图中的 A 站希望发送一个报文到 C 站，就先要把报文分成为若干个分组，每个分组除了数据还要加上某些控制信息，其中包括 C 站的地址。A 站依次把每个分组送到环上，开始沿环传输，C 站识别到带有它自己地址的分组时，便将其中的数据复制下来。由于多个设备连接在一个环上，因此需要用分布式控制策略来进行控制。

环形拓扑的优点：

（1）电缆长度短。环形拓扑网络所需的电缆长度和总线拓扑网络相似，但比星形拓扑网络要短得多。

（2）增加或减少工作站时，仅需简单的连接操作。

（3）可使用光纤。光纤的传输速率很高，十分适合于环形拓扑的单方向传输。

环形拓扑的缺点：

（1）节点的故障会引起全网故障。这是因为环上的数据传输要通过接在环上的每一个节点，一旦环中某一节点发生故障就会引起全网的故障。

（2）故障检测困难。这与总线拓扑相似，因为不是集中控制，故障检测需在网上各个节点进行，因此就不很容易。

（3）环形拓扑结构的媒体访问控制协议都采用令牌传递的方式，在负载很轻时，信道利用率相对来说就比较低。

4. 树形拓扑

树形拓扑，如图 3-4（d）所示。树形拓扑从总线拓扑演变而来，形状像一棵倒置的树，顶端是树根，树根以下带分支，每个分支还可再带子分支，树根接收各站点发送的数据，然后再广播发送到全网。树形拓扑的特点大多与总线拓扑的特点相同，但也有一些特殊之处。

树形拓扑的优点：

（1）易于扩展。这种结构可以延伸出很多分支和子分支，这些新节点和新分支都能容易地加入网内。

（2）故障隔离较容易。如果某一分支的节点或线路发生故障，很容易将故障分支与整个系统隔离开来。

树形拓扑的缺点：

各个节点对根的依赖性太大，如果根发生故障，则全网不能正常工作。从这一点来看，树形拓扑结构的可靠性有点类似于星形拓扑结构。

5. 混合形拓扑

混合形结构如图 3-4（f）所示。混合形结构将以上某两种单一拓扑结构混合起来，取两者的优点构成的拓扑称为混合形拓扑结构。一种是星形拓扑和环形拓扑混合成的"星—环"拓扑，另一种是星形。

拓扑和总线拓扑混合成的"星—总"拓扑。其实，这两种混合形在结构上有相似之处，若将总线结构的两个端点连在一起也就成了环形结构。这种拓扑的配置是由一批接入环中或总线的集中器组成的，由集中器再按星形结构连至每个用户站。

混合形拓扑的优点：

（1）故障诊断和隔离较为方便。一旦网络发生故障，只要诊断出哪个集中器有故障，将该集中器和全网隔离即可。

（2）易于扩展。要扩展用户时，可以加入新的集中器，也可在设计时，在每个集中器留出一些备用的可插入新的站点的连接口。

（3）安装方便。网络的主电缆只要连通这些集中器，这种安装和传统的电话系统电缆安装很相似。

混合形拓扑的缺点：

（1）需要选用带智能的集中器。这是实现网络故障自动诊断和故障节点的隔离所必需的。

（2）像星形拓扑结构一样，集中器到各个站点的电缆安装长度会增加。

6. 折叠网形拓扑

网形拓扑，如图3-4（e）所示。这种结构在广域网中得到了广泛的应用，它的优点是不受瓶颈问题和失效问题的影响。由于节点之间有许多条路径相连，可以为数据流的传输选择适当的路由，从而绕过失效的部件或过忙的节点。这种结构虽然比较复杂，成本也比较高，提供上述功能的网络协议也较复杂，但由于它的可靠性高，仍然受到用户的欢迎。

混合形拓扑结构：

网络拓扑目前瞻局域网都不采用单纯的某一种网络拓扑结构，而是将几种网络结构进行综合。根据实际需要选择合适的混合式网络结构，具有较高的可靠性和较强的扩充性。常见的混合式网络拓扑结构有星总线型和星环型身等。

（1）星总线型。星总线型拓扑结构是将星型拓扑和总线型拓扑结合起来的一种拓扑结构，即网络的主干线采用总线型结构，而在非主干线上采用星型网络拓扑结构，通过集线器将其结合起来。这种网络拓扑结构中，只要主干线不出现故障，任何一个结点出现故障都不会影响网络的正常运行。

（2）星环型。星环型拓扑结构是星型拓扑结构与环型拓扑结构混合而成的。这种网络结构布局与星形网络很相似。但是中央集线器采取了环型方式，外层集线器可以连到内部集线器，从而有效地扩展了内总环的循环范围。采用星环型拓结构还可将环中的任意一个结点和整个网络剥离开，从而方便故障的诊断和隔离。

7. 开关电源拓扑

随着PWM技术的不断发展和完善，开关电源以其高的性价比得到了广泛的应用。开关电源的电路拓扑结构很多，常用的电路拓扑有推挽、全桥、半桥、单端正激和单端反激等形式。其中，在半桥电路中，变压器初级在整个周期中都流过电流，磁芯利用充分，且没有偏磁的问题，所使用的功率开关管耐压要求较低，开关管的饱和压降减少到了最小，对输入滤波电容使用电压要求也较低。由于以上诸多原因，半桥式变换器在高频开关电源设计中得到广泛的应用。

开关电源常用的基本拓扑约有14种。

每种拓扑都有其自身的特点和适用场合。一些拓扑适用于离线式（电网供电的）AC/DC变换器。其中有些适合小功率输出（<200 W），有些适合大功率输出；有些适合高压输入（≥220 V AC），有些适合120 V AC或者更低输入的场合；有些在高压直流输出（>200 V）或者多组（4组以上）输出场合有的优势；有些在相同输出功率下使用器件较少或是在器件数与可靠性之间有较好的折中。较小的输入/输出纹波和噪声也是选择拓扑经常考虑的因素。

一些拓扑更适用于DC/DC变换器。选择时还要看是大功率还是小功率，高压输出还是低压输出,以及是否要求器件尽量少等。另外,有些拓扑自身有缺陷,需要附加复杂且难以定量分析的电路才能工作。

因此,要恰当选择拓扑,熟悉各种不同拓扑的优缺点及适用范围是非常重要的。错误的选择会使电源设计一开始就注定失败。

开关电源常用拓扑:

buck 开关型调整器拓扑、boost 开关调整器拓扑、反极性开关调整器拓扑、推挽拓扑、正激变换器拓扑、双端正激变换器拓扑、交错正激变换器拓扑、半桥变换器拓扑、全桥变换器拓扑、反激变换器、电流模式拓扑和电流馈电拓扑、SCR 振谐拓扑、CUK 变换器拓扑。

开关电源各种拓扑集锦先给出六种基本 DC/DC 变换器拓扑:

依次为 buck,boost,buck – boost,cuk,zeta,sepic 变换器。

以上分析了几种常用拓扑结构的优缺点。不管是局域网或广域网,其拓扑的选择,需要考虑诸多因素:网络既要易于安装,又要易于扩展;网络的可靠性也是考虑的重要因素,要易于故障诊断和隔离,以使网络的主体在局部发生故障时仍能正常运行;网络拓扑的选择还会影响传输媒体的选择和媒体访问控制方法的确定,这些因素又会影响各个站点在网上的运行速度和网络软、硬件接口的复杂性。

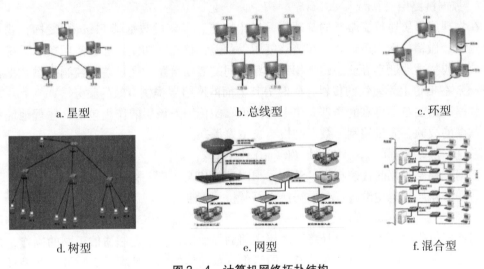

a. 星型　　　　　b. 总线型　　　　　c. 环型

d. 树型　　　　　e. 网型　　　　　f. 混合型

图 3 – 4　计算机网络拓扑结构

3.1.3　计算机网络的体系结构

为了促进计算机网络的发展,国际标准化组织 ISO 于 1977 年成立了一个委员会,在现有网络的基础上,提出的一个试图使各种计算机在世界范围内互联为网络的标准框架模型 OSI 模型,即开放式系统互联(Open System Interconnect)参考模型。OSI 试图达到这一理想境界,即全世界的计算机网络都遵循这个统一的标准。OSI 参考模型定义了开放系统的层次结构、层次之间的相互关系及各层所包含的可能的服务。它是作为一个框架来协调和组织各层协议的制定,也是对网络内部结构最精练的概括与描述。OSI 将整个网络通信的功能划分了七个层次,从下往上分别是:物理层、数据链路层、网络层、传输层、会话层、表示层和应用层,如图 3-5 所示。

1. 物理层(Physical Layer)

物理层是 OSI 分层结构体系中最重要、最基础的一层,它建立在传输媒介基础上,起建立、维护和取消物理连接作用,实现设备之间的物理接口。物理层之接收和发送一串比特(bit)流,不考虑信息的意义和信息结构。

物理层包括对连接到网络上的设备描述其各种机械的、电气的、功能的规定。具体地讲,机械特性规定了网络连接时所需接插件的规格尺寸、引脚数量和排列情况等;电气特性规定了在物理连接上传输 bit 流时线路上信号电平的大小、阻抗匹配、传输速率距离限制等;功能特性是指对各个信号先分配确切的信号含义,即定义了 DTE(数据终端设备)和 DCE(数据通信设备)之间各个线路的功能;过程特性定义了利用信号线进行 bit 流传输的一组操作规程,是指在物理连接的建立、维护、交换信息时,DTE 和 DCE 双方在各电路上的动作系列。物理层的数据单位是位。

属于物理层定义的典型规范代表包括:EIA/TIARS-232、EIA/TIARS-449、V.35、RJ-45 等。

物理层的典型设备:光纤、同轴电缆、双绞线、中继器和集线器。

2. 数据链路层(Data Link Layer)

在物理层提供比特流服务的基础上,将比特信息封装成数据帧 Frame,发挥在物理层上建立、撤销、标识逻辑链接和链路复用以及差错校验等功能。通过使用接收系统的硬件地址或物理地址来寻址。建立相邻结点之间的数据链路,通过差错控制提供数据帧(Frame)在信道上无差错的传输,同时为其上面的网络层提供有效的服务。

数据链路层在不可靠的物理介质上提供可靠的传输。该层的作用包括:物理地址寻址、数据的成帧、流量控制、数据的检错、重发等。

在这一层,数据的单位称为帧(frame)。

数据链路层协议的代表包括:SDLC、HDLC、PPP、STP、帧中继等。

数据链路层的典型设备:二层交换机、网桥、网卡。

3. 网络层(Network Layer)

网络层也称通信子网层,是高层协议之间的界面层,用于控制通信子网的操作,是通信子网与资源子网的接口。在计算机网络中进行通信的两个计算机之间可能会经过很多个数据链路,也可能还要经过很多通信子网。网络层的任务就是选择合适的网间路由和交换结点,确保数据及时传送。网络层将解封装数据链路层收到的帧,提取数据包,包中封装有网络层包头,其中含有逻辑地址信息源站点和目的站点地址的网络地址。

在网络层交换的数据单元的单位是分割和重新组合数据包(packet)。

网络层协议的代表包括:IP、IPX、OSPF 等。

网络层典型设备:网关、路由器。

4. 传输层(Transport Layer)

传输层建立在网络层和会话层之间,实质上,它是网络体系结构中高低层之间衔接的一个接口层。用一个寻址机制来标识一个特定的应用程序(端口号)。传输层不仅是一个单独的结构层,还是整个分层体系协议的核心,没有传输层,整个分层协议就没有意义。

传输层的数据单元是由数据组织成的数据段(segment)。这个层负责获取全部信息,因此,它必须跟踪数据单元碎片、乱序到达的数据包和其他在传输过程中可能发生的危险。

传输层为上层提供端到端(最终用户到最终用户)的透明的、可靠的数据传输服务,所谓透明的传输是指在通信过程中传输层对上层屏蔽了通信传输系统的具体细节。

传输层协议的代表包括:TCP、UDP、SPX等。

传输层的主要功能是从会话层接收数据,根据需要把数据切成较小的数据片,并把数据传送给网络层,确保数据片正确到达网络层,从而实现两层数据的透明传送。

5. 会话层(Session Layer)

这一层也可以称为会晤层或对话层,在会话层及以上的高层次中,数据传送的单位不再另外命名,统称为报文。会话层不参与具体的传输,它提供包括访问验证和会话管理在内的建立和维护应用之间通信的机制。如服务器验证用户登录便是由会话层完成的。

会话层提供的服务可使应用建立和维持会话,并能使会话获得同步。会话层使用校验点可使通信会话在通信失效时从校验点继续恢复通信。这种能力对传送大的文件极为重要。会话层、表示层、应用层构成开放系统的高3层,面对应用进程提供分布处理、对话管理、信息表示、恢复最后的差错等。会话层同样要担负应用进程服务要求,而运输层不能完成的那部分工作,给运输层功能差距以弥补。主要的功能是对话管理,数据流同步和重新同步。要完成这些功能,需要由大量的服务单元功能组合,已经制定的功能单元已有几十种。

用户数据单元为SSDU,而协议数据单元为SPDU。会话用户之间的数据传送过程是将SSDU转变成SPDU进行的。

6. 表示层(Presentation Layer)

表示层向上对应用层提供服务,向下接收来自会话层的服务。表示层是为在应用过程之间传送的信息提供表示方法的服务,它关心的只是发出信息的语法与语义。表示层要完成某些特定的功能,主要有不同数据编码格式的转换,提供数据压缩、解压缩服务,对数据进行加密、解密。例如图像格式的显示,就是由位于表示层的协议来支持。

表示层为应用层提供服务包括语法选择、语法转换等。语法选择是提供一种初始语法和以后修改这种选择的手段。语法转换涉及代码转换和字符集的转换、数据格式的修改以及对数据结构操作的适配。

7. 应用层(Application Layer)

网络应用层是通信用户之间的窗口,为用户提供网络管理、文件传输、事务处理等服务。其中包含了若干个独立的、用户通用的服务协议模块。网络应用层是OSI的最高层,为网络用户之间的通信提供专用的程序。应用层的内容主要取决于用户的各自需要,这一层设计的主要问题是分布数据库、分布计算技术、网络操作系统和分布操作系统、远程文件传输、电子邮件、终端电话及远程作业登录与控制等。至 2011 年，应用层在国际上没有完整的标准，是一个范围很广的研究领域。在 OSI 的 7 个层次中，应用层是最复杂的，所包含的应用层协议也最多，有些还在研究和开发之中。

应用层为操作系统或网络应用程序提供访问网络服务的接口。

应用层协议的代表包括：Telnet、FTP、HTTP、SNMP、DNS 等。

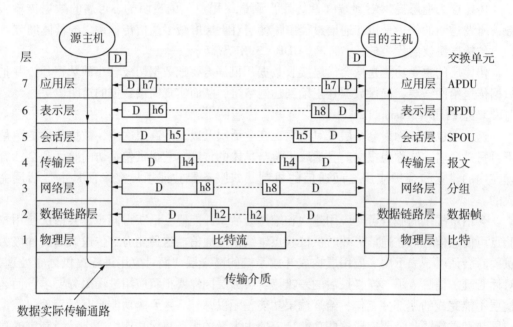

图 3-5　OSI 模型环境下数据传输过程

3.1.4　计算机网络的分类

计算机网络的种类繁多、性能各异，根据不同的分类原则，可以得到各种不同类型的计算机网络。具体如下：

按传输介质分类，可分为有线网络和无线网络；

按网络用途分类，可分为教育网、科研网、商业网、企业网和校园网等；

按交换方式分类，可分为报文交换网和分组交换网；

按传输的带宽分类，有基带网和宽带网；

按传输方式分类，有点到点式和广播式；

按覆盖范围分类，分为局域网（LAN）、城域网（MAN）、广域网（WAN）和个人网（PAN）；

按使用范围分类，分为公用网和专用网。

（1）按传输方式的不同，网络可分为点到点式网络和广播式网络。

点到点式网络（Point to Point Network）是指网络中每两台主机、两台结点交换机或主机与结点交换机之间都存在一条物理信道，没有直拉连接的就通过中间的节点连接，从而进行存储转发的分组交换直至目的地。广播式网络（Broadcast Network）是所有联网计算机共享一条通信信道，某一主机发出的数据，其他主机都能收到，但多主机信道共享易引起冲突。

（2）接网络规模即传输范围的不同，网络可分为局域网、城域网和广域网。

局域网（LAN）也叫局部区域网，通常把覆盖范围在10米至10公里间的网络，都称为LAN，如在一个实验室、一幢大楼、一所学校内部建立的计算机网络都是LAN；城域网（MAN）也叫市域网，是一个城市区域内，覆盖范围在10～100公里内的计算机网络；广域网（WAN）又叫远程网，其覆盖范围可以跨省市、跨国家，互联距离可达数百公里，甚至上万公里。因特网就是典型的广域网。

（3）按使用范围的不同，网络可分为公用网和专用网。

公用网即公众网，通常指一个国家邮电部门构建的网络，只要按规定交纳相关费用人人都可使用，如我国的电信网、广电网、联通网等。专用网是指某个行业系统、行业领域或者某个单位为满足本部门的特殊工作需要而建造的网络，这种专业网通常会租用公用网的线路，但一般不向本单位以外的集体或个人提供网络服务。如军队、铁路、电子银行系统等自建的网络都属于典型的专用网。

3.1.5 计算机网络的组成

从结构上看，计算机网络主要由网络硬件和网络软件两部分构成。其中网络硬件主要包括计算机（网络服务器、网络工作站）、通信设备、传输介质、外围设备等；网络软件则主要包括操作系统、应用软件以及通信协议、数据文件等相关软件资源。

1. 网络服务器

网络服务器实际上也是计算机，只不过它能为网络中的其他计算机和网络用户提供服务。常见的网络服务器有Internet服务器、数据库服务器和高性能计算机服务器等。在前面介绍的Internet的基本服务中，一般也是由相应的服务器完成相应的操作。比喻：WWW服务器、FTP服务器、电子邮件服务器、DNS服务器等。

2. 网络工作站

网络工作站是网络用户实际操作的计算机。网络用户可以通过工作站访问Internet上各种信息资源。

3. 网络通信设备

网络通信设备是连接计算机与传输介质、网络与网络的设备。为了能够实现更大范围的资源共享和信息交流，需要将多个计算机网络互联在一起成为因特网络。常用的网络通信设备有以下几种：

（1）中继器。中继器是网络物理层的一种介质连接设备，如图3-6（a），即中继器工作在OSI的物理层。中继器具有放大信号的作用，它实际上是一种信号再生放大器。因而中继器用来扩展局域网段的长度，驱动长距离通信。电磁信号在网络传输介质上传递时，由于衰减和噪音使有效数据信号变得越来越弱。为保证数据的完整性，它只能在一定的距离内传递。

（2）集线器。集线器是局域网中使用的连接设备，如图3-6（b），它具有多个端口，可连接多台计算机。在局域网中常以集线器为中心，将所有分散的工作站与服务器连接在一起，形成星型结构的局域网系统。集线器的优点除了能够互连多个终端以外，其优点是当其中一个节点的线路发生故障时不会影响到其他节点。集线器（HUB）属于数据通信系统中的基础设备，它和双绞线等传输介质一样，是一种不需任何软件支持或只需很少管理软件管理的硬件设备。它被广泛应用到各种场合。集线器工作在局域网（LAN）环境，像网卡一样，应用于OSI参考模型第一层，因此又被称为物理层设备。集线器所起的作用相当于多端口的中继器。其实，集线器实际上就是中继器的一种，其区别仅在于集线器能够提供更多的端口服务，所以集线器又叫多口中继器。

（3）交换机。交换机（Switch，"开关"）是一种用于电信号转发的网络设备，如图3-6（c），工作在数据链路层。它可以为接入交换机的任意两个网络节点提供独享的电信号通路。交换机提供了许多网络互连功能，可以同时建立多个传输路径，应用在连接多台服务器的网段上以提高网络性能。交换机主要用于连接集线器、服务器或分散式主干网。目前最常见的交换机是以太网交换机。

（4）网卡。网卡又称网络适配器或网络接口卡，能将PC机和LAN连接在一起的设备，如图3-6（d）。它插在计算机主板插槽中，负责将用户要传递的数据转换为网络上其他设备能够识别的格式，通过网络介质传输。网络适配器的内核是链路层控制器，该控制器通常是实现了许多链路层服务的单个特定目的的芯片，这些服务包括成帧、链路接入、流量控制、差错检测等。

（5）网桥。网桥（Bridge）像一个聪明的中继器，如图3-6（e）。中继器从一个网络电缆里接收信号，放大它们，将其送入下一个电缆。相比较而言，网桥对从关卡上传下来的信息更敏锐一些。网桥是一种对帧进行转发的技术，根据MAC分区块，可隔离碰撞。网桥将网络的多个网段在数据链路层连接起来。

网桥也叫桥接器，是连接两个局域网的一种存储/转发设备，它能将一个大的LAN分割为多个网段，或将两个以上的LAN互联为一个逻辑LAN，使LAN上的所有用户都可访问服务器。

扩展局域网最常见的方法是使用网桥。最简单的网桥有两个端口，复杂些的网桥可以有更多的端口。网桥的每个端口与一个网段相连。

（6）路由器。路由器（Router，又称路径器）是一种计算机网络设备，如图3-6（f），它能将数据通过打包一个个网络传送至目的地（选择数据的传输路径），这个过程称为路由。路由器就是连接两个以上各别网络的设备，路由工作在OSI模型的第三层——网络层。

路由器（Router），是连接因特网中各局域网、广域网的设备，它会根据信道的情况自动选择和设定路由，以最佳路径，按前后顺序发送信号。路由器是互联网络的枢纽，"交通警察"。目前路由器已经广泛应用于各行各业，各种不同档次的产品已成为实现各种骨干网内部连接、骨干网间互联和骨干网与互联网互联互通业务的主力军。路由和交换机之间的主要区别就是交换机发生在OSI参考模型第二层（数据链路层），而路由发生在第三层，即网络层。这一区别决定了路由和交换机在移动信息的过程中需使用不同的控制信息，所以两者实现各自功能的方式是不同的。

(7) 网关。网关也叫网间协议转换器，可以支持不同协议之间的转换，实现不同协议网络之间的互联，主要用于不同体系结构的网络之间的互联，充当翻译器。网关在传输层以上工作实现网络互连，是最复杂的网络互联设备，仅用于两个高层协议之间的网络互连。网关既可以用于广域网互连，也可以用于局域网互联。

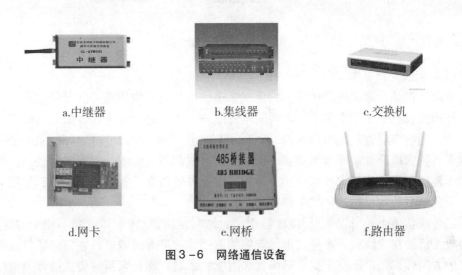

图3-6　网络通信设备

4. 传输介质

传输介质是通信双方之间的物理链路或通信线路，它是传输数据信息的载体。传输介质分为有线介质和无线介质两大类。

（1）有线介质，如双绞线、同轴电缆、光纤等。

双绞线，如图3-7（a），是最为常见的一种网络传输介质。把两根互相绝缘的铜导线并排放在一起，然后用规则的方法绞合起来就构成了双绞线，可减少对相邻导线的电磁干扰。双绞线按其是否有屏蔽，分为屏蔽双绞线和无屏蔽双绞线。屏蔽双绞线是在双绞线的外面再加上一个用金属丝编织成的屏蔽层，提高了双绞线抗电磁干扰的能力。通常把许多双绞线套在坚韧的保护层中形成一条电缆，一条电缆可包含几百对双绞线。双绞线价格便宜且性能也不错，安装容易，使用十分广泛。

同轴电缆，如图3-7（b），是计算机局域网常用的传输介质。同轴电缆由内导体铜质芯线、绝缘层、网状编织的外导体屏蔽层及保护塑料外层组成。同轴电缆具有很好的抗干扰性，被广泛用于传输较高速率的数据。例如，闭路电视（CCTV），共用天线系统（MATV）以及彩色或单色射频监视器的转送等。

光纤通信是利用光导纤维，如图3-7（c）（简称光纤），传递脉冲来进行通信，其传输带宽远远大于目前其他各种传输介质的带宽。光纤传输信息时先把电信号转换成光信号，接收后再把光信号转换成电信号。光纤的制作材料是能传送光波的超细玻璃纤维外包一层比玻璃折射率低的材料。进入光纤的光波在两种材料的界面上形成全反射，从而不断的向前传播。光纤的芯线一般有直径为0.11微米的石英玻璃丝，它具有宽带域信号传输的功能及重要轻的特点。光纤通信具有信息量大、抗电磁干扰能力强、误码率低、可靠性好、安全保密性好、体积小、重量轻等优点。

a.双绞线　　　　　　b.同轴电缆　　　　　　c.光纤

图 3-7　有线传输介质

（2）无线介质，如微波、红外线、卫星、激光等。

微波信道是计算机网络中最早的无线信道，也是目前应用最多的无线信道。微波通信是使用波长在 0.1 毫米至 1 米之间的电磁波——微波进行的通信。微波通信不需要固体介质，当两点间直线距离内无障碍时就可以使用微波传送，且具有良好的抗灾性能，对水灾、风灾以及地震等自然灾害，微波通信一般都不受影响，但方向性较差。微波通信由于其频带宽、容量大、可以用于各种电信业务的传送，如电话、电报、数据、传真以及彩色电视等均可通过微波电路传输。

红外线信道由一对发送器/接收器组成，这对发送器/接收器调制不相干的红外光，只要收发机处在视线内，不受其他建筑物的遮挡，就可准确地进行通信。通信系统具有很强的方向性，几乎不受干扰信号串扰和阻塞的影响，而且容易安装。红外通信技术适合于低成本、跨平台、点对点高速数据连接，可用于沿海岛屿间的辅助通信、室内通信、近距离遥控、飞机内广播和航天飞机内宇航员间的通信等。

卫星通信是指在两个或多个卫星地面站之间利用人造地球卫星转发或反射信号的无线电通信方式。卫星接收到来自地面发送站发送来的电磁波后，再以广播方式发向地面，被地面所有工作站接收。其特点是通信容量大、通信范围大，干扰较小、可靠性高、但传播时延大，保密性较差。星通信的应用领域在不断扩大，除金融、证券、邮电、气象、地震等部门外，远程教育、远程医疗、应急救灾、应急通信、应急电视广播、海陆空导航、连接因特网的网络电话、电视等将会广泛应用。

激光通信是利用激光进行通信的方式。激光是一种方向性极好的单色相干光，在空间传播的激光束可以被调制成光脉冲以传输数据。与地面微波和红外线一样，可以在视野范围内安装两个彼此相对的激光发射器进行通信。激光通信与红外线通信一样是全数字的，具有较强的方向性，且通信容量大。但受环境影响，传播距离不远。激光硬件会发出少量射线而污染环境，故只有经过特许后方可安装。激光通信的应用主要有地面间短距离通信、短距离内传送传真和电视、可作导弹靶场的数据传输和地面间的多路通信、通过卫星全反射的全球通信和星际通信以及水下潜艇间的通信等。

5. 网络操作系统

计算机网络操作系统是网络用户与计算机网络之间的接口，运行在称为服务器的计算机上，其主要功能是服务器管理及通信管理，包括一般多用户多任务操作系统所具有的功能。网络操作系统为网络用户提供所需的各种通信软件和有关协议规程。网络用户通过网络操作系统请求网络服务，它的任务就是支持局域网络的通信及资源共享，如远程登陆服务、文件传输服务、电子邮件服务、网络新闻与 BBS 服务功能等。目前市场上主要的网络操作系统有 Netware、Windows Server2003、UNIX 和 Linux 等。

6. 网络协议

计算机网络由多个互联的结点组成，结点之间需要不断地交换数据和控制信息。为了使计算机之间或计算机与终端之间能正确地传送信息，必须在有关信息传输顺序、信息格式和信息内容等方面遵守一些事先约定好的约定或规则，这些为网络数据交换而制定的约定、规则与标准被称为网络协议。通俗来说，网络协议就是网络上所有设备之间的通信规则和技术标准，也是一种大家公认并必须遵照执行的"共同语言"。

常用的协议有 TCP/IP 协议（传输控制协议/网际协议）、IPX/SPX 协议（国际分组包交换/顺序包交换）等。

任何一种通信协议都包括三个组成部分：语法、语义和时序。语法规定了通信双方"如何讲"，确定用户数据和控制信息的结构与格式；语义规定了通信双方准备"讲什么"，即需要发出何种控制信息，以及完成的动作和做出的响应；时序规定了双方"何时讲"，即对事件实现顺序的详细说明。

3.2 Internet 相关技术

电子商务是基于因特网的一种新的商务模式，电子商务的运作离不开以因特网为代表的因特网络，特别是利用 WWW 技术传输和处理商务信息。因此，了解和掌握因特网的相关技术是十分必要的。

3.2.1 Internet 的产生与发展

Internet 可翻译为因特网，也叫英特网，它是全球最大的、开放的、由众多计算机网络互联而成的国际性计算机网络。因特网采用分组交换技术实现了不同网络之间的连接，可向用户或应用程序提供一致的、通用的网络传输服务。

Internet 是全世界最大的计算机网络，最早作为军事通信工具而开发的。它起源于美国国防部高级研究计划局（ARPA）于 1968 年主持研制的用于支持军事研究的计算机实验网 ARPANET。ARPANET 建网的初衷旨在帮助那些为美国军方工作的研究人员通过计算机交换信息，目标是保证通信系统在核战争中仍能发挥作用，因为中央通信系统在战争中是被破坏的主要目标，所以系统的基本设计要求是保证网络上每个节点具有独立的功能并具有等同的地位，资源共享，异种计算机能实现通信。即该网络要能够经得住故障的考验而维持正常工作，当网络的一部分因受攻击而失去作用时，网络的其他部分仍能维持正常通信。

该网络使用"包交换/分组交换"这种新的信息传输技术，其原理是：一组信息首先被分割为若干个"包"，每个包均包含它的目的地址，每个包通过不同线路到达目的地，再组装还原成原来的信息。这个系统最大的优点是如果核弹击毁了军事网络的一部分，数据仍然能通过未破坏的网络到达目的地，这一原理成了因特网的标准。

1969 年 9 月，ARPANET 连接美国 4 个大学站点，即加州大学洛杉矶分校 UCLA、加州大学圣巴巴拉分校 UCSB、犹他大学 Utah 和斯坦福研究所 SRI，这是最早的计算机网络，开始利用网络进行信息交换。

1971 年，ARPANET 发展到 15 个站点，23 台主机，新接入的站点包括哈佛大学、斯坦福大学、麻省理工学院、美国航空航天局等；当时网络采用的是 NCP（Network Control Protocol）网络控制协议，此协议包括远程登陆、文件传输和电子邮件的协议，从而形成了 ARPANET 的基本服务；1972 年因特网工作组（INWG）成立，其目的在于建立因特网通讯协议；1973 年 ARPANET 扩展成国际因特网，第一批接入的有英国和挪威；1974 年美高级计划研究署的鲍勃·凯恩和斯坦福大学的温登·泽夫合作，提出了 TCP/IP 协议和网关结构，核心是该协议独立于网络和计算机硬件，并提出了网络上的全局连接性；1975 年 ARRANET 网络已从试验性网络发展为实用型网络，其运行管理由 ARPA 移交给了国防通信局 DCA。

20 世纪 80 年代，局限于军事领域的 ARPANET 开始被用于教育和科研。1981 年，TCP/IP 6.0 版本正式成为 ARPANET 的标准协议，之后大量的网络、主机和用户都连入了 ARPANET，使 ARPANET 迅速发展。1983 年，ARPANET 分裂为民用科研网 ARPANET 和纯军事用的 MILNET 两个网络。DCA 把 ARPANET 各站点的通讯协议全部转为 TCP/IP，这是全球因特网正式诞生的标志。

1984 年，美国国家科学基金会（NSF）决定组建 NSFNET。通过 56 kb/s 的通信线路将美国 6 个超级计算机中心连接起来，实现资源共享。1986 年 NSFNet 建立，实现了广域网与计算机中心以及计算机中心与计算机中心之间的互联。NSFNET 采取的是一种具有三级层次结构的广域网络，整个网络系统由主干网，地区网和校园网组成。各大学的主机可连接到本校的校园网，校园网可就近连接到地区网，每个地区网又连接到主干网，主干网再通过高速通信线路与 ARPANET 连接。这样一来，学校中的任一主机可以通过 NSFNET 来访问任何一个超级计算机中心，实现用户之间的信息交换。后来，NSFNET 所覆盖的范围逐渐扩大到全美大学和科研机构，NSFNETHE 和 ARPANET 就是美国乃至世界 Internet 的基础。NFSnet 于 1990 年 6 月彻底取代了 ARPAnet 而成为 Internet 的主干网。1992 年因特网协会（ISOC）成立，1993 年因特网信息中心成立。

1992 年，美国政府提出"信息高速公路"计划，公布"国家信息基础设施建设：行动纲领"，简单 NII 计划，政府进一步加强对因特网的资金支持，在全世界掀起信息高速公路热。从 1995 年起，因特网主干网转由企业支持，实现商业化运营。在我国，1994 年中国科学技术网 CSTNET 首次实现和 Internet 直接连接，同时建立了我国最高域名服务器，标志着我国正式接入 Internet。接着，相继又建立了中国教育科研网（Cernet）、计算机因特网（ChinaNet）和中国金桥网（Genet），从此中国用户日益熟悉并使用 Internet。

3.2.2 Internet 的通信协议

TCP/IP 模型也被称作 DoD 模型（Department of Defense Model）。TCP/IP 字面上代表了两个协议：TCP（传输控制协议）和 IP（网际协议）。1983 年 1 月 1 日，在因特网的前身（ARPA 网）中，TCP/IP 协议取代了旧的网络控制协议（NCP，Network Control Protocol），从而成为今天的互联网的基石。TCP/P 协议模型见图 3－8。

第 3 章 电子商务网络技术

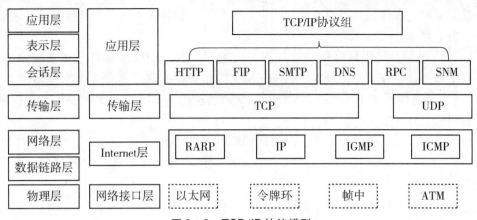

图 3-8 TCP/IP 协议模型

TCP/IP 协议不是 TCP 和 IP 这两个协议的合称,而是指因特网整个 TCP/IP 协议族。从协议分层模型方面来讲,TCP/IP 由四个层次组成:网络接口层、网络层、传输层、应用层。

TCP/IP 协议并不完全符合 OSI 的七层参考模型,OSI(Open System Interconnect)是传统的开放式系统互连参考模型,是一种通信协议的 7 层抽象的参考模型,其中每一层执行某一特定任务。该模型的作用是使各种硬件在相同的层次上相互通信。这 7 层是:物理层、数据链路层(网络接口层)、网络层、传输层、会话层、表示层和应用层。而 TCP/IP 通讯协议采用了 4 层的层级结构,每一层都呼叫它的下一层所提供的网络来完成自己的需求。由于 ARPANET 的设计者注重的是网络互联,允许通信子网(网络接口层)采用已有的或是将来有的各种协议,所以这个层次中没有提供专门的协议。实际上,TCP/IP 协议可以通过网络接口层连接到任何网络上,例如 X.25 交换网或 IEEE802 局域网。

(1) 网络接口层:TCP/IP 协议的最低层,也是主机与网络的实际连接层。负责在线路上传输帧并从线路上接收帧。对于 OSI 的数据链路层和物理层,TCP/IP 不提供任何协议,完全由网络接口协议代替,常见的接口层协议有:Ethernet 802.3、Token Ring 802.5、X.25、Frame relay、HDLC、PPP ATM 等。

(2) 网络层:负责相邻计算机之间的通信。其功能包括三方面:一是负责处理来自传输层的分组发送请求,收到请求后,将分组装入 IP 数据报,填充报头,选择去往信宿机的路径,然后将数据报发往适当的网络接口。二是负责处理输入数据报。首先检查其合法性,然后进行寻径。假如该数据报已到达信宿机,则去掉报头,将剩下部分交给适当的传输协议。假如该数据报尚未到达信宿,则转发该数据报。三是负责处理路径、流控、拥塞等问题。该层的主要协议是 IP 协议和 ARP/RARP 地址的解析协议。ARP 是将因特网的 IP 地址转换成物理地址,而 RARP 是反向地址解析,将物理地址转换为因特网的 IP 地址。

(3) 传输层:负责应用进程间端到端的通信会话连接,并将数据无差错地传给相邻的上一层或下一层。该层定义了两种主要的协议:传输控制协议 TCP 和用户数据报协议 UDP(User Datagram protocol)。其中,TCP 提供的是一种可靠的面向连接的服务,该协议通信的可靠性高，但效率低。UDP 提供的是一种不太可靠的无连接服务，通信效率高，但不可靠。

（4）应用层：向用户提供一组常用的应用程序，比如电子邮件、文件传输访问、远程登录等。远程登录 TELNET 使用 TELNET 协议提供在网络其他主机上注册的接口。TELNET 会话提供了基于字符的虚拟终端。文件传输访问 FTP 使用 FTP 协议来提供网络内机器间的文件拷贝功能。

应用层协议主要包括如下几个：FTP、TELNET、DNS、SMTP、RIP、NFS、HTTP。

FTP（File Transfer Protocol）是文件传输协议，一般上传下载用 FTP 服务，数据端口是 20H，控制端口是 21H。

Telnet 服务是用户远程登录服务，使用 23H 端口，使用明码传送，保密性差、简单方便。

DNS（Domain Name Service）是域名解析服务，提供域名到 IP 地址之间的转换。

SMTP（Simple Mail Transfer Protocol）是简单邮件传输协议，用来控制信件的发送、中转。

RIP（Router Information Protocol）是路由信息协议，用于网络设备之间交换路由信息。

NFS（Network File System）是网络文件系统，用于网络中不同主机间的文件共享。

HTTP（Hypertext Transfer Protocol）是超文本传输协议，用于实现互联网中的 WWW 服务。

3.2.3　Internet 的 IP 地址及域名

1. IP 地址

互联网中 IP 地址是一个极为重要的概念。为确保互联网上每台主机（能提供互联网服务的计算机）在通信时都能互相识别，每台主机都必须有一个唯一的地址来标识，即用 IP 地址表示该主机在网络上的位置，也叫主机网际协议地址，这犹如电话系统中每台接入电话网络的具有标识效用的电话号码。一般用户在拨号上网时，由互联网服务提供商（ISP）自动随机分配一个 IP 地址，而且每次拨号时 IP 地址都不固定，这就叫做动态 IP 地址。一般大型网站都向他们的域名服务商申请一个固定不变的 IP 地址，称为固定 IP 地址。

（1）IPv4 地址。IPv4 地址按层次结构组织，包含网络地址与主机地址两部分，前者用以区分在互联网上互联的各个网络；后者用来表示同一网络上的不同计算机（或主机）。IPv4 地址由 32 位二进制数构成，分为 4 段（4 个字节），每段 8 位（1 个字节），可以用小于 256 的十进制数来表示，段间用圆点隔开。

例如，192.168.1.128（二进制数为：11000000.10101000.00000001.10000000）。

IPv4 地址具有如下两个重要性质：

1）每台主机的 IPv4 地址在整个互联网中是唯一的；

2）网络地址在互联网范围内统一分配，主机地址则由该网络进行本地分配。IPv4 地址的地址类型和地址空间如图 3-9 所示。

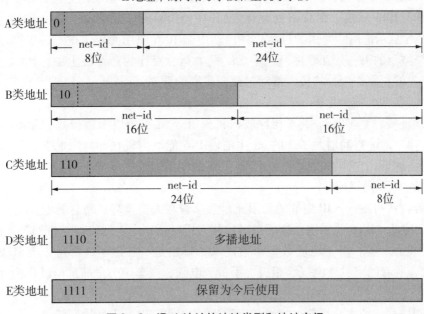

图3-9 IPv4地址的地址类型和地址空间

在这些地址中分为A、B、C、D、E五类,其中A、B、C三类称为基本类,表3-1是IPv4基本类地址的地址空间列表。

表3-1 IPv4基本类地址的地址空间列表

网络类别	最大网络数	第一个可用的网络号	最后一个可用的网络号	每个网络中最大的主机数
A	126(2^7-2)	1	126	16,777,214
B	16,383($2^{14}-2$)	128.1	191.255	65,534
C	2097,151($2^{21}-1$)	192.0.1	223.255.255	254

(2) IPv6。IPv6是下一版本,也是下一代的因特网协议,它的提出最初是因为随着因特网的迅速发展,IPv4定义的有限地址空间将被耗尽,而地址空间的不足必将妨碍因特网的进一步发展。为了扩大地址空间,拟通过IPv6以重新定义地址空间。IPv4采用32位地址长度,只有大约43亿个地址,而IPv6采用128位地址长度,在1998年获得通过的IPv6协议或将成为这一问题的完美解决方案。IPv6能够在现在40亿个IPv4网络地址的基础上增加约340万亿个IP地址。夸张一点来说,它甚至能给地球上的每一粒沙子都分配一个IP地址。当前,IPv4地址已经面临资源枯竭,因此加强IPv6的下一代因特网建设势在必行。目前,IPv6已经用到了多种通信业务上,截止到2016年,中国电信在骨干网、城域网、IDC、移动网等多个网络层面,以及在业务侧和用户侧,IPv6都取得了不错的进展。骨干网方面,中国电信163/CN2网内设备和所有省际链路都已开启IPv6;城域网层面,已经在超过220个城域网内开启双栈,全网96%的BRAS/MSE

已支持 IPv6；IDC 方面，三星级以上的 IDC 均已支持 IPv6；移动网方面，LTE 用户面均已支持 IPv4/IPv6 双栈。在 IPv6 商业化方面，中国电信的全面发力，在我国乃至世界领先实现 IPv6 从示范网到商用的过渡，将启动中国 IPv6 商用元年。据悉，中国联通也将整合 10 个城市的下一代互联网商用平台。几大运营商作为产业链上游，此举对下一代互联网产业的引擎作用，将极大推动过渡密集期的到来。

IPv6 具备四大技术优势：

1）地址资源更多。与 IPv4 相比较，目前 IPv6 几乎可以无限使用。IPv6 地址长度为 128 比特，地址空间增大了 2 的 96 次倍。IPv6 能够为现在和将来的互联网应用提供更多的网络地址，它能够在现在 40 亿个 IPv4 的网络地址的基础上增加大体上 340 万亿万亿万亿的 IPv6 网络地址。

2）万物皆可编码。IP 地址的无限充足意味着在人类世界，每件物品都能分到一个独立的 IP 地址。IPv6 的采用，让信息时代从人机对话，进入到机器与机器互联的时代，让物联网成为真实。由于地址数量非常庞大，哪怕是一粒沙子，都可以有其 IP 地址。这意味着，所有的家具、电视、相机、手机、电脑、汽车……全部都可以作为互联网的一部分。

3）网络病毒消亡。目前，病毒和互联网蠕虫是最让人头疼的网络攻击行为。但这种传播方式在 IPv6 的网络中就不再适用了，因为 IPv6 的地址空间实在是太大了，如果这些病毒或者蠕虫还想通过扫描地址段的方式来找到有可乘之机的其他主机，就犹如大海捞针。在 IPv6 的世界中，对 IPv6 网络进行类似 IPv4 的按照 IP 地址段进行网络侦察是不可能了。所以，在 IPv6 的世界里，病毒、互联网蠕虫的传播将变得非常困难。

4）网络实名制可行。IPv6 的普及一个重要的应用是网络实名制下的互联网身份证。目前基于 IPv4 的网络之所以难以实现网络实名制，一个重要原因就是因为 IP 资源的共用，因为 IP 资源不够，所以不同的人在不同的时间段共用一个 IP，IP 和上网用户无法实现一一对应。在 IPv4 下，运营商只保留三个月左右的上网日志，比如查前年某个 IP 发帖子的用户就不能实现。但 IPv6 的出现可以从技术上一劳永逸地解决实名制这个问题，因为那时 IP 资源将不再紧张，运营商有足够多的 IP 资源，那时候，运营商在受理入网申请的时候，可以直接给该用户分配一个固定 IP 地址，这样实际就实现了实名制，也就是一个真实用户和一个 IP 地址的一一对应。当一个上网用户的 IP 固定了之后，用户在网络上做的任何事情在任何时间段内都有据可查。

2. 域名

域名是因特网上的计算机地址的另一种表现形式，它和 IP 地址一一对应，易于记忆，用得更普遍。域名由若干部分组成，之间用"."分开，每个部分由字母、数字、下画线组成。当用户要和因特网上某台计算机交换信息时，只需使用域名，由域名服务器将域名转换成 IP 地址。

域名是上网单位和个人在网络上的重要标识，起着识别作用，便于他人识别和检索某一企业、组织或个人的信息资源，从而更好地实现网络上的资源共享。除了识别功能外，在虚拟环境下，域名还可以起到引导、宣传、代表等作用。目前域名已经成为因特网的品牌、网上商标保护必备的产品之一。因此设计域名时，除了要根据公司名称或信息内容的性质来选择外,还要使域名简洁、易记、标识性强,并具有一定内涵。一个好的域名显然会大大有助于网址的推广,扩大站点的知名度。可以用品牌和企业名称作为域名,如 www.cctv.com.cn,www.126.com,jd.cn 等。

(1) 域名的格式。域名系统(DNS)规定,域名由若干个英文字母、数字或下划线等标号组成,由"."分隔成几部分。域名中的每一部分标号不超过63个字符,也不区分大小写字母。由多个标号组成的完整域名总共不超过255个字符。级别最低的域名写在最左边,而级别最高的域名写在最右边,从右向左分别称作顶级域名、二级域名、三级域名。如 baidu.com.cn、sohu.com。

顶级域名主要分为两类:

1) 国家顶级域名。国家顶级域名指由"国家域"两个字符组成的域名。以国际国别识别符标准 ISO31660 为规范,各个国家都有自己固定的国家域名,如:cn – China 中国、uk – United Kingdom 英国、us – United States 美国、gr – Greece 希腊等。以国家域名为后缀的域名通常也叫国内域名,例如:cctv.com.cn 就是一个中国国内域名。

表3-2 国家及行政区的顶级域名(部分)

域名	国家或行政区	域名	国家或行政区	域名	国家或行政区
cn	中国	It	意大利	in	印度
ca	加拿大	ch	瑞士	jp	日本
Uk	英国	hk	香港	fr	法国
De	德国	sg	新加坡	ru	俄罗斯
us	美国	mo	澳门	mx	墨西哥

2) 类别顶级域名。类别顶级域名是指 com、net、org、gov、edu、mil、int 等域名。这些不同的标号分别代表了不同的机构性质。如:com 是商业机构,net 是网络服务机构,org 是社团组织机构,gov 示的是政府机构,edu 是教育机构,mil 是军事部门机构,int 是国际组织机构等。其中 com、net、org、int 可以直接作为最高顶级域名,不加国家域名后缀,直接写在整体域名的最右边,通常也叫国际顶级域名。例如:www.sohu.com、www.ibm.com、www.cnnic.net 等。而 gov、edu、mil 等顶级域名只有美国才能把它们作为最高顶级域名,其后省略了其国家域名 us,而其他国家则不能省略国家域名后缀,以免混淆。例如,中华人民共和国中央人民政府 www.gov.cn、美国政府网站 www.usa.gov、广东省人民政府 www.gd.gov.cn 等。

表3-3 机构类别的顶级域名

域名	类别	域名	类别
Com	商业机构	fm	电台
edu	教育机构(美国)	Museum	博物馆
Gov	政府机构(美国)	Int	国际机构
mil	军事机构(美国)	Areo	航空机构

续表 3-3

域名	类别	域名	类别
net	网络服务机构	Post	邮政机构
org	非营利性组织	rec：表示	娱乐机构
pro	医生，会计师	Asia	亚洲机构
info	信息提供	cc	商业网站
mobi	手机域名	tv	电视网

后来全球域名最高管理机构 ICANN 为满足和扩大域名市场的需求，又新增了一些类别域名，如 firm（公司企业机构）、cc（商业机构）、store（商业机构）、web（网络机构）、arts（文化机构）、biz（商业公司）、info（提供信息服务的企业）、name（个人）、pro（医生、律师、会计师等）、coop（商业合作社）、aero（航空运输业）、museum（博物馆）等。

二级域名是指顶级域名之下的域名，写在顶级域名的左边。在国际顶级域名下，它是指域名注册人的网上名称，如 sohu、ibm、cnnic 等；在国家顶级域名下，它是指注册单位的类别符号，如 com、edu、gov、net 等。我国在国际因特网络信息中心（CNNIC）正式注册并运行的顶级域名是 CN，这也是我国的一级域名。在国家顶级域名之下，我国的二级域名又分为类别域名和行政区域名两类。类别域名共 6 个，包括用于科研机构的 ac、用于工商金融企业的 com、用于教育机构的 edu、用于政府部门的 gov、用于因特网络信息中心和运行中心的 net 和用于非盈利组织的 org。而行政区域名有 34 个，分别对应于我国各省、自治区和直辖市，如北京 bj、广东 gd 等。

表 3-4　中国二级域名按类别分类

域名	类别	域名	类别
Gov	政府部门	ac	科研机构
Org	非营利性组织	edu	教育机构
net	互联网服务机构	com	工商、金融等

我国互联网络域名体系中各级域名可以由字母（A～Z，a～z，大小写等价）、数字（0～9）、连接符（-）或汉字组成，各级域名之间用实点（.）连接，中文域名的各级域名之间用实点或中文句号（。）连接。2003 年 3 月 17 日，国家信息产业部宣布 cn 二级域名已经全面开放注册。即用户在顶级域名 cn 下可以直接申请注册二级域名，如"www.××××.cn"，其中××××为用户自行决定的二级域名。在 CNNIC 的中文域名系统中，在顶级域名"cn"之外暂设"中国""公司"和"网络"3 个中文顶级域名。其中注册"中国"的用户将自动获得"cn"的中文域名。如"龙.cn""龙.中国"、"中国频道.公司"和"中国频道.网络"等等。

（2）域名的注册。域名注册是 Internet 中用于解决地址对应问题的一种方法。域名未经法定机构注册不得使用，注册域名遵循先申请先注册原则，一旦取得注册便具有唯一性，其他任何人不得注册、使用相同的域名。域名一经获得即可永久使用，并且无须定期续展，域名的使用是全球范围的，没有传统的严格地域性的限制。

注册国内域名和国际域名是有区别的。国际域名是指在美国的域名注册管理机构 ICANN 注册的域名，国内域名是指在中国国际因特网信息中心 CNNIC 注册的。区别在于，国际域名没有国别标识，而国内域名最后加了".cn"这个中国的国别标识。注册国内域名可以自己到 CNNIC 办理，也可委托代理办理，注册国际域名一般都由代理办理。

ICANN（The Internet Corporation for Assigned Names and Numbers）即因特网名称与数字地址分配机构，它是 1998 年 10 月成立的一个集合了全球网络界商业、技术及学术各领域专家的非营利性国际组织，负责因特网协议（IP）地址的空间分配、协议标识符的指派、通用顶级域名（gTLD）以及国家和地区顶级域名（ccTLD）系统的管理，以及根服务器系统的管理。CNNIC（China Internet Network Information Center）即中国因特网络信息中心，是中国 CN 域名的管理机构。CNNIC 授权注册商，注册商直接从 ICANN 批发域名。最为通用的域名.com/.net 的管理机构是 ICANN，但 ICANN 并不负责域名注册，ICANN 只是管理其授权的域名注册商，在 ICANN 和注册商之间还有一个 Versign 公司，注册商相当于从 Verisign 公司批发域名，但管理注册商的机构是 ICANN。

3.3 Internet 的接入方法

要使用因特网，必须以某种方式将计算机与因特网相连接，因特网的接入是电子商务交易的首要条件，常用的连接方法有以下几种。

3.3.1 PSTN 拨号接入

PSTN（Published Switched Telephone Network，公用电话交换网）拨号上网是 20 世纪 90 年代中后期刚有因特网的时候，家庭用户上网使用最为普遍的一种方式。只要用户拥有一台个人电脑、一个外置或内置的调制解调器（Modem）和一根电话线，再向本地因特网服务提供商（ISP）申请自己的账号，或购买上网卡，拥有自己的用户名和密码后，然后通过拨打 ISP 的接入号连接到 Internet 上。这种方式费用较低，但速度慢，可靠性差。

3.3.2 ISDN 综合业务数字网

ISDN（Integrated Service Digital Network，综合业务数字网）接入技术俗称"一线通"，是一个数字电话网络国际标准，一种典型的电路交换网络系统。它采用数字传输和数字交换技术，将电话、传真、数据、图像等多种业务综合在一个统一的数字网络中进行传输和处理。用户利用一条 ISDN 用户线路，可以在上网的同时拨打电话、收发传真，就像两条电话线一样。ISDN 网络接入主要适合普通家庭用户使用，缺点是速率仍然较低，无法实现一些高速率要求的网络服务，且费用同样较高（接入费用由电话通信费和网络使用费组成）。

3.3.3 DDN 数字数据网络

DDN（Digital Data Network）数字数据网络是利用光纤数字传输通道和数字交叉复

用节点组成的，随着数据通信业务发展而迅速发展起来的一种新型传输网网络。DDN的主干网传输媒介有光纤、数字微波、卫星信道等，用户端多使用普通电缆和双绞线。DDN 将数字通信技术、计算机技术、光纤通信技术以及数字交叉连接技术有机地结合在一起，提供了高速度、高质量的通信环境，可以向用户提供点对点、点对多点透明传输的数据专线出租电路，为用户传输数据、图像、声音等信息。速度快，但费用较高，适合社区商业的使用。

3.3.4 xDSL 数字用户线路

xDSL 是一种通过在现有的电信网络上采用较高的频率及高级调制技术，即利用在模拟线路中加入或获取更多的数字数据的信号处理技术来获得高传输速率，从而使用户和电信运营商之间形成高速网络连接的技术。xDSL 是各种类型 DSL（Digital Subscriber Line）数字用户线路的总称，包括 ADSL（Asymmetrical Digital Subscriber Line）、HDSL（High data rate Digital Subscriber Line）和 VDSL（Very high data rate Digital Subscriber Line）等。各种 DSL 技术最大的区别体现在信号传输速率和距离的不同，以及上行信道和下行信道的对称性不同两个方面。在 xDSL 技术体系中，目前在中国应用最为广泛的是 ADSL 技术。

ADSL 是一种能够通过普通电话线提供宽带数据业务的技术，也是目前极具发展前景的一种接入技术。ADSL 素有"网络快车"之美誉，因其下行速率高、频带宽、性能优、安装方便、不需交纳电话费等特点而深受广大用户喜爱，成为继 Modem、ISDN 之后的又一种全新的高效接入方式。

3.3.5 无线网络

无线网络接入是一种有线接入的延伸技术，使用无线射频技术或红外线技术收发数据，利用无线电取代电线连接，既可达到接入因特网的目的，又可让设备自由安排和搬动。它是通过无线介质将用户终端与网络节点连接起来，以实现用户与网络间的信息传递。无线信道传输的信号应遵循一定的协议，这些协议即构成无线接入技术的主要内容。无线接入的优势在于不需要布线，非常适合移动办公。

1. WIFI 无线接入

WIFI 即无线保真技术，是一种可以将个人电脑、手持设备（如 PDA、手机）等终端以无线方式互相连接的短程无线传输技术，能够在数百米范围内支持因特网接入的无线电信号。随着技术的发展，以及 IEEE 802.11a 及 IEEE 802.11g 等标准的出现，现在 IEEE 802.11 这个标准已被统称作 Wi-Fi。通过在公共开放的场所、机场、车站、图书馆、企业内部等人员密集区设置"热点"，装有无线网卡的计算机通过无线手段方便接入因特网。WiFi 最主要的优势在于不需要布线，可以不受布线条件的限制，因此非常适合移动办公用户的需要，具有广阔市场前景。目前它已经从传统的医疗保健、库存控制和管理服务等特殊行业向更多行业拓展开去，甚至开始进入家庭以及教育机构等领域。

2. 3G 技术

3G 是英文 3rd Generation 的缩写，指第三代移动通信技术。相对第一代模拟制式手机(1G)和第二代 GSM、TDMA 等数字手机(2G),一般来讲,第三代手机是指将无线通信与国际互联网等多媒体通信结合的新一代移动通信系统。它能够处理图像、音乐、视频流等多种媒体形式,提供包括网页浏览、电话会议、电子商务等多种信息服务。为了提供这种服务,无线网络必须能够支持不同的数据传输速度,也就是说在室内、室外和行车的环境中能够分别支持至少 2 Mbps、384 kbps 以及 144 kbps 的传输速度。

3. 4G 技术

第四代移动通信标准,指的是第四代移动通信技术,外语缩写为 4G。该技术包括 TD-LTE 和 FDD-LTE 两种制式(严格意义上来讲,LTE 只是 3.9G,尽管被宣传为 4G 无线标准,但它其实并未被 3GPP 认可为国际电信联盟所描述的下一代无线通讯标准 IMT-Advanced,因此在严格意义上其还未达到 4G 的标准。只有升级版的 LTE Advanced 才满足国际电信联盟对 4G 的要求)。4G 是集 3G 与 WLAN 于一体,并能够快速传输数据、音频、视频和图像等。4G 能够以 100 Mbps 以上的速度下载,比目前的家用宽带 ADSL(4 兆)快 25 倍,并能够满足几乎所有用户对于无线服务的要求。此外,4G 可以在 ADSL 和有线电视调制解调器没有覆盖的地方部署,然后再扩展到整个地区。很明显,4G 有着不可比拟的优越性。

4. 5G 无线接入

5G 第五代移动电话行动通信标准,也称第五代移动通信技术。也是 4G 之后的延伸,正在研究中。2013 年 5 月 13 日,韩国三星电子有限公司宣布,已成功开发第 5 代移动通信技术(5G)的核心技术,预计于 2020 年开始推向商业化;该技术可在 28 吉赫兹(GHz)超高频段以每秒 1 吉比特(Gbps)以上的速度传送数据,且最长传送距离可达 2 公里;利用该技术,下载一部高画质(HD)电影只需一秒钟。

3.4 Internet 的 WWW 技术

WWW 技术诞生于 1990 年,并迅速占据了因特网技术的主流地位。目前,WWW 技术已经在因特网中广泛应用,日益显现出无穷的魅力和广阔的应用前景。WWW 技术是 Internet 的技术基础,是电子商务系统的主要实现技术,这也是构建电子商务网站的基本要求。

3.4.1 WWW 概述

万维网(亦作"Web""WWW""W3",英文全称为"World Wide Web"),是一个由许多互相链接的超文本组成的系统,通过互联网访问。在这个系统中,每个有用的事物,称为一样"资源";并且由一个全局"统一资源标识符"(URI)标识;这些资源通过超文本传输协议(Hypertext Transfer Protocol)传送给用户,而后者通过点击链接来获得资源。1994 年 10 月在麻省理工学院(MIT)计算机科学实验室成立。万维网联盟的创建者是万维网的发明者蒂姆·伯纳斯·李。以 HTML 语言和 HTTP 协议为基础,能够提供面向各种因特网服务的一种分布式信息系统。其通信原理是:由浏览器(客户机)向服务器发出 HTTP 请求,服务器接到请求后,进行相应的处理,并将处理结果以

HTML文件的形式返回浏览器,客户浏览器对其进行解释并显示给用户。

Web是因特网提供的一种服务,通过它可以访问因特网的每一个角落。由于www的使用最普遍,使许多人认为Web就等于因特网。而实际上,Web只是建立在因特网上的一种体系结构,是存储在世界范围的因特网服务器中数量巨大的文档的集合。

3.4.2 WWW技术

1. HTTP协议

HTTP(Hyper text transfer protocol)超文本传输协议,是Web服务器和客户浏览器之间传输Web文档时应遵守的协议规则。

所谓的"超文本"是指信息组织形式不是简单的按顺序排列,而是对不同来源的信息加以连接,可连接的信息有文本、图像、动画、声音和影像等,这种连接关系称为"超链接"。HTTP是WWW技术的核心,它通过一种超链接的方式,将分布在不同服务器上的多媒体信息网页连接成一个有机的整体,建立起超链接指向不同的网页,当通过鼠标点击超级链接时,被指向的网页内容即被显示。

与其他的Internet协议一样,HTTP采用C/S结构,见图3-10。人们将数据等大量信息存储在共享的服务器上,使有价格低廉的个人计算机(客户机)与之相连,以便享用服务器提供的高性能服务。一个客户机可以向多个不同的服务器请求,一个服务器也向多个不同的客户机提供服务。

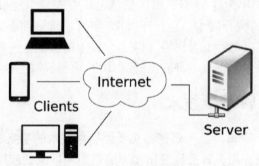

图3-10 C/S结构

HTTP协议是一个无连接的协议,即限制每次连接只处理一个请求,当客户接到来自服务器的应答后即关闭连接。一次完整的HTTP操作必须要有一个客户和一个服务器才能完成。一个完整的HTTP事务由以下4个阶段组成:一是客户与服务器建立TCP连接;二是客户向服务器发送请求;三是如果请求被接受,则服务器响应请求,发送应答;四是客户与服务器关闭连接。

2. HTML语言

HTML(Hypertext Markup Language)超文本标识语言。它不是一种程序设计语言,而是一种网页描述语言,是一些代码的组合,这些代码放置在文本中,使文本能被浏览器解释并以指定的方式显示出来,这个被解释和显示的语言就是HTML。由HTML生成的文档叫超文本文档,是以.Htm或.Html为后缀的文件。

HTML语言并不复杂,有一定的语法格式和十几种语句。编辑HTML文本时需加一些标记（tag），说明段落、标题、图像、字体等。当用户通过网页浏览器阅读 HTML 文件时，浏览器负责解释插入到 HTML 文本中的各种标记，并以此为依据显示文本的内容。对于服务器来说，访问 HTML 编码信息的是哪种计算机或浏览器都没关系，只要浏览器支持该版本的 HTML 即可。HTML 是典型的标记语言，不受平台的限制，很适合在 Internet 各种平台之间传送信息。早期的网页主要通过使用 HTML 语言编制实现，它可以通过各种可视化工具如 Frontpage、Dreamweaver、Flash 等来设计。

3.4.3 XML 语言

XML（Extensible Markup Language）即可扩展标识语言，是因特网联合组织 W3C（world wide web consortium）构想并创建的一组数据格式规范。在国内，很多人将 XML 理解为 HTML 的简单扩展，其实不然。

在 XML 出现之前，因特网上数据交换主要是通过 HTML，那时 HTML 已成为网上信息交流的标准格式。尽管 HTML 在人机界面、网页布局等方面做得非常好，但其标签大部分是用来对页面进行布局的，缺乏对数据信息含义的表达，对用户自己定义的标记是不认识的，也不能支持特定领域的标记语言。

XML 是一种简单通用的数据格式，它可以由用户自定义标签，极大地增强了对信息含义的表达能力。用户可以按照自己的要求组织数据的格式，只要双方遵循同一 XML 数据格式，就可以在不同的用户、不同的系统之间利用 XML 作为媒介进行数据交换，极大地方便了数据在因特网上的交流。XML 的以一种开放的自我描述方式定义数据结构的特点使得 XML 在电子商务的应用上具有广泛的前景，长远来看，XML 将成为设备、网页浏览器、计算机、服务器和应用程序之间通信的混合语言，任何两个应用程序（不管是谁建立或何时建立的）之间都能相互交换信息。

3.4.4 Java 与 Java Script 语言

为了提高 WWW 的交互性，Sun 公司开发了 Java。Java 语言是一种非常适合因特网环境编程的语言，具有简单、安全、跨平台、分布式、可移植、高性能、动态性等优点，成为网络计算及因特网应用的良好开发和应用平台。尤其是 Java 的跨平台和安全性特性很适合涉及多种平台的商务应用，也满足了电子商务安全性的需要。

Java Script 是一种介于 Java 与 HTML 之间、基于对象的脚本语言，1996 年由 Netscape 公司首创。Java Script 继承了 Java 的特征，具有安全性和跨平台性，是大多数浏览器都支持的脚本语言。Java Script 可嵌入到 HTML 文档中，使静态的 HTML 网页成为动态交互式网页，从而使网页变得生动。

VBScript 也是一种类似于 Java Script 功能的脚本语言，由 Microsoft 微软公司推出，建立在微软公司 Visual Basic 编程语言的基础上，是 Visual Basic 的简化版，也是 ASP 默认脚本语言。不同的是 VBScript 是针对服务器端的脚本语言，缺乏浏览器的广泛支持，只局限于微软的 Internet Explorer 浏览器上使用。

3.4.5 ASP 技术

ASP（Active Server Page）即动态服务器页面的缩写，是一种服务器端的脚本运行环境，通过它可以建立并运行动态、交互、高性能的 WWW 服务器应用，它是建立动态网站所需要的技术之一。ASP 页面是一种嵌入了用某种脚本语言（如 VBScript 和 JavaScript）书写的程序代码的 HTML 页面。和一般的带有脚本的 HTML 页面不同，ASP 页面中的脚本程序代码不发送至客户浏览器解释执行，而是由 IIS 服务器解释，在 WWW 服务器中运行，并将结果生成 HTML 语句，与 ASP 页面中非脚本代码的 HTML 部分合并成一个完整的网页，返回至浏览器。所以，不需考虑浏览器是否支持 ASP，一切工作都在服务器端进行，浏览器只需支持标准 HTML 文件即可。

与 ASP 技术类似的还有 PHP（Hypertext Preprocessor）超文本预处理器技术。PHP 是一种用于服务器端的脚本程序并运行在服务器端，它支持大多数的 WWW 服务器，如 Unix、Microsoft Internet Information Server（IIS）、Personal Web Server（PWS）等。

3.4.6 JSP 技术

JSP 全名为 Java Server Pages，中文名叫 java 服务器页面，其根本是一个简化的 Servlet 设计，它是由 Sun Microsystems 公司倡导、许多公司参与一起建立的一种动态网页技术标准。JSP 技术有点类似 ASP 技术，它是在传统的网页 HTML（标准通用标记语言的子集）文件（*.htm，*.html）中插入 Java 程序段（Scriptlet）和 JSP 标记（tag），从而形成 JSP 文件，后缀名为（*.jsp）。用 JSP 开发的 Web 应用是跨平台的，既能在 Linux 下运行，也能在其他操作系统上运行。

JSP 技术使用 Java 编程语言编写 XML 的标记和 Java 程序段来封装产生动态网页的处理逻辑。网页还能通过标记和程序段访问存在于服务端的资源的应用逻辑。JSP 将网页逻辑与网页设计和显示分离，支持可重用的基于组件的设计，使基于 Web 的应用程序的开发变得迅速和容易。Web 服务器在遇到访问 JSP 网页的请求时，首先执行其中的程序段，然后将执行结果连同 JSP 文件中的 HTML 代码一起返回给客户。插入的 Java 程序段可以操作数据库、重新定向网页等，以实现建立动态网站所需要的功能。

3.5 Intranet 和 Extranet 相关技术

3.5.1 Intranet 技术

Intranet 称为企业内部网，或称内部网、内联网、内网，是一个使用与因特网同样技术的计算机网络，它通常建立在一个企业或组织的内部并为其成员提供信息的共享和交流等服务，例如万维网、文件传输、电子邮件等。

可以说 Intranet 是 Internet 技术在企业内部的应用。它的核心技术是基于 Web 的计算。Intranet 的基本思想是：在内部网络上采用 TCP/IP 作为通信协议，利用 Internet 的 Web 模型作为标准信息平台，同时建立防火墙把内部网和 Internet 分开。当然 Intranet 并非一定要和 Internet 连接在一起，它完全可以自成一体作为一个独立的网络。

目前，企业内部网已经成为企业在电子商务时代为了提高竞争力、强化企业内部管理、降低成本而建立的应用网络之一。Intranet 的最大优势就是加快了企业内部的信息交流，并能在最短的时间将相关信息传送到世界的每一个角落。通过它，一方面，企业可以方便地享受诸如 E-mail、文件传输（FTP）、电子公告和新闻、数据查询等服务，增强员工之间的互助与合作，简化工作流程，让企业内部的运作更加有效；另一方面，它可以与 Internet 连接，实现企业内部网上用户对 Internet 的浏览、查询，同时对外提供信息服务，可发布本企业信息，实现企业业务增值。

1. Intranet 的基本结构

Intranet 是一组沿用 ICP/IP 协议的、采用客户/服务器结构的内部网络，主要由客户机、服务器、防火墙、物理网络设备等部分构成，其结构如图 3-11 所示。

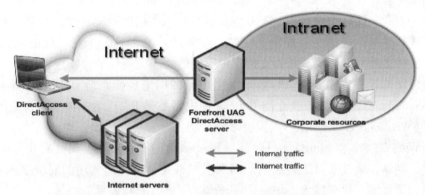

图 3-11　企业内部网 Intranet 的基本结构

服务器端是一组 Web 服务器，用以存放 Intranet 上共享的 HTML 标准格式信息以及应用，客户端则为配置了浏览器的工作站，用户通过浏览器以 HTTP 协议提出存取请求，Web 服务器则将结果回送到原始客户。Intranet 通常可包含多个 Web 服务器，如一个大型国际企业集团的 Intranet 常常会有多达数百个 Web 服务器及数千个客户工作站。这些服务器有的与机构组织的全局信息及应用有关，有的仅与某个具体部门有关，这些分布组织方式不仅有利于降低系统的复杂度，也便于开发和维护管理。由于 Intranet 采用标准的因特网协议，某些内部使用的信息必要时能随时方便地发布到公共的 Internet 上去。另外考虑到安全性，可以使用防火墙将 Intranet 与 Internet 隔离开来。这样，既可提供对公共 Internet 的访问，有又可防止机构内部机密的泄露。

2. Intranet 的构建

企业组建 Intranet 的目的是满足企业自身发展的需要，因此应根据企业的实际情况和要求来确立所建立的 Intranet 所应具有哪些具体功能以及如何去实现这样一个 Intranet。所以不同的企业构建 Intranet 会有不同的方法。但不管哪种 Intranet 的构建，都会涉及网络基础设施及接入方式、软硬件的配置和选择、安全的需求和实施、Intranet 的日常维护等问题，其中 Intranet 构建的技术方面更不能忽视。

（1）Intranet 的硬件配置。在选择组成 Intranet 的硬件时，应着重考虑服务器的选择。由于服务器在网络中运行网络操作系统、进行网络管理或是提供网络上可用共享资源，因此对服务器的选择显然不同于一般的普通客户机，同时应该按照服务器的不同类型，如 WWW 服务器、数据库服务器、打印服务器等而应该有所侧重。一般要求所选用的服务器具有大的存储容量，以及具有足够的内存和较高的运行速度，并且具有良好性能和可扩展性，以满足将来更新换代的需要，保证当前的投资不至于在短时间内便被消耗掉。

其余的硬件设备有路由器、交换机、集线器、网卡和传输介质等。所选择的这些设备应具有良好的性能，能使网络稳定地运行。此外，在此前提下，还应遵循经济性的原则。

（2）Intranet 的软件配置。软件是 Intranet 的灵魂，它决定了整个 Intranet 的运行方式、用户对信息的浏览方式、Web 服务器与数据库服务器之间的通信、网络安全及网络管理方式等，是网络建设中极为重要的一环。

Intranet 的软件可分为服务器端软件和客户端软件。客户端软件主要为浏览器，目前常用的浏览器软件有 Netscape Navigator、Microsoft Internet Explorer 等。服务器端软件较为复杂，主要有网络操作系统、Web 服务器软件、数据库系统软件、安全防火墙软件和网络管理软件等。选择网络操作系统时，应考虑其是否是一个高性能的网络操作系统，是否支持多种网络协议，是否支持多种不同的计算机硬件平台，是否具有容错技术和网络管理功能等多方面因素。目前市场上主流的网络操作系统有 UNIX、Novell Netware 和 Windows NT 等。如果企业网 Intranet 中大多数是 PC 机为主体，建议选用 Novell Netware 和 Windows NT。

（3）网络安全技术。Intranet 一般都与 Internet 互连，因此很容易受到非法用户的入侵。因此，网络安全技术对于企业内部网来说非常重要，目前常用的安全措施主要有：分组过滤、防火墙、代理技术、加密认证技术、网络监测和病毒监测等。

1）防火墙技术。为确保企业信息和机密的安全，需要在 Intranet 与 Internet 之间设置防火墙。防火墙可看作是一个过滤器，用于监视和检查流动信息的合法性。目前防火墙技术有以下几种，即包过滤技术（Packet filter）、电路级网关（Circuit gateway）、应用级网关（Application）、规则检查防火墙（Stalaful Inspection）。在实际应用中，并非单纯采用某一种，而是几种的结合。

2）加密技术。数据加密技术是数据保护的最主要和最基本的手段。通过数据加密技术，把数据变成不可读的格式，防止企业的数据信息在传输过程中被篡改、删除和替换。

目前，数据加密技术大致可分为对称密钥加密和非对称密钥加密两大类。在密码通信中，这两种加密方法都是常用的。对称密钥加密时需用户双方共同享有密匙，如 DES 方法，其最大的优点是加密和解密速度非常快，有利于大量数据通信时的加密和解密。但其最大问题是通信时需要向接收方传递密钥。这样做是很危险的，很可能在密钥传送过程中发生失密现象（密钥被偷或被修改）。非对称密钥加密采用与对称密钥加密不同的数学算法，如 RSA 方法。其优点是非法用户无法通过加密密钥推导出解密密钥，因此保密性好，但运行效率低，不适于大量数据。所以在实际应用中常将两者结合使用，既安全又快速地进行安全通信。数据加密技术的更详细内容见第六章数据加密部分。

3.5.2 Extranet 技术

Extranet 即企业外部网，它是企业之间遵循同样的协议和标准，将多个企业内部网连接起来的信息网络。Extranet 是一种广义上的企业内部网，它把企业以及供应商或经销商等贸易伙伴有机地联系在一起。通过它，企业间可以非常密切地进行信息交换和联系，以提高社会协同生产的能力和水平。

外部网的信息传递是安全的,既可以防止信息泄露给未经授权的用户,授权用户又可以公开地通过外部网络连入其他企业的网络。通过它,企业之间可以协调采购、交换业务单证等,实现彼此之间的交流和沟通。外部网与因特网不同,它是企业间业务联系的独立网络。通过存取权限的控制,Extranet 允许合法使用者存取远程企业的内部网络资源,达到企业与企业间资源共享的目的。

1. Extranet 的作用

Extranet 采用 Internet 技术,应用成本低,并且可以把网络连向全球的每个角落,这使得 Extranet 成为实现电子商务的重要媒介。Extranet 在电子商务中的应用很多,作用非常明显,例如,可以减少中间环节、减少库存积压、缩短运营周期、供应链管理等。

(1) 生产商减少库存积压。任何企业都需要降低库存,甚至希望达到零库存生产。要想达到这一目标必须具备两个条件:一是预知上游供货商的供货情况,能否及时供货;二是掌握下游用户的需求情况,能否及时出货。通过 Extranet 企业外部网,生产企业与上下游企业之间可以共享信息数据库,有计划地安排生产,减少库存积压。

(2) 缩短运营周期。利用 Extranet,供货商可以在网上随时把握自己客户的生产进度和库存状况,从而适时调整生产计划;采购方可以在网上随时掌握自己订单的进展情况和所采购货物的物流情况;分销商则可以在网上随时查询供货商的情况和商品的相关信息。通过整个供应链上的供求信息的共享,提高整体供应链管理的效率,缩短运营周期。据资料统计,美国通用电气公司采用 Extranet 替代传统的电话、传真和寄送邮件等方式与自己的供应商进行沟通后,其产品的采购周期由原来的 14 天缩短到了 7 天。

2. Extranet 的基本结构

Extranet 通常是 Intranet 和 Internet 基础设施上的逻辑覆盖,仅用访问控制和路由表进行控制,而不是建立新的物理网络。Extranet 通常连接两个以上已经存在的 Intranet,每个 Intranet 由分布在各地的多个 Web 和其他设施构成。因此,构成 Extranet 外部网的主要有防火墙、企业内部网(Intranet)以及用于连接企业内部网的公共网、专用网和虚拟专用网等,如图 3-12 所示。

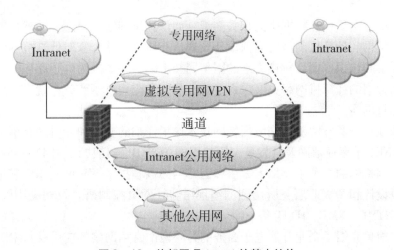

图 3-12 外部网 Extranet 的基本结构

（1）公共网络。如果一个企业允许公众通过任何公共网络访问该企业的内部网，或两个以上的企业同意用公共网络把他们的内部网连在一起，这就形成了公共外部网。在这种结构中，因为公共网络不提供任何安全保护措施，因此安全性是关键问题。为了企业外部网的安全，可以通过设置防火墙来完成，但防火墙也不能保证100%的安全，因此公共网构建的Extranet风险太大。

（2）专用网络。专用网络是指两个企业间的专线连接，即企业内部网与企业内部网之间的物理连接。与一般的拨号连接不同，专线网络始终在线，且只有合法授权的企业能够在线，未经许可的其他任何个人或企业均不能进入专用网。因此，这种网络的安全性非常高，但专用网络需要每个企业都有一条独立的专线连入专用网，成本太高。

（3）虚拟专用网络VPN。VPN（Virtual Private Network）虚拟专业网是目前外部网的主要形式，它通过一个公用网络（通常是因特网）建立一个临时的、安全的连接，是一条穿过混乱的公用网络的安全、稳定隧道。使用这条隧道可以对数据进行几倍加密达到安全使用因特网的目的。虚拟专用网可以帮助远程用户、公司分支机构、商业伙伴及供应商同公司的内部网建立可信的安全连接，用于经济有效地连接到商业伙伴和用户的安全外联网虚拟专用网。VPN主要采用隧道技术、加解密技术、密钥管理技术和使用者与设备身份认证技术。

表3-5 Internet、Intranet和Extranet区别

网络类型	典型用户	接入方式	内容
Internet	所有人	无限制	公共的
Intranet	授权的企业管理员	私有、授权	公司性信息
Extranet	授权的合作企业	私有、外部授权的伙伴	授权的合作组织分享的信息

本章小结

本章首先介绍了计算机网络的相关知识，如计算机网络的概念、计算机网络的拓扑结构和体系结构、计算机网络的通信设备及通信介质等，让大家对计算机网络有一个较为全面的了解和认识，便于对接下来的因特网技术的理解。因为电子商务的运作离不开以因特网为代表的计算机网络，要深入了解、掌握和应用电子商务，就必须先清楚深刻地认知计算机网络。

接下来就电子商务的基础网络因特网技术作了详细的介绍和探讨。介绍了因特网的起源ARPANET军事通信网及其发展、因特网的TCP/IP通信协议、因特网的IP地址及域名系统、因特网的五种主要接入方法和因特网的核心技术WWW技术。其中涉及网站建设、网页设计和WWW服务所用到的编程语言、网页编制语言及相关协议等，如Java、ASP、HTML、XML、HTTP等。

最后，简单介绍了企业开展电子商务的另外两个常用网络的应用及技术，包括企业内部网Intranet和企业外部网Extranet。

思考题

1. 简述计算机网络技术的核心及在电子商务中的作用。
2. 比较 OSI 模型的层次与 TCP/IP 协议。
3. 有几种方式可接入因特网，其各自的特点是什么？
4. 分析 WWW 技术所涉及的内容。
5. 讨论 Internet、Intranet、Extranet 三者之间的区别与联系。

实训题

> **美国国会要求国防部重视 IPv6 转型**
>
> 美国军方对 IPv6 很重视，美国国防部 DOD 有一个基于 IPv6 战场的描述，有一句名言："每一个士兵实际上就是一个网络。"
>
> 为确保互联网协议从 IPv4 向 IPv6 顺利转型，美国国会在《2006 财年国防授权法案》中要求国防部重视 IPv6 的转型及试验工作，并指定国防部作战试验与评估局局长佩茨负责 IPv6 的试验工作，确保 IPv6 网络的性能必须与采用其他技术的网络（如 IPv4）一样甚至更优；国防部必须每年向国会提交一份 IPv6 的试验报告。在适当的时候，国防部应当使用海军研究试验室的"全球信息栅格评估设施"进行 IPv6 的试验工作。
>
> 为加速实现 IPv6 转型，国防部 2005 年制定多项政策指导未来转型工作。8 月，负责网络和信息集成的代理助理部长签署备忘录，对 3 月出台的《IP 转型计划 1.0 版》进行更新。更新后的 IP 转型计划要求必须解决所有潜在的安全漏洞和风险后才能将 IPv6 用于作战环境，而且为实现 IPv6 转型设立 3 个"里程碑目标"。第一个目标截至 2005 年 10 月 1 日，要求新的 IPv6 协议必须经过充分评估，IPv6 网络只允许在国防部特定网络或作战环境下，访问被严格控制的封闭网络中使用；第二个目标于 2006 年 10 月 1 日之前实现，将制定政策，开发程序以保证 IPv6 在国防部的多个网络中安全使用，但 IPv6 网络仍不能与美国国防部外的网络进行数据交换；第三个目标于 2008 年完成，实现 IPv4 向 IPv6 的全部过渡。

组合上述资料，请分析：

（1）IPv6 缘何如此受到美国国会重视？它比 IPv4 好在哪里？
（2）列举三种 IPv4 向 IPv6 过渡的方案。

第4章 网络金融

本章学习目标

本章主要介绍电子商务中电子支付的相关技术及目前互联网金融的最新发展——电子支付、网上银行、移动支付、第三方支付平台等基础知识。通过本章的学习,读者应该掌握以下内容:
- 电子支付技术
- 网上银行的定义、结构及功能
- 第三方支付平台的支付流程及常见的第三方支付平台
- 移动支付的概念及优缺点

 开篇案例

春晚摇红包:摇出来的仪式感

从2015年开年的春晚摇红包,微信支付体验式营销的思路已经初现端倪。微信支付在抢红包的基础上,巧妙得使用了"摇一摇"的体验。齐聚一堂看春晚,这是很多家庭除夕夜的真实写照。在这种举家团聚的氛围下,摇红包这个体验简单到极致,同时又饱含仪式感,在明显的肢体动作下,身边的人很容易被感染。

10.1亿次微信红包收发量,110亿次摇一摇互动……这些亮眼的数据,让春晚摇红包成为一次真正意义上的全民互动。在这个舞台上,馈赠式的玩法被发挥到了极致。借助微信红包N次级的传播,品牌主也收获了远高于预期的曝光和影响力。

极致化的体验下,口碑和商业价值都变得水到渠成。

资料来源:http://b2b.toocle.com/detail--d301302.html

思考与讨论:
1. 您知道微信支付的支付流程是怎样的吗?
2. 您觉得微信支付会给传统支付带来什么样的影响?

4.1 电子支付技术

20世纪90年代，国际互联网迅速走向普及化，逐步从大学、科研机构走向企业和家庭，其功能也从信息共享演变为一种大众化的信息传播手段，商业贸易活动逐步进入这个王国。通过使用因特网，既降低了成本，也造就了更多的商业机会，电子商务技术从而得以发展，使其逐步成为互联网应用的最大热点。为适应电子商务这一市场潮流，电子支付随之发展起来。

4.1.1 电子支付的概念及特征

2005年10月，中国人民银行公布《电子支付指引（第一号）》，规定："电子支付是指单位、个人直接或授权他人通过电子终端发出支付指令，实现货币支付与资金转移的行为。电子支付的类型按照电子支付指令发起方式分为网上支付、电话支付、移动支付、销售点终端交易、自动柜员机交易和其他电子支付。"简单来说，电子支付是指电子交易的当事人，包括消费者、厂商和金融机构，使用安全电子支付手段，通过网络进行的货币支付或资金流转。电子支付是电子商务系统的重要组成部分。

1. 电子支付的特征

与传统的支付方式相比，电子支付具有以下特征：

（1）电子支付是采用先进的技术通过数字流转来完成信息传输的，其各种支付方式都是通过数字化的方式进行款项支付的；而传统的支付方式则是通过现金的流转、票据的转让及银行的汇兑等物理实体来完成款项支付的。

（2）电子支付的工作环境基于一个开放的系统平台（即互联网）；而传统支付则是在较为封闭的系统中运作。

（3）电子支付使用的是最先进的通信手段，如Internet、Extranet，而传统支付使用的则是传统的通信媒介；电子支付对软、硬件设施的要求很高，一般要求有联网的微机、相关的软件及其他一些配套设施，而传统支付则没有这么高的要求。

（4）电子支付具有方便、快捷、高效、经济的优势。用户只要拥有一台上网的PC机，便可足不出户，在很短的时间内完成整个支付过程。支付费用仅相当于传统支付的几十分之一，甚至几百分之一。

在电子商务中，电子支付过程是整个电子商贸活动中非常重要的一个环节，同时也是电子商务中准确性、安全性要求最高的业务过程。电子支付系统是电子商务系统中最重要的组成之一。

就目前而言，电子支付仍然存在一些缺陷。比如安全问题是困扰电子支付发展的关键性问题，大规模地推广电子支付，必须解决安全问题。还有支付的条件问题，即消费者所选用的电子支付工具必须满足多个条件。如果消费者的支付工具得不到商户的认可，或者缺乏相应的系统支持，电子支付还是难以实现。

4.1.2 电子支付系统的基本构成

电子支付的过程涉及客户、商家、银行或其他金融机构以及商务认证管理部门之间的安全商务互动,因此可以说,电子支付系统是融购物流程、支付结算工具、安全技术、信用体系,以及现在的金融体系为一体的综合大系统。基于互联网平台的电子支付系统的基本构成如图4-1所示,其中主要涉及七大构成要素。

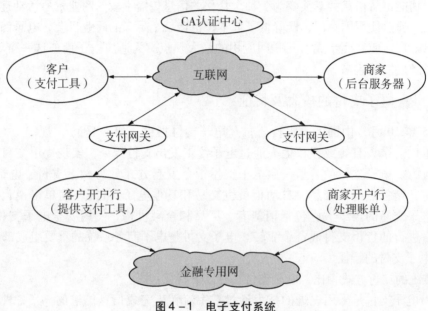

图4-1 电子支付系统

1. 客户

客户是指与商家有交易关系并存在未清偿债权债务关系的债务人,客户将用自己拥有的支付工具(电子钱包、信用卡)进行支付。

2. 商家

商家是指从事商业活动(生产、经营相关物品)的个人和各种组织的统称,是拥有债权的商品交易的另一方,可以根据客户发起的支付指令向中介的金融体系请求获取货币给付,即请求结算。商家一般设置专门的后台服务器来处理这一过程,包括协助身份认证及不同电子支付工具的处理。

3. 客户的开户行

客户开户行是指客户在其中拥有资金账户的银行,客户所拥有的电子支付工具也主要是由开户银行提供的。客户开户行在提供电子支付工具的时候,同时提供一种银行信用,即保证支付工具是真实并可兑付的。

4. 商家开户行

商家开户行为商家开立了账户,是整个支付过程中的资金流向归宿。商家将客户的支付指令交给开户行后,就由商家开户行进行付款请求和行间清算等行为,从而完成债权债务的结清。

5. 支付网关

支付网关是公用网和金融专用网之间的接口,支付信息必须通过支付网关才能进入银行支付系统,进而完成支付的授权和获取。

支付网关关系着支付结算的安全及银行自身的安全。这是因为电子商务交易中同时传输了两种信息：交易信息与支付信息。为安全和保密起见，必须保证这两种信息在传输过程中不能被无关的第三者阅读，包括商家不能看到其中的支付信息（如信用卡号、授权密码等），银行不能看到其中的交易信息（如商品种类、商品总价等）。因此，支付网关必须由商家以外的银行或其委托的信用卡组织来建设；另一方面，网关不能分析交易信息，对支付信息也只是起保护传输的作用。

6. 金融专用网

金融专用网又称为银行网络，它是银行内部及行间进行通信的网络，具有较高的安全性，包括中国国家现代化支付系统（CNAPS）、银行电子联行系统、商行电子汇兑系统、银行卡授权系统等。我国银行的金融专用网发展很迅速，为逐步开展电子商务提供了必要的条件。

7. CA 认证机构

CA 认证机构为参与交易的各方（包括客户、商家与支付网关）发放数字证书，以确认各方的身份，保证网上支付的安全性。认证机构一般通过对各参与者在银行的账户状况、与银行交往的历史信用记录等来判断参与者的资信状况。

4.1.3 电子支付的类型

电子支付的业务类型按电子支付指令发起方式分为网上支付、电话支付、移动支付、销售点终端交易、自动柜员机交易和其他电子支付。

1. 网上支付

网上支付是电子支付的一种形式。广义地讲，网上支付是以互联网为基础，利用银行所支持的某种数字金融工具，发生在购买者和销售者之间的金融交换，而实现从买者到金融机构、商家之间的在线货币支付、现金流转、资金清算、查询统计等过程，由此电子商务服务和其他服务提供金融支持。

2. 电话支付

电话支付是电子支付的一种线下实现形式，是指消费者使用电话（固定电话、手机、小灵通）或其他类似电话的终端设备，通过银行系统就能从个人银行账户里直接完成付款的方式。

3. 移动支付

移动支付是使用移动设备通过无线方式完成支付行为的一种新型的支付方式。移动支付所使用的移动终端可以是手机、pad、移动 pc 等。

4.1.4 电子支付的方式

4.1.4.1 银行卡

银行卡是由各商业银行发行的电子卡，是一种能够提供电子支付和结算服务的手段。银行卡通常包括信用卡、借记卡等。借记卡使用时必须在储蓄账户存入资金，不能透支使用，消费或提款时资金直接从账户划出。信用卡是发卡银行给予持卡人一定的信用额度，持卡人可在信用额度内先消费后还款。信用卡系统是最早被应用到网上的支付方式，用户使用时的感觉与实际购物环境无多大的区别，因此，消费者容易接受，现已成为互联网上的重要的支付方式。

1. 电子商务中的银行卡支付

银行卡可以进行 POS 消费、通过 ATM 转账和提款，但如果要通过网络进行资金转移就必须开通网上银行业务。银行卡的支付过程主要经过两个阶段：有效性确认和交易结算。首先，要确认持卡人的银行卡是否已经被激活并且有足够的资金余额。当以上信息确认无误后，便可以进行转账，将持卡人账户的钱转到商家的账户上。这两个阶段的实现方式随卡的种类不同以及商家采用的支付系统配置的不同而有所差别。

银行卡支付是电子支付中常用的工具。目前，基于银行卡的电子商务支付有 4 种类型：无安全措施的支付、通过第三方代理人的支付、简单加密的支付和 SET 协议方式的支付。

（1）无安全措施的支付。买方通过网上从卖方订货，银行卡信息则通过电话、传真或网上传送，但无任何安全措施，卖方与银行之间使用各自现有的银行商家专用网络授权来检查信用卡的真伪。

这种支付方式由于卖方没有得到买方的签字，如果买方拒付或否认购买行为，卖方将承担一定的风险。另外银行卡信息无安全措施的传送，买方（即持卡人）将承担银行卡信息在传输过程中被盗取及卖方获得银行卡信息等风险。

（2）通过第三方代理人支付。改善上述安全性的途径就是在买方和卖方之间启用第三方代理，目的是使卖方看不到买方银行卡信息，避免银行卡信息在网上多次公开传输而导致的信用卡信息被窃取。第三方代理人支付方式的具体做法是：买方在线或离线在第三方代理人处开立账号，第三方代理人则持有买方银行卡号和账号。买方用账号从卖方在线订货，即将账号传送给卖方。卖方将买方账号提供给第三方代理人，第三方代理人验证账号信息，将验证信息返回给卖方。卖方确定接收订货。

（3）简单加密的支付。简单加密银行卡支付的原理是：付费时，银行卡信息要被输入买方浏览器窗口或其他电子商务设备，此时对银行卡信息进行简单加密，加密信息通过网络从买方向卖方传递。加密协议有 SHTYP、SSL 等。

（4）安全电子交易 SET 支付。当用户通过网络在该公司购物时，用户用银行卡号和公司交换信息。用户使用安全的 SET 协议进行网络支付，具体方式是：用户网上发送银行卡号和密码，加密发送到银行进行支付。在网页传送过程中，为了保证安全可靠，使用 SSL 传输协议。

上述四种支付方式，基于 SET 协议的支付方式安全性最高，但是交易过程相对复杂，成本较高，因此 SET 协议在我国的使用也相对较少。电子支付无论要采取哪种支付协议，都应该考虑到安全因素，成本因素和使用的便捷性这三方面，由于这三者在 SET 协议和 SSL 协议里的任何一个协议里面无法全部体现，这就造成现阶段 SSL 协议和 SET 协议并存使用的局面。

4.1.4.2 电子现金支付方式

1. 电子现金

电子现金又称数字现金，是纸币现金的电子化，是一种专用于网上购物的资金支付结算方式。它包括3个部分：消费者的电子钱包，商业网站的数据库和银行的电子现金服务系统。

2. 电子现金的特点

（1）独立性：电子现金的安全性不能只靠物理上的安全来保证，必须通过电子现金自身使用的各项密码技术来保证电子现金的安全。

（2）不可重复花费：电子现金只能使用一次，重复花费能被容易地检查出来。

（3）不可伪造性：用户不能造假币，包括两种情况：一是用户不能凭空制造有效的电子现金；二是用户从银行提取 N 个有效的电子现金后，也不能根据提取和支付这 N 个电子现金的信息制造出有效的电子现金。

（4）可传递性：用户能将电子现金像普通现金一样，在用户之间任意转让，且不能被跟踪。

（5）可分性：电子现金不仅能作为整体使用，还应能被分为更小的部分多次使用，只要各部分的面额之和与原电子现金面额相等，就可以进行任意金额的支付。

（6）匿名性。电子现金与实际通用货币一样，具有匿名性，使得买卖双方在使用电子现金时避免暴露各自的身份。匿名性也防止了销售商未经客户同意就收集有关个人或组织的消费习惯等信息。

3. 电子现金的支付流程

如图 4-2 所示，电子现金的具体支付过程分为以下几个步骤：

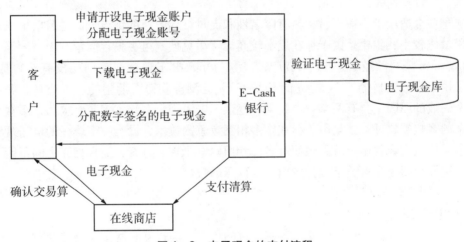

图 4-2 电子现金的支付流程

（1）客户首先要在提供电子现金业务的银行开设账户，并存入一定金额的资金用于以后的支付。客户在电子现金发布银行开设 E-Cash 账号并购买 E-Cash。目前，多数电子现金系统要求客户在一家网上银行拥有一个账户，以高效率地保持电子现金的唯一性。

（2）客户使用电子现金终端软件从电子现金银行下载一定数量的电子现金存储在硬盘、IC 卡等特定设备上。由于银行已对电子现金使用私钥进行了数字签名，这样就保证了电子现金的有效性。

(3) 客户与同意接受电子现金的网上商店洽谈，签订订货合同，使用电子现金支付所购商品的费用。

(4) 支付清算费用。接收 E-Cash 的卖方与 E-Cash 发放银行之间进行清算，E-Cash 银行将买方购买商品的费用支付给卖方。

(5) 订单的确认。商家收到货款后，向客户发送订单确认信息，客户等待验收货物。

1994 年，DigiCash 公司开始使用电子现金，消费者首先要在 DigiCash 银行内开设自己的账户，将实际货币（信用卡或支票）转换成 DigiCash 公司的数字货币并存入 DigiCash 银行。商家也需要与 DigiCash 建立合作关系，在 DigiCash 银行内开设自己的账户。当消费者在网上购物时，就可以使用 DidiCash 提供的密码，通过电子函件方式从 DigiCash 银行取电子现金。经 DigiCash 银行核实取款人身份后，在电子现金上加上 DigiCash 银行的电子签名，然后传给消费者。消费者把电子现金付给商家，商家再从 DigiCash 银行将这些电子现金兑换成实际货币。

eCoin 公司推出电子硬币支付方式，该系统包括 3 个参与方：用户、商家和电子硬币服务器。用户打开 eCoin.net 的账户，下载一个特殊的电子钱包软件，然后用信用卡购买电子硬币。一枚电子硬币是一个长 15 字节的字符串，价值 5 美分，每个字符串都是唯一的，因此能被方便地识别。为了接受电子硬币，商家只需要在其付款页面上放置一个电子硬币图标即可。电子硬币服务器管理客户和商家账户，接收客户电子钱包的支付请求，并计算商家的应收款。

电子现金适用于小额支付，具有匿名性和支付灵活方便的优点。但是目前电子现金的使用量比较小，主要是由于存在成本较高、货币兑换和可丢失等问题。

DigiCash 公司已经于 1998 年破产，迄今为止，电子现金在美国还没有获得成功，发明了用于小额支付的 CyberCoin 的 CyberCash 也没有获得所期望的巨大成功。美国电子现金失败的原因主要有两点：一是操作复杂，电子现金系统大多数要求用户下载和安装复杂的客户端软件；二是由于存在许多相互竞争的技术，没有一个统一的电子现金系统标准，这就意味着用户就必须面对多种专用的电子现金方案，而且相互之间不能互相操作。迄今我国还没有关于银行应用电子现金的报道。

4.1.4.3 电子支票支付方式

1. 电子支票

电子支票是一种借鉴纸张支票转移支付的特点，通过互联网按照特定的数字传递规则进行转账的电子付款方式。

电子支票几乎和纸质支票有着同样的功能。账户的开户人可以在网络上生成一张电子支票，其中包含支付人姓名、支付人金融机构名称、支付人账户名、被支付人姓名和支票金额。最后，像纸质支票需要本人签名一样，电子支票需要经过数字签名。被支付人还可以通过数字签名进行背书、转让。金融机构使用数字凭证确认支付者和被支付者身份、支付银行及账户，就可以使用签过名和认证过的电子支票进行账户存储。

2. 电子支票的特点

(1) 电子支票适于各种市场，与传统支票工作方式相同，易于理解和接受，而且还可以很容易地与 EDI 应用结合，推动 EDI 基础上的电子订货和支付。

（2）加密的电子支票比基于公共密钥加密的数字现金更易于流通，买卖双方的银行只要用公共密钥认证确认支票即可，数字签名也可以被自动验证。

（3）在线的电子支票可以在接收到支票的同时就验证发票者的签名、资金状况，可避免收到传统支票时发生的无效或空头支票现象。

（4）第三方金融服务者不仅可以从交易双方收取固定的交易费用（或按一定比例提取），还可以银行身份提供存款账目，吸纳这种无息或低息存款。

电子支票支付系统十分适合 B2B 模式中的货款支付。由于电子支票的即时认证能加快交易的速度，并在一定程度上保障交易的安全性，减少了处理纸质支票的时间成本与财务成本，对支票丢失或被盗的挂失处理也方便有效得多。所有这些优点都促进了 B2B 商务模式运作的高效与低成本，因此具有很强的生命力。

4.1.4.4 电子钱包

电子钱包（Electronic Purse）是电子商务活动中购物顾客使用的支付工具，是在小额购物或购买小商品时常用的新式钱包。早期的电子钱包可以说就是金融智能卡。

世界上最早的电子钱包系统是英国西敏寺（National-Westminster）银行开发的电子钱包 Mondex。它于 1995 年 7 月在有"英国的硅谷"之称的斯温顿（Swindon）市首先试用，很快就被广泛应用于超市、酒吧、珠宝店、宠物商店、餐饮店、食品店、停车场、电话间等。

Mondex 电子钱包使用起来十分简单，只要把卡插入终端 3～5 秒钟，卡和收据便从设备付现、取出，一笔交易即告结束，读取器将从 Mondex 卡中扣除掉本次交易的花销。Mondex 卡可以通过专用终端还可将一张卡上的钱转移到另一张卡上，但是卡内存有的钱一旦用光、遗失或被窃，Mondex 卡内的金钱价值就不能重新发行，也就是说，持卡人必须负起管理上的责任。有的卡如被别人拾起照样能用，有的卡写有持卡人的姓名和密码锁功能，只有持卡人才能使用，比现金更安全。Mondex 卡损坏时，持卡人向发卡机关申报卡内余额，由发行机关确认后重新制作新卡发还。

Mondex 卡终端支付只是电子钱包的早期应用，而今天电子商务中的电子钱包则已完全摆脱了实物形态，成为网络上真正的虚拟钱包。

当今的电子钱包是安装在用户端计算机上的并符合 SET 标准的软件。用户可以直接使用与自己银行账号相连接的电子商务系统服务器上的电子钱包软件，也可以通过各种保密方式利用因特网上免费提供的电子钱包软件来进行商务活动。目前世界上有 VisaCash 和 Mondex 两大电子钱包服务系统。

从全球来看，电子钱包软件市场远远没有起飞。而使用智能卡作为电子钱包，是智能卡被广泛寄予的厚望，也是目前的普遍作法。有人把这种电子钱包叫做储值卡或预付费卡，它使用方便，无需携带现金和零钱，通常用于小额消费，如快餐店、加油站、公共交通（地铁、轻轨、公共汽车）、泊车、道路通行以及一些无人值守的环境，如自动售货机、公用电话等。

我国储值卡型的电子钱包大部分是由行业卡演变而来的，公交行业是行业卡最发达的领域，也是行业电子钱包的摇篮，目前全国各个大中型城市都在实施公交卡项目。另一种可与公交卡媲美的行业电子钱包是各地发行的餐饮卡和用于超市、百货商店购物的商业卡。

除行业卡之外，各家银行根据人民银行的金融 IC 卡规范发行的 IC 卡基本上都是符合 PBOC 标准的通用电子钱包。如北京的牡丹交通卡、中行的石化加油卡等。

4.2 网上银行

随着信息技术和互联网的发展，电子商务已成为信息时代重要的发展趋势。电子商务的发展离不开资金的支持。它至少要涉及用户、商家和金融机构三个部分，其中金融服务起着决定性作用。只有通过网上远距离的支付活动，才能真正完成电子商务的运作，才能真正推动电子商务的开展。网上金融是电子商务条件下金融创新的产物。网上金融就是指依托 Internet 开设多种多样的金融服务，如网上银行、网上证券服务等，把银行的各项业务均通过电子商务来实现。

4.2.1 网上银行及其发展

1. 网上银行

网上银行（或称网络银行、电子银行、虚拟银行、E-Bank、Electronic Bank、Netbank、Cyberbank 等）是指利用 Internet 技术，通过 Internet 或其他公用电信网络与客户建立信息联系，并向客户提供开户、销户、查询、对账、行内转账、跨行转账、信贷、网上证券交易、投资理财等金融产品及金融服务的无形或虚拟银行。

2. 网上银行的发展

网络银行的发展分三个阶段：第一阶段具备查询账户余额、查询当前交易、完成账户间转账的功能；第二阶段增加网上支付等功能；第三阶段推出在线贷款、在线投资和和交叉商品销售等。

4.2.2 网上银行的种类

1. 完全基于 Internet 的虚拟银行

这种银行没有营业网点，没有营业大厅，只有一个网址。在这种虚拟环境中，金融服务可涵盖世界范围。如美国的"安全第一银行"就是范例。该银行通过 Internet 提供从开户、贷款到投资的一整套银行业务，其金融服务可延伸到全球的每个角落。我国深圳的微众银行和浙江的网商银行都属于完全的互联网银行，他们没有营业网点，也没有营业柜台，是以互联网为平台面向小微企业和网络消费者开展金融服务的民营互联网银行。

2. 传统银行借助 Internet 进行网上服务

这是指传统银行将银行零售柜台业务延伸到 Internet 上。这种方式可以弥补传统银行在营业网点位置和营业时间上的不足。客户可不局限于营业网点的柜台业务，在任何时间、任何地点均可进入银行主页请求服务。这种和传统银行柜台业务同时并存的服务方式，可以满足不同市场下不同顾客的需要，使银行可以兼得两个市场的利益。如美国的花旗银行和美洲银行，我国开办的网上银行业务都属于这一种。

4.2.3 网上银行的功能

1. 网上支付

拥有网上银行账户的客户可以浏览网上虚拟商场来购买商品,其付款可通过网上银行进行转账支付。包括商户对顾客(B2C)商务模式下的购物、订票、证券买卖等零售交易,也包括商户对商户(B2B)商务模式下的网上采购等批发交易,以及金融机构间的资金融通和清算,并获得银行反馈的有关支付信息。

2. 代理缴费

银行可以在网络银行系统的基础上与邮电、工商、电力、税务、交通等各个部门联合开展网络缴费服务,使企业和客户方便地通过网络银行系统缴纳各种费用,如水费、电费、电话费等。

3. 网络证券交易

银行通过网络银行系统与证券交易所的交易系统连接,向股民提供在线证券交易服务。股民可以用 WWW 浏览器访问网络证券交易服务的主页,实时地进行证券交易。股民的资金流动由网络银行系统来完成。网络银行为股民资金管理提供方便、安全的渠道,如证券清算,即完成证券公司与交易所之间、证券公司各营业部之间、保证金账户与储蓄账户之间的资金清算业务。

4. 账务查询

企业客户和个人客户可随时查询账户余额和交易历史,如卡/存折余额、历史明细、今日明细和网上购物明细,并可下载历史明细。如集团客户通过 E-Bank 查询各子公司的账户余额和交易信息。

5. 转账业务

支持同一户名下不同存期人民币卡账户之间的资金互转以及向同城(本地)他人的信用卡、灵通卡、贷记卡或"理财金账户"卡账户划转资金,支持不同户名的资金划拨。如在签订多边协议的基础上实现集团公司内部的资金调度与划拨。

6. 基金业务

客户(基金投资人)可以在线进行基金申购、认购、赎回等交易,也可查询有关基金信息。

7. 外汇买卖

客户可在 Internet 上根据某银行提供的汇率信息进行即时和委托买卖外汇交易、撤单及查询有关外汇交易信息等活动。

8. 个人理财

客户可在线获得预约服务、查询理财协议,同时还能利用理财计算器进行理财计算。比如,家庭银行可提供完整方便的个人金融服务。个人可随时使用个人计算机或其他工具进入网上银行,进行支票、储蓄、货币市场、存款账户的信息查询和管理等,可检查当前账户余额和划拨资金。利用理财软件,个人可进行账单在线支付,结清支票簿,查看账户并进行理财管理。如使用支票簿、规划所有金融事务,甚至跟踪和分析花费情况;可制定纳税、消费、储蓄等资金计划。

除此之外，随着 Internet 和电子商务的普及与发展，网络银行可提供的服务也势必越来越广泛，越来越完善，使包括顾客、商户、行政机构在内的多种交易主体都可以真正做到足不出户而心想事成了。中国工商银行网上银行功能就比较全面，如图 4-3 所示。

图 4-3　中国工商银行网上银行

4.3　第三方支付

4.3.1　第三方支付概述

1. 第三方支付的概念

第三方支付是指具备一定实力和信誉保障的独立机构，采用与各大银行签约的方式，通过与银行支付结算系统接口对接而促成交易双方进行交易的网络支付模式。

在第三方支付模式，买方选购商品后，使用第三方平台提供的账户进行货款支付（支付给第三方），并由第三方通知卖家货款到账、要求发货；买方收到货物，检验货物，并且进行确认后，再通知第三方付款；第三方再将款项转至卖家账户。

2. 第三方支付平台的概念

第三方支付平台是由非银行的第三方机构投资运营的网上支付平台。其通过通信、计算机和信息安全技术，在商家和银行之间建立连接，起到信用担保和技术保障的职能，从而提供从消费者到金融机构及商家之间货币支付、现金流转、资金清算、查询统计的平台。根据艾瑞咨询统计数据显示，2015 年中国第三方互联网支付交易规模达

11.8万亿元，同比增长46.9%。宝付作为近年来崛起的第三方支付平台，2015年交易量一千多亿，逐步挺进国内一线支付企业阵营。

3. 第三方电子支付平台的运营模式

第三方支付一般的运营模式为如下：

（1）消费者在电子商务网站选购商品，最后决定购买，买卖双方在网上达成交易意向。

（2）消费者选择利用第三方支付平台作为交易中介，用借记卡或信用卡将货款划到第三方账户，并设定发货期限。

（3）第三方支付平台通知商家，消费者的货款已到账，要求商家在规定时间内发货。

（4）商家收到消费者已付款的通知后按订单发货，并在网站上做相应记录，消费者可在网站上查看自己所购买商品的状态；如果商家没有发货，则第三方支付平台会通知顾客交易失败，并询问是将货款划回其账户还是暂存在支付平台。

（5）消费者收到货物并确认满意后通知第三方支付平台。如果消费者对商品不满意，或认为与商家承诺有出入，可通知第三方支付平台拒付货款并将货物退回商家。

（6）消费者满意，第三方支付平台将货款划入商家账户，交易完成；消费者对货物不满，第三方支付平台确认商家收到退货后，将该商品货款划回消费者账户或暂存在第三方账户中等待消费者下一次交易的支付。

4.3.2　第三方平台支付模式的优缺点

1. 第三方平台支付模式的优点

（1）比较安全。信用卡信息或账户信息仅需要告知支付中介，而无需告诉每一个收款人，大大减少了信用卡信息和账户信息失密的风险。

（2）支付成本较低。支付中介集中了大量的电子小额交易，形成规模效应，因而支付成本较低；

（3）使用方便。对支付者而言，他所面对的是友好的界面，不必考虑背后复杂的技术操作过程。

（4）支付担保业务可以在很大程度上保障付款人的利益。

2. 第三方平台支付模式的缺点

（1）这是一种虚拟支付层的支付模式，需要其他的"实际支付方式"完成实际支付层的操作。

（2）付款人的银行卡信息将暴露给第三方支付平台，如果这个第三方支付平台的信用度或者保密手段欠佳，将带给付款人相关风险。

（3）第三方结算支付中介的法律地位缺乏规定，一旦该中介破产，消费者所购买的"电子货币"可能成了破产债权，无法得到保障。

（4）由于有大量资金滞留在支付平台账户内，第三方平台既有获得资金利息的优势，也存在资金保存的风险。

4.3.3 第三方支付的实现过程

在拍卖网站的交易过程中，由于买方不认识卖方，也不了解其信用水平，所以买方在拍得卖方的商品后，不是直接付款给卖家，而是将货款付给第三方支付平台。第三方支付平台收到货款后通知卖方货款收到、进行发货。在卖方发货后、买方确认收到货物前，由第三方支付平台替买卖双方暂时保管货款。直到买方在收到货物并验证货物无误之后，给第三方支付平台发出验货通知。然后第三方支付平台将货款转入卖方账户。如果买方发现货物存在问题，要求退货，第三方支付平台则将货款退回给买方。如图4-4，显示了买卖双方通过第三方电子支付平台交易的流程。

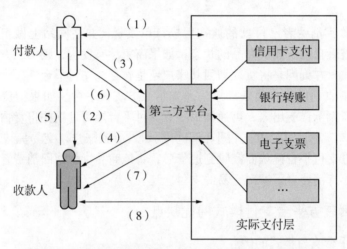

图4-4　买卖双方通过第三方电子支付平台交易的流程

4.3.4 第三方支付产品

目前中国国内的第三方支付产品主要有 PayPal（易趣公司产品）、支付宝（阿里巴巴旗下）、财付通（腾讯公司，腾讯拍拍）、易宝支付（YeePay）、快钱（99bill）、百付宝（百度C2C）、网易宝（网易旗下），环迅支付，汇付天下。

1. 支付宝

浙江支付宝网络技术有限公司（原名支付宝（中国）网络技术有限公司）是国内领先的独立第三方支付平台，是由前阿里巴巴集团CEO马云先生在2004年12月创立的第三方支付平台，是阿里巴巴集团的关联公司。支付宝致力于为中国电子商务提供"简单、安全、快速"的在线支付解决方案。

支付宝公司从2004年建立开始，始终以"信任"作为产品和服务的核心。不仅从产品上确保用户在线支付的安全，同时让用户通过支付宝在网络间建立起相互的信任，为建立纯净的互联网环境迈出了非常有意义的一步。

支付宝提出的建立信任，化繁为简，以技术的创新带动信用体系完善的理念，深得人心。短短三年时间，用户覆盖了C2C、B2C以及B2B领域。截至2008年9月1日，使用支付宝的用户已经超过1亿，支付宝日交易总额超过4.5亿元人民币，日交易笔数超过 200 万笔。目前除淘宝和阿里巴巴外，支持使用支付宝交易服务的商家已经超过 33 万家，涵盖了虚拟游戏、数码通讯、商业服务、机票等行业。这些商家在享受支付宝服务的同时，更是拥有了一个极具潜力的消费市场。

2013 年 6 月 17 日，支付宝推出了余额宝。这是由国内首个第三方支付平台支付宝倾力打造的一项余额可以增值服务。用户把钱转入余额宝中，可以获得一定的基金收益，同时余额宝内的资金还能随时用于网上购物、支付宝转账等支付功能。余额宝具有操作流程简单、最低购买金额没有限制、收益高和使用灵活的特点。同年，余额宝成为中国基金史上首支规模突破千亿的基金。

2. 财付通

财付通是腾讯公司于 2005 年 9 月正式推出的专业在线支付平台，其核心业务是帮助在互联网上进行交易的双方完成支付和收款，致力于为互联网用户和企业提供安全、便捷、专业的在线支付服务。个人用户注册财付通后，即可在拍拍网及 20 多万家购物网站轻松进行购物。财付通支持全国各大银行的网络银行支付，用户也可以先充值到财付通，享受更加便捷的财付通余额支付体验。

3. 快钱

快钱是国内领先的独立第三方支付企业，旨在为各类企业及个人提供安全、便捷和保密的综合电子支付服务。目前，快钱是支付产品最丰富、覆盖人群最广泛的电子支付企业，其推出的支付产品包括但不限于人民币支付，外卡支付，神州行卡支付，联通充值卡支付，VPOS 支付等众多支付产品，支持互联网、手机、电话和 POS 等多种终端，满足各类企业和个人的不同支付需求。

以上三种第三方支付产品是近几年来用户使用比较普遍，也是占第三方支付市场份额比较大的产品。但是，由于移动互联网的快速发展，各第三方支付公司间的竞争日趋激烈。如图 5-5 所示是艾瑞咨询对 2015 年度第三方支付产品支付交易规模市场份额的统计结果，数据显示 2015 年支付宝互联网交易规模增速有所放缓，市场份额下降到 47.5% 的比例，PC 端的用户粘性不断下降；财付通金融战略升级，构建开放合作平台，依托微信和 QQ 社交工具，拓展支付场景，将移动支付与互联网支付相结合，为用户进行全方位的支付理财服务，并取得了较不错的成绩，市场份额占 20%；快钱的市场份额没有明显增幅，占 6.9%；京东拥有以支付为基础的七大业务线，结合自身电商优势，加快互联网金融的布局，拓展京东金融版图，支付市场份额占 2.0%，未来将更具发展潜力；P2P 行业面临行业监管和规范化发展，但整体交易规模仍呈现出较高增长，汇付天下、易宝支付及宝付因此获得较快增长；作为电商巨头之一的苏宁也在积极拓展金融板块，易付宝作为其底层支付，获得较快的发展，市场份额占 1.2%。

4.3.5 移动支付

1. 移动支付的概念

从 2002 年开始，移动电子支付（简称移动支付）就已经成为移动增值业务中的一个亮点。移动支付作为一种崭新的支付方式，具有方便、快捷、安全、低廉等优点，将会有非常大的商业前景，而且将会引领移动电子商务和无线金融的发展。移动支付的最

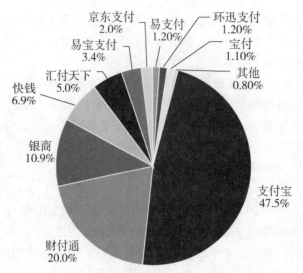

图4-5 艾瑞咨询2015年度第三方支付产品支付交易规模市场份额
资料来源：艾瑞网。

大特色就是它在操作上的便捷。这一支付方式不仅大大方便了消费者，而且必将引起商业领域的深层变革。

手机付费是移动电子商务发展的一种趋势，它包括手机小额支付和手机钱包两大内容。手机钱包就像银行卡，可以满足大额支付，它是中国移动通信公司近期的主打数据业务品牌，通过把用户银行账户和手机号码进行绑定，用户就可以通过短信息、语音、GPRS等多种方式对自己的银行账户进行操作，实现查询、转账、缴费、消费等功能，并可以通过短信等方式得到交易结果通知和账户变化通知。

2. 移动支付的特点

（1）支付灵活便捷。用户只要申请了移动支付功能，便可足不出户完成整个支付与结算过程。

（2）交易时间成本低，可以减少往返银行的交通时间和支付处理时间。

（3）利于调整价值链，优化产业资源布局。移动支付不仅可以为移动运营商带来增值收益，也可以为金融系统带来中间业务收入。

3. 移动支付的原理

典型的移动支付模式，一般需要第三方支付的配合，如微信支付、支付宝支付，如图4-5所示。第三方支付在电子商务中可以起到担保作用，可以集成众多银行，且不用开通网上银行和手机银行也能进行支付，方便快捷，还可以节约交易成本。移动支付表面上是把支付终端从电脑端向手机端等转移，但就是这一转移，可能会导致支付领域的革命性变革，因为支付是货币在不同账号之间的转移，支付本身就蕴含移动的意思，而手机等终端最大的优势也是可移动性，二者不谋而合，移动支付与第三方支付的融合放大了这一优势。

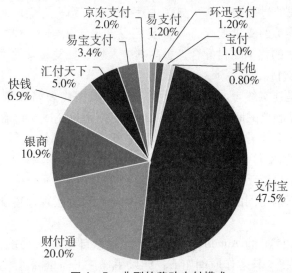

图 4-5 典型的移动支付模式

4.3.6 移动支付的模式

根据移动支付的距离远近,我们把移动支付分为近场支付、远场支付以及连接线上与线下的 O2O 移动支付模式。远场支付主要有网上购物支付、各种缴费等;近场支付主要用于交通支付、超市购物等;而 O2O 移动支付模式则是介于近场支付与远场支付之间的一种移动支付模式,既包括了远场支付(如网上团购),也包括了近场支付(如自动售货机购物),主要目的在于通过支付实现线上与线下的闭环,典型代表如扫描支付。

(1) 近场移动支付。

近场支付大部分情况可以离线交易,不需要联网。典型代表如 NFC 移动支付(谷歌钱包)。如果是基于 LBS 技术的近场支付,则需要网络来配合,典型代表如支付宝的"碰碰刷",用户双方同时"摇一摇"手机,就能找到对方账号并进行快速支付,不再需要手动输入对方支付宝账号。当然"碰碰刷"也可以通过 NFC 技术"滴"一下,即可找到对方,前提需要双方手机都具有 NFC 功能。

近场移动支付主要基于如下技术:一是 LBS 技术,指基于位置的服务,是由移动网络和卫星定位系统(GPS)结合在一起提供的一种增值业务。利用移动网络与移动终端的配合,来获取移动终端用户的位置信息。二是 NFC 技术,指近场通信。三是 RFID,指射频识别技术,如翼支付的 RFID-UIM 卡,它是一种具有无线射频功能的手机卡。

此外,近场支付还有红外线、蓝牙等技术。但蓝牙和红外线普及程度不及 NFC,这是因为:一是蓝牙和红外线支付在手机没电的情况下,无法进行支付,而 NFC 支付则依然可以完成。二是蓝牙建立连接时间较长,红外线则对视距要求比较苛刻,而 NFC 支付建立连接则方便快捷。三是 NFC 相较于 RFID 技术,具有距离近、带宽高、能耗低等特点,同时 NFC 技术增加了点对点通信功能,通信的双方设备是对等的,而 RFID 通信的双方设备是主从关系。

在移动支付混战的过程中,基于 NFC 的移动支付逐渐表现出一定的优越性。基于 NFC 的移动支付对终端的要求太高,其普及性受到一定影响。对此,基于 NFC 的移动支付可以和基于 LBS 的移动支付配合,提高其普及性,如支付宝的"碰碰刷"。

(2) O2O 移动支付。

O2O 移动支付是连接线上与线下进行的支付,典型代表如扫描支付,基于 LBS 技术的移动支付。看见心仪的商品,扫一扫二维码,用手机完成支付后即可取走商品,这就是扫描支付,完全自主化。二维码扫描支付可以实现近场支付(自动售货机购物等),也可以实现远场支付(团购等),目前二维码扫描是连接线上与线下的主要纽带。

O2O 移动支付也可以手机刷卡器来完成,手机刷卡器是通过手机音频口与手机连接的移动配件(能够识别不同的 IC 卡)。这种终端不仅可以实现远场刷卡,也可以完成近场支付。

此外,Facebook 推出的 Autofill 的移动支付信息自动输入功能,使线上与线下的"互动"变得更加便捷。其运作原理如下:如果用户在 Facebook 上使用信用卡购买,那么用户的信用卡信息将会被记录,用户在使用 Facebook 账户购物时,将会自动导入其信用卡。

本章小结

电子支付是指交易当事人(厂商、金融机构、消费者)通过电子网络以数字化方式进行的货币支付与资金转账。电子商务的最终目的是通过网络实现网上信息流、物流和资金流的三位一体,从而形成低成本、高效率的商品及服务交易活动。在线电子支付是电子商务的关键环节,也是电子商务得以顺利发展的基础条件。

电子支付技术包括银行卡、电子货币、电子支票等。电子货币是以金融电子化网络为基础,以商用电子化机具和各类交易卡为媒介,以电子计算机技术和通信技术为手段,以电子数据(二进制数据)形式存储在银行的计算机系统中,并通过计算机网络系统以电子信息传递形式实现流通和支付功能的货币。电子钱包(Electronic Purse)是电子商务活动中购物顾客常用的一种支付工具软件,是在小额购物或购买小商品时常用的新式钱包。技术上主要涉及加密技术、数字签名及认证机制等。

网上银行(或称网络银行、电子银行、虚拟银行、E-Bank、Electronic Bank、Net-bank、Cyberbank 等)是指利用 Internet 技术,通过 Internet 或其他公用电信网络与客户建立信息联系,并向客户提供开户、销户、查询、对账、行内转账、跨行转账、信贷、网上证券交易、投资理财等金融产品及金融服务的无形或虚拟银行。

网上银行的功能包括网上支付、代理缴费、网络证券交易、账务查询、转账业务、基金业务、外汇买卖、个人理财等八个方面。随着 Internet 和电子商务的普及与发展,网络银行可提供的服务也势必越来越广泛,越来越完善,使包括顾客、商户、行政机构在内的多种交易主体都可以真正做到足不出户而心想事成。

第三方支付是指是指具备一定实力和信誉保障的独立机构,采用与各大银行签约的方式,通过与银行支付结算系统接口对接而促成交易双方进行交易的网络支付模式。目前中国国内的第三方支付产品主要有 PayPal(易趣公司产品)、支付宝(阿里巴巴旗下)、财付通(腾讯公司,微信)等。

移动支付作为一种崭新的支付方式,具有方便、快捷、安全、低廉等优点,将会有非常大的商业前景,移动支付模式包括近场移动支付、O2O 移动支付、远场 O2O 移动支付。

思考题

1. 什么是电子支付?电子支付有哪些特征?
2. 电子支付系统是怎么构成的?
3. 电子支付的方式都包括哪些?
4. 什么是银行卡?银行卡有哪些功能?银行卡的支付方式有哪些?
5. 什么是电子现金?电子现金的特点是什么?
6. 什么是电子支票?电子支票的特点是什么?
8. 什么是网上银行?网上银行的特征和功能是什么?
9. 什么是第三方支付?第三方支付的优点是什么?
10. 什么是移动支付?移动支付的模式有哪些?

实训题

1. 上网浏览国内知名的几家大型电商公司,了解其开展业务项目及采取的支付方式,写一份约 2000 字的调研报告
2. 在招商银行网站上申请一张"一网通",体验招商银行网上银行的功能与操作过程。

第 5 章　网络营销

本章学习目标

本章主要介绍网络营销的概念、内容和理论基础。企业开展网络营销的策略和常用方法。网络营销管理，企业网络营销风险和规避风险的主要策略。通过本章的学习，读者应该掌握以下内容：

- 网络营销的概念
- 网络营销的策略
- 网络营销的方法和手段

 开篇案例

海尔的微博营销

提起海尔，多数人的固有印象还停留在民族家电企业或者裤衩两兄弟的动画时代，但是如今已经33岁的海尔在国内最大微博平台上却成为"新晋网红"。这其实还要从一个网友在微博上发文称想要购买一台豆浆机说起。

没想到的是正是这条毫无炒作痕迹的普通微博，如图5-1所示。却引来了200多个官微在评论区的一片混战，该微博的转发量很快就超过12万，评论超过9万！

企业官微作为企业产品和理念的传声筒的刻板印象早已深入人心，微博里不外乎广告和抽奖，但此次联合的互动，却让众多网友惊叹：没想到你们是这样的企业号！此次互动不但让众多企业的曝光度大大提升，广告硬植入的不适感也完全消失不见，可以说这一次典型互联网思维方式的成功网络营销案例。

当这次微博的热门事件过去之后，有人认为，企业在微博红利期高峰已过，99%的企业账号们都开始降低更新频次，削减运营团队之时，海尔却反其道而为之，不断更新微博，在各大微博红人区抢热门评论、抢回复、与网友互动，看起

图 5-1 海尔发的微博

来和普通吃瓜群众一样,在众多网友感叹的同时也再次在微博上形成了一股热潮:没想到你是这样的海尔!

海尔的成功在于打破传统,在微博上的去官方化、致力于趣味化、年轻化,不但顺应了时代的潮流,更接地气的同时,也实现了人们对于企业新的观感和美誉度。

资料来源:http://www.gbao.net.cn/ke huanli/seo/302.html

思考与讨论:
1. 您觉得海尔的微博营销成功的关键是什么?
2. 您觉得网络营销有什么优势?

5.1 网络营销的概念

营销策略正确与否,营销方法如何,都会关系到企业的生存死亡。20 世纪 90 年代以来,随着 Internet 技术的发展和电子商务的普及,传统的营销手段已经难以适应时代的发展,出现了一种新的营销手段——网络营销。尽管历史较短,但网络营销已经成为企业常用的营销方式之一,网络营销已经在企业经营策略中发挥着越来越重要的作用。

5.1.1 网络营销的概念

网络营销是随着互联网进入商业应用而逐渐诞生的,与许多新兴学科一样,网络营销目前没有一个公认的、完善的定义,而且网络营销环境在不断地变化,在不同时期从不同的角度对网络营销的认识也有一定的差异。

从网络营销的内容和表现形式上看,很多人将网络营销等同于网上销售产品、域名注册、网站建设、网站推广、网络广告等,这些观点都只反映了网络营销的部分内容,无法完整地体现出网络营销的内涵和实质。

简单来讲,凡是以互联网为主要手段开展的营销活动,都可以称为网络营销(E-Marketing 或互联网营销),但实际上并不是每一种手段都合适网络营销的基本准则,不是都可以发挥网络营销的作用。

为了明确网络营销的基本含义,这里将网络营销定义为网络营销是企业整体营销战略的一个组成部分,是为了实现企业总体经营目标所进行的,以互联网为基本手段营造网上经营销售环境的各种活动。

网络营销和传统市场营销都是为最终实现产品销售、提升品牌形象等目的而进行的活动,但网络营销诞生于因特网高速发展的网络时代,作为依托网络的一种新的营销方式和手段,有助于企业在网络环境下更加有效地实现营销目标。网络营销和传统市场营销之间并没有冲突,在企业营销实践中,两者也往往是并存的,但因各自所依赖的环境不同而有各自的特点和方法体系。网络的全球性、开放性和数字化等特征,使网络营销相对于传统的市场营销,在许多方面存在着明显的优势,也呈现出了跨时空、交互式、人性化、高效性和经济性等特点。

5.1.2 网络营销的内容

网络营销主要是在因特网上进行各种营销活动,虽然基本的营销目的和活动内容大体是一致的,但实施和操作过程与传统市场营销有着很大的区别。一方面,网络营销针对的是网上虚拟市场,因此需要及时了解和把握网上虚拟市场的消费者特征和消费者行为模式的变化,为企业进一步的营销活动提供可靠的依据;另一方面,网络的特点是信息交流自由、开放、平等、费用低廉,信息交流渠道既直接又高效,因此在网上开展营销活动,必须改变传统的营销方式和手段。具体来讲,网络营销包括下面一些内容。

1. 网上调研

网上市场调研是指企业利用因特网的交互式信息沟通渠道来实施市场调查活动,具有调查周期短、成本低的特点。网上调研不仅为制定网络营销策略提供支持,也是整个市场研究活动的辅助手段之一。所采取的方法包括直接在网上(电子邮件、论坛、实时信息等)通过发布问卷进行调查,也可以在网上收集各种所需要的二手资料。网上调研的重点是利用网上调查工具,提高调查效率和效果,同时利用有效的工具和手段收集整理资料,在因特网浩瀚的信息库中获取想要的信息和分辨出有用的信息。

2. 网络消费者行为分析

网络消费者是网络社会的一个特殊群体,与传统市场上消费群体的特征是截然不同的,面对电子商务这种特殊的消费形式,消费者的消费心理和消费行为表现得更加复杂和微妙,因此深入了解网上用户群体的需求特征、购买动机、购买行为过程及其影响因素是非常有必要的。因特网作为信息沟通工具,正成为许多相同兴趣爱好的消费群体聚集交流的地方,在网上形成了一个个特征鲜明的虚拟社区,这为了解不同网络消费群体的特征和喜好提供了方便。

3. 网络营销策略制定

企业在进行网络营销实现企业营销目标时,必须制定与之相适应的营销策略。网络营销策略就是企业根据自身所在市场中所处地位不同而采取的一些网络营销组合,包括产品策略、价格策略、促销策略、渠道策略、网站策略和顾客服务策略等。网络营销的策略制定需要考虑很多问题,如结合网络特点重新考虑产品的设计、生产、包装和品牌,进行产品策略研究;考虑到因特网的开放、平等和信息基本免费特征,制定适合因特网营销的定价策略;因特网改变了企业的营销渠道,借助因特网企业可以建立网上直销模式,但也要处理好渠道冲突问题;因特网是一种能双向信息沟通的高效、低成本的新媒体,如何利用因特网建设好网络营销站点、经营好网站推广工作并打造出其网络品牌,为消费者提供更好的服务,更是网络营销策略制定中非常重要的问题。

4. 网络营销实施管理与控制

网络营销的实施需要进行一定的投入,并且会有一定的风险,必须做好网络营销的管理和控制。网络营销的管理工作是多方面的,如网络营销计划的管理、网络营销组织的管理、网络营销策略实施的管理、网络营销效果评价和控制等。其中每一项网络营销管理都可以细化为若干具体的工作,并且与网络营销具体策略的实施建立了对应关系。网络营销依托互联网开展营销活动,必将面临传统营销未碰到的许多新问题,如网络产品质量的保证问题、网上知识产权保护问题、消费者隐私保护问题及信息安全问题、网上征税问题和新技术的应用与发展等,这些都是网络营销必须重视并需要有效管理控制的问题。

5.2 网络营销策略

5.2.1 产品策略

不同的产品适合采用不同的销售渠道,网络营销也有其适用产品范围,并不是所有的产品与服务都适于上网销售。在网上进行产品和服务营销,必须结合网络特点重新考虑对产品的设计、开发、包装和品牌的产品策略研究。

目前在网上销售中比较成功的产品很多,如电脑软件及相关产品、知识含量高的产品(图书、音像制品等)、创意独特的新产品(如 DIY 产品)、纪念类等有收藏价值的商品、数字化的信息和娱乐产品、服务类的无形产品(如旅游预订、鲜花预订、咨询服务等)等。据统计,适合于网络营销的商品,按其商品形态不同,可以分为三大类:实体商品、软体商品和在线服务,如表 5-1 所示。

表5-1 适合于网络营销的电子商务产品

1. 实体产品	即有形产品。 如工业产品、农业产品等
2. 软体产品	即数字产品。包括： 电子刊物：报纸、杂志、书籍等 产品信息：产品说明、用户手册、销售培训等 图形图像：照片、地图、海报等 音频产品：音乐唱片、语音文件等 视频产品：电影、电视节目等
3. 在线服务	即无形产品。包括： 情报服务：法律咨询、股市行情分析等 互动式服务：网络交友、线上娱乐、远程教育、远程医疗等 网络预约服务：预订机票、提供旅游服务等

企业在选择适合网络营销产品时，除了考虑其消费市场外，还必须考虑到自身产品在营销上的覆盖范围，在远距离的消费者发生购买时，也能解决好物流配送的问题。

1. 新产品的开发策略

新产品开发是许多企业市场取胜的法宝。但是由于互联网的发展、竞争的加剧，新产品开发成功的难度增大，产品的生命周期缩短，产品开发的代价提高。与传统新产品开发一样，网络营销新产品开发策略也有以下几种类型，但策略的制定和操作方法有所不同。

（1）全新产品。即开创了一个全新市场的产品。

（2）新产品线。即公司首次进入一现有市场的新产品，也是模仿型产品。

（3）现有产品线外新增加的产品。即公司在已建的产品线上增补新产品，也可形成系列型产品。

（4）现有产品的改良产品。即在原有产品的基础上进行了改进，产品在结构、功能、感知价值等方面有较大改善并且可替换现有产品的新产品。如，某产品的升级版。

（5）降低成本型产品。即提供同样功能但成本较低的新产品。

（6）重定位型产品。即以新的市场或细分市场为目标市场的现有产品。

2. 产品的品牌策略

优势品牌带给顾客的是对产品和服务的认可，企业能从产品的品牌声望中获得收益。但传统品牌并不一定也具有网络品牌优势，因此，网络营销的重要任务之一就是在互联网上建立并推广企业的品牌。网络营销为企业利用互联网建立品牌形象提供了有利条件，无论大小企业都可以用适合自己的方式展现品牌形象。然而，一个优秀的网络品牌的建设是一个长期过程，它需要企业从多方面采取措施。

（1）企业网站建设。网络品牌建设是以企业网站建设为基础，通过一系列的推广措施，获得顾客和公众对企业的认知和认可。企业网站建设是打造网络品牌的基础，如果企业网站看起来比较专业，可为用户提供有价值的信息和服务，那么会对该品牌产生认可，会联想到企业形象，否则会产生负面影响。

（2）多方位宣传。企业要善于利用互联网媒体和传统媒体，舍得花费资金进行品牌广告宣传。在做广告时要对品牌的内涵加以解释，使人们了解品牌的含义和品牌文化。例如，凡客诚品、拉手网等在公交地铁站、电视媒体、门户网站、视频网站等投放全方位广告宣传，起到较好的效果。

（3）质量保证。品牌的声誉是建立在产品质量和服务质量之上的，所以企业始终要把产品和服务质量放在首位。广告能激发出顾客内心潜在的购买欲望，这对网络品牌的建立很重要，但顾客在网站上体会到的整体浏览体验和购买经验等对消费者更重要。因此在产品质量、网站策划、网页设计、在线服务和售后服务等方面的工作都是重点。

（4）公共关系。把握一切可利用的事件和机会，开放门户，利用公关造势建立品牌，塑造企业形象。但由于因特网的传播力具有全球性和广泛性，企业必须谨慎对待负面和有损形象的信息的传播，为企业树立好的形象。

（5）遵循互联网规则。因特网的开放性和经济性，使其成为费用低廉、信息共享、自主平等的公共平台。互联网上很多信息化产品和服务都是免费的，所以企业提供服务的收费最好是免费或非常低的。信息发布时也要注意遵守道德规范，既不能引起顾客反感进行营销宣传，同时又要保护消费者隐私。

3. 价格策略

价格策略是企业营销策略中最富有灵活性和艺术性的策略，是企业非常重要的竞争手段之一。在网络环境下，顾客选择的商品种类增多造成商品的需求价格弹性增大，价格确定时需考虑的因素也增多，一般来说，影响网上定价的因素主要有成本因素、目标因素、竞争因素和供求关系。网络上的定价策略很多，有些传统的定价策略对网络营销产品定价同样适用，如低成本定价、心理定价、折扣定价等，下面介绍几种常见的网络定价策略。

（1）个性化定制定价策略。个性化定制定价策略就是利用网络的互动性和消费者的个性化需求特征，来确定商品价格的一种策略，也是网络营销的一个重要策略。消费者往往对产品外观、颜色、样式等方面有具体内在的个性化需求，网络的互动性能使企业即时获得消费者的具体需求，使个性化营销成为可能。个性化定价策略就是在企业能实行个性化生产的基础上，利用网络信息技术，消费者选择或设计能满足需求的个性化产品，同时承担自己愿意支付的成本。

（2）竞争导向定价策略。竞争导向定价策略是一种以市场上相互竞争的同类商品价格为定价基本依据，随着竞争状况的变化来确定和调整价格水平的一种策略。

这种定价策略充分考虑到了产品价格在市场上的竞争力，时刻注意着潜在顾客的需求变化。因特网上的信息公开也为企业了解竞争对手的价格策略提供了方便，可以随时掌握竞争者的价格变动，以调整自己的竞争策略，时刻保持着同类产品的相对价格优势。但过分关注在价格上的竞争，容易忽略其他营销组合可能造成产品差异化的竞争优势，也有可能引起竞争者的报复。

（3）许可使用定价策略。许可使用定价策略是网络营销环境下的一种新型定价方法，是顾客通过网络注册后直接使用企业的产品，类似租赁的方式，顾客只需要根据使用次数进行付费,而不需要将产品完全购买。这种定价方式降低了消费者的购买成本,可以吸引更多的顾客使用产品,扩大市场份额。同时节省了处置产品的麻烦,为消费者节省了不必要的开支,减少了浪费。例如,很多软件的在线许可使用,某些音像多媒体的在线观看等。

(4) 免费价格策略。免费价格策略就是将企业的产品或服务以零价格或近乎零价格的形式提供给顾客使用,以满足顾客需求的一种价格策略。在传统市场营销中,免费价格策略通过用于短期或临时的促销活动和产品推广,但在网络营销中免费价格策略不只是一种促销手段,它还是一种长期非常有效的产品和服务的定价策略。

并不是所有的产品都适合于免费定价策略,网络信息的特点决定了适合网络营销环境的产品非常适合采用免费价格策略。一般来说,适合免费定价策略的产品具有数字化和无形化的特征,产品开发成功后,能够轻易通过复制实现无限制的生产,边际生产成本几乎为零。如,新闻、信息服务等数字化产品,用户可以通过浏览或者下载来使用,企业只需通过较低的成本就能实现产品推广,又无须物流,通常采用完全免费定价策略;软件、电子图书等必须通过一定载体来表现出形态的无形产品,通常采用限制免费或部分免费策略。免费价格策略如果运用得当,便可以成为企业的一把营销利器。

4. 渠道策略

网络营销渠道就是商品和服务通过网络从生产者向消费者转移过程的具体通道或路径,完善的网上销售渠道应该有订货、结算和配送三大功能。电子商务运作使企业在信息交流沟通、资金支付和事物转移等环节都发生了深刻变化,也带来了渠道的变革和创新。网络改变了传统渠道的中间环节,使分销渠道的结构更加简单。

简单来讲,网络营销的渠道策略主要有两种:一是网上直销,即通过因特网实现从生产者到消费者的网络直接营销渠道,如 DELL 公司的网络直销、淘宝商城的某品牌直销等;二是网络时代新型中间商,即中间商利用因特网技术进行的从经销商到消费者的网络间接营销渠道,如京东商城和卓越的产品销售等。

(1) 网上直销。网上直销也叫网络直销,它与传统直接分销渠道一样,都没有营销中间商,但具备订货、结算和配送功能。网上直销与传统直接分销渠道不一样的是,生产企业通过建设网络营销站点,可以让顾客直接从网站进行订货。通过与一些电子商务服务机构如网上银行合作,可以通过网站直接提供支付结算功能,简化了过去资金流转的问题。对于配送方面,网上直销渠道可以利用互联网技术来构造有效的物流系统——自建物流,也可以通过互联网与一些专业物流公司进行合作,建立有效的物流体系。

(2) 网络时代新型中间商。在传统营销渠道中,中间商是其重要的组成部分,利用中间商能够在广泛提供产品和进入目标市场方面发挥最高的效率。中间商凭借其业务往来关系、经验、专业化和规模经营,提供给公司的利润通常高于自营商店所能获取的利润。随着互联网的发展和商业应用,从无到有,从小到大,一批网络渠道中间商企业迅猛崛起,形成了一种新型网络间接营销渠道。这种基于互联网的新型网络间接营销渠道与传统间接分销渠道有着很大不同,传统间接分销渠道可能有多个中间环节如一级批发商、二级批发商、零售商,而网络间接营销渠道只需要一个中间环节,即新型中间商。如京东商城、凡客诚品、卓越网等。

与此同时,传统中间商面对新型中间商的竞争压力,也融合了互联网技术,开始了网上销售,传统渠道和网络渠道并存。例如,美国零售业巨头 Wal－Mart 为抵抗互联网对其零售市场的侵蚀,在 2000 年元月份开始在互联网上开设网上商店。

5. 促销策略

营销的基本目的是为最终增加销售提供支持,网络营销也不例外。网络促销策略就是以各种有效方式告知、说服和影响消费者,以激活其消费欲望和需求,把潜在需求变为现实的购买的方法。几乎所有的网络营销方法对销售活动都有直接或间接的促进效果,同时还有许多针对性的网上销售促进手段,如表 5－2 所示。其中,网上抽奖促销、秒杀促销、积分促销、网上赠品促销等新型网上促销策略效果非常好。

表 5－2 常见的网络促销方法

样　品	向网站注册消费者提供一定数量的免费产品与服务
免费试用	邀请或抽取目标客户免费试用产品和享受服务,希望他们在他用后购买产品
优惠券	持有人在购买指定产品时,可以享受优惠折扣购买
奖品、礼品	在购买特定产品时,以较低价格或免费提供的用于刺激购买的商品进行奖励
现金返还（回扣）	产品购买活动结束之后给予顾客的价格优惠——消费者在购买产品后,将购买凭证交给卖方,卖方再将部分购买款返还给消费者
回馈奖励	以现金和积分点数,给予经常光顾网站的特定买主或 VIP 客户奖励,以维系稳定的客户关系
奖励（比赛、抽奖和游戏）	消费者在购买特定商品后有机会获得现金、旅游或者商品。比赛要求消费者参与某种活动,然有裁判选择表现最好的参与者并给予奖励。抽奖要求消费者进行摸彩。游戏是指消费者在每次购买时可以得到一些物品奖励
产品担保	卖方在网站对消费者明确或隐含的承诺,保证产品在一定时期内的性能将满足特定标准,否则卖方将负责免费维修或退换
捆绑销售	通过两个或以上的品牌或公司合作发放优惠券、退款,开展竞赛来增加合力
交叉销售	利用一个品牌与另一个不存在竞争关系的品牌做广告
物价包装	以此正常价格优惠的定价进行销售的打包或标记产品
线上促销纸下销售	在网站上进行产品的各种促销活动,在网下实体店铺里进行产品的销售

网络促销并不限于对网上销售的支持,事实上,网络促销对于促进线下销售同样很有价值和效果,这也是一些没有开展网上销售业务的企业一样有必要开展网络营销的原因。

5.3 网络营销方法

企业的网络营销活动需要借助于各种有效的网络营销工具,通过各种相应的网络营销方法实现,因此,接下来有必要对网络营销的方法进行探讨。随着互联网应用和技术的不断发展，新型网络营销方法也不断出现，目前，常用的网络营销方法包括企业网站营销、搜索引擎营销、许可 E-mail 营销、博客/微博营销、RSS 营销、SNS 营销、网络广告及病毒性营销等。

5.3.1 企业网站营销

企业网站是网络营销最重要的工具之一，也是实现网络营销的基础，如果没有专业化的企业网站，网络营销的方法和效果就会受到很大的限制。因此，网络营销的任务之一就是建立一个以网络营销为导向的企业网站。

企业网站不仅仅是展示企业文化和品牌形象的窗口，它在网络营销中起到产品和信息发布、交流沟通、在线交易、在线顾客服务及关系维护、市场调研等作用。企业网站营销有两个非常重要的方面：一是企业网站自身建设，包括网站策划、网页设计、技术开发、功能测试、内容编辑等工作，通过简单易用的专业网站吸引顾客驻足；二是利用企业网站资源提供网络营销服务，挖掘潜在顾客，实现销售的增加。通常企业可采取网上直销、网站促销、会员制营销和友情链接等方法来进行网络营销。

5.3.2 搜索引擎营销

搜索引擎是目前使用最多的互联网服务之一，它能够帮助用户快速、有效地检索到所需要的信息或服务。它既方便用户通过搜索引擎检索获取企业网站的相关信息，同时又收录着各种各样的企业所传递的信息。自搜索引擎成为互联网信息的检索工具开始，搜索引擎的营销价值就产生了，目前搜索引擎营销已经成为企业网站推广的首选方法。

1. 搜索引擎营销

所谓搜索引擎营销（Search Engine Marketing，SEM），就是企业进行网站推广常用手段，它是指根据网络用户使用搜索引擎的方式和特点，利用用户检索信息的机会将营销信息传递给目标用户的一种营销方法。

搜索引擎营销的方式很多，采用得最多的就是关键字广告，如，百度的凤巢系统（即之前的竞价排名）、Google 和 Yahoo 的关键字广告等，如图 5-2 所示。用户检索时使用的关键字能够反映出用户对某种产品或服务的关注，而这种关注正是企业运用搜索引擎营销挖掘潜在客户的根本原因。

图 5-2 百度搜索引擎的"智能手机"关键字广告

据 CNNIC 中国互联网络信息中心 2011 年 7 月发布的《第 28 次中国互联网络发展状况统计报告》，中国共有网民 4.85 亿，搜索引擎的使用人数为 3.86 亿，使用率为 79.6%，在整个互联网应用中搜索引擎的应用和使用率都排名第一位。这也就是说，搜索引擎已经成为大多数网民获取信息和服务的主要途径，网民获取企业网站信息并进入网站的第一工具也是搜索引擎。可看出，搜索引擎对于网络营销来说非常重要，搜索引擎市场具有巨大的商业价值和开发潜力。

2. 许可 E-mail 营销

许可 E-mail 营销也叫许可营销，它是在用户事先许可的前提下，通过电子邮件方式向目标用户传递信息的一种网络营销方法。许可 E-mail 营销的开展有三个前提：基于用户许可、通过电子邮件传递信息、信息对用户是有价值的。

正规的 E-mail 营销都是基于用户许可的，基于用户许可的 E-mail 营销区别于滥发邮件和垃圾邮件，对用户造成的滋扰少，可以增加潜在客户定位的准确度，增强与客户的关系。许可 E-mail 营销的主要功能包括：品牌形象的建立、网站推广、产品/服务的推广、客户关系的维护、市场调研等。

开展 E-mail 营销需要解决三个基本问题：向哪些用户发送电子邮件、发送什么内容的电子邮件、以及如何发送这些邮件。因此，在开展许可 E-mail 营销时，在用户自愿的情况下获得足够多的用户 E-mail 地址、设计出用户关心的有价值的邮件内容、成功选择使用或自建邮件发送技术平台是保证许可 E-mail 营销顺利有效开展的核心问题。

在所有常用的网络营销手段中，电子邮件营销是信息传递最直接、最完整的方式，可以在很短的时间内有针对性地将信息传递给潜在客户和已有客户，这种独特功能在风云变幻的市场竞争中显得尤为重要。

5.3.3 博客/微博营销

1. 博客营销

博客即网络日志（Web Log），特指一种特别的网络个人出版形式，内容按照时间顺序排列，并且不断更新，是一种个人思想、观点、知识等在互联网上的共享。随着博客应用的迅速普及，博客已不仅仅用来为用户发布日志，还应用到了商业领域和营销活动中。

博客营销是指企业、公司或个人利用博客平台，发布并更新企业、公司或个人的相关概况及信息，并且密切关注并及时回复平台上客户对企业或个人的咨询或评论，并通过较强的博客平台（如新浪博客、网易博客等）帮助企业或公司零成本获得搜索引擎的较前排位，以此达到宣传目的的营销方法。

博客营销是知识营销的一种表现形式，它强调自由和知识共享，商业化较强的信息内容是不受欢迎的。所以开展博客营销的前提是拥有对用户有价值的、用户感兴趣的知识，而不仅仅是广告宣传，通过对用户感兴趣的知识或主题的持续讨论和交互，来达到传递营销信息、培养顾客忠诚的目的。

2. 微博营销

微博，即微博客（Micro Blog）的简称，是一个基于用户关系的信息分享、传播以及获取平台，用户可以通过 WEB、WAP 以及各种客户端组织个人社区，以 140 字以内的文字更新信息，并实现即时分享。微博营销是指以微博为营销平台，每一个听众（粉丝）都是潜在营销对象，企业更新自己的微博，跟大家交流，讨论大家感兴趣的话题，向网民传播企业、产品的信息，以树立良好的企业形象，并达到营销的目的的一种新型营销方式。

微博营销与博客营销有着本质的区别，优势非常明显，具体如下。

（1）门槛低，简单。微博内容则短小精炼，重点在于表达现在发生了什么有趣（有价值）的事情，而不是系统的、严谨的企业新闻或产品介绍。140 个字发布信息，远比博客发布容易，可以方便地利用文字、图片、视频等多种展现形式。

（2）多平台，广泛。用户可以利用电脑、手机等多种终端方便地发布或获取微博信息。

（3）传播快，见效快。微博信息传播的方式有多样性，转发非常方便，利用名人效应能够使事件的传播量呈几何级放大。微博的传播渠道除了相互关注的好友（粉丝）直接浏览之外，还可以通过好友的转发向更多的人群传播，因此是一个快速传播简短信息的方式。

微博营销是一种基于信任的主动传播。在发布营销信息时，要尽可能把广告信息巧妙地嵌入到有价值的内容当中，像小技巧、免费资源、趣事都可成为植入广告的内容，都能为用户提供一定的价值，以此来取得用户信任。只有取得用户的信任，用户才可能帮你转发、评论，才能产生较大的传播效果和营销效果。

3. 微信营销

微信营销是网络经济时代企业或个人营销模式的一种。是伴随着微信的火热而兴起的一种网络营销方式。微信不存在距离的限制，用户注册微信后，可与周围同样注册的"朋友"形成一种联系，订阅自己所需的信息，商家通过提供用户需要的信息，推广自己的产品，从而实现点对点的营销。

微信的点对点产品形态注定了其能够通过互动的形式将普通关系发展成强关系，从而产生更大的价值。通过互动的形式与用户建立联系，互动就是聊天，可以解答疑惑、可以讲故事甚至可以"卖萌"，用一切形式让企业与消费者形成朋友的关系，你不会相信陌生人，但是会信任你的"朋友"。

（1）微信营销的方式——"位置签名"营销。所谓的"位置签名"实质上就是一种广告植入的营销方式，具体而言，是指营销传播主体在自己主页的签名档上放入广告或是产品促销等信息，当移动用户利用终端设备查找附近的人或是微信中自带的"摇一摇"功能时，便会看见营销传播主体的信息，这样便达到了信息传播的目的。此种营销方式属于一种拉拢附近用户的广告营销策略，其特点是传播主体掌握着信息传播的主动性，传播渠道简单、快捷，目标受众精确，能够及时快速地获得信息反馈，具有良好的互动性。该营销方式适用于可在微信上定点定位的商家，如 KFC 的宅急送等等。

（2）微信营销的方式——"漂流瓶"营销。"漂流瓶"是微信中的一项功能，营销主体可以利用该功能将产品的相关信息放入瓶内传播出去，当移动用户打捞到漂流瓶之后，便可从中获得相关信息。这种传播方式的特点是随机性强，其传播范围较广，不针对某个群体，信息的流动性较高。但有些用户并不经常打捞瓶子，所以信息的接受率相对较低，适用于知名度较高的产品，可以起到扩大产品影响力的作用。

（3）微信营销的方式——"公众平台"营销。这是微信的品牌主页，可将其归属于专门的信息推送方式，在该传播方式中，传播主体往往都是微信里的"名人"，当其在微信的公众平台当中发布信息后，受众可在微信客户端接收到该信息。同时，可将信息即刻推送至受众移动设备的桌面上，当受众开启设备时，便可收到信息。这种传播方式的特点是便捷性、高效性，不足之处是互动性较差，且信息反馈不高。

（4）微信营销的方式——"二维码"营销。营销传播主体可以建立自己的二维码，当移动用户利用微信的功能对营销主体的二维码进行扫描并添加好友后，营销主体与用户之间便可进行互动。在二维码中，企业一般都是采用折扣或是优惠券等方式吸引用户。该传播方式的特点是受众的主动性高，营销目标精确，具有较强的传播时效性，适用于正在搞活动的店铺吸引消费者。

（5）微信营销的方式——"朋友圈"营销。这是一种支持网页链接的传播方式，其与社交网络的性质相类似，但两者之间又存在明显的区别。在朋友圈中的信息流通具有一定的私密性，受众基本都是朋友圈当中的好友，传播主体与受众之间属于对等的关系，该方式的特点是精确性高、针对性强、互动性良好，适用于口碑营销。

4. SNS 营销

SNS（社会化网络服务，Social Networking Services）营销是随着社会化网络的出现而产生的一种新型网络营销方式，它利用 SNS 网站的分享和共享功能，在六度分隔理论的基础上实现的一种营销。通过口碑传播的手段，让产品或服务被更多的人知道。

SNS 社交网站在全球范围内的轰动效应始于美国校园网站 Facebook，其在美国的火爆让人们更加认识到社交类网站的价值。SNS 网站互动性强、用户依赖性高，发展的过程中积累了丰富的用户资源，这些都给 SNS 营销带来了巨大的价值。企业可以通过在 SNS 上发软文来推广自己的网站或产品相关信息，可以通过在 SNS 的各种应用中进行网络广告，以此达到宣传的目的和品牌的建立，如图 5-3、图 5-4 所示的植入式网络广告。

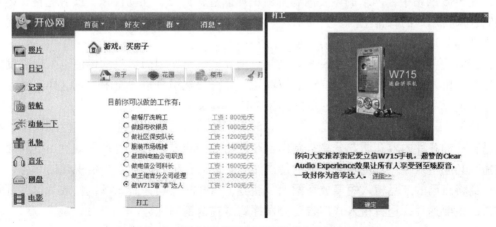

图 5-3 开心网"买房子"游戏中的植入广告

图 5-4 "争车位游戏"中的戴尔广告

植入性广告由来已久,它诞生于美国的影视作品中,最初以电影电视为媒介,借助影视作品中的道具使观众在观看作品的同时接受产品的品牌信息。随着植入性广告的发展,植入形式逐渐多样化,植入的内容信息及品牌内涵也越来越多样化。为了开拓广告客户,SNS 提供商不断进行广告创新,尤其对植入广告十分热衷,已成为 SNS 广告的主要来源之一。比如,图 5-4 的"争车位"游戏中,广告商将自己的汽车照片和型号摆上网络汽车城,校内网在网上向用户派发虚拟的"优乐美暖心奶茶"。"好友买卖"游戏中用康师傅茶和 THINKPAD 手提电脑慰劳"奴隶"等等。

结合 SNS 网站的自身特点开展植入性营销有以下几点优势:

(1) 更丰富的切入对象。植入性营销都需要一个被植入的对象作为植入信息的载体,在 SNS 网站中,网站的主要内容都由用户创造,自由、互动性强,没有题材和内容限制且来自用户的日常生活、公共话题、共同兴趣等,这为各种形式的品牌和产品提供了更准确丰富的植入性营销的切入点。

(2) 更互动的信息媒介。SNS 网站是一个互动平台,因而信息的传递也呈现高度的互动性,植入性信息可以成为虚拟的道具和一种符号被用户主动使用。在这样一种主动使用的过程中,用户产生了更深刻的印象,植入效果更好。

(3) "病毒式"的传播方式。分享是 SNS 网站的重要互动功能,这就使用户可以将自己喜欢的各种内容和朋友分享,制作新颖打动人心的内容能够得到更廉价、更广泛的传播,其间植入性广告也随着载体的传播而不断扩大影响力。随着网络视频的兴趣,许多厂商将自己的产品植入短篇放在网上,获得了很好的反响,而 SNS 网站成为这些视频传播的主要途径,通过植入式广告充分发挥病毒式营销的优势。

5. "病毒性"营销

病毒性营销是一种常用的网络营销方法，常用于网站推广、品牌推广等。它并非真的以传播病毒的方式开展营销，而是通过用户的口碑传播的原理。在互联网上，这种"口碑传播"更为方便，信息像病毒一样传播和扩散，利用快速复制的方式传向数以千计、数以百万计的受众。病毒性营销是一种高效的信息传播方式，由于这种传播是用户之间自发进行的，因此几乎是一种不需要费用的网络营销手段。

病毒性营销已经成为网络营销最为独特的手段，被越来越多的网站成功利用。病毒性营销的经典范例是 Hotmail，它是世界上最大的免费电子邮件服务提供商，在创建之后的 1 年半时间里，就吸引了 1200 万注册用户，而且还在以每天超过 15 万新用户的速度发展，令人不可思议的是，在网站创建的 12 个月内，Hotmail 只花费很少的营销费用，还不到其直接竞争者的 3%。Hotmail 之所以爆炸式的发展，就是由于利用了"病毒性营销"的巨大效力，它是这样做的：Hotmail 为用户提供免费 Email 地址和服务，在每一封免费发出的信息底部附加一个简单标签："Get your private, free Email at http://www.hotmail.com."然后，人们利用免费 Email 向朋友或同事发送信息，接收邮件的人会看到邮件底部的信息，这些人会加入使用免费 Email 服务的行列。于是 Hotmail 提供免费 Email 的信息就在更大的范围扩散。

病毒性营销的成功案例还包括 Google、Amazon、ICQ、eGroups 等国际著名网络公司。病毒性营销既可以被看作一种网络营销方法，也可以被认为是一种网络营销思想，即通过提供有价值的信息和服务，利用用户之间的主动传播来实现网络营销信息传递的目的。病毒性营销可采用的网络营销工具很多，包括电子邮件、电子书、SNS 应用、即时通信工具、微博等。

6. 网络广告

网络广告是指在因特网站点上发布的以数字代码为载体的各种付费形式的宣传，利用网站上的广告横幅、文本链接、多媒体信息的方法，通过网络传递到互联网用户的一种高科技广告运作方式。随着电子商务的发展，越来越多的企业意识到网站已经成为其展示产品特点和进行营销活动的主体。在此基础上，网络广告已经成为继电视、广播、报纸杂志、路牌等广告后的第五种媒介广告。

网络广告的形式多样，主要有旗帜广告、按钮广告、文本链接广告、赞助式广告、插播式广告、电子邮件广告、关键字广告、多媒体广告等。

(1) 旗帜广告。旗帜广告（Banner）是以 GIF、JPG 等格式建立的图像文件，通常以横向的方式置于页面顶部和底部，所以又称横幅广告。它是最常见的网络广告形式，也是互联网界最为传统的广告表现形式。随着网络技术的发展，旗帜广告在制作上经历了静态、动态及丰富多媒体旗帜广告的演变过程。

(2) 按钮广告。按钮广告（Button）即图标广告，是从 banner 演变过来的一种常见的网络广告形式。按钮广告与标题广告类似，但是面积比较小，而且有不同的大小与版面位置可以选择，通常显示的是企业的商标或品牌等特定标志。它通常链接着公司的主页或站点，但网络浏览者只有主动点击，才能了解到有关企业或产品的更为详尽的信息，因此比较被动。

(3) 文本链接广告。文本链接广告是以一排文字作为一个网络广告，点击都可以进入相应的广告页面。这是一种对浏览者干扰最少却较为有效果的网络广告形式。有时候，最简单的广告形式效果却最好。

(4) 赞助式广告。赞助式广告（Sponsorships）是把广告主的营销宣传活动内容与网络媒体本身的内容有机地融合起来，使其看起来更像网页上的内容而并非广告，以取得最佳效果的网络广告。常见的赞助有三种形式：内容赞助、节目赞助和节日赞助。广告主可对自己感兴趣的网站内容或节目进行赞助，或在特别时期（如澳门回归、世界杯）赞助网站的推广活动。

(5) 插播式广告。插播式广告（Interstitial）是在一个网站的两个网页出现的空间中插入的网页广告，就像电视节目中出现在两集影片中间的广告一样，如果广告内容有足够的吸引力，很有可能将用户引到网站上去，从而达到广告的预期目的。插播式广告有不同的出现方式，有的出现在浏览器主窗口，有的新开一个小窗口，有的可以创建多个广告，也有一些是尺寸比较小的、可以快速下载内容的广告。无论采用哪种显示形式，插播式广告的效果往往比一般的 banner 效果要好。

(6) 电子邮件广告。电子邮件广告（E-mail Advertising）是指通过互联网将广告发到用户电子邮箱的网络广告形式，它针对性强，传播面广，信息量大，其形式类似于直邮广告。其针对性强的特点，可以让企业针对具体某一用户或某一特定用户群发送特定的广告，这是其他网络广告方式所不可比的。电子邮件广告有可能全部是广告信息，也可能在电子邮件中穿插一些实用的相关信息，可能是一次性的，也可能是多次的或者定期的。但值得注意的是，那些未经同意发送的垃圾广告邮件很容易引起用户的反感，因此发送电子邮件广告之前需要得到用户的同意，在真正了解客户需求的基础上适时适量地发送邮件广告。

(7) 关键字广告。关键字广告（keyword）通常出现在搜索引擎搜索结果的页面中，它是指网民使用搜索引擎（例如国内最常见的搜索引擎广告媒体有百度、谷歌、中国雅虎、搜狐、搜狗、网易有道等）输入特定的关键字后，在搜索结果比较靠前的位置或右方广告版位中出现的网络广告。关键字广告是一种文字链接型网络广告，通过对文字进行超级链接，让感兴趣的网民点击进入公司网站、网页或公司其他相关网页，实现广告目的。链接的关键字既可以是关键词，也可以是语句。

7. 网络广告的特点

随着国内互联网和电子商务的迅速发展，互联网广告在企业营销中的地位和价值越显重要，主要价值体现在品牌形象宣传、产品促销、网站推广等方面。无论从信息的传播形式，还是从广告产生的效果来看，网络广告与传统广告相比，其优势和特点非常明显。

(1) 传播范围广。网络广告不受时空限制，传播范围极其广泛。通过国际互联网 24 小时不间断地把广告信息传播到世界各地。只要具备上网条件，任何人在任何地点都可以随时浏览广告信息。

(2) 交互性强。交互性是互联网络媒体的最大优势，它不同于其他媒体的信息单向传播，而是信息互动传播。在网络上，当受众获取他们认为有用的信息时，企业也可以随时得到宝贵的受众信息的反馈。

（3）实时、灵活、成本低。在传统媒体上投放广告，发布后很难更改，即使可改动也往往付出很大的经济代价。而在 Internet 上投放广告能按照需要及时变更广告内容，当然包括改正错误。这就使经营决策的变化可以及时地实施和推广。作为新兴的媒体，网络媒体的收费也远低于传统媒体，若能直接利用网络广告进行产品销售，则可节省更多销售成本。

（4）感官性强。网络广告的载体基本上是多媒体、超文本格式文件，可以使消费者能亲身体验产品、服务与品牌。这种以图、文、声、像的形式，传送多感官的信息，让顾客如身临其境般感受商品或服务。

（5）受众针对性明确。网络广告目标群确定，由于点阅信息者即为感兴趣者，所以可以直接命中目标受众，并可以为不同的受众推出不同的广告内容。

（6）受众数量可精确统计。传统媒体投放广告，很难精确地知道有多少人接受到广告信息，而在 Internet 上可通过权威、公正的访客流量统计系统，精确统计出每个广告的受众数，以及这些受众查阅的时间和地域分布。这样，借助分析工具，成效易体现，客户群体清晰易辨，广告行为收益也能准确计量，有助于客商正确评估广告效果，制定广告投放策略。

本章小结

本章首先介绍了网络营销的概念、内容。明确了网络营销的基本含义：网络营销是企业整体营销战略的一个组成部分，是为了实现企业总体经营目标所进行的，以互联网为基本手段营造网上经营销售环境的各种活动。在依托互联网的网络营销中，传统营销的理论基础正发生着转变，从传统营销的理论基础 4P 逐渐转向 4C，形成了网络营销中的整合营销理论。

接着对企业开展网络营销的策略和常用方法进行了详细介绍。具体介绍了新产品开发策略、产品品牌策略、定价策略、渠道策略和促销策略。常用的网络营销方法主要包括企业网站营销、搜索引擎营销、许可 E-mail 营销、博客/微博营销、微信营销、SNS 营销、网络广告及病毒性营销等。

思考题

1. 什么是网络营销？
2. 讨论适合上网销售的产品与服务。
3. 网络营销的方法有哪些？
4. 浅析微信营销和微博营销的异同。

实训题

1. 上网注册一博客，并在博客上完善相关资料，运用我们所学的知识，进行博客推广。
2. 自由选择一产品，利用学过的微信方法进行推广，并总结微信的营销效果。

第 6 章　电子商务安全

本章学习目标

本章主要介绍电子商务安全的基础知识，以及电子商务安全的策略与技巧。通过本章的学习，读者应掌握以下内容：
- 电子商务安全的要求及面临的安全问题
- 电子商务安全保障体系，熟悉电子商务交易方自身网络安全保障技术，包括用户账户管理技术、网络杀毒技术、防火墙技术和入侵检测技术
- 电子商务数据传输安全保障技术，包括数据加密、数字签名
- 基于 SSL 协议和 SET 协议的两种重要的电子商务支付安全技术原理与流程
- 计算机犯罪的定义计算机病毒的定义，防范计算机病毒的基本知识

 开篇案例

案例 1：跨境海淘信息泄漏、导致客户受骗

近年来，"海购"得到了网购一族的追捧。然而因海购邮寄过程较繁琐，时间较长，让诈骗团伙钻了空子，通过泄露的用户个人信息，来行诈骗之实。以网易考拉海购、丰趣海淘、洋码头、达令等为代表的跨境进口电商是用户投诉的热点。数据监测显示，其中网易考拉海购在网络零售电商中的投诉占比为 2.39%。

王小姐在网易考拉海购同时购买三样商品，发货地分别在不同地方，王小姐称有三个骗子的电话分别都打到我这，能准确说出我购买什么，寄往何处，还能说出快递是哪家，我就真以为对方是考拉的售后服务人员。骗子向王小姐发送所谓"退货地址"，这其实是带有木马病毒的钓鱼网站。

中国电子商务研究中心法律与权益部分析师姚建芳：信息泄露成为互联网通病，在电商行业表现突出。对于信息泄露，除电商平台做好一定的技术保障外，消费者也应提高警惕，不要轻易点击不明链接，同时保管好自己的账号和密码。

【资料来源】中国电子商务研究中心 时间：2016-8-18

开篇案例

案例2："当当网"疑似信息泄露，导致用户受骗

张先生在当当网购买了一件衣服，订单号为35610367711。还未收到货就有一个自称当当网客服的打电话说衣服存在质量问题需要召回，需要提供身份证后四位以确认支付宝为本人使用。我还没想到骗术，之后就收到一条消息提示我要开通支付宝关联app store免密支付，以及验证码。这个时候还好我仔细阅读了一下信息内容。

之后我立刻给当当网打电话确认，根本没有衣服存在质量问题的事情，并且跟我保证不会存在信息泄露问题，结局是第二天和我一起在当当网买过衣服的女朋友也接到同样的电话，虽然号码不同，但是骗术完全一样。

【资料来源】中国电子商务研究中心 时间：2017-11-19

开篇案例

案例3："当当网"疑似信息泄露，导致用户因黑客链接遭遇电信诈骗

张女士于7月25日在当当网下单购买了几本书，订单号为35334299460。其中一本是从北京寄过来的，下午收到从北京打来的电话，号称是当当卖家，能准确说出本人的购书信息与个人信息，据说是当当扣费系统有问题我这边邮箱有收到一封退款邮件，要求本人点击登陆同意退款33.50元。

本人因认为能说出相关信息即不疑有诈，谁知该链接为黑客链接，对方通过填写信息获取本人手机银行的信息后，登陆本人的工行手机银行并把本人工行的余额2880元用实时汇款方式转走。联系当当客服，但并未对此事有任何处理。

【资料来源】中国电子商务研究中心 时间：2017-11-19

6.1 网络安全与防范

随着网络的发展，一系列侵犯网络安全和信息安全的恶性事件不断地给人们敲响警

钟。根据国际标准化组织 ISO 对网络安全的定义，它是指为数据处理系统建立和采取的科技和管理的安全保护，以保护计算机硬件、软件数据不因偶然和恶意的原因而遭到破坏、更改和显露。

6.1.1　计算机病毒定义

1. 网络病毒的定义

计算机病毒（Computer Virus）在《中华人民共和国计算机信息系统安全保护条例》中被明确定义，病毒指"编制者在计算机程序中插入的破坏计算机功能或者破坏数据，影响计算机使用并且能够自我复制的一组计算机指令或者程序代码"。

计算机病毒与医学上的"病毒"不同，计算机病毒不是天然存在的，是人利用计算机软件和硬件所固有的脆弱性编制的一组指令集或程序代码。它能潜伏在计算机的存储介质（或程序）里，条件满足时即被激活，通过修改其他程序的方法将自己的精确拷贝或者可能演化的形式放入其他程序中。从而感染其他程序，对计算机资源进行破坏，所谓的病毒就是人为造成的，对其他用户的危害性很大。

（1）计算机网络病毒的类型。计算机网络病毒包括下面几种类型：

1）蠕虫。

2）逻辑炸弹。

3）特洛伊木马。

4）陷阱入口。

5）核心大战。

（2）计算机网络病毒的危害。

1）破坏内存。

电脑破坏内存的方法主要是大量占用你的计算机内存、禁止分配内存、修改内存容量和消耗内存 4 种。病毒在运行时占用大量的内存和消耗大量的内存资源，导致系统资源匮乏，进而导致死机。

2）破坏文件。

病毒破坏文件的方式主要包括重命名、删除、替换内容、颠倒或复制内容、丢失部分程序代码、写入时间空白、分割或假冒文件、丢失文件簇和丢失数据文件等。受到病毒破坏的文件，如果不及时杀毒，将不能使用。

3）影响电脑运行速度。

病毒在电脑中一旦被激活，就会不停地运行，占用了电脑大量的系统资源，使电脑的运行速度明显减慢。

4）影响操作系统正常运行。

电脑病毒还会破坏操作系统的正常运行，主要表现方式包括自动重启电脑、无故死机、不执行命令、干扰内部命令的执行、打不开文件、虚假报警、占用特殊数据区、强制启动软件和扰乱各种输出口/输入口等。

5）破坏硬盘。

电脑病毒攻击硬盘主要表现包括破坏硬盘中存储的数据、不读/写盘、交换操作和不完全写盘等。

6）破坏系统数据区。

由于硬盘的数据区中保存了很多的文件及重要数据，电脑病毒对其进行破坏通常会引起毁灭性的后果。病毒主要攻击的是硬盘主引导扇区、BOOT扇区、FAT表和文件目录等区域，当这些位置被病毒破坏的时候，只能通过专业的数据恢复来还原数据了。

6.1.2 计算机网络病毒的防治

（1）不使用盗版软件，有些盗版软件中含有病毒。

（2）第一次运行新软件前应使用病毒查杀软件检查它是否有毒，对不能确定来源的文件一定要进行扫描查毒。

（3）备份硬盘引导区和主引导扇区数据，系统盘一般只安装系统，各种软件和文档不要安装在系统盘，对重要的数据还要经常进行备份。也就是说要定期备份硬盘的重要参数，如主引导记录、文件分配表等以减少因病毒而造成的损失。

（4）使用杀毒软件，定期扫描检查整个系统。

（5）上网的计算机应安装病毒防火墙、邮件监控系统和上网助手等软件，不打开来历不明的邮件及其附件，预防网上病毒。

（6）及时升级软件。每一个软件都有许多的缺陷，都在不断的完善，新版本要比旧版本的缺陷少得多，性能更稳定，可靠性更高，所以我们要使用新版本对旧版本不断进行升级。操作系统也会不断发布补丁，及时打上补丁，堵塞安全漏洞。

（7）对新插入计算机的优盘、移动硬盘、光盘等其他可插拔介质，要先进行病毒扫描，确保无感染病毒后再打开其中的文档或程序。

（8）从互联网上下载各种软件、文档后，不要先行打开，应该先进行病毒扫描，确保安全后再打开。

（9）文件共享后及时取消共享，防止受到其他电脑上病毒的攻击。

6.2 防火墙技术简介

防火墙是一种保护计算机网络安全的技术性措施，它通过在网络边界上建立相应的网络通信监控来隔离内部和外部网络，以阻挡来自外部的网络入侵。

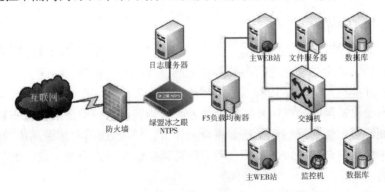

图6-1 防火墙架构

6.2.1 防火墙原理

防火墙技术，最初是针对内部网络不安全因素所采取的一种保护措施。顾名思义，防火墙就是用来阻挡外部不安全因素影响的内部网络屏障，其目的就是防止外部网络用户未经授权的访问。它是一种计算机硬件和软件的结合，使内部与外部网络之间建立起一个安全网关（security gateway），从而保护内部网免受非法用户的侵入。防火墙主要由服务访问政策、验证工具、包过滤和应用网关4个部分组成，防火墙就是一个位于计算机和它所连接的网络之间的软件或硬件。该计算机流入流出的所有网络通信均要经过此防火墙。

防火墙有网络防火墙和计算机防火墙的提法。网络防火墙是指在外部网络和内部网络之间设置网络防火墙。这种防火墙又称筛选路由器。网络防火墙检测进入内部网络信息的协议、目的地址、端口及被传输的信息形式等，滤除不符合规定的外来信息。网络防火墙也对用户网络向外部网络发出的信息进行检测。计算机防火墙是指在外部网络和用户计算机之间设置防火墙。计算机防火墙也可以是用户计算机的一部分。计算机防火墙检测接口规程、传输协议、目的地址、被传输的信息结构等，将不符合规定的进行信息剔除。计算机防火墙对用户计算机输出的信息进行检查，并加上相应协议层的标志，用以将信息传送到接收用户的计算机（或网络）中去。

防火墙的功能如图6-2所示。

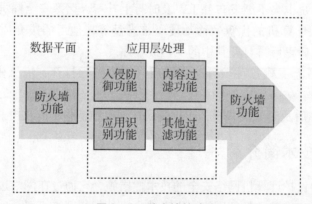

图6-2 防火墙的功能

具体来说，有以下功能：

（1）防火墙是网络安全的屏障。一个防火墙（作为阻塞点、控制点）能极大地提高一个内部网络的安全性，并通过过滤不安全的服务而降低风险。由于只有经过精心选择的应用协议才能通过防火墙，所以网络环境变得更安全。如防火墙可以禁止不安全的NFS协议进出受保护网络，这样外部的攻击者就可能利用这些脆弱的协议来攻击内部网络。防火墙同时可以保护网络免受基于路由的攻击，如IP选项中的源路由攻击和ICMP重定向攻击中的重定向路径攻击。防火墙应该可以拒绝所有以上类型攻击的报文并通知防火墙管理员。

（2）防火墙可以强化网络安全策略。通过以防火墙为中心的安全方案配置，能将所有安全软件（如口令、加密、身份认证、审计等）配置在防火墙上。与将网络安全问题分散到各个主机上相比，防火墙的集中安全管理更经济。例如在网络访问时，一次一密口令系统和其他的身份认证系统完全可以不必分散在各个主机上，而集中在防火墙一身上。

（3）对网络存取和访问进行监控审计。如果所有的访问都经过防火墙，那么，防火墙就能记录下这些访问并做出日志记录，同时也能提供网络使用情况的统计数据。当发生可疑动作时，防火墙能进行适当的报警，并提供网络是否受到监测和攻击的详细信息。另外，收集一个网络的使用和误用情况也是非常重要的，这可以用于分析防火墙是否能够抵挡攻击者的探测和攻击，以及防火墙的控制是否充足。而网络使用统计对网络需求分析和威胁分析等而言也是非常重要的。

（4）防止内部信息的外泄。通过利用防火墙对内部网络的划分，可实现内部网重点网段的隔离，从而限制了局部重点或敏感网络安全问题对全局网络造成的影响。再者，隐私是内部网络非常关心的问题，一个内部网络中不引人注意的细节可能包含了有关安全的线索而引起外部攻击者的兴趣，甚至因此而暴露了内部网络的某些安全漏洞。使用防火墙就可以隐蔽那些透漏内部细节的服务，如 Finger、DNS 等。Finger 显示了主机的所有用户的登录名、最后登录时间和使用的 shell 类型等。但是 Finger 显示的信息非常容易被攻击者所获悉。攻击者可以知道一个系统使用的频繁程度，这个系统是否有用户正在连线上网，这个系统在被攻击时是否会引起注意等等。防火墙可以同样阻塞有关内部网络中的 DNS 信息，这样一台主机的域名和 IP 地址就不会被外界所了解。除了安全作用，防火墙还支持具有互联网服务特性的企业内部网络技术体系——VPN（虚拟专用网络）。

（5）数据包过滤。网络上的数据都是以包为单位进行传输的，每一个数据包都会包含一些特定的信息，如数据的源地址、目标地址、源端口号和目标端口号等。防火墙通过读取数据包中的地址信息来判断这些包是否来自可信任的网络，并与预先设定的访问控制规则进行比较，进而确定是否需对数据包进行处理和操作。数据包过滤可以防止外部不合法用户对内部网络的访问，但由于不能检测数据包的具体内容，所以不能识别具有非法内容的数据包，无法实施对应用层协议的安全处理。

（6）网络 IP 地址转换。网络 IP 地址转换是一种将私有 IP 地址转换为公网 IP 地址的技术，它被广泛应用于各种类型的网络免受黑客的直接攻击；另一方面由于内部网络使用了私有 IP 地址，从而有效解决了公网 IP 地址不足的问题。

（7）虚拟专用网（VPN）。虚拟专用网将分布在不同地域的局域网或计算机通过加密通道通信，虚拟出专用的传输通道，从而将它们从逻辑上连成一个整体，不仅省去了建设专用通信线路的费用，还有效地保证了网络通信的安全。

虚拟专用网络功能是：在公用网络上建立专用网络，进行加密通信。在企业网络中有广泛应用。VPN 网关通过对数据包的加密和数据包标地址的转换实现远程访问。VPN 有多种分类方式，主要是按协议进行分类。VPN 可通过服务器、硬件、软件等多种方式实现。VPN 具有成本低并且易于使用的特点。

使用 VPN 的方法就是在内网中架设一台 VPN 服务器。外地员工在当地连上互联网后，通过互联网连接 VPN 服务器，然后通过 VPN 服务器进入企业内网。为了保证数据安全，VPN 服务器和客户机之间的通信数据都进行了加密处理。有了数据加密，就可以认为数据是在一条专用的数据链路上进行安全传输，就如同专门架设了一个专用网络一样，但实际上 VPN 使用的是互联网上的公用链路，因此，VPN 被称为虚拟专用网络，其实质上就是利用加密技术在公网上封装出一个数据通信隧道。有了 VPN 技术，用户无论是在外地出差还是在家中办公，只要能上互联网就能利用 VPN 访问内网资源，这就是 VPN 在企业中应用得如此广泛的原因。

（8）日志记录与事件通知。进出网络的数据都必须经过防火墙，防火墙通过日志对其进行记录，能提供网络使用的详细统计信息。当发生可疑事件时，防火墙更能根据机制进行报警和通知，提供网络是否受到威胁的信息。

6.2.2 防火墙的分类

从实现的原理上分，防火墙的技术包括四大类：网络级防火墙（也叫包过滤型防火墙）、应用级网关、电路级网关和规则检查防火墙。它们之间各有所长，具体使用哪一种或是否混合使用，要看具体需要。

（1）网络级防火墙。网络级防火墙一般是基于源地址和目标地址、应用、协议以及每个 IP 包的端口来作出通过与否的判断。一个路由便是一个"传统"的网络级防火墙，大多数的路由器都能通过检查这些信息来决定是否将所收到的包转发，但它不能判断出一个 IP 包来自何方，去向何处。防火墙检查每一条规则直至发现包中的信息与某规则相符。如果没有一条规则能符合，防火墙就会使用默认规则，一般情况下，默认规则就是要求防火墙丢弃该包。其次，通过定义基于 TCP 或 UDP 数据的端口号，防火墙能够判断是否允许建立特定的连接，如 Telnet、FTP 连接。

（2）应用级网关。应用级网关能够检查进出的数据包，通过网关复制传递数据，防止在受信任服务器和客户机与不受信任的主机直接建立联系。应用级网关能够理解应用层上的协议，能够做复杂一些的访问控制，并做精细的注册和审核。它针对特别的网络应用服务协议，即数据过滤协议，并且能够对数据包分析并形成相关的报告。应用网关对某些易于登录和控制所有输出输入的通信的环境给予严格的控制，以防有价值的程序和数据被窃取。在实际工作中，应用网关一般由专用工作站系统来完成。但每一种协议需要相应的代理软件，使用时工作量大，效率不如网络级防火墙。应用级网关有较好的访问控制，是目前最安全的防火墙技术，但实现困难，而且有的应用级网关缺乏"透明度"。在实际使用中，用户在受信任的网络上通过防火墙访问互联网时，经常会发现存在延迟并且必须进行多次登录才能访问互联网或内部网。

（3）电路级网关。电路级网关用来监控受信任的客户或服务器与不受信任的主机间的 TCP 握手信息，以此来决定该会话（Session）是否合法，电路级网关是在 OSI 模型中的会话层过滤数据包，这样比包过滤防火墙要高两层。电路级网关还提供一个重要的安全功能：代理服务器（Proxy server）。代理服务器是设置在互联网防火墙网关的专用应用级代码。这种代理服务准许网管员允许或拒绝特定的应用程序或一个应用的特定功能。包过滤技术和应用网关是通过特定的逻辑判断来决定是否允许特定的数据包通过,一旦判断条件满足,防火墙内部网络的结构和运行状态便"暴露"在外来用户面前,这就引入了代理服务的概念,即防火墙内外计算机系统应用层的"链接"由两个终止于代理服务的"链接"来实现,这就成功地实现了防火墙内外计算机系统的隔离。同时,代理服务还可用于实施较强的数据流监控、过滤、记录和报告等功能。代理服务技术主要通过专用计算机硬件(如工作站)来承担。

(4) 规则检查防火墙。该防火墙结合了包过滤防火墙、电路级网关和应用级网关的特点。它同包过滤防火墙一样,规则检查防火墙能够在 OSI 网络层通过 IP 地址和端口号进出的数据包。它也像电路级网关一样,能够检查 SYN 和 ACK 标记和序列数字是否逻辑有序。当然它也像应用级网关一样,可以在 OSI 应用层上检查数据包的内容,查看这些内容是否能符合企业网络的安全规则。规则检查防火墙虽然集成了前三者的特点,但是不同于一个应用级网关的是,它并不打破客户机/服务器模式来分析应用层的数据,它允许受信任的客户机和不受信任的客户机和不受信任的主机建立直接连接。规则检查防火墙不依靠与应用层有关的代理,而是依靠某种算法来识别进出的应用层数据,这些算法通过已合法数据包的模式来比较进出数据包,这样从理论上就能比应用级代理在过滤数据包上更有效。

6.2.3 防火墙的使用

防火墙具有很好的保护作用。入侵者必须首先穿越防火墙的安全防线,才能接触目标计算机。可以将防火墙配置成许多不同保护级别。高级别的保护可能会禁止一些服务,如视频流量等,但至少这是自己的保护选择。

在具体应用防火墙技术时,还要考虑以下两个方面:

(1) 防火墙是不能防病毒的,尽管有不少的防火墙产品声称其具有这个功能。

(2) 防火墙技术的另外一个弱点在于数据在防火墙之间的更新是一个难题,如果延迟太大,将无法支持实时的服务请求。并且,防火墙采用滤波技术,滤波通常使用网络的性能降低 50%以上,如果为了改善网络性能而购置高速路由器,又会大大提高经济预算。

总之,防火墙是企业网络安全问题的流行方案,即把公共数据和服务置于防火墙外,使其对防火墙内部资源的访问受到限制。作为一种网络安全技术,防火墙具有简单实用的特点,并且透明度高,可以在不修改原有网络应用系统的情况下达到一定的安全要求。

6.3 安全检测措施

网络安全产品结构如图 6-3 所示。

6.3.1 网络安全检测思路与技巧

对于主机的安全检测,通常直接采用 nmap 或者类似软件进行扫描,然后针对主机操作系统及其开放端口判断主机的安全程度,但这种方法往往较为粗糙,按下面的流程进行判别是比较完整的。

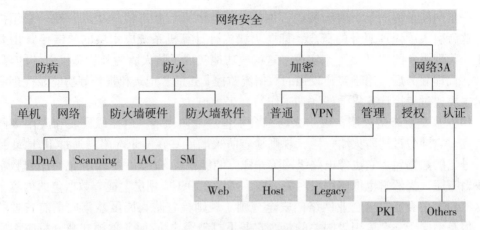

图 6-3 网络安全产品结构

（1）通过 DNS 查询得到目标网络拓扑基本情况，比如有几台主机，各自起到的服务等。这是必要的步骤，因为检测应该针对网络而不是单一主机。

（2）用 nmap 进行端口扫描，判断操作系统，结合自己的经验，必要的时候抓 banner，判断出目标主机的操作系统类型。

（3）用 nessus 进行普通漏洞的扫描，得到大致的报告。对报告进行分析，nessus 的报告有些地方并不准确，而且有漏扫或误报的情况。比如严重的 unicode 漏洞机器明明有，它却扫不到，对这种情况必须有人工的判断。

（4）cgi 漏洞也必须有专门的扫描器进行，可以结合 whisker 或者 twwwscan 或者 xs-can，自己判断需要增加哪些危险 cgi 的检测。

上面只是最简单的初学电脑的人都能够较好完成的工作流程，但是如果在上面的各种扫描方式得到的信息无法分析出目标操作系统的情况甚至系统类型时，应该怎么办呢？这种事情现在经常遇到，因为大多数防火墙或者入侵检测系统现在都具备了动态地将 TCP/IP 协议栈如 TTL、TOS、DF、滑动窗口大小等修改或者屏蔽，使扫描工具无法得出正确结果。互联网上也有许多免费工具可以达到这一效果。因此下面要谈到其他检查方式：

（1）在有防火墙的情况下：建议使用如 hping、firewall 之类的工具，更加灵活地探测目标主机的情况，根据数据包的返回做更进一步的判断。这需要操作者掌握 TCP/IP 基本知识，并能灵活运用判断。

（2）对主页程序的检测，虽然只能在外面做些基本的输入验证检测，但按照现在常见的 web 错误，可以从下面几个方面着手分析：

1）特殊字符的过滤："&;`'\"*?~<>^()[]{}MYM\n\r"这些字符由于在不同的系统或运行环境中具有特殊意义，如变量定义、赋值、取值、非显示字符、运行外部程序等，而被列为危险字符。但在许多编程语言、开发软件工具、数据库甚至操作系统中遗漏其中某些特殊字符的情况时常出现，从而导致出现带有普遍性的安全问题。当需要 Web 用户输入时，根据不同的数据库系统、编程语言提交带不同参数变量的 url，很可能造成服务器端资料泄露甚至可执行系统命令。

2）Web 服务器的错误编码或解码可能导致服务器信息的泄露、可执行命令、源代码泄露等错误。比较典型的是 unicode 漏洞以及各种 IIS 服务器、Apache 服务器的源代码泄露漏洞。

3）利用程序错误的边界判断而造成的缓冲区溢出进行攻击。最近的典型案例应该是 eeye.com 发现的 .printer 溢出漏洞。这是 Web Server 本身的问题；但网站应用程序的编写者也可能犯下同样的错误，就是对用户输入不加验证。但这方面的错误比较不容易试出来。当在进行远程扫描时，在没有本地账号或者权限的情况下，能够搜集到尽量多的信息了。当然，主机面临的并非远程风险，还需要具体分析。

6.3.2　网络安全检测工具种类

（1）扫描器。扫描器是自动检测远程或本地主机安全性弱点的软件，通过使用扫描器可不留痕迹地发现远程服务器各种 TCP 端口的分配及提供的服务，以及相关的软件版本。这就能间接或直观地了解到远程主机所存在的安全问题。扫描器通过选用远程 TCP/IP 不同端口的服务，并记录目标给予的回答，通过这种方法，可以搜集到很多关于目标主机的各种有用信息（比如，是否能用匿名登录、是否有可写的 FTP 目录、是否能用 TELNET、HTTPD、是用 ROOT 还是 nobody）。

（2）嗅探器（Sniffer）。嗅探器具有软件探测功能，能够捕获网络报文的设备。嗅探器的正当用处在于分析网络的流量，以便找出所关心网络中潜在的问题。例如，假设网络的某一段运行得不是很好，报文的发送比较慢，而又不知道问题出在什么地方，此时就可以用嗅探器来做出精确的问题判断。嗅探器在功能和设计方面有很多不同。有些只能分析一种协议，而另一些能够分析几百种协议。不同的场合有不同的用处。

（3）Sniffit。Sniffit 是指网络端口探测器，配置在后台运行可以检测端口（如 TCP/IP 端口上用户的输入/输出信息。常被攻击者用来检测主机端口 23（telnet）和 110（pop3）端口）上的数据传送情况，以便轻松得到登录口令和 E-mail 账号密码。Sniffit 是破坏者所利用的工具。为了增强自身站点的安全性，必须知道攻击者所使用的各种工具。

（4）Tripwire。Tripwire 是用来检验文件完整性的非常有用的工具，通常文件检测运行的模式是：数据库生成模式、数据库更新模式、文件完整性检查、互动式数据库更新。当初始化数据库生成的时候，它生成对现有文件的各种信息的数据库文件，如果系统文件或者各种配置文件被意外地改变、替换、删除，它将每天基于原始的数据库与现有文件进行比较，发现哪些文件被更改，这样就能根据 E-mail 的结果判断是否有系统入侵等意外事件发生。

（5）Logcheck。Logcheck 是用来自动检查系统安全入侵事件和非正常活动记录的工具，它分析各种 Lintlx log 文件，像 /var/log/messages、/var/log/secure、/var/log/maillog 等，然后生成一个可能有安全问题的检查报告自动发送 E-mail 给管理员。只要设置它基于每小时或者每天用 crond 来自动运行即可。

（6）Nmap。Nmap 是用来对比较大的网络进行端口扫描的工具，它能检测该服务器有哪些 TCP/IP 端口正处于打开状态。运行它可以确保已经禁止掉不该打开的不安全的端口号。

（7）状态监视技术。状态监视技术是第三代网络安全技术。状态监视服务的监视模块在不影响网络正常工作的前提下，采用抽取相关数据的方法对网络通信的各个层次实行监测，并作为安全决策的依据。监视模块支持多种网络协议和应用协议，可以方便地实现应用和服务的扩充。状态监视服务可以监视 RPC（远程过程调用）和 UDP（用户数据报）端口信息，而包过滤和代理服务则无法做到。

（8）PAM（Plug gable Authentication Modules）。PAM 是一套共享库，为系统管理员进行用户确认提供广泛地控制，它提供前端函数库用来确认用户的应用程序。PAM 库可以用单独的文件来配置，也可以通过一组配置文件来配置。PAM 可以配置成提供单一的或完整的登录过程，使用户输入口令就能访问多种服务。例如，ftp 程序传统上依靠口令机制来确认希望开始进行 ftp 会议的用户。配置了 PAM 的系统把 ftp 确认请求发送给 PAM API（应用程序接口），后者根据 pam.conf 或相关文件中的设置规则来回复。系统管理员可以设置 PAM 使一个或多个认证机制能"插入"到 PAM API 中。PAM 的优点在于其灵活性，系统管理员可以精心调整整个认证方案而不用担心破坏应用程序和计算机病毒攻击。

（9）智能卡技术。智能卡就是密钥的一种媒体，它本身含有微处理器，就像信用卡一样由授权用户所持有并由该用户赋予它口令或密码字。该密码与内部网络服务器上注册的密码一致。当口令与身份特征共同使用时，智能卡的保密性能还是相当有效的。

6.3.3 入侵检测系统

IDS 是英文"Intrusion Detection Systems"的缩写，中文意思是"入侵检测系统"。专业上讲就是依照一定的安全策略，对网络、系统的运行状况进行监视，尽可能发现各种攻击企图、攻击行为或者攻击结果，以保证网络系统资源的机密性、完整性和可用性。

入侵检测系统（IDS）通过分析网络中的传输数据来判断破坏系统和入侵事件。传统的入侵检测系统仅能检测和对破坏系统作出反应。如今，入侵检测系统已用于无线局域网来监视分析用户的活动，判断入侵事件的类型，检测非法的网络行为，对异常的网络流量进行报警。

无线入侵检测系统同传统的入侵检测系统类似。但无线入侵检测系统加入了一些无线局域网的检测和对破坏系统反应的特性。

无线入侵检测系统可以通过提供商来购买，为了发挥无线入侵检测系统的优良的性能，他们同时还提供无线入侵检测系统的解决方案。如今，在市面上的流行的无线入侵检测系统是 Airdefense RogueWatch 和 Airdefense Guard。像一些无线入侵检测系统也得到了 Linux 系统的支持。例如：自由软件开放源代码组织的 Snort–Wireless 和 WIDZ。

现在随着黑客技术的提高，无线局域网（WLANs）受到越来越多的威胁。配置无线基站（WAPs）的失误导致会话劫持以及拒绝服务攻击（DoS）都像瘟疫一般影响着无线局域网的安全。无线网络不但因为基于传统有线网络 TCP/IP 架构而受到攻击，还有可能受到基于国际电气和电子工程师协会（IEEE）发行 802.11 标准本身的安全问题而受到威胁。为了更好地检测和防御这些潜在的威胁,无线局域网也使用了一种入侵检测系统(IDS)来解决这个问题。以至于没有配置入侵检测系统的组织机构也开始考虑配置 IDS 的解决方案。

(1) 来自无线局域网(WLAN)的安全。无线局域网容易受到各种各样的威胁。像 802.11 标准的加密方法和有线对等保密(Wired Equivalent Privacy)都很脆弱。在 "Weaknesses in the Key Scheduling Algorithm of RC-4" 文档里就说明了 WEP key 能在传输中通过暴力破解攻击。

黑客通过欺骗(Rogue)WAP 得到关键数据。无线局域网用户在不知情的情况下,以为通过很好的信号连入无线局域网,却不知已遭到黑客的监听了。低成本和易于配置造成了无线局域网的流行,许多用户也可以在传统局域网架设无线基站(WAPs),随之而来的一些用户在网络上安装的后门程序,也造成了对黑客开放的不利环境。这正是没有配置入侵检测系统的组织机构开始考虑配置 IDS 解决方案的原因。或许架设无线基站的传统局域网用户也同样面临着遭到黑客监听的威胁。

(2) 基于 802.11 标准的网络还有可能遭到拒绝服务攻击(DoS)的威胁,从而使无线局域网难以工作。无线通讯由于受到物理上的威胁会造成信号衰减,这些威胁包括:树木、建筑物、雷雨和山峰等破坏无线通讯的物体。像微波炉、无线电话也可能威胁基于 802.11 标准的无线网络。黑客通过无线基站发起恶意的拒绝服务攻击(DoS)会造成系统重启。另外,黑客还能通过欺骗 WAP 发送非法请求来干扰正常用户使用无线局域网。

另外一种威胁无线局域网的是 ever-increasing pace。这种威胁确实存在,并可能导致大范围的破坏,这也正是让 802.11 标准越来越流行的原因。对于这种攻击,现在暂时还没有好的防御方法,但会在将来提出更好的解决方案。

(3) 架构。无线入侵检测系统用于集中式和分散式两种。集中式无线入侵检测系统通常用于连接单独的 sensors,搜集数据并转发到存储和处理数据的中央系统中。分散式无线入侵检测系统通过多种设备来完成 IDS 的处理和报告功能。分散式无线入侵检测系统适合较小规模的无线局域网,因为它价格便宜和易于管理。当过多的 sensors 需要时有着数据处理 sensors 花费将被禁用。所以多线程的处理和报告的 sensors 管理比集中式无线入侵检测系统花费更多的时间。

无线局域网通常被配置在相对大的场所。像这种情况,为了更好地接收信号需要配置多个无线基站(WAPs),在无线基站的位置上部署 sensors 会提高信号的覆盖范围。由于这种物理架构,大多数的黑客行为将被检测到。另外就是加强了同无线基站(WAPs)的距离测算,能更好地定位黑客的详细地理位置。

(4) 物理回应。物理定位是无线入侵检测系统的重要部分。针对 802.11 的攻击经常很快地执行,因此对攻击的回应就是必然的了,像一些入侵检测系统封锁非法的 IP。就需要部署找出入侵者的 IP 而且一定要及时。不同于传统的局域网,黑客可以攻击远程网络,无线局域网的入侵者就在本地。通过无线入侵检测系统就可以估算出入侵者的物理地址。通过 802.11 的 sensors 数据分析找出受害者,就可以更容易定位入侵者的地址。一旦确定攻击者的目标缩小,特别反映小组就拿出 Kismet 或 Airopeek 根据入侵检测系统提供的线索迅速找出入侵者。

（5）策略执行。无线入侵检测系统不但能找出入侵者，还能加强策略。通过使用强有力的策略，会使无线局域网更安全。

（6）威胁检测。无线入侵检测系统不但能检测出攻击者的行为，还能检测到 rogue WAPs，识别出未加密的 802.11 标准的数据流量。

为了更好地发现潜在的 WAP 目标，黑客通常使用扫描软件如 Netstumbler 和 Kismet，使用全球卫星定位系统（Global Positioning System）来记录他们的地理位置。这些工具正因为许多网站对 WAP 的地理支持而变得流行起来。

比探测扫描更严重的是无线入侵检测系统检测到的 DoS 攻击，DoS 攻击在网络上非常普遍。DoS 攻击是因为建筑物阻挡造成信号衰减而发生的。黑客也喜欢对无线局域网进行 DoS 攻击。无线入侵检测系统能检测黑客的这种行为。

除了上文介绍的还有无线入侵检测系统能检测到 MAC 地址欺骗，它是通过顺序分析，找出那些伪装 WAP 的无线上网用户。

（7）无线入侵检测系统的缺陷。虽然无线入侵检测系统有很多优点，但缺陷也是同时存在的。因为无线入侵检测系统毕竟是一门新技术。每个新技术在刚应用时都有一些 bug，无线入侵检测系统或许也存在着这样的问题。随着无线入侵检测系统的飞速发展，这个问题也会慢慢解决。

6.4 信息安全技术

6.4.1 识别和认证技术

按照全面的安全保护要求，认证和识别确保参与加密对话的是其本人。厂家依靠许多机制来实现认证，从安全卡到身份鉴别。前一个安全保护能确保只有经过授权的用户才能通过个人计算机进行 Internet 网上的交互式交易；后者则提供一种方法，用它生成某种形式的口令或数字签名，交易的另一方据此来认证交易伙伴。用户管理的口令通常是前一种安全措施；硬件/软件解决方案则不仅正逐步成为数字身份认证的手段，同时也可以被可信第三方用来完成用户数字身份（ID）的相关确认。

1. 认证和识别的基本原理

认证就是指用户必须提供他是谁的证明，如某个雇员、某个组织的代理、某个软件过程（如股票交易系统或 Web 订货系统的软件过程）。认证的标准方法就是弄清楚他是谁，他具有什么特征，他知道什么可用于识别他的东西。比如说系统中存储了他的指纹，接入网络时就必须在连接到网络的电子指纹机上提供他的指纹（这就防止他以假的指纹或其他电子信息欺骗系统），只有指纹相符才允许他访问系统。更普通的是通过视网膜血管分布图来识别，原理与指纹识别相同，声波纹识别也是商业系统采用的识别方式。网络通过用户拥有什么东西来识别的方法，一般用智能卡或其他特殊形式的标志，这类标志可以从连接到计算机上的读卡器读出来。至于说"他知道什么"，最普通的就是口令，口令具有共享秘密的属性。例如，使服务器操作系统识别入网的用户，那么用户必须把用户名和口令送到服务器。服务器将它与数据库里的用户名和口令进行比较，如果相符，就通过了认证，可以上网访问。这个口令由服务器和用户共享。更保密的认证可以是几种方法组合而成，例如用 ATM 卡和 PIN 卡。在安全方面最薄弱的一环是规程分析仪的窃听，如果口令以明码（未加密）传输，接入到网上的规程分析仪就会在用户输入账户和口令时将它记录下来，任何人只要获得这些信息就可以上网工作。

智能卡技术将成为用户接入和用户身份认证等安全要求的首选技术。用户将从持有认证执照的可信发行者手里取得智能卡安全设备，也可从其他公共密钥密码安全方案发行者那里获得。这样智能卡的读取器必将成为用户接入和认证安全解决方案的关键部分。越来越多的业内人士在积极提供智能卡安全性的解决方案。尽管这一领域的情形还不明朗，但没有理由排除这样一种可能，在数字 ID 和相关执照的可信发行者方面，某些经济组织或由某些银行拥有的信用卡公司将成为这一领域的领导者。

电子商务的关键是安全，网上安全交易的基础是数字证书。要建立安全的电子商务系统，必须首先建立稳固、健全的 CA。否则一切网上交易都没有安全保障。

所谓系统就是大的网络环境。系统从功能上基本可以划分为 CA、RA 和 WP。核心系统和 CA 放在单独的封闭空间中，为了保证运行的绝对安全，其人员及制度都应有严格的规定，并且系统设计为离线网络。CA 的功能是在收到来自 RA 的证书请求时颁发证书。一般的个人证书发放过程都是自动进行无须人工干预。

证书的登记机构 Register Authority，简称 RA，分散在各个网上银行的地区中心。RA 与网银中心有机结合，接受客户申请并审批，把证书正式请求通过银行内部网发送给 CA 中心。RA 与 CA 双方的通信报文也通过 RSA 进行加密，确保安全。系统的分布式结构适于新业务网点的开设，具有较好的扩充性。

证书的公布系统 Web Publisher 简称 WP，置于 Internet 网上，是普通用户和 CA 直接交流的界面。对用户来讲它相当于在线的证书数据库。用户的证书颁发之后，CA 用 E-mail 通知用户，然后用户用浏览器下载证书。

2. 认证的主要方法

为了解决安全问题，一些公司和机构正千方百计地解决用户身份认证问题，主要有以下几种认证方法。

（1）双重认证。如波士顿的 Beth Isreal Hospital 公司和意大利一家居领导地位的电信公司采用"双重认证"办法来保证用户的身份证明。也就是说他们不是采用一种方法，而是采用有两种形式的证明方法，这些证明方法包括令牌、智能卡和仿生装置，如视网膜或指纹扫描器。

（2）数字证书。这是一种检验用户身份的电子文件，也是企业可以使用的一种工具。这种证书可以授权购买，提供更强的访问控制，并具有很高的安全性和可靠性。随着电信行业坚持放松管制，GTE 已经使用数字证书与竞争对手（包括 Sprint 公司和 AT&T 公司）共享用户信息。

（3）智能卡。这种解决办法可以持续较长的时间，更加灵活，存储信息更多，并具有可供选择的管理方式。

（4）安全电子交易（SET）协议。这是迄今为止最完整、最权威的电子商务安全保障协议。

3. CA 认证系统

公共网络系统的安全性依靠用户、商家的认证，数据的加密及交易请求的合法性验证等多方面措施来保证。

电子交易过程中必须确认用户、商家及所进行的交易本身是否合法可靠。一般要求建立专门的电子认证中心（CA）以核实用户和商家的真实身份以及交易请求的合法性。认证中心将给用户、商家、银行等进行网络商务活动的个人或集团发电子证书。

CA 是电子商务中网上银行建立的关键，只有建立一个较好的 CA 体系才能较好地发展网上银行，才能实现网上支付，电子购物才真正实现。CA 的机构如多方并进，各建各的，以后会出现各 CA 之间的矛盾，客户的多重认证等。应有一家公认的机构如银行、邮电或安全部来建立权威性认证机构（CA）。

（1）SET 的认证（CA）。在用户身份认证方面，SET 引入了证书（Certificates）和证书管理机构（Certificates Authorities）机制。

1）证书。证书就是一份文档，它记录了用户的公共密钥和其他身份信息。在 SET 中，最主要的证书是持卡人证书和商家证书。

持卡人实际上是支付卡的一种电子化表示，它是由金融机构以数字签名形式签发的，不能随意改变。持卡人证书并不包括账号和终止日期信息，取而代之的是用单向哈希算法根据账号、截止日期生成的一个编码，如果知道账号、截止日期、密码值即可导出这个码值，反之则不行。

商家证书表示可接受何种卡来进行商业结算，它是由金融机构签发的，不能被第三方改变。在 SET 环境中，商家至少应有一对证书。商家也可以有多对证书，表示它与多个银行有合作关系，可以接受多种付款方法。

除了持卡人证书和商家证书以外，还有支付网关证书、银行证书、发卡机构证书。

2）证书管理机构。是受一个或多个用户信任提供用户身份验证的第三方机构。证书一般包含拥有者的标识名称和公钥，并且由 CA 进行数字签名。

CA 的功能主要有：接收注册请求，处理、批准/拒绝请求，颁发证书。用户向 CA 提交自己的公共密钥和代表自己身份的信息（如身份证号码或 E-mail 地址），CA 验证了用户的有效身份之后，向用户颁发经过 CA 私有密钥签名的证书。

3）证书的树形验证结构。在两方通信时，通过出示由某个 CA 签发的证书来证明自己的身份，如果对签发证书的 CA 本身不信任，则可验证 CA 的身份。以此类推，一直到公认的权威 CA 处，就可确信证书的有效性。SET 证书正是通过信任层次来逐级验证的。通过 SET 的认证机制，用户不再需要验证并信任每一个想要交换信息的用户的公共密钥，而只需要验证并信任颁发证书的 CA 的公共密钥就可以了。CA 树形验证体系示意图如图 6-4 所示。

（2）招商银行 CA 方案。我国的电子商务正在发展，各种规范要求还没有形成。目前招商银行、中国银行、中国建设银行、中国工商银行都准备开发网上银行业务。这里以招商银行为例介绍其 CA 方案。

招商银行 CA 系统用于 Web 服务器的 SSL 公开密钥证书，也可以为浏览器客户发证，在 SSL 协议的私有密钥交换过程中加密密钥参数。今后会开发其他的密码服务，并

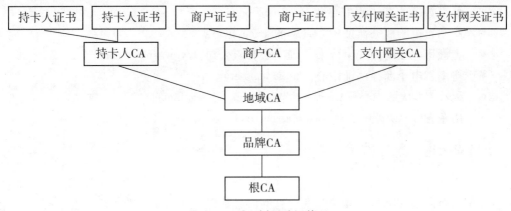

图6-4 CA树形验证体系

在国家有关部门规定下开展公开密钥认证服务。

CA系统处于非联机状态，运行CA的系统在私有网上，用户不能通过Internet访问。CA会在Web服务器上提供查询和客户证书申请接口，用户可以查询证书状态，提交证书请求。Web服务器运行CA数据库的独立副本，与CA没有网络连接。

本方案采用层次认证结构，层次设置采用PEM规定的认证层次，设置以下目标类型：

IPRA（Internet Policy Registration Authority）：IPRA负责管理认证策略，认证PCA，检查PCA运行与其策略的一致性。

PCA（Policy Certification Authority）：PCA负责根据业务需求指定认证策略，交IPRA审批，根据认证策略认证下一级CA，保证CA运行与策略的一致性。

CA（Certification Authority）：CA根据需要，选择相应的认证策略，提供用户公开密钥认证。

用户：用户就是X.509中的最终实体。

RA（Registration Authority）：当用户与CA通信有困难时，CA就不可能对用户进行身份鉴别，由RA代替CA根据CA的业务要求进行用户身份鉴别。

CA管理提供CA密钥管理，认证策略管理和配置，以及服务级别的管理。CA管理的重要职能是CA密钥和策略管理。包括生成新的密钥对、安装证书、撤销证书、备份CA的私有密钥、安装备份的CA私有密钥等。这些功能需要两个安全管理员同时注册才能完成。

目前，CA支持以下公开密钥算法：RSA/DH/DSA，并可提供上述密钥的证书，计划将增加对椭圆曲线加密算法的支持。此外，为了提高CA密钥的安全性，必须对CA密钥加密后保存，今后CA所有与密钥有关部门的工作将在IC卡中完成。

世界上较早的数字证书认证中心是美国的Verisign公司（www.verisign.com）。中国比较知名的认证中心有：

- 中国数字认证网（www.ca365.com）。
- 中国金融认证中心（www.cfca.com.cn）。
- 中国电子邮政安全证书管理中心（www.chinapost.com.cn/CA/index.htm）。

- 北京数字证书认证中心（www.bjca.org.cn）。
- 广东省电子商务认证中心（www.cnca.net）。
- 上海市电子商务安全证书管理中心有限公司（www.sheca.com）。
- 海南省电子商务认证中心（hn.cnca.net）。
- 天津 CA 认证中心（www.ectj.net/ca/ca-1/ca.htm）。
- 山东省 CA 认证中心（www.ca.gov.cn）。

6.4.2　电子加密技术

1. 加密

加密，是以某种特殊的算法改变原有的信息数据，使未授权的用户即使获得了已加密的信息，但因不知解密的方法，仍然无法了解信息的内容。

加密建立在对信息进行数学编码和解码的基础上。加密类型分为两种，对称加密与非对称加密，对称加密双方采用共同密钥，（当然这个密钥是需要对外保密的），这里讲一下非对称加密，这种加密方式存在两个密钥，一种是公共密钥（正如其名，这是一个可以公开的密钥值），一种是私人密钥（对外保密）。您发送信息给我们时，使用公共密钥加密信息。一旦我们收到您的加密信息，我们则使用私人密钥破译信息密码（被我们的公钥加密的信息，只有我们的唯一的私钥可以解密，这样，就在技术上保证了这封信只有我们才能解读——因为别人没有我们的私钥）。使用私人密钥加密的信息只能使用公共密钥解密（这一功能应用于数字签名领域，即我的私钥加密的数据，只有我的公钥可以解读，具体内容参考数字签名的信息）反之亦然，以确保您的信息安全。

在 Internet 中使用更多的是公钥系统，即公开密钥加密，它的加密密钥和解密密钥是不同的。一般对于每个用户生成一对密钥后，将其中一个作为公钥公开，另外一个则作为私钥由属主保存。常用的公钥加密算法是 RSA 算法，加密强度很高。具体作法是将数字签名和数据加密结合起来。发送方在发送数据时必须加上数据签名，做法是用自己的私钥加密一段与发送数据相关的数据作为数字签名，然后与发送数据一起用接收方密钥加密。当这些密文被接收方收到后，接收方用自己的私钥将密文解密得到发送的数据和发送方的数字签名，然后用发布方公布的公钥对数字签名进行解密，如果成功，则确定是由发送方发出的。数字签名每次还与被传送的数据和时间等因素有关。由于加密强度高，而且并不要求通信双方事先建立某种信任关系或共享某种秘密，因此十分适合 Internet 网上使用。

下面介绍几种最常见的加密体制的技术实现。

（1）常规密钥密码体制。所谓常规密钥密码体制，即加密密钥与解密密钥是相同的。在早期的常规密钥密码体制中，典型的有代替密码，其原理可以用一个例子来说明。

将字母 a, b, c, d, …, w, x, y, z 的自然顺序保持不变，但使之与 D, E, F, G, …, Z, A, B, C 分别对应（即相差 3 个字符）。若明文为 student 则对应的密文为 VWXGHQW（此时密钥为 3）。由于英文字母中各字母出现的频度早已有人进行过统计，所以根据字母频度表可以很容易对这种代替密码进行破译。

（2）数据加密标准 DES。DES 算法原是 IBM 公司为保护产品的机密于 1971 年至 1972 年研制成功的，后被美国国家标准局和国家安全局选为数据加密标准，并于 1977 年颁布使用。ISO 也已将 DES 作为数据加密标准。

DES 对 64 位二进制数据加密，产生 64 位密文数据。使用的密钥为 64 位，实际密钥长度为 56 位（有 8 位用于奇偶校验）。解密过程和加密相似，但密钥的顺序正好相反。DES 的保密性仅取决于对密钥的保密，而算法是公开的。DES 内部的复杂结构是至今没有找到捷径破译方法的根本原因。现在 DES 可由软件和硬件实现。美国 AT&T 首先用 LSI 芯片实现了 DES 的全部工作模式，该产品称为数据加密处理机 DEP。（请参考图 6-5）

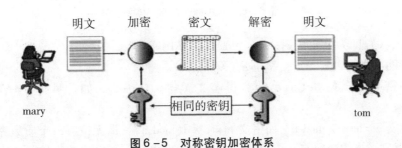

图 6-5　对称密钥加密体系

（3）公开密钥密码体制。公开密钥（Public Key）密码体制出现于 1976 年，它最主要的特点就是加密和解密使用不同的密钥，每个用户保存着一对密钥，即公开密钥 PK 和私有密钥 SK。因此，这种体制又称为双钥或非对称密钥密码体制。在这种体制中，PK 是公开信息，用作加密密钥，而 SK 需要由用户自己保存，用作解密密钥。加密算法 E 和解密算法 D 也都是公开的。虽然 SK 与 PK 成对出现，但却不能根据 PK 计算出 SK。公开密钥算法的特点如下：

1）用加密密钥 PK 对明文 X 加密后，再用解密密钥 IK 解密，即可恢复出明文，或写为：IK（PK（X））= X。

2）加密密钥不能用来解密，即 PK（PK（X））≠ X。

3）在计算机上可以容易地产生成对的 PK 和 IK。

4）从已知的 PK 实际上不可能推导出 IK。

5）加密和解密的运算可以对调，即：PK（IK（X））= X。

在公开密钥密码体制中，最有名的是 RSA 体制。它已被 ISO/TC97 的数据加密技术分委员会 SC20 推荐为公开密钥数据加密标准。请参考图 6-6。

实例：RSA 的算法。

1）选取两个足够大的质数 P 和 Q；如：P = 101，Q = 113。

2）计算 P 和 Q 相乘所产生的乘积 n = P × Q；如：n = 11413。

3）找出一个小于 n 的数 e，使其符合与 (P-1) × (Q-1) 互为质数；如：取 e = 3533。

4）另找一个数 d，使其满足 (e × d) mod[(P-1) × (Q-1)] = 1（其中 mod 为相除取余）；如：取 d = 6597。

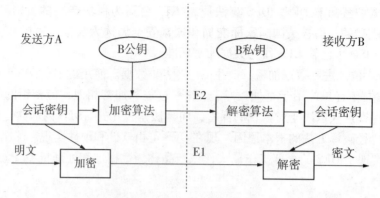

图6-6 非对称密钥密码体系

5）（n, e）即为公开密钥；（n, d）即为私用密钥。

6）将明文 X 分组，$X = X_1 X_2 \cdots X_r (X_i <= n)$。

7）加密：$Y_i = X_i \times e(\mod n)$，得密文 $Y = Y_1 Y_2 \cdots Y_r$。如：明文 c = 5761，密文 m = 9226。

8）明文 $c = m \times e(\mod n)$ 而密文 $m = c \times d(\mod n)$，即无论哪一个质数先与原文加密，均可由另一个质数解密。但要用一个质数来求出另一个质数是非常困难的。

2. 数字摘要

采用单向 Hash 函数对文件进行变换运算得到摘要码，并把摘要码和文件一同送给接收方，接收方接到文件后，用相同的方法对文件进行变换计算，用得出的摘要码与发送来的摘要码进行比较来断定文件是否被篡改。请参考图6-7。

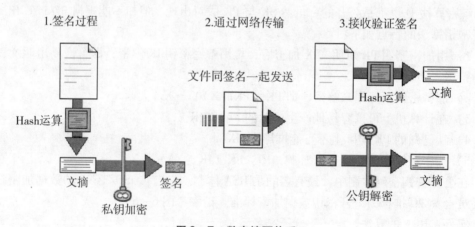

图6-7 数字摘要体系

3. 数字信封

数字信封（也称为电子信封）并不是一种新的加密体系，它只是把两种密钥体系结合起来，获得了非对称密钥技术的灵活和对称密钥技术的高效。请参考图6-8。

数字信封使网上信息传输的保密性得以解决。发送方采用对称密钥加密信息，然后将此对称密钥用接收方的公开密钥加密之后，将它和信息一起发送给接收方，接收方先用相应的私有密钥打开数字信封,得到对称密钥,然后使用对称密钥解开信息。安全性能高,保证只有规定的接收方才能阅读信的内容。

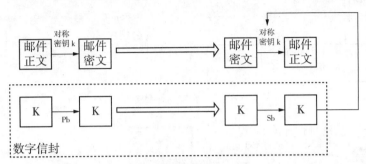

图6-8 数字信封体系

4. 数字签名

数字签名技术是实现交易安全的核心技术之一,它的实现基础就是加密技术。这里介绍数字签名的基本原理。

以往的书信或文件是根据签名或印章来证明其真实性的。但在计算机网络中传送的报文又如何盖章呢?这就是数字签名所要解决的问题。数字签名必须保证以下几点:

(1) 接收者能够核实发送者对报文的签名。

(2) 发送者事后不能抵赖对报文的签名。

(3) 接收者不能伪造对报文的签名。

现在已有多种实现数字签名的方法,但采用公开密钥算法要比常规算法更容易实现。下面就来介绍这种数字签名。

发送者A用其秘密解密密钥IKA对报文X进行运算,将结果IKA(X)传送给接收者B。B用已知的A的公开加密密钥得出PKA(IKA(X))=X。因为除A外没有别人能具有A的解密密钥IKA,所以除A外没有别人能产生密文IKA(X)。这样报文X就被签名了。

假若A要抵赖曾发送报文给B。B可将X及IKA(X)出示给第三者。第三者很容易用PKA去证实A确实发送消息X给B。反之,如果是B将X伪造成X',则B在第三者面前出示IKA(X')。这样就证明B伪造了报文。可以看出,实现数字签名也同时实现了对报文来源的鉴别。

但是上述过程只是对报文进行了签名。对传送的报文X本身却未保密。因为截到密文IKA(X)并知道发送者身份的任何人,通过查问手册即可获得发送者的公开密钥PKA,因而能够理解报文内容。请参考图6-9。

5. 数字时间戳

数字时间戳技术就是对电子文件签署的日期和时间进行安全性保护和有效证明的技术,它是由专门的认证机构来加的,并以认证机构收到文件的时间为依据。请参考图6-10。

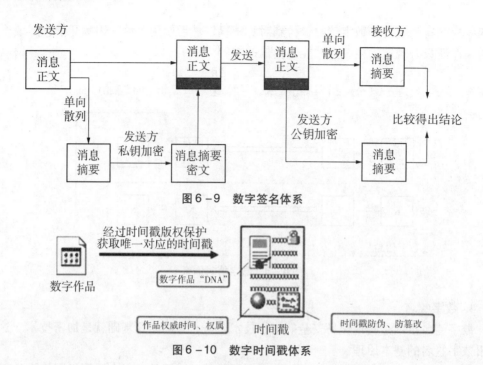

图 6-9　数字签名体系

图 6-10　数字时间戳体系

6. 密钥的管理

对称密钥加密方法致命的弱点就是它的密钥管理十分困难，因此它很难在电子商务实践中得到广泛应用。在这一点上，公开密钥加密方法占有绝对优势。不过，无论实施哪种方案，密钥管理都是要考虑的问题。当网络扩大、用户增多时尤其如此。一家专门从事安全性咨询公司 Cypress Consulting 的总裁 CyArdoin 说："在所有加密方案中，都必须有人来管理密钥。"

目前，公认的有效方法是通过密钥分配中心 KDC 来管理和分配公开密钥。每个用户只保存自己的私有密钥和 KDC 的公开密钥 PKA。用户通过 KDC 获得其他用户的公开密钥。首先，A 向 KDC 申请公开密钥，将信息（A，B）发给 KDC。KDC 返回给 A 的信息为（CA，CB），其中，CA = IKAS（A，PKA，T1），CB = IKAS（B，PKB，T2）。CA 和 CB 称为证书（Certificate），分别含有 A 和 B 的公开密钥。KDC 使用其解密密钥 IKAS 对 CA 和 CB 进行签名，以防止伪造。时间戳 T1 和 T2 的作用是防止重放攻击。最后，A 将证书 CA 和 CB 传送给 B。B 获得了 A 的公开密钥 PKA，同时也可检验自己的公开密钥 PKB。

6.5　安全电子交易技术

6.5.1　SSL 协议

SSL 协议是 Netscape 公司在网络传输层之上提供的基于 RSA 和保密密钥的用于浏览器和 Web 服务器之间的安全连接技术。它被视为 Internet 上 Web 浏览器和服务器的标准安全性措施。SSL 提供了用于启动 TCP/IP 连接的安全性"信号交换"。这种信号交换导致客户和服务器同意将使用的安全性级别,并履行连接的任何身份验证要求。它通过数字签名和数字证书可实现浏览器和 Web 服务器双方的身份验证。在用数字证书对双方的身份验证后,双方就可以用保密密钥进行安全的会话了。如图 6-11 所示。

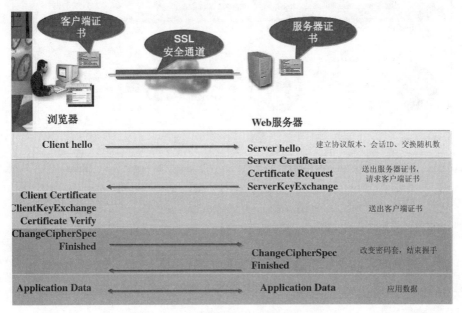

图 6-11　建立 SSL 会话体系示意图

SSL 协议在应用层收发数据前,协商加密算法、连接密钥并认证通信双方,从而为应用层提供了安全的传输通道;在该通道上可透明加载任何高层应用协议(如 HTTP、FTP、TELNET 等)以保证应用层数据传输的安全性。SSL 协议独立于应用层协议,因此在电子交易中被用来安全传送信用卡号码。

中国目前多家银行均采用 SSL 协议,如在中国的电子商务系统中能完成实时支付,招行一网通采用的就是 SSL 协议。从目前实际使用的情况看,SSL 还是人们最信赖的协议。实现 SSL 协议的是 HTTP,其安全版名为 HTTPS。如图 6-12 所示。

图 6-13 显示在 ecoin 上登录(Login)用户名时即进入 SSL 安全连接。

这时浏览器发出安全警报,开始建立安全连接,参见图 6-14 中左侧窗口的验证安全证书,再参见图 6-14 的右侧窗口,用户单击"确定"按钮即进入安全连接。

图 6-15 显示在 ecoin 上的安全连接已经建立,浏览器右下角状态栏的锁型图案表示用户通过网页传输的用户名和密码都将通过加密方式传送。

当加密方式传送结束后,浏览器会离开交换敏感信息的页面,自动断开安全连接,如图 6-16 所示。

SSL 当初并不是为支持电子商务而设计的,所以在电子商务系统的应用中还存在很多弊端。它是面向连接的协议,在涉及多方的电子交易中,只能提供交易中客户与服务器间的双方认证,而电子商务往往由用户、网站、银行三家协作完成,SSL 协议并不能协调各方间的安全传输和信任关系;还有购货时用户要输入通信地址,这样将可能使用

新编电子商务概论

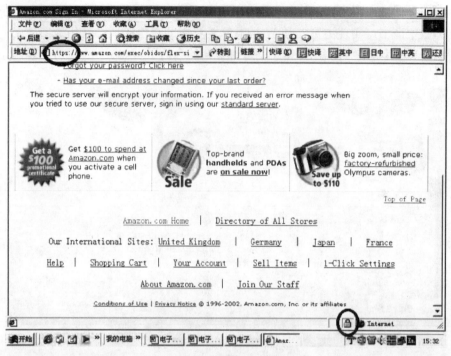

图 6-12　HTTPS 协议的使用

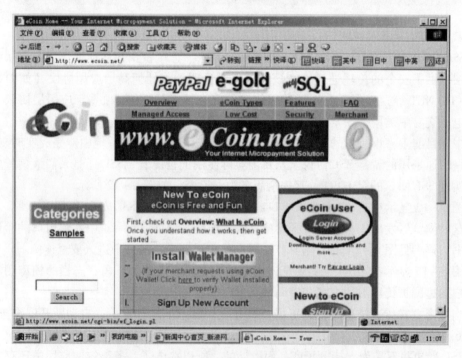

图 6-13　在 ecoin 上连接交换敏感信息的页面

户收到大量垃圾信件。因此,为了实现更加完善的电子交易,MasterCard 和 Visa 以及其他一些业界厂商制订并发布了 SET 协议。

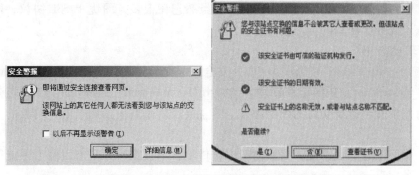

图 6-14　浏览器开始建立安全连接及浏览器验证服务器安全证书

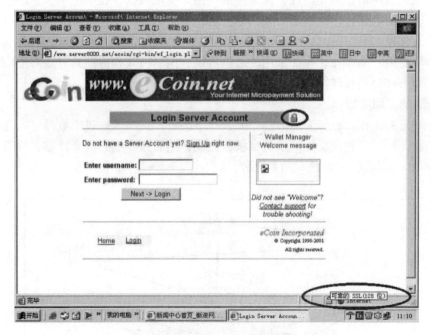

图 6-15　显示在 ecoin 上的安全连接已经建立

图 6-16　离开交换敏感信息的页面

6.5.2　SET 协议

　　SET 协议是针对开放网络上安全、有效的银行卡交易，由 Visa 和 Mastercard 联合研制，为 Internet 上卡支付交易提供高层的安全和反欺诈保证。

　　SET 协议保证了电子交易的机密性、数据完整性、身份合法性和抗否认性。

SET 是专门为电子商务而设计的协议,虽然它在很多方面优于 SSL 协议,但仍然不能解决电子商务所遇到的全部问题。

1. SET 的作用

SET（Secure Electronic Transaction,安全电子交易）协议是维萨（Visa）国际组织、万事达（MasterCard）国际组织创建,结合 IBM、Microsoft、Netscape、GTE 等公司制定的电子商务中安全电子交易的国际标准。其主要目的是解决信用卡电子付款的安全保障性问题:

- 保证信息的机密性,保证信息安全传输,不被窃听,只有收件人才能得到和解密信息
- 保证支付信息的完整性,保证传输数据完整地接收,在中途不被篡改
- 认证商家和客户,验证公共网络上进行交易活动的商家、持卡人及交易活动的合法性
- 广泛的互操作性,保证采用的通讯协议、信息格式和标准具有公共适应性。从而可在公共互联网络上集成不同厂商的产品

2. SET 的应用流程

电子商务的工作流程与实际的购物流程非常接近。从顾客通过浏览器进入在线商店开始,一直到所定货物送货上门或所定服务完成,然后账户上的资金转移,所有这些都是通过 Internet 完成的,如图 6-17 所示。

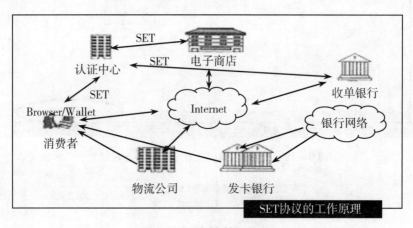

图 6-17 SET 协议体系

其具体流程为:

（1）持卡人在商家的 WEB 主页上查看在线商品目录、浏览商品。

（2）持卡人选择要购买的商品。

（3）持卡人填写订单,订单通过信息流从商家传过来。

（4）持卡人选择付款方式,此时 SET 开始介入。

（5）持卡人发送给商家一个完整的订单及要求付款的指令。在 SET 中,订单和付款指令由持卡人进行数字签名。同时利用双重签名技术保证商家看不到持卡人的账号信息。

（6）商家接受订单后，向持卡人的金融机构请求支付认可。通过 Gateway 到银行，再到发卡机构确认，批准交易。然后返回确认信息给商家。

（7）商家发送订单确认信息给顾客。顾客端软件可记录交易日志，以备将来查询。

（8）商家给顾客装运货物或完成订购服务。到此为止购买过程已经结束。商家可以立即请求银行将货款从购物者的账号转移到商家账号，也可以等到某一时间，请求成批划账处理。

（9）商家从持卡人的金融机构请求支付。在认证操作和支付操作中间一般会有一个时间间隔。

前 3 步与 SET 无关，从第 4 步开始 SET 起作用。在处理过程中，通信协议、请求信息的格式、数据类型的定义等 SET 都有明确的规定。在操作的每一步，持卡人、商家、网关都通过 CA 来验证通信主体的身份，以确认对方身份。

3. SET 技术概要

（1）加密技术。

SET 采用两种加密算法进行加密、解密处理，其中密钥加密是基础，公钥加密是应用的核心。

用同一个密钥来加密和解密数据。加密的主要算法是 DES，例如加密银行卡持卡人的个人识别代码（PIN）；公开密钥要求使用一对密钥，一个公开发布，另一个由收信人保存。发信人用公开密钥加密数据，收信人则用私用密钥去解密。解密的主要算法是 RSA，例如加密支付请求数据。加密过程可保证不可逆，必须使用私用密码才能解密。

（2）数字签名。

金融交易要求发送报文数据的同时发送签名数据作为查证。这种电子数字签名是一组加密的数字。SET 要求用户在进行交易前首先进行电子签名，然后进行数据发送。

（3）电子认证。

电子交易过程中必须确认用户、商家及所进行的交易本身是否合法可靠。一般要求建立专门的电子认证中心（CA）以核实用户和商家的真实身份以及交易请求的合法性。认证中心将给用户、商家、银行等进行网络商务活动的个人或集团发电子证书。

（4）电子信封。

金融交易所使用的密钥必须经常更换，SET 使用电子信封来传递更换密钥。其方法是由发送数据者自动生成专用密钥，用它加密原文，将生成的密文连同密钥本身一起再用公开密钥手段传送出去。收信人再解密后同时得到专用密钥和用其加密后的密文。这样保证每次传送都可以由发送方选定不同的密钥进行交易。

根据 SET 标准设计的软件系统必须经过 SET 验证才能授权使用。首先进行登记，再进行 SET 标准的兼容性试验，目前已经有多家公司的产品通过了 SET 验证。

6.5.3　PKI 协议

公开密钥基础设施（PKI——Public Key Infrastructure）是一种以公钥加密技术为基础技术手段实现安全性的技术。PKI 由认证机构、证书库、密钥生成和管理系统、证书管理系统、PKI 应用接口系统等基本成分组成。

公开密钥基础设施的优点：
- 透明性和易用性
- 可扩展性
- 操作性强
- 支持多应用
- 支持多平台

作为网络环境的基础设施，PKI 具有良好的性能，是一个比较完整的安全体系。电子商务建设过程中涉及的许多安全问题都可由 PKI 解决。

本章小结

国际标准化组织 ISO 对网络安全的定义，它是指为数据处理系统建立和采取的科技和管理的安全保护，以保护计算机硬件、软件数据不因偶然和恶意的原因而遭到破坏、更改和显露。

Internet 带来了两种不同的安全威胁。一种威胁是来自文件下载；另一种是网络化趋势加重了病毒的威胁。首先应该考虑在何处安装病毒防治软件。在企业中，重要的数据往往保存在位于整个网络中心结点的文件服务器上，这也是病毒攻击的首要目标。为保护这些数据，网络管理员必须在网络的多个层次上设置全面保护措施。

防火墙（FireWall）是一种隔离控制技术，在某个机构的网络和不安全的网络（如 Internet）之间设置屏障，阻止对信息资源的非法访问，也可以使用防火墙阻止专利信息从企业的网络上被非法输出。防火墙是一种被动防卫技术，由于它假设了网络的边界和服务，因此对内部的非法访问难以有效地控制。因此，防火墙最适合于相对独立的与外部网络互连途径有限、网络服务种类相对集中的单一网络。从实现原理上分，防火墙技术包括四大类：网络级防火墙（也叫包过滤型防火墙）、应用级网关、电路级网关和规则检查防火墙。

按照全面的安全保护要求，认证和识别确保参与加密对话的人确实是其本人。厂家依靠许多机制来实现认证，从安全卡到身份鉴别。安全卡安全保护能确保只有经过授权的用户才能通过个人计算机进行 Internet 网上的交互式交易；身份鉴别则提供一种方法，用它生成某种形式的口令或数字签名，交易的另一方据此来认证他的交易伙伴。用户管理的口令通常是前一种安全措施；硬件/软件解决方案则不仅正逐步成为数字身份认证的手段，同时它也可以被可信第三方用来完成用户数字身份（ID）的相关确认。

数据加密技术从技术实现上分为软件和硬件两方面。按作用不同，数据加密技术主要分为数据传输、数据存储、数据完整性鉴别以及密钥管理技术四种。

SSL 协议是 Netscape 公司在网络传输层之上提供的基于 RSA 和保密密钥的用于浏览器和 Web 服务器之间的安全连接技术。SET 协议是针对开放网络上安全、有效的银行卡交易，由 Visa 和 Mastercard 联合研制的，为 Internet 上卡支付交易提供高层的安全和反欺诈保证。

思考题

1. 计算机网络病毒的类型有哪些？
2. 部署一种防病毒软件的实际操作包括几个步骤？
3. 从实现原理上分，防火墙技术包括哪几个大类？
4. 网络安全检测工具的种类有哪些？
5. 认证主要有几种方法？
6. 介绍几种最常见的加密体制的技术实现机制。
7. 阐述建立 SSL 会话体系的过程。
8. SET 的应用流程？
9. SET 技术包括哪些？
10. 公开密钥基础设施的优点有哪些？

实训题

电子商务安全支付现状及客户机安全

一、任务

1. 阅读比较 CNNIC 最新的《中国互联网络发展状况统计报告》中关于安全支付的数据及分析，了解中国电子商务发展的现状。
2. 防病毒软件的安装和使用、IE 对安全区域的设置、处理 cookie。

二、步骤

1. 了解互联网发展动态

（1）进入中国互联网络信息中心网站 http://www.cnnic.cn。

（2）中国互联网发展研究报告下载。

在主页中找到"中国互联网发展研究报告"（图 6-18 红圈所示），下载权威发布的研究报告，还可查看不同研究观点。

2. 了解互联网安全现状

（1）报告下载。

在主页右下角的"互联网研究"分组中找到"报告下载"链接（图 6-18 红圈所示），点击进入，在列表中选择"第 36 次中国互联网络发展状况统计报告""2014 年中国网民信息安全状况研究报告""2014 年中国网络支付安全状况报告"等和电子商务安全相关的最新调查报告下载至本地机。

（2）分析总结。

查找并比较其中关于电子商务安全和支付方面的数据，分析变化的原因，形成并提交报告。

3. 了解互联网发展动态

找到互联网发展大事记中近两年所发生大事,就其中熟悉且感兴趣的事件做深入了解。

4. 防病毒软件的安装与使用

(1) 了解防病毒软件的工作原理。如何扫描病毒、如何识别病毒、如何有效保护客户机的安全等方面。

(2) 防病毒软件的使用。下载一款免费防病毒软件,安装后根据之前了解的工作原理对照查看。详细了解软件的相关设置,分析如何做到有效保护客户机安全。

5. IE 对安全区域的设置

(1) 了解 IE 中安全区域。通过网络搜索相关文档,了解 IE 安全区域的概念、意义及作用。

(2) 浏览器安全级别设置。打开浏览器,按以下菜单进行操作:工具→Internet 选项,选择"安全"标签分别对其中的 Internet、本地 Internet、受信任站点及受限制站点分别设置其区域的安全级别,首先查看该项的"默认安全级别",根据需要在"自定义级别"中设置各选项已得到不同的安全级别。

(3) 安全区域设置。按 win + r 组合键,激活运行对话框,在运行框中输入"gpedit.msc",回车后进入组策略编辑器,找到"本地计算机策略→计算机配置→管理模块→Windows 组件→Internet Explorer"。选定该项,把右边的"安全区域:仅是计算机设置"的默认值"未配置"改为"已启用"即可将前面操作中的安全级别设置应用到所有用户(包括管理员在内的所有用户)。注意:修改 IE 的安全设置低于其默认设置时,系统可能会提示"无法修改??"的错误,这是因为操作系统对用户设置较低的安全级别有所限制。不过这样可能会在访问某些站点的时候失败,可以用如下方法修改其默认安全级别:运行框中输入"Regedit"命令打开注册表编辑器,依次定位到"[HKEY_CURRENT_USER \ Software \ Microsoft \ Windows \ CurrentVersion \ Internet Settings \ Zones \ 3]",在窗口右边将"MinLevel"修改为"10000"(十六进制),这样大家就可以设置更低的安全级别了。但建议不要这样操作,由此可能带来较多网络威胁。

6. Cookie 的处理

了解 Cookie 的作用及设置方法。

(1) Cookie 的作用。

Cookie 是服务器发送给浏览器的体积很小的纯文本信息,用户以后访问同一个 Web 服务器时浏览器会把它们原样发送给服务器。通过让服务器读取它原先保存到客户端的信息,网站能够为浏览者提供一系列的方便,例如在线交易过程中标识用户身份、安全要求不高的场合避免用户重复输入名字和密码、门户网站的主页定制、有针对性地投放广告等。

Cookie 的目的就是为用户带来方便，为网站带来增值。虽然有着许多误传，事实上 Cookie 并不会造成严重的安全威胁。Cookie 永远不会以任何方式执行，因此也不会带来病毒或攻击系统。另外，由于浏览器一般只允许存放 300 个 Cookie，每个站点最多存放 20 个 Cookie，每个 Cookie 的大小限制为 4 kB，因此 Cookie 不会塞满硬盘，更不会被用作"拒绝服务"攻击手段。

（2）cookie 的设置。

打开浏览器，按以下菜单进行操作：工具→Internet 选项，选择"常规"标签，点击"删除 cookies"按钮可以清楚客户机中所存储的 cookie 信息。还可以点击"设置"按钮进行 cookie 存放文件夹的设置。在"历史记录"中设置保存天数，可以指定系统自动清除 cookie 的时间间隔。

第7章 电子商务物流

本章学习目标

本章主要介绍现代物流的产生和发展，物流和物流管理的含义、物流的功能要素，电子商务与物流的关系，电子商务物流的基本特点以及电子商务物流信息技术，电子商务物流模式和电子商务物流配送。通过本章的学习，读者应该掌握以下内容：

- 电子商务物流的基本概念
- 电子商务与物流的关系
- 电子商务物流的作用与特点
- 电子商务物流信息技术的类型和特点
- 电子商务物流模式的类型和特点

 开篇案例

京东商城物流服务

在电商环境的激烈竞争下，京东有着自己的电商物流模式。它主要以自营物流和第三方物流相结合的模式，国内大部分的 B2C 电商也多采用这种模式。

京东在各大城市建立了城市配送站，最终，配送站将覆盖全国 200 座城市，均由自建快递公司提供物流配送、货到付款、移动 POS 刷卡、上门取换件等服务。此外，京、沪、粤三地仓储中心也已扩容至 8 万平方米，仓储吞吐量全面提升。分布在华北、华南和华东的各大物流中心，覆盖全国各大城市。

京东的物流里程由此开始，2010 年 4 月初，京东商城在北京等城市率先推出"211 限时达"配送服务。2010 年 5 月 15 日在上海嘉定占地 200 亩的京东商城"华东物流仓储中心"内，投资上千万的自动传送带已投入使用。工人们手持 PDA，开着小型叉车在数万平方米的仓库内调配商品。这是京东迄今为止最大的仓储中心，承担了一半销售额的物流配送，也是公司将融资获得的 2100 万美元的 70% 投放到物流建设的结果。在这里，京东每日能正常处理 2.5 万个订单，日订单处理能力达到 5 万单。在此基础上，公司计划 2011 年在嘉定建成一座 15 万至 18 万平方米的超大型仓储中心，其规模将是鸟巢的 8 倍。

为了给消费者提供更好的物流服务，加上物流投入能力的局限，京东也和第三方物流也有着紧密的合作。在北京、上海、广州之外的其他城市，京东商城和当地的快递公司合作，完成产品的配送。而在配送大件商品时，京东选择与厂商合作。因为厂商在各个城市均建有自己的售后服务网点，并且有自己的物流配送合作伙伴。比如海尔在太原就有自己的仓库和合作的物流公司。京东与海尔合作，不仅能利用海尔在本地的知名度替自己扩大宣传，也较好地解决了资金流和信息流的问题。其主要的第三方物流公司有宅急送、中国邮政、四通一达等。

如今京东的物流越做越精准。在京东推出"211 限时达"配送服务，当日上午 11：00 前提交现货订单（以订单进入出库状态时间点开始计算），当日送达；夜里 11：00 前提交的现货订单（以订单进入出库状态时间点开始计算），第二天上午送达（14：00 前）。这个速度目前在电子商务企业还没有第二家能承诺，京东专注最后一公里服务，以此来提高自身的配送及售后服务，提高顾客满意度。京东采用先进的物流信息系统构造了一个现代化的信息管理平台，通过建立电子数据交换系统（EDI）、自动订货系统（EOS）等与第三方物流之间达到硬件、软件和数据报表等的匹配和兼容，进行信息实时跟踪，实现网上在线交易处理，方便顾客及时快速地查到自己所购商品的配送信息，解决信息不对称问题，真正地把商流、物流、资金流、信息流集成到一起。京东根据客户订单、配送计划和商品库存等信息，对其要货商品的可配数额及配送类型进行设络，自动生成配运单。另外京东推行细致灵活多种多样的特色配送服务如免运费、上门自提、货到付款、无线 POS 支付等来实现快速反应。采用 ECR 或者 QR 等先进技术，加强与物流外包企业的合作，从而加快配送速度。

参考资料：https://wenku.baidu.com

7.1 现代物流概述

随着电子商务这些年的快速发展以及不断的推广与应用，物流的重要性对电子商务活动的影响日益明显。消费者在电子商务网站浏览产品并下单即完成了网上购物，实现了信息流、资金流，消费者剩下的便是等所购货物送到自己手中，如果所购产品能够安全快速可靠地送到消费者手中，消费者就会对电子商务更加满意，电子商务的发展也会越来越繁荣。

7.1.1 现代物流的产生

物流活动自古以来就存在，一直没有形成明确的物流概念和成熟的理论，直到 20

世纪50年代物流才引起人们的关注，成为一门学科。现代物流概念最早起源于19世纪末与20世纪初的美国，国际上物流学界认为现代物流产生的动因主要是经济因素和军事因素。

经济观念认为，现代物流产生于经济因素，源于人们在经济活动中不断协调、管理物流以及相关活动的追求。物流（Physical Distribution）一词最早出现于美国，1915年阿奇·萧在《市场流通中的若干问题》一书中就提到物流一词，并指出"物流是与创造需求不同的一个问题"。在21世纪初，西方一些国家已出现生产大量过剩、需求严重不足的经济危机，企业因此提出了销售和物流的问题，此时的物流指的是销售过程中的物流。

军事观念认为，物流（Logistics）概念首先用于军事领域。1905年，美国少校琼西·贝克在其专著《军需与军需品运输》中提出来的，建立了"后勤"理论，将在军事后勤中的人员、物资、装备等采用系统论方法进行统筹安排全面管理用于战争活动中。

物流概念从1905年提出经过70多年的时间才有了定论，Logistics包含生产领域的原材料采购、生产过程中的物料搬运与厂内物流和流通过程中的物流或销售物流（Physical Distribution），其概念较PD概念更为广泛，20世纪80年代以后，Logistics逐渐代替了Physical Distribution（简称PD）。现在，Logistics已经成为世界公认的物流的标准术语。

7.1.2 物流的概念

1. 物流的定义

目前国内外关于物流的定义很多，如有以下几种：

（1）物流是一个控制原材料、制成品、产成品和信息的系统。

（2）从供应开始经各种中间环节的转让及拥有而达到最终消费者手中的实物运动，以此实现组织的明确目标。

（3）物质资料从供给者到需求者的物理运动，是创造时间价值、场所价值和一定的加工价值的活动。

（4）物流是指物质实体从供应者向需求者的物理移动，它由一系列创造时间价值和空间价值的经济活动组成，包括运输、保管、配送、包装、装卸、流通加工及物流信息处理等多项基本活动，是这些活动的统一。

从国内外的定义来看，物流是一个广泛范围的活动，设计原材料、产成品从起点至终点及相关信息有效流动的全过程，它将运输、仓储、装卸、加工、整理、配送、信息等方面有机结合，形成完整的供应链，为用户提供多功能、一体化的综合服务。物流设计商品和物料的产出点到消费点，以及最终消费者到产出点的回程流动管理。

商品流通包括4个相互联系又相互独立的流通形态，即商流、物流、信息流、资金流。物流是商品实物形态的流通，它主要解决生产与消费的地点和时间差异。我国国家颁布的《物流术语标准》（GB/T 18534—2006）中对物流下了这样的定义：物流（Logistics）是物品从供应地向接收地的实体流动过程。根据需要，将运输、储运、搬运、包装、流通加工、配送、信息处理等基本功能有机结合。

2. 我国物流概念的引进

物流概念主要通过两条途径从国外传入我国，一条是在20世纪80年代初随"市场营销"理论的引入而从欧美传入，因为在欧美的所有市场营销教科书中，都毫无例外地要介绍Physical Distribution，这两个单词直译为中文即为"实体分配"或"实物流通"。所谓"实体分配"指的就是商品实体从供给者向需求者进行的物理性移动。

另一条途径是Physical Distribution从欧美传入日本，日本人将其译为日文"物流"，20世纪80年代初我国从日本直接引入"物流"这一概念至今。

在物流概念传入我国之前，我国实际上一直存在着物流活动，即运输、保管、包装、装卸、流通加工等物流活动，其中主要是存储、运输。国外的物流业基本上就是我国的储运业，但两者并不完全相同，主要差别在于：

（1）物流比储运所包含的内容更广泛，一般认为物流包括运输、保管、配送、包装、装卸、流通加工及相关信息活动，而储运仅指储存和运输两个环节，虽然其中也涉及包装、装卸、流通加工及信息活动，但这些活动并不包含在储运概念之中。

（2）物流强调诸活动的系统化，从而达到整个物流活动的整体最优化，储运概念则不涉及存储与运输及其他活动整体的系统化和最优化问题。

（3）物流是现代的概念，在第二次世界大战后才在各国兴起，而在我国，储运是一个十分古老、传统的概念。

3. 物流的功能要素

（1）装卸搬运活动。装卸搬运环节的作业效率很大程度上影响物流作业整体效率。为了衔接仓储与运输，需要将货物从存储货架、运输车辆、包装容器中卸下、掏出、装上等动作，有时因为场地等原因，还需要进行短距离的搬运作业，这些都是装卸搬运活动。装卸搬运活动的高频发生使此环节耗费大量人力和时间，同时意味着与货物、材料多次的接触，作业不当、磨损会带来一定的商品损耗。

（2）包装活动。包装活动在整个物资流通过程中是非常重要的。通过合理包装可以保护商品免受储存和运输过程中的粉尘污染、货品之间挤压、装卸搬运造成的磨损、车辆运输过程中产生的颠簸等造成的损坏。对散装物品、小单位物品进行合理组合包装有利于对其堆码、点数，也便于采用先进的装卸搬运设备，方便运输与储运，加快物品的流动速度，提高物流效率。

（3）储存保管活动。任何实体物资在进入生产加工、运输、消费等活动之前或者这些活动之后，都需要一定的空间存放，称为储存保管或者仓储。保管活动就是在研究商品理化性质、包装条件、质量变化规律的基础上，采用各种科学的、有效的保管措施，创造一个适应商品储存的条件，最大限度地保持商品质量和使用价值不发生变化，最大限度地减少商品损耗。

（4）运输活动。运输是指在较大距离内对货物的运载、输送，是较大距离的货物移动，例如大洲之间、国与国之间、城市之间等。物流中的"流"主要靠运输活动来完成。运输活动是物流主体功能，其他功能多是为了运输而服务，例如装卸搬运、包装、流通加工等。在物流整个作业流程中，仓储改变了货物的时间状态，通过存储满足不同时间对一种物资的需求；而运输则改变了货物的空间状态，通过装卸搬运、配送等活动，运输最终将货物由其供应地运达需求地，满足客户的需求，完成物流最终使命。

（5）配送活动。在我国国家标准《物流术语》中，配送的定义是："在经济合理区域范围内，根据用户要求，对物品进行拣选、加工、包装、分割、组配等作业，并按时送达指定地点的物流活动。"配送以用户的需求为出发点，按照用户要求的品种、数量、质量、方式，在要求的时间到达要求的地点。这样的输送过程要兼顾物品安全、用户便利、环保等各个方面。

（6）流通加工功能。物流过程中涉及的加工多指流通加工，即根据用户与流通的需要进行的货物包装、计量、分割、贴标签、刷标志、组装等简单作业。流通加工与生产加工的加工对象、加工内容、加工目的等方面有着较大的区别。如包装，可能是为了销售的便利，将大型运输包装改换成小单元商品。随着经济的发展，消费者的需求趋于多样化、个性化，流通加工逐渐成为物流环节中重要的增值过程，对商品的销售显得愈加重要。

（7）信息处理活动。物流信息是指在物流过程（运输、储存、包装、配送等）中产生的一切信息。物流信息是伴随物流活动产生的，也是连接运输、存储、装卸、流通加工等环节的纽带。只有信息顺畅、及时的流动，才能对各个环节有个全面掌握，方便对资源调度与管理，提高物流活动的管理效率。

7.1.3 物流的分类

社会经济领域中的物流活动无处不在，对于各个领域的物流，虽然其基本要素都存在且相同，但由于物流对象不同，物流目的不同，物流范围、范畴不同，形成了不同的物流类型。在对物流的分类标准方面目前还没有统一的看法，主要的分类方法有以下几种：宏观物流和微观物流；社会物流和企业物流；国际物流和区域物流。

在此，我们将采用第二种分类方法对物流进行划分。

1. 社会物流

社会物流是指超越一家一户的以一个社会为范畴面向社会为目的的物流。这种社会性很强的物流往往是由专门的物流承担人承担的，社会物流的范畴是社会经济大领域。社会物流研究再生产过程中随之发生的物流活动，研究国民经济中的物流活动，研究如何形成服务于社会、面向社会又在社会环境中运行的物流，研究社会中物流体系结构和运行，因此带有宏观性和广泛性。

2. 企业物流

从企业角度研究与之有关的物流活动，是具体的、微观的物流活动的典型领域。企业物流又可以分为以下具体的物流活动。

（1）企业生产物流：企业生产物流指企业在生产工艺中的物流活动。这种物流活动是与整个生产工艺过程伴生的，实际上已构成了生产工艺过程的一部分。企业生产过程的物流大体为：原料、零部件、燃料等辅助材料从企业仓库或企业的"门口"开始，进入到生产线的开始端，再进一步随生产加工过程从一个环节流向另一个环节，在流动的过程中，原料等本身被加工，同时产生一些废料、余料，直到生产加工终结，流入生产成品仓库，便终结了企业生产物流过程。

过去人们在研究生产活动时，主要注重一个一个地生产加工过程，而忽视了将每一个生产加工过程串在一起，使一个生产周期内，物流活动所用的时间远多于实际加工的时间。所以对企业生产物流的研究，可以大大缩减生产周期，节约劳动力。

（2）企业供应物流：企业为保证本身生产的节奏，不断组织原材料、零部件、燃料、辅助材料供应的物流活动，这种物流活动对企业生产的正常、高效进行起着重大作用。企业供应物流不仅是保证供应的目标，还是在最低成本并以最少消耗、最大的保证来组织供应物流活动的限定条件下，因此带来很大的难度。企业竞争的关键在于如何降低物流过程的成本，可以说是企业物流的最大难点。为此，企业供应物流就必须解决有效的供应网络、供应方式、零库存等问题。

（3）企业销售物流：企业销售物流是企业为保证本身的经营效益，不断伴随销售活动将产品所有权转给用户的物流活动。在现代社会中，市场是完全的买方市场，因此，销售物流活动便带有极强的服务性，以满足买方的需求，最终实现销售。在这种市场前提下，销售往往以送达用户并经过售后服务才算终止，销售物流的空间范围很大，这便是销售物流的难度所在。在这种前提下，企业销售物流的特点便是通过包装、送货、配送等一系列物流实现销售，这就需要研究送货方式、包装水平、运输路线等，并采取各种诸如少批量、多批次、定时、定量配送等特殊的物流方式达到目的。因而其研究领域是很宽的。

（4）企业回收物流：企业在生产、供应、销售的活动中总会产生各种边角余料和废料，这些东西回收是需要伴随物流活动的，而且在一个企业中，如果回收物品处理不当，往往会影响整个生产环境，甚至影响产品的质量，也会占用很大空间，造成浪费。

（5）企业废弃物物流：企业废弃物物流是指对企业排放的无用物进行运输、装卸、处理等的物流活动。

7.1.4 物流管理概述

物流管理（Logistics Management）是指在社会再生产过程中，根据物质资料实体流动的规律，应用管理的基本原理和科学方法，对物流活动进行计划、组织、指挥、协调、控制和监督，使各项物流活动实现最佳的协调与配合，以降低物流成本，提高物流效率和经济效益。

我国国家颁布的《物流术语标准》（GB/T 18534—2006）中对物流管理的定义是"物流管理（Logistics Management）是为了既定的目标，对物流的全过程进行计划、组织、协调与控制"。

物流管理的内容包括三个方面的内容：对物流活动诸要素的管理，包括运输、储存等环节的管理；对物流系统诸要素的管理，即对其中人、财、物、设备、方法和信息等六大要素的管理；对物流活动中具体职能的管理，主要包括物流计划、质量、技术、经济等职能的管理等。

7.1.5 电子商务与物流的关系

便捷的电子商务模式可以完成商务过程中的信息查询与收集、买卖双方磋商与交易达成，但是商务过程的最后阶段——货物交付，则必须依靠物流来解决。物流行业越来越多采用一系列机械化、自动化工具，利用 GIS、GPS 等先进技术手段准确、及时地收集、分析物流信息，实时监控物流过程，使物流的流动速度加快、准确率提高，能有效地减少库存，缩短生产和运输周期。电子商务与物流关系紧密已是世界经济达成的共识。电子商务时代的来临赋予了现代物流巨大的发展机遇，同时也使其暴露出严重滞后的发展问题。

"地球村"的经营模式使企业直接面向全球市场，经营范围的扩大、经营方式信息化、自动化、网络化，消费者购买方式的转变，这一切的实现都必须有一个运转高效、服务完善、运营网络广泛的现代物流系统支撑。全球化的物流运营模式给现代物流业带来了无数巨大的挑战，跨地域经营文化沟通障碍、高素质管理人员匮乏、供应链成员企业信息共享与保密、经营网络库存管理与调度、多式联运组织等问题层出不穷。

7.2 基于电子商务环境的供应链管理

在 20 世纪 90 年代的美国，物流技术由军用转为民用领域后，物流行业蕴藏的巨大潜力吸引各种新技术不断出现并应用于物流管理实践，其管理思想向更高层次深化，供应链管理即是其中之一。供应链管理是物流管理发展的产物，但是管理范围与深度有了质的变化。

7.2.1 供应链及供应链管理思想产生背景

20 世纪 90 年代之前，企业管理体制多采用"纵向一体化"模式，企业和为其提供材料或服务的单位是一种统属关系，方便企业对其监管和控制。企业在职能划分上往往采用"大而全""小而全"的设置方式。进入 20 世纪 90 年代以后，科技迅猛发展，用户需求趋于动态多变，竞争越来越激烈，企业对于市场的灵活反应就成了制胜的关键。在这种用户需求多变的趋势下，纵向发展模式使企业不堪重负，而企业从事自己不擅长的业务活动，更增加了企业经营的风险。

很多企业为了规避"纵向一体化"带来的弊端，也为了节约投资，让企业专心从事自己的主营业务，开始由"纵向一体化"模式转而发展"横向一体化"模式，即将自己不擅长的业务外包给专业公司，用节约下来的企业资源专攻具有市场竞争力的核心业务。此时，企业只是注重内部管理已远远不够，还必须与提供原材料、产品、服务的合作伙伴密切合作，致力于提高合作共同体的整体效益与效率，由此供应链及供应链管理思想产生。

1996 年，Reiter 在研究波特价值链和 Martin 价值流概念的基础上将供应链定义为运作实体的网络，产品与服务通过这样的网链传递到特定的客户群体。1998 年，美国物流管理协会开始将物流定义为供应链活动的一部分，成为物流管理向供应链管理发展的开端。

随着企业界、学术界对于供应链管理认识的不断深入，美国物流管理协会在 2005 年将名称改为美国供应链管理协会，并颁布了最新的供应链管理的定义，标志着全球物流进入供应链时代。

7.2.2 供应链定义及内涵

早前学者将定义重点放在企业内部过程，认为企业各职能部门需要在企业战略目标的指导下，通过一定的组织架构和管理制度进行互相协调与合作，争取以最小的成本创造最大的企业效益。随着企业对"横向一体化"模式的认识，现代供应链概念开始注重围绕核心企业的网链关系。

马士华《供应链管理》一书中给供应链下的定义："供应链是围绕核心企业，通过对信息流、物流、资金流的控制，从采购原材料开始，制成中间产品以及最终产品，最后由销售网络把产品送到消费者手中的将供应商、制造商、分销商、零售商、直到最终用户连成一个整体的功能网链结构模式。"

我国国家标准《物流术语》对供应链的定义是："供应链（Supply chain）是生产及流通过程中，涉及将产品或服务提供给最终用户活动的上游与下游企业，所形成的网链结构。"

7.2.3 供应链管理的定义及其管理范围

1. 供应链管理的定义

总体来讲，对于供应链管理定义的认识，主要分为：

（1）供应链管理是一种管理理念和哲学。马士华《供应链管理》一书中强调供应链管理的核心思想是"系统"和"流"，强调的是为了达到供应链整体利益最大化，对整条供应链全部活动的统一优化，供应链运作各个环节通过信息共享、流程再造、系统对接等各种方式实现无缝连接，物流、信息流、资金流、商流如流水般顺畅。因此供应链管理强调的是它的市场导向、价值创造、系统集成优化、战略合作的思想与理念。

（2）供应链管理是一套管理性的实际操作方法体系，通过对计划、控制、协调、决策等一系列的管理职能的优化，实现整条供应链的优化管理。1986年，美国物流管理委员会（Council of Logistics Management，CLM）将供应链管理定义为在企业组织之外的包括消费者和供应商在内的物流活动。随着世界范围内对供应链管理的研究与应用，CLM 在 1998 年对供应链管理的概念进行了重新定位，认为供应链管理不仅包括物流，还包括对物品、服务、信息进行从起始点到消费点的计划、实施、控制，以满足最终用户需求的全部过程。

国家标准（GB/T18354—2001）《物流术语》对供应链管理的定义：利用计算机网络技术全面规划供应链中的商流、物流、信息流、资金流等，并进行计划、组织、协调与控制等。

2. 供应链管理范围

（1）企业内部供应链管理。这是指将企业内部所有业务环节组成的业务运作链条视作供应链，以企业发展战略为目标，统一对所有业务活动进行统筹规划，通过对内部业务流程的梳理、整合、优化，实现企业内部业务环节的无缝连接，资源与信息最大限度共享。

（2）产业供应链或动态联盟供应链管理。这是研究最广泛的一种类型。最常见就是将核心企业（生产制造企业，例如海尔。或者大型消费企业，例如大型连锁超市）与其合作的上下游企业形成的网链作为研究对象。还有一种情况是将因短暂的一致市场目标，几家企业联合以期增强自身在市场的竞争优势。这种供应链管理的视角是由企业内部扩展到整个网链，目的是建立一个协作经营、风险共担、资源共享的动态联盟。

（3）国际泛供应链管理。电子商务使全球企业之间的合作与竞争消弭了地域的界限，企业间的贸易往来多数都以电子订单、电子单证、在线资金划拨的方式进行。企业可以根据自身发展的需要在全球范围内建立起自己的动态联盟。国际泛供应链管理就是研究这种地域上分布广泛、企业间关系以松散形式联盟的供应链组织形式。

7.2.4 电子供应链及其管理方法

1. 电子供应链的基本概念

电子供应链是指依托互联网技术、计算机技术、信息技术、数据库技术等，在线处理供应链上所有成员企业的关键数据，如订货、预测、库存状态、缺货状况、生产计划、运输安排、在途物资、销售分析、资金结算等数据，使各成员企业可以实时共享重要数据，消除信息障碍，并运用数学模型与计算机程序对数据进行分析、优化，发布管理与调度指令，辅助企业做出重要决策。

2. 电子供应链管理方法

（1）QR（Quick Response，快速反应）

20世纪70年代后期，美国纺织服装行业面临很大进口压力，这一现象延续到20世纪80年代初期，愈演愈烈，进口量占据美国国内服装行业总销量的40%。在这严峻的形势下，美国纺织服装行业一方面请求政府与国会采取相应措施控制纺织进口量的攀升，同时通过自身行业对设备进行升级改造来提高国内纺织服装行业的产量与质量。但是这样的举措并没有阻止外来廉价纺织品侵占美国市场。为此，美国国内大型经销商成立了"用国货为荣委员会"，积极利用媒介来宣传本国产品的优点，并联合起来推行促销活动；为了挖掘深层原因，委托著名的零售业咨询公司Kurt salmon从事提高竞争力的调查。Kurt salmon公司在经过大量的市场调研后，指出造成这种现状的重要原因是纺织行业总体供应链效率低下，必须进行行业供应链的优化与改造。因此，Kurt salmon公司建议纺织服装企业与下游分销商、零售业者合作，彼此共享重要的信息资源，以此建立一个可以对市场快速反应的供应链体系。QR应运而生。

QR是指与上游生产企业和下游分销商、零售商建立战略联盟关系，利用网络技术、EDI、特别是互联网等信息技术在彼此之间建立信息平台，企业之间可以分享真实销售数据与订单信息。生产企业可以根据市场真实需求进行生产制造，采用高频度、小数量配送方式向下游零售企业连续补充商品，减少零售企业的库存压力，降低经营成本与风险。通过这种系统，整条供应链把握市场需求变化的信息，及时调整生产与促销计划，以最快的速度满足客户的需求，使各成员企业库存量和商品缺货风险都极大地降低，利润提高。

（2）ERP（Enterprise Resource Planning，企业资源计划系统）

企业本身包含了若干资源，例如人力资源、资金、技术、专利、品牌、销售网络等。能否很好地管理和配置这些重要的资源影响到企业的生存。在这种背景下，ERP企业资源计划系统诞生了。

ERP企业资源计划系统是指在企业内部（包括子公司、重要合作伙伴）依托互联网、局域网等网络与信息技术搭建一个管理平台，为上到企业决策层下到普通员工提供决策支持、业务操作、内外部信息往来等功能。

7.3 电子商务物流的作用与特点

7.3.1 电子商务物流的定义

电子商务物流就是信息化、现代化、社会化的物流。也就是说，物流企业采用网络化的计算机技术和现代化的硬件设备、软件系统及先进的管理手段，针对社会需求，严格的、守信用的按用户的订货要求，进行一系列分类、编码、整理、分工、配货等理货工作，定时、定点、定量地交给没有范围限度的各类用户，满足其对商品的要求。

7.3.2 电子商务中物流的作用

1. 物流是电子商务的重要组成部分

美国的物流管理技术自1915年发展至今已有100多年的历史，通过利用各种机械化、自动化工具及计算机和网络通信设备，早已日臻完善。同时美国作为发达国家，其技术创新的本源是需求，即所谓的需求拉动技术创新。作为电子商务前身的电子数据交换技术（EDI）的产生是为了简化烦琐、耗时的订单等的处理过程，以加快物流的速度，提高物资的利用率。电子商务的提出最终是为了解决信息流、商流和资金流处理上的烦琐对现代化物流过程的延缓，进一步提高现代化物流速度。

可见美国在定义电子商务概念之初，就有强大的现代化物流作为支持，只需将电子商务与其进行对接即可，而并非电子商务过程不需要物流的电子化。而我国作为发展中国家，物流业起步晚、水平低，在引进电子商务时，并不具备能够支持电子商务活动的现代化物流水平，所以在引入时，一定要注意配备相应的支持技术——现代化的物流模式，否则电子商务活动难以推广。

从根本上来说，物流电子化应是电子商务概念的组成部分，缺少了现代化的物流过程，电子商务过程就不完整。

2. 物流是电子商务概念模型的基本要素

电子商务概念模型是对现实世界中电子商务活动的抽象描述，它由电子商务实体、电子市场、交易事务和信息流、商流、资金流、物流等基本要素构成。

在电子商务概念模型中，电子商务实体是指能够从事电子商务的客观对象，它可以是企业、银行、商店、政府机构和个人等。电子市场是指电子商务实体从事商品和服务交换的场所，由各种各样的商务活动参与者，利用各种通信装置，通过网络连接成统一的整体。交易事务是指电子商务实体之间所从事的具体商务活动的内容，例如询价、报价、转账支付、广告宣传、商品运输等。

电子商务中的任何一笔交易都包含着几种基本的"流"，即信息流、商流、资金流、物流。其中信息流既包括商品信息的提供、促销行销、技术支持、售后服务等内容,也包括诸如询价单、报价单、付款通知单、转账通知单等商业贸易单证,还包括交易方的支付能力、支付信誉等。商流是指商品在购、销之间进行交易和商品所有权转移的运动过程,具体是指商品交易的一系列活动。资金流主要是指资金的转移过程,包括付款、转账等过程。在电子商务下,以上三种流的处理都可以通过计算机和网络通信设备实现。物流作为四流中最为特殊的一种,是指物质实体(商品或服务)的流动过程,具体指运输、储存、配送、装卸、保管、物流信息管理等各种活动。对于少数商品和服务,可以直接通过网络传输的方式进行配送,如各种电子出版物、信息咨询服务、有价信息软件等。而对于大多数商品和服务来说,物流仍要经由物理方式传输,但由于机械化、自动化工具的应用,准确、及时的物流信息对物流过程的监控,将使物流的流动速度加快、准确率提高,有效地减少库存,缩短生产周期。

在电子商务概念模型的建立过程中,强调信息流、商流、资金流和物流的整合。其中信息流最为重要,它在更高的位置上实现对流通过程的监控。

(1)物流保障生产。无论在传统的贸易方式下还是在电子商务下,生产都是商品流通之本,而生产的顺利进行需要各类物流活动支持。生产的全过程从原材料采购开始,便要求有相应的供应物流活动,将所采购的材料到位,否则生产就难以进行;在生产的各工艺流程之间,也需要原材料、半成品的物流过程,即所谓的生产物流,以实现生产的流动性;部分余料、可重复利用物资的回收,就需要所谓的回收物流;废弃物的处理则需要废弃物物流。可见,整个生产过程实际上就是系列化的物流活动。

合理化、现代化的物流,通过降低费用来降低成本、优化库存结构、减少资金占压、缩短生产周期,保障现代化生产的高效进行。相反,缺少了现代化的物流,生产将难以顺利进行。那么,无论电子商务是多便捷的贸易形式,仍将是无米之炊。

(2)物流服务于商流。在商流活动中,商品所有权在购销合同签订的那一刻起便由供方转移到需方,而商品实体并没有因此而移动。在传统的交易过程中,除了非实物交割的期货交易,一般的商流都伴随相应的物流活动,即按照需方(购方)的需求将商品实体由供方(卖方)以适当的方式、途径向需方(购方)转移。而在电子商务下,消费者通过上网点击购物,完成了商品所有权的交割过程,即商流过程。但电子商务的活动并未结束,只有商品和服务真正转移到消费者手中,商务活动才告完成。

在整个电子商务的交易过程中,物流实际上以商流的后续者和服务者的姿态出现。没有现代化的物流,任何轻松的商流活动都是一纸空文。

(3)物流是实现"以顾客为中心"理念的根本保证。电子商务的出现在最大程度上方便了最终消费者。他们不必再跑到拥挤的商业街,一家又一家地挑选所需的商品,而只要坐在家里,在Internet上搜索、查看、挑选,就可以完成购物过程。但试想所购的商品迟迟不能送到,抑或商家所送并非所购,那消费者还会选择网上购物吗?

物流是电子商务中实现以"以顾客为中心"理念的最终保证,缺少了现代化的物流技术,电子商务给消费者带来的购物便捷等于零,消费者必然会转向他们认为更为安全的传统购物方式,那网上购物还有什么存在的必要?

由此可见,物流是电子商务重要的组成部分,必须大力发展现代化物流,以进一步推广电子商务。

7.3.3 电子商务中物流的特点

电子商务时代的来临,给全球物流带来了新的发展,使物流具备了新特点。

1. 信息化

电子商务时代,物流信息化是电子商务的必然要求。物流信息化表现为物流信息的商品化、物流信息收集的数据库化和代码化、物流信息处理的电子化和计算机化、物流信息传递的标准化和实时化、物流信息存储的数字化等。因此,条码技术(Bar Code)、数据库技术(Database)、电子订货系统(Electronic Ordering System,EOS)、电子数据交换(Electronic Data Interchange,EDI)、快速反应(Quick Response,QR)及有效的客户反应(Effective Customer Response,ECR)、企业资源计划(Enterprise Resource Planning,ERP)等技术与观念在我国的物流中将会得到普遍的应用。信息化是一切的基础,没有物流的信息化,任何先进的技术设备都不可能应用于物流领域,信息技术及计算机技术在物流中的应用将会彻底改变世界物流的面貌。

2. 自动化

自动化的基础是信息化,自动化的核心是机电一体化,自动化的外在表现是无人化,自动化的效果是省力化,另外还可以扩大物流作业能力、提高劳动生产率、减少物流作业的差错等。物流自动化的设施非常多,如条码-语音-射频自动识别系统、自动分拣系统、自动存取系统、自动导向车、货物自动跟踪系统等。这些设施在发达国家已普遍用于物流作业流程中,而在我国由于物流业起步晚,发展水平低,自动化技术的普及还需要相当长的时间。

3. 网络化

物流领域网络化的基础也是信息化,网络化有两层含义:一是物流配送系统的计算机通信网络,包括物流配送中心与供应商或制造商的联系要通过计算机网络,另外与下游顾客之间的联系也要通过计算机网络通信,比如物流配送中心向供应商提出订单这个过程,就可以使用计算机通信方式,借助于增殖网(VAN)上的电子订货系统(EOS)和电子数据交换技术(EDI)来自动实现,物流配送中心通过计算机网络收集下游客户的订货过程也可以自动完成;二是组织的网络化,即所谓的企业内部网(Intranet)。比如,台湾的电脑业在20世纪90年代创造出了"全球运筹式产销模式",这种模式的基本点是按照客户订单组织生产,生产采取分散形式,即将全世界的电脑资源都利用起来,采取外包的形式将电脑的所有零部件、元器件、芯片外包给世界各地的制造商生产,然后通过全球物流网络将零部件、元器件和芯片发往同一个物流配送中心进行组装,由该物流配送中心将组装的电脑迅速发给订户。这一过程需要有高效的物流网络支持,当然物流网络的基础是信息、电脑网络。

物流的网络化是物流信息化的必然,是电子商务下物流活动的主要特征之一。当今世界Internet等全球网络资源的可用性及网络技术的普及为物流网络化提供了良好的外部环境,物流网络化不可阻挡。

4. 智能化

智能化是物流自动化、信息化的高层次应用，物流作业过程大量的运筹和决策，如库存水平的确定、运输（搬运）路径的选择、自动导向车的运行轨迹和作业控制、自动分拣机的运行、物流配送中心经营管理的决策支持等问题都需要借助于大量的知识才能解决。在物流自动化进程中，物流智能化是不可回避的技术难题。好在专家系统、机器人等相关技术在国际上已经有比较成熟的研究成果。为了提高物流现代化水平，物流智能化已成为电子商务下物流发展的新趋势。

5. 柔性化

柔性化本来是为实现"以顾客为中心"理念而在生产领域提出的，但要真正做到柔性化，即真正能根据消费者需求的变化来灵活调节生产工艺，没有配套的柔性化物流系统是不可能达到目的的。20世纪90年代国际生产领域纷纷推出弹性制造系统（FMS）、计算机集成制造系统（CIMS）、制造资源系统（MRP）、企业资源计划（ERP）以及供应链管理的概念和技术，这些概念和技术的实质是要将生产、流通进行集成，根据需求端的需求组织生产，安排物流活动。因此，柔性化的物流正是适应生产、流通与消费的需求而发展起来的新型物流模式。这就要求物流配送中心要根据消费"多品种、小批量、多批次、短周期"的需求特色，灵活组织和实施物流作业。

另外，物流设施、商品包装的标准化，物流的社会化、共同化也是电子商务下物流模式的新特点。

6. 全球化

20世纪90年代早期，电子商务的出现加速了全球经济的一体化，物流企业的发展达到了多国化。从许多国家收集所需要的资源，加工后向各国出口。

全球化战略的趋势，使物流企业和生产企业更紧密地联系在一起，形成了社会大分工。生产厂集中精力制造产品、降低成本、创造价值；物流企业则花费大量时间、精力从事物流服务。物流企业的满足需求系统比原来更进了一步。例如，在配送中心里，对进口商品的代理报关业务、暂时储存、搬运和配送，必要的流通加工，从商品进口到送交消费者手中的服务实现一条龙。

7.3.4 电子商务物流的发展趋势

电子商务时代，由于企业销售范围的扩大，企业和商业销售方式及最终消费者购买方式的转变，使送货上门等业务成为一项极为重要的服务业务，促使了物流行业的兴起。物流行业即能完整提供物流机能服务，以及运输配送、仓储保管、分装包装、流通加工等以收取报偿的行业。主要包括仓储企业、运输企业、装卸搬运、配送企业、流通加工业等。信息化、全球化、多功能化和一流的服务水平，已成为电子商务下物流企业追求的目标。

1. 多功能化——物流业发展的方向

在电子商务时代，物流发展到集约化阶段，一体化的配送中心不单单提供仓储和运输服务，还必须开展配货、配送和各种提高附加值的流通加工服务项目，也可按客户的需要提供其他服务。现代供应链管理即通过从供应者到消费者供应链的综合运作，使物流达到最优化。企业追求全面的、系统的综合效果,而不是单一的、孤立的片面观点。

作为战略概念,供应链也是一种产品,而且是可增值的产品;其目的不仅是降低成本,更重要的是提供用户期望以外的增值服务,以产生和保持竞争优势。从某种意义上讲,供应链是物流系统的充分延伸,是产品与信息从原料到最终消费者之间的增值服务。

在经营形式上,采取合同型物流。这种配送中心与公用配送中心不同,它是通过签订合同,为一家或多家企业(客户)提供长期服务,而不是为所有客户服务。这种配送中心有由公用配送中心进行管理的,也有自行管理的,但主要是提供服务;也有可能所有权属于生产厂家,交由专门的物流公司进行管理。

供应链系统物流完全适应了流通业经营理念的全面更新。以往商品经制造、批发、仓储、零售各环节间的多层复杂途径,最终到消费者手里。而现代流通业已简化为由制造经配送中心而送到各零售点。使未来的产业分工更加精细,产销分工日趋专业化,大大提高了社会的整体生产力和经济效益,使流通业成为整个国民经济活动的中心。

另外,在这个阶段有许多新技术,例如准时制工作法(JIT),又如销售时点信息管理系统(POS),商店将销售情况及时反馈给工厂的配送中心,有利于厂商按照市场调整生产,以及配送中心调整配送计划,使企业的经营效益跨上一个新台阶。

2. 一流的服务——物流企业的追求

在电子商务下,物流业是介于供货方和购货方之间的第三方,以服务作为第一宗旨。从当前物流的现状来看,物流企业不仅要为本地区服务,还要进行远距离的服务。因为客户不但希望得到很好的服务,而且希望服务点不是一处而是多处。因此,如何提供高质量的服务便成了物流企业管理的中心课题。应该看到,配送中心离客户最近,联系最密切,商品都是通过配送中心送到客户手中。美、日等国的物流企业成功的要诀就在于他们都十分重视对客户服务的研究。

首先,在概念上变革,由"推"到"拉"。配送中心应更多地考虑"客户要我提供哪些服务",从这层意义讲,它是"拉"(Pull),而不是仅仅考虑"我能为客户提供哪些服务",即"推"(Push)。如配送中心起初提供的是区域性的物流服务,以后发展到提供远距离服务,而且能提供越来越多的服务项目。又如配送中心派人到生产厂家"驻点",直接为客户发货。越来越多的生产厂家把物流工作全部委托配货中心去做,从根本意义上讲,配送中心的工作已延伸到生产厂里去了。

如何满足客户需要,把货物送到客户手中,就要看配送中心的作业水平了。配送中心不仅与生产厂家保持紧密的伙伴关系,而且直接与客户联系,能及时了解客户的需求信息,并沟通厂商和客户双方,起着桥梁作用。如美国普雷兹集团公司(APC)是以运输和配送为主的规模庞大的公司。物流企业不仅为货主提供优质的服务,而且要具备运输、仓储、进出口贸易等一系列知识,深入研究货主企业的生产经营发展流程设计和全方位系统服务。优质、系统的服务使物流企业与货主企业结成战略伙伴关系(或称策略联盟),一方面有助于货主企业的产品迅速进入市场,提高竞争力;另一方面使物流企业有稳定的资源,对物流企业而言,服务质量和服务水平正逐渐成为比价格更为重要的选择因素。

3. 信息化——现代物流业的必由之路

在电子商务时代，要提供最佳的服务，物流系统必须要有良好的信息处理和传输系统。美国洛杉矶西海报关公司与码头、机场、海关信息联网。当货从世界各地起运时，客户便可以从该公司获得到达的时间、到泊（岸）的准确位置，使收货人与各仓储、运输公司等做好准备，商品在几乎不停留的情况下，快速流动、直达目的地。又如美国干货储藏公司（D.S.C）有 200 多个客户，每天接受大量的订单，需要很好的信息系统。为此，该公司将许多表格编制成了计算机程序，大量的信息可迅速输入、传输，各子公司也是如此。再如美国橡胶公司（USCO）的物流分公司设立了信息处理中心，接受世界各地的订单；IBM 公司只需按动键盘，即可接通 USCO 公司订货，通常在几小时内便可把货送到客户手中。良好的信息系统能提供极好的信息服务，以赢得客户的信赖。

在大型的配送公司里，往往建立了 ECR 和 JIT 系统。所谓 ECR（Efficient Customer Response）即有效客户信息反馈，它是至关重要的。有了它就可做到客户要什么就生产什么，而不是生产出东西等顾客来买。仓库商品的周转次数每年达 20 次，若利用客户信息反馈这种有效手段，可增加到 24 次，仓库的吞吐量大大增加。通过 JIT 系统，可从零售商店很快得到销售反馈信息。配送不仅实现了内部的信息网络化，而且增加了配送货物的跟踪信息，从而大大提高了物流企业的服务水平，降低了成本。成本一低，竞争力便增强了。

欧洲某配送公司通过远距离的数据传输，将若干家客户订单汇总起来，在配送中心采用计算机系统编制出"一笔划"式的路径最佳化"组配拣选单"。配货人员只需到仓库转一次，即可配好订单上的全部要货。

在电子商务环境下，由于全球经济的一体化趋势，当前物流业正向全球化、信息化、一体化发展。

商品与生产要素在全球范围内以空前的速度自由流动。EDI 与 Internet 的应用，使物流效率的提高更多地取决于信息管理技术，电子计算机的普遍应用提供了更多的需求和库存信息，提高了信息管理科学化水平，使产品流动更加容易和迅速。物流信息化，包括商品代码和数据库的建立，运输网络合理化、销售网络系统化和物流中心管理电子化建设等，目前还有很多工作有待实施。可以说，没有现代化的信息管理，就没有现代化的物流。

7.4 电子商务物流信息技术

在电子商务交易的背后都伴随着物流和信息流，通过对信息的掌握和监控，对产品进行发送、跟踪、分拣、接收、存储、提货及包装等。在电子商务时代，物流与信息流的相互配合体现得越来越重要。物流技术是指与物流要素活动有关的所有专业技术的总称，包括各种操作方法、管理技能等，如流通加工技术、物品包装技术、物品标识技术、物品实时跟踪技术等，此外，还包括物流规划、物流评价、物流设计、物流策略等。随着计算机网络技术的应用普及，物流技术中综合了许多现代公之于众的信息技术，如 GIS（地理信息系统）、GPS（全球卫星定位系统）、EDI（电子数据交换）、Bar

Code（条码）等。

7.4.1 条码技术及应用

条码技术是在计算机应用实践中产生和发展起来的一种自动识别技术。它是为实现对信息的自动扫描而设计的。它是实现快速、准确而可靠地采集数据的有效手段。条码技术的应用解决了数据录入和数据采集的"瓶颈"问题，为供应链管理提供了有力的技术支持。

条码技术提供了对物流中的物品进行标识和描述的方法，借助自动识别技术、POS系统、EDI等现代技术手段，企业可以随时了解有关产品在供应链上的位置，并即时做出反应。当今在欧美等发达国家兴起的ECR、QR、自动连续补货（ACEP）等供应链管理策略都离不开条码技术的应用。条码是实现POS系统、EDI、电子商务、供应链管理的技术基础，是物流管理现代化、提高企业管理水平和竞争能力的重要技术手段。

物流条码是条码中的重要组成部分，它不仅在国际范围内提供了一套可靠的代码标识体系，而且为贸易环节提供了通用语言，为EDI和电子商务奠定了基础。因此，物流条码标准化在推动各行业信息化、现代化建设进程和供应链管理过程中将起到不可估量的作用。物流条码的标准体系包括码制标准和应用标准。

1. 码制标准

物流条码中常用的码制可分"通用商品条码、交叉二五条码、贸易单元128条码"三种条码，它们的具体应用在实际中有所不同。一般来说，通用商品条码用在单个大件商品的包装箱上；交叉二五条码可用于定量储运单元的包装箱，ITF14和ITF6附加代码共同使用也可以用于变量储运单元；贸易单元128条码的使用是物流条码实施的关键，它能够标识贸易单元的信息，如产品批号、数量、规格、生产日期、有效期、交货地等。

2. 应用标准

应用标准包括位置码、储运单元条码和条码应用标识，《EAN位置码》提供了国际共同认可的标识团体和位置的标准，也逐渐用于标识交货地点和起运地点，成为EDI实施的关键。《储运单元条码》国家标准起到了对货物储运过程中物流条码的规范作用及实际应用中具有标识货运单元的功能，是物流条码标准体系中重要的应用标准。《条码应用标识》是商品统一条码有益和必要的补充，填补了其他EAN/UCC标准遗留的空白，它将物流和信息流有机地结合起来，成为连接条码与EDI的纽带。

3. 条码在物流领域中的作用

条码技术作为数据标识和数据自动输入的一种手段已在物流中广泛应用。事实上，条码在原材料采购、生产和货物运输、配送、零售等供应链的诸多结点上都扮演着重要的角色，而且发挥着越来越重要的作用。

（1）物料管理。企业按照生产计划或从企业的ERP、MRPII接收生产物料需求计划，作为建立采购订单的依据，并向产品物料供应商下达采购订单。然后对采购的生产物料按照行业及企业规则建立统一的物料编码，对需要进行标识的物料打印其条码标识，这样有助于对物料的跟踪管理，杜绝因物料无序而导致的损失、混乱，提高生产效率。同时通过产品编码，建立完整的物料质量检验档案，定时产生质量检验报告，并与采购订单挂钩建立对供应商的评价体系。

（2）生产线上的产品跟踪管理。在没有条码应用的阶段，产品在生产线必须手工记载生成这个产品所需的工序和零件，从原始物料到最终形成产品，工作负荷大，工序复杂，且不能及时反应产品在生产线上的流动状况。采用条码技术后，首先在生产任务单上粘贴条码标签，在生产环节开始时，用生产线条码终端扫描任务单上的条码，十分方便就获取了产品订单在某条生产线上的生产工艺、所需的物料和零件信息；最后产品下线包装时，打印并粘贴产品的客户信息条码，由此实现了对各工序产品数据的采集和整个生产过程的监控跟踪，保证了产品质量。

（3）产品入库管理。产品入库时，首先通过识读产品条码标签，采集货物单件信息，同时制作库位条码，记录产品的存放信息，如库区位、货架、货位等，从而形成完整的库存信息。通过条码传递信息，有效避免了人工录入的失误，实现了数据的无损传递和快速录入，同时实现了对库存单件产品的跟踪管理，从而将商品管理推进到更深的层次，如商品进销存管理，进一步提高企业自动化程度。

（4）产品出库管理。产品出库时，通过扫描产品上的条码，对出库货物进行信息确认，依据库位货物的库存时间进行有效的先进先出管理或批次管理，同时更改其库存状态。在仓库业务管理中，企业合理运用条码技术，快速而准确地采集、处理货物单件信息，完成仓库的进销存管理，必然会加快物流周转、降低库存和流通费用，提高经营决策的及时性，使企业在竞争中立于不败之地。

（5）市场销售链管理。在市场销售链中应用条码技术，目的是跟踪向批发商销售的产品品种或产品单件信息。通过在销售、配送过程中采集产品的单件条码信息，并根据产品单件标识条码记录产品的销售过程，有助于实现对销售商品的分区、分级管理，保证市场健康有序地发展。同时通过对销售商的跟踪评估，有利于企业正确地选择销售合作伙伴，促进产品的市场销售。

（6）产品售后跟踪服务管理。产品一经出库，即根据产品条码建立产品销售档案，以记录产品信息、重要零部件信息、用户信息及产品售后维修信息。通过对以上信息的采集、反馈，及对产品质量和售后服务的跟踪使企业得以准确了解、判断产品的维修成本，从而帮助企业制定出合理的服务战备，增强企业产品竞争力。

（7）货物配送管理。利用条码技术，可高效、准确地完成商品的配送。配送前先将配送商品资料和客户订单资料下载到移动条码终端中，送达配送客户后，调出客户相应的订单，再根据订单信息挑选货物并验证其条码标签，确认配送完客户的货物后，移动条码终端会自动校验配送情况，并做出相应的提示。

（8）分货拣选管理。在配送和仓库出货时，采用分货、拣选方式，需要快速处理大量的货物，利用条码技术便可自动进行分货拣选，提高工作效率。

7.4.2　EDI 技术及应用

任何企业引进新技术或新方法之前，必定要先进行成本效益分析，再决定下一步的工作，EDI 也是如此。

1. EDI 的成本

应用 EDI 的成本构成有以下几个项目：

（1）硬件成本：主要包括计算机、Modem、租用线路的费用。

（2）软件成本：包括转换软件、翻译软件和通信软件的费用。

（3）人工成本：包括初期投入建立 EDI 系统与后续进行系统维护的工作人员的人工成本，以及企业内部针对 EDI 计划进行沟通、协调以及调查现行工作流程，及制订、修改 EDI 报文等工作投入的人力成本。

（4）通信成本：包括使用 EDI 增值网络时的邮箱租金、文件传输费用、EDI 交换中心文件处理保管费用。

（5）EDI 教育培训成本：主要成本发生在 EDI 系统建设初期，参加人员有 EDI 系统建设人员及使用操作相关人员，也可能包括交易伙伴。培训可以由公司内部举办，也可以委托 EDI 服务公司提供所需课程。后续成本主要发生在 EDI 标准的更新、EDI 软件的更改等时期。

（6）EDI 组织会员费用：为长期有效率地掌握 EDI 最新、最准确的发展信息，与其他 EDI 使用者交流经验而花费的费用。

（7）顾问成本：为推动 EDI 系统的规划与建设，外聘顾问提供咨询的费用。

EDI 系统建设完成开始应用后，最主要的成本项目为数据传输费用，其他费用将可大幅度降低或完全省去。

2. EDI 的效益

在 EDI 的效益中，有许多项目如提高客户满意度、提高产品市场竞争力、降低停工待料风险等都是不易量化的。较易量化的效益项目如下：

（1）降低纸张使用成本：使用 EDI 后，直接在计算机间传送资料，可以大幅度节省文件的纸张、印刷复印、存储及邮寄等费用。据估算纸张成本可以节省 25%。

（2）提高工作效率：由于使用 EDI 后，资料传输及处理时间均能大幅度减少，各项工作都能获得更多的时间来妥善安排处理。例如，订单提前确认，生产计划更易安排，采购及库存成本均可因 EDI 的时效性而降低。

（3）节省库存费用：由于缩短了订货时间，可以提早确定订货量，产品的库存量可以大大降低。

（4）减少错误的资料处理：未使用 EDI 之前，相同的文件在买卖双方及各部门间经常有重复输入处理工作，易发生人为输入错误，为寻找和修改这些错误，需耗费相当多的人力与时间。

（5）节省人员费用：使用 EDI 后，重复输入文件、装订邮寄单据、填写单据内容及文件检查等人力及人事费用可以减少。另外，公司内部的相关工作流程也可以重建，借此进行流程合理化、标准化等工作。

7.4.3 射频技术及应用

射频技术（Radio Frequency，RF）的基本原理是电磁理论。射频系统的优点是不局限于视线，识别距离比光学系统远，射频识别卡具有读写能力，可携带大量数据，难以伪造且智能。

RF 适用于物料跟踪、运载工具和货架识别等要求非接触数据采集和交换的场合，由于 RF 标签具有可读写能力，对于需要频繁改变数据内容的场合尤为适用。

近年来便携式数据终端（PDT）的应用多了起来，PDT 可把采集到的有用数据存储起来或传送至管理信息系统。便携式数据终端包括扫描器、体积小但功能很强并带有存储器的计算机、显示器和供人工输入的键盘。在只读存储器中装有常驻内存的操作系统，用于控制数据的采集和传送。

PDT 存储器中的数据可随时通过射频通信技术传送到主计算机。操作时先扫描位置标签，货架号码、产品数量就输入到 PDT，再通过 RF 技术把数据传送到计算机管理系统，得到客户产品清单、发票、发运标签、该地所存产品代码和数量等。

我国 RF 的应用也已经开始，高速公路的收费站口使用 RF 可以不停车收费，铁路系统使用 RF 记录货车车厢编号的试点已运行了一段时间，物流公司也正在准备将 RF 用于物流管理中。

7.4.4 GIS 技术及应用

地理信息系统（Geographical Information System，GIS）是多种学科交叉的产物，它以地理空间数据为基础，采用地理模型分析方法，适时地提供多种空间的、动态的地理信息，是为地理研究和地理决策服务的计算机技术系统。其基本功能是将表格型数据（无论它来自数据库、电子表格文件或直接在程序中输入）转换为地理图形显示，然后对显示结果浏览、操作和分析。其显示范围可以从洲际地图到非常详细的街区地图，显示对象包括人口、销售情况、运输线路以及其他内容。

GIS 应用于物流分析，主要是利用 GIS 强大的地理数据功能来完善物流分析技术。国外公司已经开发出利用 GIS 为物流分析提供专门的工具软件。完整的 GIS 物流分析软件集成了车辆路线模型、最短路径模型、网络物流模型、分配集合模型和设施定位模型等。

（1）车辆路线模型。用于解决一个起始点、多个终点的货物运输中如何降低物流作业费用，并保证服务质量的问题，包括决定使用多少辆车，每辆车的路线等。

（2）网络物流模型。用于解决寻求最有效的分配货物路径问题，也就是物流网点布局问题。如将货物从 N 个仓库运到 M 个商店，每个商店都有固定的需求量，因此需要确定由哪个仓库提货送给指定商店所耗的运输代价最小。

（3）分配集合模型。根据各个要素的相似点把同一层上的所有或部分要素分为几个组，用以解决确定服务范围和销售市场范围等问题。如某公司要设立 × 个分销点，要求这些分销点要覆盖某一地区，而且要使每个分销点的顾客数目大致相等。

（4）设施定位模型。用于确定一个或多个设施的位置。在物流系统中，仓库和运输线共同组成了物流网络，仓库处于网络的节点上，节点决定着线路，如何根据供求的实际需要并结合经济效益等原则，在既定区域内设立多少个仓库，每个仓库的位置，每个仓库的规模，以及仓库之间的物流关系等问题，运用此模型均能很容易地得到解决。

7.4.5　GPS 技术及应用

全球定位系统（Global Positioning System – GPS）具有在海、陆、空进行全方位实时三维导航与定位能力。近 10 年来，我国测绘部门使用 GPS 的经验表明，GPS 以全天候、高精度、自动化、高效益等显著特点赢得广大测绘工作者的信赖，并成功地应用于大地测量、工程测量、航空摄影测量、运载工具导航和管制、地壳运动监测、工程变形监测、资源勘察、地球动力学等多种学科，从而给测绘领域带来一场深刻的技术革命。

GPS 在物流领域的应用有以下几个方面：

（1）用于汽车自定位、跟踪调度。车辆导航将成为未来全球卫星定位系统应用的主要领域。我国已有数十家公司在开发和销售车载导航系统。

（2）用于铁路运输管理。我国铁路开发的基于 GPS 的计算机管理信息系统，通过 GPS 和计算机网络实时收集全路列车、机车、车辆、集装箱及所运货物的动态信息，实现列车、货物追踪管理。只要知道货车的车种、车型、车号，就可以立即从近 10 万公里的铁路网上流动着的几十万辆货车中找到该货车，还能得知这辆货车在何处运行或停在何处，以及所有的车载货物发货信息。铁路部门运用这项技术可大大提高路网及运营的透明度，为货主提供高质量的服务。

（3）用于军事物流。全球卫星定位系统首先是基于军事目的建立的，在军事物流中，如后勤装备保障等方面，应用相当普遍，尤其在美国，其在世界各地驻扎的大量军队无论是在战时还是在平时都对后勤补给提出很高的需求，在战争中如果不依赖 GPS，美军的后勤补给就会变得一团糟。美军在 20 世纪末的地区冲突中依靠 GPS 和其他顶尖技术，以强有力的、可见的后勤保障，为"保卫美国的利益"做出了贡献。对此，我国军事部门引起了重视也在运用 GPS。

7.5　电子商务物流模式

笔者以一次简单的网购过程描述电子商务中 B2C 的交易过程：网民阿华浏览购物网站的过程中，网站弹出广告的优惠促销让阿华决定购买其中一款数码相机。阿华随即进入此款数码相机的售卖网页，了解商品的基本数据和价格，参考以往消费者对这款数码相机的评价，同时也通过在线客服，更加详细地进行了咨询，最后决定购买，点击购买后，链接到对应银行网页，进行货款的在线支付，两天后有快递公司将阿华购买的相机送货上门。

在这一电子商务交易过程中，包含了信息流、资金流、物流。电子商务中的信息流包括的内容非常广泛，例如网站的基本信息、商品信息、订单、付款通知单、转账通知单等，主要方便用户对网站、商品、支付过程、物流过程充分了解。资金流主要是指资金的转移过程，包括付款、转账等过程。以上这些均可归纳为虚拟的信息流动，最后整个交易的真正完成必须依赖物流完成实体商品的物理转移，即通过运输、储存、配送、装卸、保管、物流信息管理等各种活动向用户交付产品的过程。

一般来讲，制约电子商务健康发展的三个重要因素就是网络安全技术、在线支付技术、物流配送体系。我国除了几个大型的 B2C 网站有实力组建自己的配送团队，其他中小型 B2C、C2C 网站多依靠第三方物流公司代理自己的配送业务。由于物流公司服务质量良莠不齐，网络公司与送货公司之间又缺乏必要的监督与约束，我国的电子商务与物流法律体系尚不完善，造成消费者与快递公司之间、快递公司与网络公司之间的纠纷不断。

电子商务物流模式就是以互联网技术为基础，在线处理交易过程中的信息流、资金流，利用网络实时收集、分析、监控、调度物流活动，例如向运输车辆发送定位信息、调度指令、路况汇报等，指导车辆准时、安全、高效到达目的地。电子商务物流模式有以下三种类型：

7.5.1　电子商务企业自营物流体系

物流"第三利润源泉"的潜力激发了很多企业建设自营物流体系，不少家电、连锁超市、药厂纷纷依靠自身雄厚的实力、完备的商品营销网络、丰富的运营管理经验建立大型自动化仓库、运输车队。

自营物流体系完全契合企业自身产品和客户对物流服务的要求，通过公司管理制度的制约，可以很好地监管物流部门的效率，可以有效地杜绝浪费、提高物流服务质量与效率。但是建设自营物流体系需要投入大量人力、物力、时间、财力，一座大型自动化仓库动辄百千万，一套管理软件几百万，还有后续的维护资金和时间源源不断地投入。大型自动化设备的效益需要通过大量的物流吞吐量来实现，如果企业的经营规律不稳定，淡旺季特征明显，容易造成业务繁忙时，物流设施处理能力不足，服务延迟。在淡季，物流业务量锐减，昂贵的机器设备及大量人力闲置，设备利用率低。

7.5.2　与第三方物流企业建立协同配送体系

在 21 世纪的经济环境下，企业拥有资源的多少并不是市场竞争力的绝对条件，而在于企业可以调动和整合多少社会资源来弥补自身经营的弱势，发挥企业优势能力。从社会物流资源的角度出发，企业选用第三方物流来承担自己的物流业务，一方面第三方物流公司承揽不同物流业务后，物流量充足，可以使自身物流设施设备达到较高运转效率，节约物流资源。另一方面，企业将自身不熟悉的物流业务外包出去，既可以借助物流公司专业的人才及设备来提供高质量的物流服务，又可以集中自己优势力量专攻核心业务，增强企业的市场竞争力。

例如国内知名 B2C 网站卓越亚马逊，建有自营物流公司——世纪卓越快递，承担了网站大部分订单业务的仓储、配送业务；但由于物流网络建设需要投入大量资源，速度缓慢，所以卓越在部分地区选择与风火快递、风景同城、小红帽快递公司合作，借助对方的物流网络延伸自己的服务范围，而海外订单则有 UPS 物流公司承担。

7.5.3　物流外包模式

所谓物流外包是指生产或销售企业将自身不擅长的物流业务例如库存控制、运输配送等外包给专业的第三方物流公司来负责，从而可以将优势资源集中用于自身核心业务。在第三方物流行业崛起之初，多数物流公司是由传统的仓储或运输企业转型而来，服务意识淡薄，技术实力不符合要求，增加了外包风险。随着物流行业日益发展，规范性和先进性得到了很大的提高，企业的物流外包范围也由日常性的业务发展到了所有的物流管理领域，例如物流网络规划、业务流程重构、管理制度设计、人力资源管理、供应商管理等重要战略层面。

7.6 电子商务物流配送

电子商务物流配送是指提供物流服务的企业利用网络平台、互联网基础和先进的管理手段，实时收集订单、库存、运输、车辆、人员、设备运转等物流作业信息，在此基础上，运用调度与管理系统与工具，合理进行信息处理，货物分类、储存、包装、流通加工、分拣、配货、送货等作业，按照客户的需求，在规定的时间内，向用户配送需要的货物，保证货物品种、数量与品质。

7.6.1 配送的概念和要素

1. 配送的概念

我国国家标准 GB/T 18354—2006 中对配送下的定义：在经济合理区域范围内，根据客户要求，对物品进行拣选、加工、包装、分割、组配等作业，并按时送达指定地点的物流活动。配送是物流中一种特殊的、综合的活动形式，是商流与物流紧密结合，包含了商流活动和物流活动，也包含了物流中若干功能要素的一种形式。

2. 配送的功能要素

从总体上来看，配送由备货、储存、分拣及配货、配装、配送运输、送达服务、流通加工等基本环节和活动组成。

（1）备货。是配送的准备工作或基础工作，备货工作包括筹集货源、订货或购货、集货、进货及有关的质量检查、结算、交接等。配送的优势之一，就是可以集中用户的需求进行一定规模的备货。备货是决定配送成败的初期工作，如果备货成本太高，会大大降低配送的效益。

（2）储存。配送中的储存有储备及暂存两种形态。配送储备是按一定时期的配送经营要求，形成的对配送的资源保证。这种类型的储备数量较大，储备结构也较完善，视货源及到货情况，可以有计划地确定周转储备及保险储备结构及数量。配送的储备保证有时在配送中心附近单独设库决。另一种储存形态是暂存，是具体执行日配送时，按分拣配货要求，在理货场地所做的少量储存准备。由于总体储存效益取决于储存总量，所以，这部分暂存数量只会对工作方便与否造成影响，而不会影响储存的总效益，因而在数量上控制并不严格。还有另一种形式的暂存，即是分拣、配货之后，形成的发送货载的暂存，这个暂存主要是调节配货与送货的节奏，暂存时间不长。

（3）分拣及配货。是配送不同于其他物流形式的有特点的功能要素，也是配送成败的一项重要支持性工作。分拣及配货是完善送货、支持送货准备性工作，是不同配送企业在送货时进行竞争和提高自身经济效益的必然延伸，所以，也可以说是送货向高级形式发展的必然要求。有了分拣及配货就会大大提高送货服务水平，所以，分拣及配货是决定整个配送系统水平的关键要素。

（4）配装。在单个用户配送数量不能达到车辆的有效载运负荷时，就存在如何集中不同用户的配送货物，进行搭配装载以充分利用运能、运力的问题，这就需要配装；和一般送货不同之处在于，通过配装送货可以大大提高送货水平及降低送货成本，所以，配装也是配送系统中有现代特点的功能要素，也是现代配送不同于已往送货的重要区别之处。

（5）配送运输。配送运输属于运输中的末端运输、支线运输，和一般运输形态主要区别在于：配送运输是较短距离、较小规模、额度较高的运输形式，一般使用汽车做运输工具。与专线运输的另一个区别是，配送运输的路线选择问题是一般干线运输所没有的，干线运输的干线是唯一的运输线，而配送运输由于配送用户多，一般城市交通路线又较复杂，因此，如何组合成最佳路线，如何使配装和路线有效搭配等，是配送运输的特点，也是难度较大的工作。

（6）送达服务。配好的货运输到用户还不算配送工作的完结，这是因为送达货和用户接货往往还会出现不协调，使配送前功尽弃。因此，要圆满地实现运到之货的移交，并有效地、方便地处理相关手续并完成结算，还应讲究卸货地点、卸货方式等。送达服务也是配送独具的特殊性。

（7）配送加工。在配送中，配送加工这一功能要素不具有普遍性，但是往往是有重要作用的功能要素。主要原因是通过配送加工，可以大大提高用户的满意程度。配送加工是流通加工的一种，但配送加工有它不同于一般流通加工的特点，即配送加工一般只取决于用户要求，其加工的目的较为单一。

7.6.2　配送中心概念

在国家标准《物流术语》中将配送中心定义为："接受并处理末端用户的订货信息，对上游运来的多品种货物进行分拣，根据用户订货要求进行拣选、加工、组配等作业，并进行送货的设施和机构。"

按照《物流术语》中的规定，从事配送业务的物流场所和组织，应符合下列条件：
(1) 主要为特定的用户服务。
(2) 配送功能健全。
(3) 完善的信息网络。
(4) 辐射范围小。
(5) 多品种，小批量。
(6) 以配送为主，储存为辅。

7.6.3　配送中心基本作业流程

配送中心是执行配送业务的职能部门，具有非常完善的功能，也是物流配送系统的中心枢纽与核心，凝聚了整个物流配送过程中的商流、物流、信息流、资金流。物流网络中所有用户需要的货物从四面八方流入配送中心，完成不同品种货物的集结，通过对客户订单的处理，将多个订单需要的多品种、小批量、多批次的货物集装到一辆车或多辆车上，向客户提供快捷、高频率的门到门服务。因此配送中心的作业效率对整个系统的效率提高起着决定性的作用。其基本流程如图 7-1 所示。

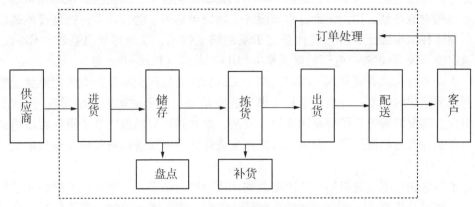

图 7-1　配送中心基本作业流程

本章小结

物流活动自古以来就存在，现代物流概念产生于 19 世纪末 20 世纪初的美国，由动因的不同出现了实物分配物流（Physical Distribution）和军事后勤（Logistics）。因 Logistics 的概念较 PD 概念更为广泛，逐渐代替了 Physical Distribution（简称 PD），成为世界公认的物流的标准术语。较为切实的对现代物流的定义是指原材料、产成品等实物从起点至终点及相关信息有效流动的全过程，它充分运用信息技术，将运输、仓储、装卸、加工、整理、配送等有机结合，形成完整的供应链，为用户提供多功能、一体化的综合服务。

随着企业对于"横向一体化"模式的认识，现代供应链概念开始注重围绕核心企业的网链关系。我国国家标准《物流术语》对供应链的定义是："供应链（Supply chain）是生产及流通过程中，涉及将产品或服务提供给最终用户活动的上游与下游企业，所形成的网链结构。"电子供应链是指依托互联网技术、计算机技术、信息技术、数据库技术等，在线处理供应链上所有成员企业的关键数据，如订货、预测、库存状态、缺货状况、生产计划、运输安排、在途物资、销售分析、资金结算等数据，使各成员企业可以实时共享重要数据，消除信息障碍，并运用数学模型与计算机程序对数据进行分析、优化，发布管理与调度指令，辅助企业做出重要决策。国家标准（GB/T18354-2001）《物流术语》对供应链管理的定义：利用计算机网络技术全面规划供应链中的商流、物流、信息流、资金流等，并进行计划、组织、协调与控制等。

电子商务物流就是信息化、现代化、社会化的物流，是物流企业采用网络化的计算机技术和现代化的硬件设备、软件系统及先进的管理手段，针对社会需求，严格地、守信用地按用户的订货要求，进行一系列分类、编码、整理、分工、配货等理货工作，定时、定点、定量地交给没有范围限度的各类用户，满足其对商品的要求。电子商务时代的来临，给全球物流带来了新的发展，使物流具备了一系列新特点：信息化、自动化、网络化、智能化、柔性化、全球化。

物流技术是指与物流要素活动有关的所有专业技术的总称，包括各种操作方法、管理技能等，如流通加工技术、物品包装技术、物品标识技术、物品实时跟踪技术等。此外，还包括物流规划、物流评价、物流设计、物流策略等。随着计算机网络技术的应用普及，物流技术中综合了许多现代公之于众的信息技术，如地理信息系统（GIS）、全球卫星定位系统（GPS）、电子数据交换（EDI）、条码（BarCode）等。

电子商务物流模式就是以互联网技术为基础，在线处理交易过程中的信息流、资金流，利用网络实时收集、分析、监控、调度物流活动，例如向运输车辆发送定位信息、调度指令、路况汇报等，指导车辆准时、安全、高效到达目的地。电子商务物流模式有电子商务企业自营物流体系、与第三方物流企业建立协同配送体系和物流外包模式三种类型。

电子商务物流配送是指提供物流服务的企业利用网络平台、互联网基础和先进的管理手段，实时收集订单、库存、运输、车辆、人员、设备运转等物流作业信息，在此基础上，运用调度与管理系统与工具，合理进行信息处理，货物分类、储存、包装、流通加工、分拣、配货、送货等作业，按照客户的需求，在规定的时间内，向用户配送需要的货物，保证货物品种、数量与品质。

思考题

1. 什么是物流？物流的功能要素有哪些？
2. 供应链和供应链管理的定义是什么？
3. 简述电子供应链的基本概念和电子供应链管理方法。
4. 电子商务物流的作用是什么？
5. 电子商务物流的概念和特点是什么？
6. 电子商务下的物流信息技术有哪些？
7. 电子商务下物流管理的具体实施环节都包括哪些内容？
8. 电子商务物流模式有哪些类型？
9. 配送的功能要素有哪些？
10. 简述配送和配送中心的定义。

实训题

1. 通过网络查询资料，分析近几年快递成本比较高的原因有哪些？
2. 登录中国物流与采购网 http://www.chinawuliu.com.cn/，找出最新的几个被企业使用的物流信息技术。
3. 有一批货物从广州运往大连，试规划下有哪些运输方式和运输线路，并画出经过的经过城市。

第8章 新兴电子商务与相关技术

本章学习目标

本章主要介绍移动电子商务的现状和主要应用模式。通过本章的学习，读者应该掌握以下内容：
- 移动电子商务的现状和主要应用模式
- 互联网金融的现状，熟悉互联网金融的经营模式和风险
- 大数据和数据挖掘的概念，熟悉大数据的主要应用
- 物联网的概念并熟悉其关键技术
- 云计算的概念和特点
- 常用的云计算平台
- 智慧城市的概念以及建设智慧城市的意义
- "互联网+"的概念，熟悉其商业模式和应用前景

开篇案例

良品铺子如何一年卖到2亿

良品铺子2012年就布局电商，2015年，其全渠道销售额高达45亿，其中线上销售额12亿元，仅次于互联网零食品牌"三只松鼠"。作为线上线下最大的休闲零食企业，良品铺子也是天猫、支付宝、微信支付、京东到家等各大渠道最成功的样板合作企业。

在App上的谨慎显示出良品铺子在移动互联网时代的一个思考。已经熟悉了基于PC互联网为主的电商生态和运营的品牌，当消费者大量跑到移动互联网上，还怎么做生意？是随波逐流做一个手机上的App，还是做点什么符合现在消费者的变化？

结论是，不要试图用一个App去拉消费者，而是去消费者玩的地方找他，学

着和消费者互动和连接,再转化成交易。如何让产品和消费者连接起来,是移动互联网时代销售的一个必经之路。找到消费者所在的场景,和消费者沟通,互动,这不仅是一个新零售渠道,更是一个战略布局,是一个传统企业学习和消费者而从交流到交易的试水。

感知趋势,尽早尝试,是良品铺子转型电商这条路很重要的一个经验。2012年,天猫双11成交额达100万元,让良品铺子意识到消费者购物习惯发生变化,是否转战线上,内部也有很多分歧,因为早先创业的想法是专注做好门店。最终,考虑到趋势的重要性,良品铺子下决心设立电商公司,在各大电商平台开店。

紧接着,2013年年底,良品铺子从电商平台团队里抽出一部分人,又招了一些"90后",正式上线官方微信平台,除了与消费者沟通互动,良品铺子尝试在微商城上推介和销售优惠产品,推出"降价拍"等社交玩法,开展主题营销活动。

由于通过微商城购物的多为年轻人,良品铺子在微商城销售的商品包装会更特别,会使用更多潮元素吸引顾客,"会说话的星空棒棒糖""来往饼"就是来自其自媒体的专属商品。

"来往饼"是良品铺子去年打造的第一款具有社交属性的零食,由良品铺子微信、微博同时发起投票,邀请粉丝投票选出一款自己想要的社交零食。从产品的内、外包装,到克重、周边赠品,再到购买情景的设置,产品的定价……产品所有的一切都由粉丝决定。这个尝试是想通过企业微信、微博来和粉丝互动,通过产品把品牌融入社交网络中去,融入用户的社交关系中去。

欧洲杯期间,利用对消费者大数据分析,良品铺子在微信商城首发"看球零食桶",包含5种球迷最爱专属零食;通过热门的视频直播,联合千名斗鱼网红主播在线观看欧洲杯并表演看球零食桶的100种花式吃法;利用朋友圈的H5传播形式,制作文案让消费者通过朋友圈互动分享参与。

数据显示,这个定制产品和活动对良品铺子微信粉丝和用户的增长作用很明显。整个欧洲杯主题活动,良品铺子微信公众号增加加了20万粉丝(20万相当于武汉地区最大的报纸媒体的发行量)。不过,"看球零食桶"的具体销量并没有达到预期。在内部,这个案例应该有很多经验教训。这个案例也证明,社交电商的玩法并非那么容易就摸到门道,需要不断尝试。

而在同年7月,良品铺子发起了一个粉丝圈层活动,一夜之间粉丝增加百万。很多人说,现在微信增粉很难,但只要经过不停地研究和测试,找到粉丝的痒点,了解社交电商的特点,总能引发粉丝的狂热。

现在,良品铺子探索和研究的社交电商新事物还有很多……比如,世界杯期间已应用的直播电商,通过社群形式交易(真正激活2000万会员,消费者推动的一个业务流商业模式)。还有,共享经济,推动良品铺子的2000万会员在全球帮助物色美食,那么良品铺子会省下很多研发和找寻费用。

此外，良品铺子也关注像小米、华为、逻辑思维等企业，通过社交渠道，如微信公众号、会员体系、微商城、微信群等渠道矩阵形成独特的泛社群运营体系，和消费者互动起来。消费者从简单的产品购买者，成为参与者，参与到零食品牌生态的构建中来。

尽早起步，让良品铺子赶上微信发展红利期，到今年，良品铺子公众账号已有 580 万粉丝，微商城销售额增长很快。但良品铺子觉得，集中精力做内容打造和运营，摸索出怎么和新生代用户互动，再交易的最合适方法比提升销量更重要。

良品铺子在线上销售渠道有两个事业部，一个是平台事业部（负责天猫、京东等第三方平台），一个是 2013 年成立的互动营销事业部，进行社交媒体的规划和内容运营。2014 年，良品铺子曾组建过一个新的商城事业部，主要是整合社交媒体，进行交流到交易的商业模式实验。2015 年，良品铺子决定将互动营销部和商城事业部合并，以打通社交运营模式的商业价值转换和业务加速推进。通过这两个部门的整合衍进，可以看到，良品铺子这 2 年中，对打通互动营销和商业价值转化的思考和实践。

本文转载自亿邦动力网：http://www.ebrun.com/20160809/186463.shtml

8.1 移动电子商务的概念和特点

随着智能手机的迅速普及，移动电子商务发展迅速。

8.1.1 移动电子商务的概念

移动电子商务就是利用手机、PDA 及掌上电脑等无线终端进行的 B2B、B2C、C2C 的电子商务。它将因特网、移动通信技术、GPS 及其他信息处理技术完美的结合，使人们可以在任何时间、任何地点进行各种商贸活动，实现随时随地、线上线下的购物与交易、在线电子支付以及各种交易活动、商务活动、金融活动和相关的综合服务活动等。

8.1.2 移动电子商务的特点

与传统的电子商务活动相比，移动电子商务具有如下几个特点：

（1）更具开放性、包容性。移动电子商务因为接入方式无线化，使任何人都更容易进入网络世界，从而使网络范围延伸更广阔、更开放；同时，使网络虚拟功能更带有现实性，因而更具有包容性。

（2）具有无处不在、随时随地的特点。移动电子商务的最大特点是"自由"和"个性化"。传统电子商务已经使人们感受到了网络所带来的便利和快乐，但它的局限在于它必须有线接入，而移动电子商务则可以弥补传统电子商务的这种缺憾，可以让人们随时随地结账、定票或者购物，感受独特的商务体验。

（3）潜在用户规模大。目前我国的移动电话用户已接近 4 亿，是全球之最。显然，从电脑和移动电话的普及程度来看，移动电话远远超过了电脑。而从消费用户群体来看，手机用户中基本包含了消费能力强的中高端用户，而传统的上网用户中以缺乏支付能力的年轻人为主。由此不难看出，以移动电话为载体的移动电子商务不论在用户规模上，还是在用户消费能力上，都优于传统的电子商务。

（4）能较好确认用户身份。对传统的电子商务而言，用户的消费信用问题一直是影响其发展的一大问题，而移动电子商务在这方面显然拥有一定的优势。这是因为手机号码具有唯一性，手机 SIM 卡片上存贮的用户信息可以确定一个用户的身份，而随着手机实名制的推行，这种身份确认将越来越容易。对于移动商务而言，这就有了信用认证的基础。

8.1.3 移动电子商务发展现状

艾瑞咨询最新数据显示，2016 年中国电子商务市场交易规模 20.2 万亿元，增长 23.6%。中国电子商务市场继续稳步发展。其中，网络购物占比为 23.3%，相比 2015 年占比升高，发展势头良好，2016 年中国移动网购在整体网络购物交易规模中占比达到 68.2%，比去年增长 22.8%，移动端已超过 PC 端成为网购市场更主要的消费场景；与此同时，2016 年，中国网络购物市场 TOP10 企业移动端用户增速远超 PC 端，App 端用户增速达 27.1%，PC 端仅增长 9.6%。艾瑞分析认为，用户消费习惯的转移、各企业持续发力移动端是移动端不断渗透的主要原因。手机用户数量和用手机上网用户数量的攀升，智能手机及平板电脑的普及，上网速度的提升，无线宽带资费的下调，传统电子商务的转型，为移动电子商务的发展奠定了良好的基础。

1. 手机网民的规模不断扩大

截至 2016 年 12 月，我国网民规模达 7.31 亿，普及率达到 53.2%，超过全球平均水平 3.1%，超过亚洲平均水平 7.6%。中国网民规模已经相当于欧洲人口总量。其中，手机网民规模达 6.95 亿，增长率连续三年超过 10%。台式电脑、笔记本电脑的使用率均出现下降，手机不断挤占其他个人上网设备的使用。移动互联网与线下经济联系日益紧密，2016 年，我国手机网上支付用户规模增长迅速，达到 6.69 亿，年增长率为 31.2%，网民手机网上支付的使用比例由 57.7% 提升至 67.5%。手机超过其他终端成为第一大上网方式。网民互联网接入方式的改变使移动电子商务的应用越来越广泛，移动电子商务的发展出现一个崭新的格局。

2. 智能终端的性能不断提升

随着智能终端在手持设备领域的快速普及，消费者对智能终端的选择也已经呈现多样化和个性化，特别是对于智能终端内容的选择已经成为消费者更为看重的一个关键因素。

目前的智能终端，其屏幕更大，色彩更清晰，而且速度也更快。性能的提升，也吸引了更多的用户去购买使用。近两年的苹果、三星等产品的盛行，就说明了这样的道理。用户需求和技术发展的相互作用，推动智能终端向着更高速运算、更智能化的方向发展，从而吸引更多的用户使用，并使移动服务向纵深处发展和延伸。

3. 移动电子商务的应用不断创新

移动电子商务在当今社会已经被越来越多的人熟知并使用。随着 4G 网络的普及，运营商手机上网包月套餐的推出，手机终端功能的提升，以及相关政府部门的高度重视，促进这一产业的高速发展，移动电子商务业务范围也逐渐扩大，它涵盖了金融、信息、娱乐、旅游和个人信息管理等领域。其主要应用领域包括网上银行业务、网上订票、网络购物、娱乐服务、网络比价、信息推送与分享等。

终端的普及和上网应用的创新是移动电子商务新一轮增长的重要因素。随着智能手机市场份额的逐步提升，智能手机性能的不断增强，移动上网应用出现创新热潮，同时手机价格不断走低，降低了移动智能终端的使用门槛，从而促成了普通手机用户向手机上网用户的转化。目前，消费者已经基本养成了通过移动智能终端上网的习惯，为移动电子商务的进一步发展奠定了良好的基础。

4. 移动电子商务存在的问题

相比于传统的电子商务来说，移动电子商务可以随时随地为用户提供所需的信息、应用和服务，同时满足用户及商家安全、社交及自我实现的需求，其优势明显。但是，移动电子商务发展体系并不完善，仍然面临许多问题，如移动网络安全问题，移动支付机制问题，移动电子商务的技术支持问题，移动电子商务法律问题和用户与传统商家的观念问题等等。

（1）移动网络安全问题。安全性是影响移动电子商务发展的关键问题。移动电子商务虽然诞生于电子商务，但是其通过移动终端上网的特性决定了它存在和普通电子商务不同的安全性。由于目前产生移动支付行为是基于移动终端上绑定的银行卡、信用卡与商家之间完成，或者基于手机 SIM 卡与 POS 机近距离完成，如果丢失移动终端或者密码破解、信息复制、病毒感染等安全问题都有可能对移动支付造成重大的损失。另外，移动商务平台运营管理漏洞也是造成的移动电子商务安全威胁的一个方面。如今用于上网的移动终端主要有手提电脑、手机、PDA 等等，保障这些移动设备本身的安全以及在使用这些设备时遵循安全操作规范进行操作是移动电子商务安全保障的一个前提。

（2）移动支付机制问题。随着 4G 网络建设、物联网技术应用、智能终端普及等基础设施的不断完善，移动支付已经成为电子支付方式的主流发展方向和市场竞争焦点，但也存在一些支付机制的问题。在支付公司方面，虽然已经基本解决了传统的支付安全问题、支付费用问题等，但是近年来涌进众多的支付公司，使得部分支付公司的盈利状况下滑，有的支付公司连基本的生存都成问题；在银行方面，飞速发展的互联网彻底颠覆了银行对持卡用户的传统服务思维，使之变得更加电子化、便捷化和个性化。虽然网银打开了银行的电子通道，使银行的电子渠道能力越来越强，但是这些电子通道的承载能力、安全保障、产品易用性、资费定价方式等需要大幅优化，才能满足用户急速膨胀的消费需求。另外，各大银行的支行为了存款或其他竞争性资源近乎"无底线"地放宽接入限制、调低接入价格，良莠不齐的电商和第三方支付公司产生了相当可观的交易规模，却也透支了这些电子渠道的生命力，特别是安全性得不到可靠的保障。某些公司的技术漏洞可能会影响使用同一类通道的所有同行，因此，移动支付机制问题可能会波及整个生态环境。优秀的电商、支付公司与银行之间要一起重新梳理和规划银行电子渠道的接入和使用规范，并划定出合适的成本空间来作为银行升级和创新的动力。

(3) 移动电子商务的技术支持问题。以移动通信技术为基础的移动电子商务，必然受到通信技术发展水平的限制。首先，无线信道资源短缺、质量不稳定，与有线相比，对无线频谱和功率的限制使其带宽成本较高、连接可靠性低，超出覆盖范围，信号就难以接入。其次，移动终端设备性能相对低下。尽管各大厂商一直在大力提升处理器性能、屏幕质量和数据传输速度，但随着移动设备功能的不断强大，移动设备的耗能量也增大，电池供电时间随之缩短，从而降低了移动终端的便携性。虽有"充电宝"等产品的补充，但是还是美中带有不足。再者，TD 终端发展不足，支持移动电子商务的 TD 终端和技术研发仍需加快。以上这些原因都制约着移动电子商务的发展。

(4) 移动电子商务的法律问题。我国已经制定了《电子商务签名法》《互联网信息内容服务管理办法》《网上银行业务管理暂行办法》等一系列的法律规范，有效规范了电子商务的发展，但是国内还没有一部针对移动电子商务的法律法规。通过法律手段解决移动电子商务交易各方的纠纷成为法律上的一个空白区域。政府应加强移动电子商务法律规范的建设，制定有利于移动电子商务发展的相关政策，建立有效的移动电子商务发展的管理体制，加强互联网环境下的市场监管，规范网络交易行为，保障用户信息与资金安全。只有这样，消费者才能彻底消除安全等方面的疑虑，选择移动电子商务这种快捷、便利的商务模式，并由此推动移动电子商务市场朝着健康的方向发展。

(5) 用户与传统商家的观念问题。目前移动电子商务的市场机制还不规范，缺少必要的法律体系与信用机制的保障，从而影响了用户从事移动电子商务的积极性。另外，部分企业的信用机制还不够完善，人们的消费观念还比较保守，大部分消费者往往"眼见为实"，喜欢到实体的地方进行消费与服务，这在很大程度上阻碍了移动电子商务的发展。不仅用户的消费观念要培养，更要培养传统的线下商家。很多传统商家的年龄群在 50 岁以上，他们对移动互联网的概念薄弱，因此要培养这些传统的商家融入移动互联网的浪潮中。仅用团购把他们与互联网联系起来还不够，还需要提高商家的移动互联网意识，如何应用优惠券促销的意识。

8.2　移动电子商务技术

1. 无线局域网（WLAN）

WLAN（Wireless Local Area Networks）是一种借助无线技术取代以往有线布线方式构成局域网的新手段，可提供传统有线局域网的所有功能，它支持较高的传输速率。它通常利用射频无线电或红外线，借助直接序列扩频（DSSS）或跳频扩频（FHSS）、GMSK、OFDM 和 UWBT 等技术实现固定、半移动及移动的网络终端对因特网网络进行较远距离的高速连接访问。1997 年 6 月，IEEE 推出了 802.11 标准，开创了 WLAN 先河；目前，WLAN 主要有 IEEE802.11x 与 HiperLAN/x 两种系列标准。

2. 第三代移动通信技术

3G 是由卫星移动通信网和地面移动通信网所组成，支持高速移动环境，提供语音、数据和多媒体等多种业务的先进移动通信网。国际电联原本是要把世界上的所有无线移动通信标准在 2000 年左右统一为全球统一的技术格式，但是基于各种经济和政治的原因，最终形成了三个技术标准即欧洲的 WCDMA，美国的 CDMA2000 和中国的 TD-SCD-

MA。TD-SCDMA（时分同步码分多址接入）是由中国大唐移动通信第一次提出并在无线传输技术（RTT）的基础上与国际合作完成的。相对于其他两个标准，TD-SCDMA 具有频谱利用率高、系统容量大、建网成本低和高效支持数据业务等优势。

3. 移动定位技术

定位技术有两种，一种是基于 GPS 的定位，一种是基于移动运营网的基站的定位。基于 GPS 的定位方式是利用手机上的 GPS 定位模块将自己的位置信号发送到定位后台来实现移动定位的。基站定位则是利用基站对手机的距离的测算来确定手机位置的。前者定位精度较高。后者不需要手机具有 GPS 定位能力，但是精度很大程度依赖于基站的分布及覆盖范围的大小，有时误差会超过一公里。此外还有利用 WiFi 在小范围内定位的方式。

8.3 移动电子商务应用

目前，移动电子商务主要提供以下服务：

（1）银行业务。移动电子商务使用户能随时随地在网上安全地进行个人财务管理，进一步完善因特网银行体系。用户可以使用其移动终端核查其账户、支付账单、进行转账以及接收付款通知等。

（2）交易。移动电子商务具有即时性，因此非常适用于股票等交易应用。移动设备可用于接收实时财务新闻和信息，也可确认订单并安全地在线管理股票交易。

（3）订票。通过因特网预订机票，车票或入场券已经发展成为一项主要业务，其规模还在继续扩大。因特网有助于方便核查票证的有无，并进行购票和确认。移动电子商务使用户能在票价优惠或航班取消时立即得到通知，也可支付票费或在旅行途中临时更改航班或车次。借助移动设备，用户可以浏览电影剪辑、阅读评论，然后定购邻近电影院的电影票。

（4）购物。借助移动电子商务，用户能够通过其移动通信设备进行网上购物。即兴购物会是一大增长点，如订购鲜花、礼物、食品或快餐等。传统购物也可通过移动电子商务得到改进。例如，用户可以使用"无线电子钱包"等具有安全支付功能的移动设备，在商店里或自动售货机上进行购物。

（5）娱乐。移动电子商务将带来一系列娱乐服务。用户不仅可以从他们的移动设备上收听音乐，还可以订购、下载或支付特定的曲目，更可以在网上与朋友们玩交互式游戏，进行游戏付费，并参与快速、安全的博彩和游戏。

（6）无线医疗（Wireless Medical）。医疗产业的显著特点是每一秒钟对病人都非常关键，在这一行业十分适合于移动电子商务的开展。在紧急情况下，救护车可以作为进行治疗的场所，而借助无线技术，救护车可以在移动的情况下同医疗中心和病人家属建立快速、动态、实时的数据交换，这对每一秒钟都很宝贵的紧急情况来说至关重要。在无线医疗的商业模式中，病人、医生、保险公司都可以获益，也会愿意为这项服务付费。这种服务是在时间紧迫的情形下，向专业医疗人员提供关键的医疗信息。由于医疗市场的空间非常巨大，并且提供这种服务的公司为社会创造了价值，同时，这项服务又非常容易扩展到全国乃至世界，我们相信这整个流程存在着巨大的商机。

移动电子商务作为一种新型的电子商务方式，利用了移动无线网络的优点，是对传统电子商务的有益的补充。尽管目前移动电子商务的开展还存在安全与带宽等很多问题，但是相比与传统的电子商务方式，移动电子商务具有诸多优势，得到了世界各国普遍重视，发展和普及速度很快。

8.4 基于位置的服务（LBS）

基于位置的服务，它是通过电信移动运营商的无线电通讯网络（如 GSM 网、CDMA 网）或外部定位方式（如 GPS）获取移动终端用户的位置信息（地理坐标，或大地坐标），在地理信息系统平台的支持下，为用户提供相应服务的一种增值业务。

目前主要有以下几种模式：

8.4.1 休闲娱乐模式

签到（Check – In）模式：嘀咕、玩转四方、街旁、开开、多乐趣、在哪等几十家。该模式的基本特点如下：

1）用户需要主动签到以记录自己所在的位置

2）通过积分、勋章以及领主等荣誉激励用户，满足用户的虚荣感

3）通过与商家合作，对获得的特定积分或勋章的用户提供优惠或折扣的奖励，同时也是对商家品牌的营销

4）通过绑定用户的其他社会化工具，以同步分享用户的地理位置信息

5）通过鼓励用户对地点（商店、餐厅等）进行评价以产生优质内容

该模式的最大挑战在于要培养用户每到一个地点就会签到（Check – In）的习惯。而它的商业模式也是比较明显，可以很好地为商户或品牌进行各种形式的营销与推广。而国内比较活跃的街旁网现阶段则更多地与各种音乐会、展览等文艺活动合作，慢慢向年轻人群推广与渗透，积累用户。

8.4.2 生活服务模式

（1）周边生活服务的搜索：以点评网或者生活信息类网站与地理位置服务结合的模式，代表大众点评网、台湾的"折扣王"等。主要体验在于工具性的实用特质，问题在于信息量的积累和覆盖面需要比较广泛。

（2）与旅游的结合：旅游具有明显的移动特性和地理属性，LBS 和旅游的结合是十分切合的。分享攻略和心得体现了一定的社交性质，代表是游玩网。

（3）会员卡与票务模式：实现一卡制，捆绑多种会员卡的信息，同时电子化的会员卡能记录消费习惯和信息，充分的使用户感受到简捷的形式和大量的优惠信息聚合。代表是国内的"Mokard（M 卡）"、票务类型的 Eventbee。这些移动互联网化的应用正在慢慢渗透到生活服务的方方面面，使我们的生活更加便利与时尚。

8.4.3 社交模式

地点交友，即时通讯：不同的用户因为在同一时间处于同一地理位置构建用户关

键,代表是兜兜友。

以地理位置为基础的小型社区:地理位置为基础的小型社区,代表是"区区小事"。

8.4.4 LBS+团购商业模式

LBS+团购:两者都有地域性特征,但是团购又有其差异性,如何结合?美国的 GroupTabs 给我们带来了新的想象:GroupTabs 的用户到一些本地的签约商家,比如一间酒吧,到达后使用 GroupTabs 的手机应用进行 Check In。当 Check In 的数量到达一定数量后,所有进行过 Check In 的用户就可以得到一定的折扣或优惠。

优惠信息推送服务:Getyowza 就为用户提供了基于地理位置的优惠信息推送服务,Getyowza 的盈利模式是通过和线下商家的合作来实现利益的分成。

店内模式:ShopKick 将用户吸引到指定的商场里,完成指定的行为后便赠送其可兑换成商品或礼券的虚拟点数。

8.4.5 移动电子商务的其他应用模式

相对于传统的电子商务,移动电子商务增加了移动性和终端的多样性,无线系统允许用户访问移动网络覆盖范围内任何地方的服务,通过对话交谈和文本文件直接沟通。由于移动电子电话手持设备的广泛使用。使其将比个人计算机具有更广泛的用户基础。移动电子商务具有移动性、个性化和方便性等特点使移动电子商务的应用越来越广泛。目前,移动电子商务有以下几种主要的应用模式。

(1)移动搜索。移动搜索的主动性比较强,能够实现比较准确地搜索行为,在很多情况下都是通过短消息、无线应用协议等方法来进行搜索的,这样能够更加方便的获得网址产品的信息以及服务。由此而显示出来的个性化,所表现出来的地域化、智能化的搜索时很明显的。现在,虽然移动搜索的方式很多,然而一般都使用 SMS 的搜索方式、语音搜索方式以及 WAP 的搜索方式等。通过一些调查显示,WAP 的搜索方式能够使得客户有着更好地信息服务,从而实现较高质量的互动模式。

(2)短信网址。短信网址就是以使用移动互联网的自然语言在网址上进行注册为基础,通过 SMS 短信的方式来对无线互联网的内容进行链接,因此而建立的一种移动网际协议和域名的体系。如今的信息发展得十分迅速,在 3G、4G 网络普及的今天来说,短信网址已经变成了更方便的一种 WAP 途径,用户能够随时参加到无线网站中的互动活动之中,这样就能够推动企业的营销活动。在通常情况下,都是使用 WAP 推广技术或者通过下载 JAVA 的插件来对浏览器进行启动的,并且据此来对企业的网站进行访问,这样就实现的信息的传播。

(3)移动二维码。所谓移动二维码,就是在平面上使用特定的一些几何图形的规律,使用二维方向上分布的一些黑白相间的矩形方阵来对信息进行记录。二维码的特点就是:能够说明文字的组成,且信息量很大,还可以进行纠错,并且识别起来也很容易。只要用户拥有摄像头以及能够对二维码进行识别的软件,就可以通过快速的扫描来对二维码进行识别,并且将其内置的信息存储到自己的手机中,并且参加到信息互动的环节中。很多用户在进入 WAP 网站以后就能够看到产品的网页，这不仅可以增大消费者以及企业之间的互动，而且能够使互动的质量更高，达到更好地互动营销的目的。现在京东等更多的电商们已经开始采用二维码的方式在电梯里卖商品。其实，在国外二维码早已迅速发展起来，日韩地区的二维码应用普及度已经达到 96%。二维码与电子商务的结合，将使电子商务的无线与有线、网上与网下的全面融合，将使电子商务提升到一个里程碑式的全新阶段。

（4）移动商圈。这是一种将真实的地理商圈作为基本原型，在移动互联网上通过建立一个虚拟的商业环境而形成的一种移动商街。这样的互动营销有着很多的优势，不仅能够使企业充分地发挥自身的品牌影响力，并且积极地对产品提供相应的服务，而且能够使客户更加高效率地获得商家的服务，享受到更多的优惠。在商圈之内，企业可以通过各种营销活动，使服务的互动更加人性化、个性化，从而使消费者在参加的过程中享受到更多的快乐。

（5）基于 LBS 的 O2O 模式。O2O 模式（即 Online To Offline，将线下商务机会与互联网结合在一起，让互联网成为线下交易的前台）是移动电子商务模式的典型代表。在一个陌生商圈里想找家咖啡馆，打开手机客户端进行搜索并准确定位，还能下载这家咖啡馆的优惠券获得消费折扣，既方便又省钱。这就是典型的 O2O 应用场景。在移动终端的普及下，通过电信移动运营商的无线通讯网络或外部定位方式获取移动端用户的位置信息，在 GIS 平台的支持下，即时即地地把线下商务机会与移动互联网有机结合在一起，客户可以通过移动终端随时随地筛选服务，在线支付、结算，也可以先体验、再结算。O2O 模式与传统的电商模式一个最大的区别就是"闭环"，它可以全程跟踪用户的每一交易和满意程度，即时分析数据，随时调整营销策略。随着模式越来越成熟，O2O 将会为用户提供更好地体验和服务，将会促进移动电子商务的飞速发展。基于 LBS（Location Based Service，即基于位置的服务）的 O2O 模式移动电子商务给用户提供的生活信息服务不是简单的信息分类展示和信息搜索，而是精准化和智能化的信息服务，可以更快更好地帮助用户进行选择服务。

（6）APP 商用模式。当前，用手机和 iPad 上网的人越来越多，人们的上网习惯已从使用 PC 端逐步转向使用 APP 客户端上网，而目前国内各大电商，均拥有了自己的 APP 客户端。APP 客户端的商业使用，已经初见锋芒。京东集团意识到移动电商的未来潜力，开始上线京东移动端。目前该移动端已经服务于包括安卓、苹果、塞班、微软等 10 多个移动平台。日订单量超过 10 万单，占全站订单量的 10%；移动客户端用户超过 5000 万，并以超过 10% 的月递增速度迅速增长，手机网页版每日访问用户超过 150 万，访问页面浏览量过亿。除京东外，中国移动商城、淘宝、凡客诚品、唯品特卖、国美在线等大企业纷纷开发了手机移动端，而且从类别上来看，涵盖了吃、穿、住、行、用等方面。商用 APP 是移动电子商务发展的一个必然趋势，不管是电子商务公司还是传统零售商都在朝这个方向发展。

8.5 互联网金融

8.5.1 互联网金融的发展现状

随着现代信息科技的迅速发展，互联网已经渗透到政治、经济、金融、社会和人们生活的各个领域，网络金融、网上购物消费、网络银行等电子产品也如雨后春笋般涌现。尤其是加入 WTO，经过网络革命洗礼的外资银行，进驻中国市场后开始在电子化、网络化方而捷足先登。伴随着网上银行、网络证券等网络金融业务的发展，全球经济一体化、金融一体化的进程逐步加快，但与此同时，挑战与机遇并存，如何积极有效地应对全球金融服务提供的挑战，又不失时机的抓住机遇，建立网络金融的发展新战略，是摆在我国金融业界的新问题。

1. 我国互联网金融的发展现状

（1）互联网金融客户持续增长面对着风起云涌的第三方支付公司、P2P 贷款公司利用互联网平台大举进军金融服务业，特别是小微企业和零售业务。银行除了不断完善电子银行和网上商城等平台外，不少银行积极开拓互联网金融新模式。2016 年第 2 季度，中国网上银行客户交易规模达到 618.8 万亿元人民币，环比增长率为 10.6%，目前仍逐年增长。

（2）业务品种不断完善银行业在占领和巩固电子商务市场上具有很大的优势，但如果仅仅把业务停留在支付、结算等领域是远远不够的。某国有大型银行同时上线两大电子商务平台"善融商务个人平台""善融商务企业平台"，这两大平台不仅为客户搭建交易平台，还为客户提供支付结算、托管、担保和贷款融资等全方位服务，有望创新小微企业和零售客户信贷融资的新模式。银行创建的电子商务平台不仅有利于业务的创新和发展，还有利于银行了解客户全面、真实的信息和数据，可以不断完善批量化信贷业务的数学模型，提高小微企业和零售贷款的安全性和可靠性，防范职业操守不良带来的道德风险。其他国有商业银行和大型股份制商业银行也在积极完善和开拓互联网金融的业务领域。一些股份制商业银行创设小微企业互联网交易平台，企业在网上提出贷款申请和财务数据，银行据此进行评分，通过线上和线下互动，企业在无抵押、无担保情况下就可能获得贷款融资。

（3）交易成本的降低网络金融的发展，客户对原有的传统金融分支机构的依赖性越来越小，取而代之的则是利用银行提供的网上银行进行交易，网络交易无须面对面、无须等待，这样在客户服务方面，金融机构所需的不再是原有的柜台人员，而是一套完善的、使用方便快捷的软件设施，如 POS 机、ATM 机、网上银行及客户终端等，这样不仅可以从客户的角度出发，随时随地地满足客户的需求，标准化和规范化所提供的服务，不仅提高了银行的服务质量，还大大降低了柜面的压力，提高了客户的金融交易需求。

（4）政策管制与跑路的风险互联网金融，整个行业在政策导向明确之前，正快速地发展着，灰色、红色、绿色的区域界线没有明确，可能会是最大的风险。但从互联网金融开始写入政府工作报告，一些征求意见稿相继出炉——保监会的《互联网保险业务监管暂行办法（征求意见稿）》，证监会的《私募股权众筹融资管理办法（试行）（征求意见稿）》，有央行关于比特币、第三方支付的一些新规定等，可以看到政府政策层面正在逐步规范和监管。

2. 互联网金融未来发展方向

中投顾问在《2016—2020年中国互联网金融行业深度调研及投资前景预测报告》中指出，互联网金融未来发展方向主要表现在以下方面：

(1) 移动支付智能手机的快速普及催生了移动支付这个巨大行业的发展，作为一个拥有10.8亿手机用户、4.2亿手机网民的互联网大国，移动支付有可能变革传统的商品交易模式。目前互联网实现的一大金融功能便是移动支付。随着手机、iPad等移动工具的使用，以及支付宝、财付通等网络支付的运用，让人们可以随时随地上网支付。支付宝正是因为其方便快捷的支付方式，牢牢抓住客户，最终获得认可。除了支付宝之外，越来越多的第三方机构介入支付市场。第三方支付市场正日益蓬勃发展。在移动支付的年代，尽量实现账户的多功能性，集购物、支付、投资理财等服务功能于一身的账户，才能给客户带来最大的便利性，让客户产生强大的黏性，实现锁定客户的目标。

(2) 大数据分析与挖掘随着产生数据的终端与平台的快速发展，大数据成了2013年科技界最为火热的话题，依托新兴的大数据分析与挖掘技术，从现有数据平台的海量数据中提取出数据的价值，提供数据分析与挖掘服务，可以帮助企业在提升营销与广告的精准性等方面进行探索。看似指数级膨胀的大数据，貌似负担，实则是无价之宝。借助先进的工具挖掘分析数据，对用户的行为模式进行提炼和分析，可能为公司在发现新的商机、拓展业务等方面带来极大的惊喜。移动互联网的应用与发展，金融行业整体业务和服务的多样化和金融市场的整体规模的扩大，金融行业的数据收集能力的提高，将形成时间连续、动态变化的金融海量数据，其中不仅包括用户的交易数据，也包括用户的行为数据。对金融数据进行分析，才能快速匹配供需双方的金融产品交易需求，发现隐藏的信息和趋势，进一步发现商机。在金融领域，越来越多的机构正在充分运用大数据分析。阿里小贷公司便运用交易数据提供信用评估，据此为申请贷款的客户发放贷款。华尔街的投资高手已经开始通过挖掘数据来预判市场走势，比如根据民众的情绪指数来抛售股票，对冲基金根据购物网站的顾客评论来分析企业产品销售状况；银行根据求职网站的岗位数量来推断就业率；投资机构搜集并分析上市企业，从中寻找破产的蛛丝马迹。麦肯锡在一份"大数据，是下一轮创新、竞争和生产力的前沿阵地"的专题研究报告中提出，"对于企业来说，海量数据的运用将成为未来竞争和增长的基础"。

(3) 线上线下互动营销随着互联网的应用，新的商业模式的产生，将带动金融服务新方式的诞生与发展。线上线下互动模式，即O2O模式，简单来说，便是线上线下互动的一种新型的商业模式，已经广泛被互联网所关注。过去，是泾渭分明的两个世界，即现实世界的传统零售企业和虚拟世界的互联网企业。而虚实互动的O2O新商业模式的引领，将带动新的营销方式、支付和消费体验方式的涌现。移动互联网将会加速对用户生活的渗透，而O2O模式很好地结合了线上信息资源与线下实体资源，以用户生活为核心，关注用户细分需求的移动O2O生活服务取得大发展。比如手机下载一个应用，发出打车需求，最近的出租车便会来到身边，打的费用可通过手机支付自动完成。交易完成后还可通过评价促进服务改进。二维码的迅速火爆和应用，让 O2O 的模式应用更为便捷。通过移动手机扫描二维码，即可直接进入产品信息的全页面，完成采购支付一条龙交易活动。金融服务相比传统零售行业，更容易采用线上、线下互动的商业模式。金融服务的产品大都为虚拟产品，不需要实体的物流运输，规避了物流损耗风险等问题。比如，运用结合二维码进行营销推广，将大为提高营销的直接性以及到达率。可以想象，每一个金融产品配置一个二维码，当一个客户对公司的金融产品满意度较高，并愿推荐给朋友时，只需要让朋友的手机扫一下产品的二维码，便可直接进入产品页面进行详细了解和订购支付。其他客户的评价也可直观地显示在产品页面，供客户购买参考所用。再如对客户的调查活动可通过扫描二维码，点击提交的方式。比起此前的电话、马路调研等人工方式，这一方式将大大降低调研成本，移动终端显示的客户身份信息，让调研过程与结果更可靠有效，解决方案也更具针对性。

（4）大平台运用建立支付体系，以及大交易平台，让投资者在平台上实现自助式投资理财、交易融资等一站式的金融服务功能，这或许是多数金融机构的终极目标。例如风靡全球的苹果公司，为运用平台的一个典型成功案例。其成功的一大因素便在于搭建了一个商业平台——App Store。他去掉所有中间环节，让开发者直接将应用发布给最终客户。收益由开发者和苹果共同分成。国内的淘宝、腾讯正在通过打造强大的平台，实现平台经济最大化。在大平台运用上，资源自主实现优化配置是核心的价值。大量的供求信息在平台上集合，在信息对称、交易成本极低的条件下，形成"充分交易可能性集合"。如资金供求信息的交集与配置，使中小企业融资、民间借贷、个人投资渠道等问题迎刃而解。对于证券公司而言，互联网首先只是一个接触客户的渠道，专业化服务才是让其在竞争中脱颖而出的核心要素。通过大平台上提供展示的个性化、满足客户需求的金融产品与服务，才是证券公司的核心竞争力。

8.5.2 互联网金融的经营模式

在互联网当中，每一种金融运作的模式都是不同的，主要的还是划分为这么几种经营模式：电商模式、互联网企业模式、第三方支付模式、P2P 模式、众筹。

1. 电商模式

所谓电商模式，说得简单点，就是现下流行的阿里巴巴、京东商城为代表的电商通过自己的地位，深入到金融领域所形成的互联网新型金融模式。自 2012 年以来，市场上加入的互联网金融的电商已经达到了若干家，如阿里小贷、京东商城供应链服务、民生慧聪新 e 贷、苏宁小贷、敦煌网 e 保通、网盛贷款通，在这些电商平台中有 4 家属于 B2B 平台，2 家属于 B2C 平台。定位还是有区别的，前者是为了中小企业客户提供服务，而后者面向平台上的供应链商家服务。

2. 互联网企业模式

互联网企业模式通常来说是互联网中的大型企业介入到金融服务领域所呈现的模式，本质上是不直接为客户提供金融类的服务的，而主要是以服务金融机构为主。这种模式下的运作主要是以各类基金代销网站和金融信息服务网站为主，如东方财富、融 360、数米网、好贷网等。

3. 第三方支付模式

所谓第三方支付模式就是指一些产品所在国家以及国外各大银行签约并具备一定实力和信誉保障的第三方独立机构提供的交易支持平台。在通过第三方支付平台的交易中,买方选购商品后使用第三方平台提供的账户进行货款支付,由第三方通知卖家货款到达、进行发货;买方检验物品后就可以通知付款给卖家,第三方再将货款项转至卖家账户。就当前的市场境况来说,最具代表的就是支付宝和财付通,不过当前我国第三方支付企业已达到 200 多家。我国在第三方支付市场整体交易规模上已经达到了数十万亿元的交易资金,而且每年都是呈现大范围的增长趋势,其中第三方互联网在线支付全年交易额规模更是大规模地上涨。

4. P2P 模式

P2P 一词就是俗称的网络借贷平台,是通过互联网撮合借贷双方的一种金融模式。以互联网作为中介,平台会发布经过严格风控审核的借款标,投资人就可以根据自身对风险的评判、对项目的评判,选择把资金借给谁,从而完成一对多的借贷关系。P2P 模式的核心就是通过互联网几亿人之间的信息不对称,让用户通过网站相互对接把信息的不对称减少到最小。

5. 众筹

即大众筹资,来源于美国,由 Crowd Funding 一词翻译而来。如果一个人有好的想法(项目),就可以将这个想法通过互联网让大众进行分析,并对其投资,然后用这个产品或承诺一定的收益来回报各种的投资者,当然投资人通过投资也可以获得相应的股权。目前互联网上的众筹网站比比皆是,也成了当下的热门。随着互联网技术的进步,以千林贷 P2P 网络借贷平台为例的互联网金融取得了巨大发展,让"互联网+"更具创新力,让金融投资更具活力,让投资更具多样化。

8.5.3　互联网金融目前存在的风险

2014 年年初,互联网金融首次被纳入政府工作报告。报告指出,要促进互联网金融健康发展,完善金融监管协调机制。经过几个月紧锣密鼓的调查与研究,互联网金融监管机构已经开始有所动作,证监会主席肖钢先后到两家互联网金融企业进行了调研,此政策已临近出台。目前对于监管政策的猜想已经充斥于整个互联网金融行业,风控作为核心问题不断被提及。然而在众多的观点中,"没有经历过金融危机的互联网金融,风险从何谈起"的观点发人深省。纵观互联网金融行业,只有像玖富这样为数不多的老牌机构经历过 2007—2008 年的金融危机。在经济周期即将迎来拐点的大环境下,监管机构到底关注的是什么?绝不会是某个企业的某种风控技术;也不会是各企业公布的不良率的高低;更不会是某个创新的模式。互联网金融到底存在哪些风险?曾就职民生银行总行的玖富创始人兼 CEO 孙雷认为:审贷风险只是互联网金融众多风险中的一个微观风险,我们需要从宏观风险和微观风险两个层面全面看待互联网金融可能遇到的风险,才更有利于互联网金融企业长期、稳健的发展。从宏观和微观风险两个角度来看,互联网金融存在六大风险,分别是政策风险、经济周期风险、流动性风险、审贷风险、IT 技术安全风险和人员操作的道德风险。

1. 政策风险

截至 2016 年年底，互联网金融市场规模已突破 12 万亿。近年来，多位国家领导人在公开场合提及互联网金融，并鼓励发展与创新。在央行密集的调研下，高科技的互联网金融获得了较为宽松的政策环境，这为互联网金融迎来发展热潮奠定了良好的基础。虽然拥有宽松的政策环境，但是对于所有互联网金融公司而言，未出台的监管政策都是不确定的因素。采用何种方式监管、监管的细则是什么目前都无从得知，对于互联网金融造成何种影响，都是未知风险。央行发布《中国人民银行年报 2016》报告指出，随着互联网金融的快速发展，其风险的隐蔽性、传染性、广泛性、突发性有所增加。年报透露，根据国务院指示，中国人民银行将牵头相关部委研究制定促进互联网金融行业健康发展的指导意见。由此报告可见，央行对互联网金融行业管理和整治的初衷和决心，政策风险对互联网金融企业来说将不可避免。对于这种未知的政策风险至少可以预见的是，它很可能直接改变很多互联网金融企业的业务流程和作业模式，甚至让一些规范性较差的公司从市场上消亡。最典型的案例就是 2008 年上半年，LendingClub 曾因一系列资质和授权事宜被美国政府叫停票据发行，但其仍然继续利用自有资金向借款人发放贷款。直到同年 10 月 14 日，LendingClub 才恢复了新的投资者的注册手续，走向了全面发展之路。所以，虽然在大环境下互联网金融有很好的机遇，但监管细则未出现属于政策风险。想要金融互联网金融行业的创业者不仅要埋头做事，也要抬头看天。

2. 经济周期风险

谈到经济周期风险，最好的例子就是 2008 年的金融危机。当系统性风险出现的时候，大量实体经济客户面临倒闭和破产，导致其丧失还款能力。微观层面的风控不足以应对系统性风险，也就是我们所说的经济周期的风险。按照经济周期的规律来说，通常几年就会经历一次，中国在 5～8 年，最近的一次是 2008 年。中国的互联网金融出现在 2006 年前后，最早成立的一批如：玖富、拍拍贷等成立于 2006 年或 2007 年年初，曾经历过上一次金融危机。诸如人人贷、有利网、积木盒子等一大批新兴的互联网金融企业都正处于经济周期中的爬坡期，自然发展迅速。但是一旦经济周期出现拐点，甚至金融危机再次降临的时候，各家企业将如何应对？采访中，玖富 CEO 孙雷被问如何应对经济周期风险。孙雷谈到"经济周期就像潮水，潮涨时大家一拥而上；潮落时，即使有再好的水性，也只能在沙滩上游泳。玖富曾在 2007—2008 年经历这一艰难时期，客户突然之间变的保守，不再交易。做互联网金融也是一样，当面临大量实体经济破产和倒闭，借款人丧失还款能力时，微观层面的风控已经不足以应对。面对经济周期的系统性风险时，我们能做的就是预警，在其降临之前做好准备。这也是玖富推出行业宝，优选与老百姓发生一级需求关系、抗经济周期强的行业的初衷。"

由此可见，互联网金融并非搭建一个网站就可以推出理财计划的行业，需要企业具有很强的金融基因，需要对经济周期的系统性风险有准确的预判和预警。可以这样说，现在走在行业最前沿的企业并非一定是下一个经济周期中的领导者，每次金融危机就是一次重新洗牌。

3. 流动性风险

所谓流动性风险，是指 P2P 公司中理财资金和债权资金的匹配管理，这也是 P2P 的核心所在。流动性风险在金融行业是普遍存在的，同时也是金融行业最惧怕的风险，但相比宏观层面的风险来讲，流动性风险属于微观风险，属于可控范畴。联网金融公司的流动性风险主要有以下两种。第一，理财资金远大于债权资金。目前已经有几家互联网金融企业显现出这样的问题，投资理财者把钱充值到平台，但是却迟迟买不到理财。打着饥饿营销的幌子的背后，实际上是没有足够的债权进行匹配。这种情况下，且不说这笔资金的利息问题，很可能还会牵扯到法律问题，也就是我们常说的资金池。第二，规模越大，流动性风险也越大。在中国，有一个说法叫作刚性兑付心理。当一家大型企业，在一个时间点面临客户批量赎回，也就是所谓的"挤兑"风险出现的时候，它可能带来的就是灭顶之灾。流动性风险虽然可怕，但却是可以控制的风险，在面对流动性风险时，应先建立相关的预警机制。所有的债权与理财的匹配关系需要专人专岗进行管理，需要对所有的匹配关系进行预判，并做好未来三到六个月的资金计划。目前互联网金融行业当中确实存在一些乱象，比如一些企业打着P2P的旗号，做着自融资的业务，这属于欺诈范畴。这也是我们谈风险的同时，亟须监管出台的重要原因。

4. 审贷风险

审贷风险是我们常说起的风险，但是很多企业对审贷风险的理解并不全面。这里说的审贷风险是一个过程，是一套体系，从准入条件到通过率，再到审批参数，最后才是催收管理，这是我们所说的风控的全过程，每一环都非常重要。在调查中，我们了解到，目前很多互联网金融公司对于审贷风险的管理还只停留在催收管理上。有金融行业专家表示，贷后催收只是风险管理当中的最后一个环节，如果把贷后催收作为主要管控方式的话，风险极大。在整个风控的过程中，准入条件是第一个环节。优先选择与老百姓衣食住行发生一级关系的行业，抗经济周期能力比较强。比如说吃饭、茶叶、家装、家具等。通过率的高低取决于一家企业的风格，有些偏大胆、激进的企业会把通过率控制在40%～60%，相对偏稳健的企业会控制在20%～35%，更有一些企业说他们的通过率不到10%。审贷技术方面，目前的互联网金融企业当中，包括宜信、人人贷、拍拍贷、有利网等多家知名企业在内都没有看到明确的信息。比如使用或引进什么样的技术、技术运作的基本原理，目前还没有看到。不过有些企业在审贷技术方面已经走在前列，比如陆金所、玖富。陆金所背靠平安集团，理财直接对接基金、保险等产品，且拥有平安银行的保障，审贷技术自不必说。玖富则是国内最早一批引进美国全套FICO技术的互联网金融公司，曾为国内多家银行提供审贷技术支持。风险控制是一套完整的体系，需要企业拥有很强的金融基因，风险控制管理上，人员的任职资格非常重要。没有完善的风控体系，是现在互联网金融企业面临的一大难题，同时也造成对投资理财者的理解误区。互联网金融企业现在公布的主要数据是不良率，有些是2%，有些是1%，有些甚至低于1%。可实际上这个数据的参考价值有多大？业内人士说："这只不过是一个数学问题。现在公布的不良率的高低取决于各家企业分子和分母的设置，每家的标准不同，结果自然不具有参考意义。这也是互联网金融行业容易造成投资者理解误区的一个问题。与其看比例，不如看公式；与其看数字，不如看团队。"所以，看一家企业的风控能力，并不能看不良率的高低，而是看风控整体的体系、风控流程的管理、团队的任职资格。

5. IT 技术安全风险

IT 技术一直是 P2P 行业的短板，2014 年元旦过后，P2P 平台人人贷、拍拍贷、好贷网先后遭遇黑客攻击。随后，国内互联网安全问题反馈平台乌云又曝出某 P2P 平台系统存在严重安全漏洞，且还有 7 家 P2P 平台使用同一系统。由此可见，IT 技术安全风险是决定一家互联网金融企业能否长期、稳健发展的直接因素。目前多数互联网金融企业的系统花费不超过百万，且主要来源为购买，安全性无法保障。购买的系统无法确定有多少暗门或漏洞，这就要求企业需要自己搭建系统并设置防火墙。投资者在选择平台的时候，首先要认清这个平台的 IT 技术是否安全。可以先去看它有没有安全认证，通常规范的企业会选择如中国金融认证中心 CFCA 的认证。或者去看这个平台是否有资金。如果你的资金放在 P2P 平台上，那么请注意了，你可能会面临被黑客攻击和平台"跑路"的双重风险。资金与信息平台分离是

目前互联网金融企业采取的最为安全的方式之一，资金账户在支付平台，而支付平台的系统都是经过央行认证的，安全性自然要高一些。

6. 人员操作的道德风险

现在一些互联网金融企业仍然有庞大的线下团队，然而人力密集型企业都存在人员操作道德风险。目前互联网金融行业确实存在同业攒单的情况，甚至有一些中介就会帮助客户造假，或联合公司内部员工帮助客户造假。互联网金融行业是一个年轻的行业，其中有很多年轻的公司在快速扩张期，人员数量迅速增长，如果此时公司相应的管理和配套机制没有跟上，就非常容易出现人员操作的道德风险。因此在公司快速发展时期，应及时建立相应的管理机制，奖惩机制。互联网金融具有双重属性，一方面要兼顾金融的安全性，一方面要保证互联网用户体验，互联网金融始终在寻找中间的平衡点。但相对于用户体验，金融的本质还是安全。笔者在此提醒互联网金融从业者，如果从长期、稳健发展的角度分析，应兼顾六大风险。建立相应的机制，应对宏观与微观，可控与不可控的风险。对于不可控的风险，要有积极的准备，保持与监管部门的积极沟通，对经济周期有预判，有预警机制，应急措施和备选方案。对于可控的风险，要设计相关的流程、机制并严加控制。互联网金融企业目前阶段还是重金融多一些，建议监管部门，在制定监管政策时，优选并扶植一批优质稳健的互联网金融企业，鼓励其创新，同时要求企业高管团队应该多一些具备正规金融机构的风控运营人员，行业应该设立准入门槛，严格限制资金流向；而对于规范性较差的公司，应给予严厉的打击，肃清互联网金融行业环境。这样才能保护真正的普惠金融，保护好创业者与投资者的利益。

8.6 大数据与数据挖掘

8.6.1 大数据时代

随着计算机技术全面融入社会生活，信息爆炸已经积累到了一个开始引发变革的程度。21 世纪是数据信息大发展的时代，移动互联、社交网络、电子商务等极大拓展了互联网的边界和应用范围，各种数据正在迅速膨胀并变大。互联网（社交、搜索、电商）、移动互联网（微博）、物联网（传感器，智慧地球）、车联网、GPS、医学影像、

安全监控、金融（银行、股市、保险）、电信（通话、短信）都在疯狂地产生数据。2011年5月，在"云计算相遇大数据"为主题的EMC World 2011会议中，EMC抛出了Big Data概念。正如《纽约时报》2012年2月的一篇专栏中所称，"大数据"时代已经降临，在商业、经济及其他领域中，决策将日益基于数据和分析而做出，而并非基于经验和直觉。哈佛大学社会学教授加里·金说："这是一场革命，庞大的数据资源使得各个领域开始了量化进程，无论学术界、商界还是政府，所有领域都将开始这种进程。"

1. 大数据的定义

大数据（Big Data），或称巨量资料，研究机构Gartner给出了这样的定义，大数据是需要新处理模式才能具有更强的决策力、洞察发现力和流程优化能力来适应海量、高增长率和多样化的信息资产。（在维克托·迈尔－舍恩伯格及肯尼斯·库克耶编写的《大数据时代》中大数据指不用随机分析法（抽样调查）这样的捷径，而采用所有数据的方法来分析的巨量数据）。大数据的5V特点：Volume（大量）、Velocity（高速）、Variety（多样）、Value（低价值密度）、Veracity（真实性）。网络的发展引起了信息量的飞速增长，大数据技术的战略意义不在于掌握庞大的数据信息，而在于对这些含有意义的数据进行专业化处理。换言之，如果把大数据比作一种产业，那么这种产业实现盈利的关键，在于提高对数据的"加工能力"，通过"加工"实现数据的"增值"。

2. 大数据时代的特征和影响

（1）数据大时代的特征：①数据极多。大到需要云存储、云计算解决方案来加以优化存储管理、数据计算处理。②数据包含领域广。包含从生产、消费、工作、学习、生活、政治所有领域的数据这些数据产生非常迅速、不断推陈出新。③数据影响范围大。数据不仅仅是供人查阅分享，更多的是进一步影响了人们的生活、工作、学习娱乐环境等。④数据化、信息化将席卷整个人类世界。最终的效果是：人类世界自动化、电子化、数据信——信息化。

（2）大数据时代对生活、工作的影响维克托·尔耶·舍恩伯格在《大数据时代：生活、工作与思维的大变革》中富有前瞻性地指出，大数据带来的信息风暴正在变革我们的生活、工作和思维，大数据开启了一次重大的时代转型，并用三个部分讲述了大数据时代的思维变革、商业变革和管理变革。维克托最具洞见之处在于，他明确指出，大数据时代最大的转变就是，放弃对因果关系的渴求，而取而代之关注相关关系。也就是说只要知道"是什么"，而不需要知道"为什么"。这颠覆了千百年来人类的思维惯例，对人类的认知和与世界交流的方式提出了全新的挑战。大数据是人们获得新的认知，创造新的价值的源泉；大数据还是改变市场、组织机构，以及政府与公民关系的方法。维克托认为，大数据的核心就是预测。这个核心代表着我们分析信息时的三个转变。第一个转变就是，在大数据时代，我们可以分析更多的数据，有时候甚至可以处理和某个特别现象相关的所有数据，而不再依赖于随机采样。第二个改变就是，研究数据如此之多，以至于我们不再热衷于追求精确度。第三个转变因前两个转变而促成，即我们不再热衷于寻找因果关系。

（3）企业应如何应对大数据时代近些年，大数据已经和云计算一样，成为时代的话题。大数据是怎么产生的，商业机会在哪？研究机会在哪？这个概念孕育着一个怎样的未来？企业如何应对？一个好的企业应该未雨绸缪，从现在开始就应该着手准备，为企业的后期的数据收集和分析做好准备，企业可以从下面五个方面着手，这样当面临铺天盖地的大数据的时候，以确保企业能够快速发展，具体为下面五点：①以企业的数据为目标　几乎每个组织都可能有源源不断的数据需要收集，无论是社交网络还是车间传感器设备，而且每个组织都有大量的数据需要处理，IT人员需要了解自己企业运营过程中都产生了什么数据，以自己的数据为基准，确定数据的范围。②以业务需求为准则。虽然每个企业都会产生大量数据，而且互不相同、多种多样的，这就需要企业IT人员在现在开始收集确认什么数据是企业业务需要的，找到最能反映企业业务情况的数据。③重新评估企业基础设施　大数据需要在服务器和存储设施中进行收集，并且大多数的企业信息管理体系结构将会发生重要大变化，IT经理则需要准备扩大他们的系统，以解决数据的不断扩大，IT经理要了解公司现有IT设施的情况，以组建处理大数据的设施为导向，避免一些不必要的设备的购买。④重视大数据技术　大数据是最近几年才兴起的词语，而并不是所有的IT人员对大数据都非常了解，例如如今的Hadoop，MapReduce，NoSQL等技术都是近年刚兴起的技术，企业IT人员要多关注这方面的技术和工具，以确保将来能够面对大数据的时候做出正确的决定。⑤培训企业的员工　当大数据到来的时候，企业将会缺少这方面的采集收集分析方面的人才，对于一些公司，工作人员面临大数据将是一种挑战，企业要在平时的时候多对员工进行这方面的培训，以确保在大数据到来时，员工也能适应相关的工作。做到上面的几点，当大数据时代来临的时候，面临大量数据将不是束手无策，而是成竹在胸，而从数据中得到的好处也将促进企业快速发展。

3. 大数据时代的发展趋势

第一大趋势：应用软件泛互联网化。所谓泛互联网化，就是指应用软件都会和互联网联通，成为用户接入互联网，享用网络服务的媒介。第二大趋势：行业应用的垂直整合。在这个趋势下，越靠近终端用户公司，在产业链中拥有越大的发言权。第三大趋势数据将成为资产。未来企业的竞争，将是拥有数据规模和活性的竞争，将是对数据解释和运用的竞争。大数据的时代已然来临。IDC数据显示，在2006年全世界的电子数据存储量为18万PB，而如今这个数字已经达到180万PB，短短5年间就已经增长了一个数量级。而根据预测，2015年这个数字则会达到如同天文数字般的800万PB。在此时此刻，海量数据依然源源不断地产生，从不停息。面对这些"大数据"，有些人叹息抱怨，害怕数据量的剧增对现有IT架构造成冲击；有些人积极主动，探寻应对海量数据的应对与解决之道；还有一些人，则是顺势而为，抓住时代发展的商业机会，成为富有活力的创新者。

大数据的发展催生了诸多商业机会和商业模式。而这些公司所面对的独特的时代背景，就注定了它们必会受到市场和资本的追捧。它们中的一些或是已经融资成功，进入高速发展期；或是被成功收购，帮助投资人和创始人成功从项目中退出。而很多上市公司，也开始在这一领域动作频繁，积极布局，这也从侧面反应了这一领域的广阔前景和巨大的利润空间。

8.6.2 数据挖掘的概念

数据挖掘（Data mining），又译为资料探勘、数据采矿。它是数据库知识发现（KnowledgE-Discovery in Databases，KDD）中的一个步骤。数据挖掘一般是指从大量的数据中通过算法搜索隐藏于其中信息的过程。数据挖掘通常与计算机科学有关，并通过统计、在线分析处理、情报检索、机器学习、专家系统（依靠过去的经验法则）和模式识别等诸多方法来实现上述目标。近年来，数据挖掘引起了信息产业界的极大关注，其主要原因是存在大量数据，可以广泛使用，并且迫切需要将这些数据转换成有用的信息和知识。获取的信息和知识可以广泛用于各种应用，包括商务管理，生产控制，市场分析，工程设计和科学探索等。数据挖掘利用了来自如下一些领域的思想：

（1）来自统计学的抽样、估计和假设检验。

（2）人工智能、模式识别和机器学习的搜索算法、建模技术和学习理论。数据挖掘也迅速地接纳了来自其他领域的思想，这些领域包括最优化、进化计算、信息论、信号处理、可视化和信息检索。一些其他领域也起到重要的支撑作用。特别地，需要数据库系统提供有效的存储、索引和查询处理支持。源于高性能（并行）计算的技术在处理海量数据集方面常常是重要的。分布式技术也能帮助处理海量数据，并且当数据不能集中到一起处理时更是至关重要。

8.3.3 大数据的主要应用

大数据将给各行各业带来变革性机会，但真正的大数据应用仍处于发展初级阶段。下面就目前大数据在电子政务、网络通信行业、医疗行业、能源、气象等行业的应用进行简单介绍。

1. 大数据在电子政务中的应用

大数据的发展将极大改变政府现有管理模式和服务模式。具体而言，就是依托大数据的发展，节约政府投入、及时有效进行社会监管和治理，提升公共服务能力。以大数据应用支撑政务活动为例，美国积极运用大数据推动政府管理方式变革和管理能力提升，越来越多的政府部门依托数据及数据分析进行决策，将之用于公共政策、舆情监控、犯罪预测、反恐等活动。例如，作为大数据的强力倡导者，奥巴马及其团队创新性地将大数据应用到竞选活动中，通过对近2年搜集、存储的海量数据进行分析挖掘，寻找和锁定潜在的己方选民，运用数字化策略定位拉拢中间派选民及筹集选举资金，成为将大数据价值与魅力发挥到淋漓尽致的典型。借助大数据，还能逐步实现立体化、多层次、全方位的电子政务公共服务体系，推进信息公开，促进网上电子政务开展，创新社会管理和服务应用，增强政府和社会、百姓的双向交流、互动。

2. 大数据在网络通信业的应用

大数据与云计算相结合所释放出的巨大能量，几乎波及所有的行业，而信息、互联网和通信产业将首当其冲。特别是通信业，在传统话音业务低值化、增值业务互联网化的趋势中，大数据与云计算有望成为其加速转型的动力和途径。对于大数据而言，信息已经成为企业战略资产，市场竞争要求越来越多的数据被长期保存，每天都会从管道、业务平台、支撑系统中产生海量有价值的数据,基于这些大数据的商业智能应用将为通信运营商带来巨大机遇和丰厚利润。例如,电信业者可通过数以千万计的客户资料,分析出多种使用者行为和趋势,卖给需要的企业,这是全新的资料经济。中国移动通过大数据分析,对企业运营的全业务进行针对性的监控、预警、跟踪,系统在第一时间自动捕捉市场变化,再以最快捷的方式推送给指定负责人,使他在最短时间内获知市场行情。

3. 大数据在医疗行业的应用

伴随医疗卫生行业信息化进程的发展,在医疗业务活动、健康体检、公共卫生、传染病监测、人类基因分析等医疗卫生服务过程中将产生海量高价值的数据。数据内容主要包括医院的 PACS 影像、B 超、病理分析、大量电子病历、区域卫生信息平台采集的居民健康档案、疾病监控系统实时采集的数据等。面对大数据,医疗行业遇到前所未有的挑战和机遇。例如,Set on Healthcare 是采用 IBM 最新沃森技术医疗保健内容分析预测的首个客户。该技术允许企业找到大量病人相关的临床医疗信息,通过大数据处理,更好地分析病人的信息。在加拿大多伦多的一家医院,针对早产婴儿,每秒钟有超过 3000 次的数据读取。通过这些数据分析,医院能够提前知道哪些早产儿出现问题并且有针对性地采取措施,避免早产婴儿夭折。大数据让更多的创业者更方便地开发产品,比如通过社交网络来收集数据的健康类 App。也许在数年后,它们搜集的数据能让医生给你的诊断变得更为精确,比方说不是通用的成人每日 3 次,1 次 1 片,而是检测到你的血液中药剂已经代谢完成会自动提醒你再次服药。社交网络为许多慢性病患者提供临床症状交流和诊治经验分享平台,医生借此可获得在医院通常得不到的临床效果统计数据。基于对人体基因的大数据分析,可以实现对症下药的个性化治疗。对于公共卫生部门,可以通过全国联网的患者电子病历库,快速检测传染病,进行全面疫情监测,并通过集成的疾病监测和响应程序,快速进行响应。

4. 大数据在能源行业的应用

能源勘探开发数据的类型众多,不同类型数据包含的信息各具特点,只有综合各种数据所包含的信息才能得出真实的地质状况。能源行业企业对大数据产品和解决方案的需求集中体现在:可扩展性、高带宽、可处理不同格式数据的分析方案。智能电网现在欧洲已经做到了终端,也就是所谓的智能电表。在德国,为了鼓励利用太阳能,会在家庭安装太阳能,除了卖电给用户,当用户的太阳能有多余电的时候还可以买回来。通过电网收集每隔 5 分钟或 10 分钟收集一次数据,收集来的这些数据可以用来预测客户的用电习惯等,从而推断出在未来 2~3 个月时间里整个电网大概需要多少电。预测后,就可以向发电或者供电企业购买一定数量的电。因为电有点像期货一样,如果提前买就会比较便宜,买现货就比较贵。通过预测可以降低采购成本。维斯塔斯风力系统,依靠的是 BigInsights 软件和 IBM 超级计算机,然后对气象数据进行分析,找出安装风力涡轮机和整个风电场最佳的地点。利用大数据,以往需要数周的分析工作,现在仅需要不足 1 个小时便可完成。

5. 大数据在零售行业的应用

从商业价值来看,大数据究竟能往哪些方面挖掘出巨大的商业价值呢?根据 IDC 和麦肯锡的大数据研究结果的总结，大数据主要能在以下 4 个方面挖掘出巨大的商业价值：对顾客群体细分，然后对每个群体量体裁衣般地采取独特的行动；运用大数据模拟实境，发掘新的需求和提高投入的回报率；提高大数据成果在各相关部门的分享程度，提高整个管理链条和产业链条的投入回报率；进行商业模式、产品和服务的创新。在商业领域，沃尔玛公司每天通过 6000 多个商店，向全球客户销售超过 267 亿件商品，为了对这些数据进行分析，HP 司为沃尔玛公司建造了大型数据仓库系统，数据规模达到 4 PB，并且仍在不断扩大。沃尔玛公司通过分析销售数据，了解顾客购物习惯，得出适合搭配在一起出售的商品，还可从中细分顾客群体，提供个性化服务。在金融领域，华尔街德温特资本市场公司通过分析 34 亿微博账户留言，判断民众情绪，依据人们高兴时买股票、焦虑时抛售股票的规律，决定公司股票的买入或卖出。阿里巴巴公司根据在淘宝网上中小企业的交易状况筛选出财务健康和讲究诚信的企业，对他们发放无需担保的贷款。当我们去购物时，我们的数据会结合历史购买记录和社交媒体数据来为我们提供优惠券、折扣和个性化优惠。零售企业也监控客户的店内走动情况以及与商品的互动，它们将这些数据与交易记录相结合来展开分析，从而在销售哪些商品、如何摆放货品以及何时调整售价上给出意见，此类方法已经帮助某领先零售企业减少了 17% 的存货，同时在保持市场份额的前提下，增加了高利润率自有品牌商品的比例。

6. 大数据在气象行业的应用

与世界大数据时代的进程相同，气象数据量不断翻番。目前，每年的气象数据已接近 PB 量级（1024 GB = 1 TB，1024 TB = 1 PB）（中国气象报 http://www.cma.gov.cn/kppd/kppdsytj/201306/t20130627-217674.html）。以气象卫星数据为例：虽然气象卫星是用来获取与气象要素相关的各类信息的，然而在森林草场火灾、船舶航道浮冰分布等方面，气象卫星却同样也能发挥出跨行业的实时监测服务价值。气象卫星、天气雷达等非常规遥感遥测数据中包含的信息十分丰富，有可能挖掘出新的应用价值，从而拓展气象行业新的业务领域和服务范围。比如，可以利用气象大数据为农业生产服务。美国硅谷有家专门从事气候数据分析处理的公司，从美国气象局等数据库中获得数十年来的天气数据，然后将各地降雨、气温、土壤状况与历年农作物产量的相关度做成精密图表，可预测各地农场来年产量和适宜种植品种，同时向农户出售个性化保险服务。气象大数据应用还可在林业、海洋、气象灾害等方面拓展新的业务领域。

除了上述行业应用外，大数据在教育科研、生产制造、金融保险、交通运输等行业也有密切应用。大数据在金融行业可用于客户洞察、运营洞察和市场洞察。大数据在智能交通、智慧城市建设方面也有出色表现。随着社会、经济的发展，各行业各类用户对于智能化的要求将越来越高，今后大数据技术会在越来越多领域得到广泛应用，通过大数据的采集、存储、挖掘与分析，大数据在营销、行业管理、数据标准化与情报分析和决策等领域将大有作为，将极大提升企事业单位的信息化服务水平。随着云计算、物联网、移动互联网等技术的快速发展，大数据未来发展空间将更加广阔。

8.7 物联网

8.7.1 物联网的基本概念

1. 物联网的定义

关于物联网的概念本书已在3.1.5节简单介绍过，本节内容将更加详尽讲述这个概念。物联网这个概念，在美国早在1999年就提出来了。其定义是：通过射频识别RFID（RFID+互联网）、红外感应器、全球定位系统、激光扫描器、气体感应器等信息传感设备，按约定的协议，把任何物品与互联网连接起来，进行信息交换和通讯，以实现智能化识别、定位、跟踪、监控和管理的一种网络。简而言之，物联网就是"物物相连的互联网"。中国物联网校企联盟将物联网的定义为当下几乎所有技术与计算机、互联网技术的结合，实现物体与物体之间：环境以及状态信息实时的实时共享以及智能化的收集、传递、处理、执行。广义上说，当下涉及信息技术的应用，都可以纳入物联网的范畴。而在其著名的科技融合体模型中，提出了物联网是当下最接近该模型顶端的科技概念和应用。物联网是一个基于互联网、传统电信网等信息承载体，让所有能够被独立寻址的普通物理对象实现互联互通的网络。其具有智能、先进、互联三个重要特征。国际电信联盟（ITU）发布的ITU互联网报告，对物联网做了如下定义：通过二维码识读设备、射频识别（RFID）装置、红外感应器、全球定位系统和激光扫描器等信息传感设备，按约定的协议，把任何物品与互联网相连接，进行信息交换和通信，以实现智能化识别、定位、跟踪、监控和管理的一种网络。根据国际电信联盟（ITU）的定义，物联网主要解决物品与物品（Thing to Thing，T2T），人与物品（Human to Thing，H2T），人与人（Human to Human，H2H）之间的互联。但是与传统互联网不同的是，H2T是指人利用通用装置与物品之间的连接，从而使得物品连接更加的简化，而H2H是指人之间不依赖于PC而进行的互连。因为互联网并没有考虑到对于任何物品连接的问题，故我们使用物联网来解决这个传统意义上的问题。物联网顾名思义就是连接物品的网络，许多学者讨论物联网中，经常会引入一个M2M的概念，可以解释成为人到人（Man to Man）、人到机器（Man to Machine）、机器到机器从本质上而言，在人与机器、机器与机器的交互，大部分是为了实现人与人之间的信息交互。物联网是指通过各种信息传感设备，实时采集任何需要监控、连接、互动的物体或过程等各种需要的信息，与互联网结合形成的一个巨大网络。其目的是实现物与物、物与人，所有的物品与网络的连接，方便识别、管理和控制。其在2011年的产业规模超过2600亿元人民币。构成物联网产业五个层级的支撑层、感知层、传输层、平台层，以及应用层分别占物联网产业规模的2.7%、22.0%、33.1%、37.5%和4.7%。而物联网感知层、传输层参与厂商众多，成为产业中竞争最为激烈的领域。产业分布上，国内物联网产业已初步形成环渤海、长三角、珠三角，以及中西部地区等四大区域集聚发展的总体产业空间格局。其中，长三角地区产业规模位列四大区域之首。与此同时物联网的提出为国家智慧城市建设奠定了基础，实现智慧城市的互联互通协同共享，《计算机学报》刊发的《物联网体系结构与实现方法的比较研究》一文对其体系结构、实现方法进行了分析介绍。

2. 物联网的发展历史

1990 年物联网的实践最早可以追溯到 1990 年施乐公司的网络可乐贩售机——Networked Coke Machine。1995 年比尔盖茨在《未来之路》一书中也曾提及物联网，但未引起广泛重视。1999 年美国麻省理工学院（MIT）的 Kevin Ash-ton 教授首次提出物联网的概念。1999 年美国麻省理工学院建立了"自动识别中心（Auto-ID）"，提出"万物皆可通过网络互联"，阐明了物联网的基本含义。早期的物联网是依托射频识别（RFID）技术的物流网络，随着技术和应用的发展，物联网的内涵已经发生了较大变化。2003 年美国《技术评论》提出传感网络技术将是未来改变人们生活的十大技术之首。2004 年日本总务省（MIC）提出"u-Japan"计划，该战略力求实现人与人、物与物、人与物之间的连接，希望将日本建设成一个随时、随地、任何物体、任何人均可连接的泛在网络社会。

2005 年 11 月 17 日，在突尼斯举行的信息社会世界峰会（WSIS）上，国际电信联盟（ITU）发布《ITU 互联网报告 2005：物联网》，引用了"物联网"的概念。物联网的定义和范围已经发生了变化，覆盖范围有了较大的拓展，不再只是指基于 RFID 技术的物联网。2006 年韩国确立了"u-Korea"计划，该计划旨在建立无所不在的社会（ubiquitous society），在民众的生活环境里建设智能型网络（如 IPv6、BcN、USN）和各种新型应用（如 DMB、Telematics、RFID），让民众可以随时随地享有科技智慧服务。2009 年韩国通信委员会出台了《物联网基础设施构建基本规划》，将物联网确定为新增长动力，提出到 2012 年实现"通过构建世界最先进的物联网基础实施，打造未来广播通信融合领域超一流信息通信技术强国"的目标。2008 年后，为了促进科技发展，寻找经济新的增长点，各国政府开始重视下一代的技术规划，将目光放在了物联网上。在中国，同年 11 月在北京大学举行的第二届中国移动政务研讨会"知识社会与创新 2.0"提出移动技术、物联网技术的发展代表着新一代信息技术的形成，并带动了经济社会形态、创新形态的变革，推动了面向知识社会的以用户体验为核心的下一代创新（创新 2.0）形态的形成，创新与发展更加关注用户、注重以人为本。而创新 2.0 形态的形成又进一步推动新一代信息技术的健康发展。2009 年欧盟执委会发表了欧洲物联网行动计划，描绘了物联网技术的应用前景，提出欧盟政府要加强对物联网的管理，促进物联网的发展。2009 年 1 月 28 日，奥巴马就任美国总统后，与美国工商业领袖举行了一次"圆桌会议"，作为仅有的两名代表之一，IBM 首席执行官彭明盛首次提出"智慧地球"这一概念，建议新政府投资新一代的智慧型基础设施。同年，美国将新能源和物联网列为振兴经济的两大重点。2009 年 2 月 24 日，2009 IBM 论坛上，IBM 大中华区首席执行官钱大群公布了名为"智慧的地球"的最新策略。此概念一经提出，即得到美国各界的高度关注，甚至有分析认为 IBM 公司的这一构想极有可能上升至美国的国家战略，并在世界范围内引起轰动。今天，"智慧地球"战略被美国人认为与当年的"信息高速公路"有许多相似之处，同样被他们认为是振兴经济、确立竞争优势的关键战略。该战略能否掀起如当年互联网革命一样的科技和经济浪潮，不仅为美国关注，更为世界所关注。2009 年 8 月，温家宝"感知中国"的讲话把我国物联网领域的研究和应用开发推向了高潮，无锡市率先建立了"感知中国"研究中心，中国科学院、运营商、多所大学在无锡建立了物联网研究院，无锡市江南大学还建立了全国首家实体物联网工厂学院。自温总理提出"感知中国"以来，物联网被正式列为国家五大新兴战略性产业之一，写入"政府工作报告"，物联网在中国受到了全社会极大的关注，其受关注程度是在美国、欧盟，以及其他各国不可比拟。物联网的概念已经是一个"中国制造"的概念，它的覆盖范围与时俱进，已经超越了1999年Ashton教授和2005年ITU报告所指的范围，物联网已被贴上"中国式"标签。截至2010年，发改委、工信部等部委正在会同有关部门，在新一代信息技术方面开展研究，以形成支持新一代信息技术的一些新政策措施，从而推动我国经济的发展。物联网作为一个新经济增长点的战略新兴产业，具有良好的市场效益，《2014—2018年中国物联网行业应用领域市场需求与投资预测分析报告》数据表明，2010年物联网在安防、交通、电力和物流领域的市场规模分别为600亿元、300亿元、280亿元和150亿元。2011年中国物联网产业市场规模为2600多亿元。

3. 物联网的主要特征

物联网的特征主要表现在以下五个方面：一是具有聪明智能的物体，简称"智能终端"；二是具备在线实时、全面、精确定位感知的功能，简称"实时感知"，三是具备系统集成、系统协同的巨大能量，简称"系统协同"；四是具有"一览无余"的庞大数据比对、查询能力，简称"大数据利用"，五是具有超越个人大脑的大智慧、超智慧的日常管理与应急处置能力，简称"智慧处理"。

4. 物联网网络体系架构

物联网作为一种形式多样的聚合性复杂系统，涉及了信息技术自上而下的每一个层面，其体系架构一般可分为感知层、网络层、应用层三个层面，如图8-1所示。其中公共技术不属于物联网技术的某个特定层面，而是与物联网技术架构的三层都有关系，它包括标志与解析、安全技术、网络管理和服务质量（QoS）管理等内容。

（1）感知层。感知层由数据采集子层、短距离通信技术和协同信息处理子层组成。数据采集子层通过各种类型的传感器获取物理世界中发生的物理事件和数据信息，例如各种物理量、标识、音视频多媒体数据。物联网的数据采集涉及传感器、RFID、多媒体信息采集、二维码和实时定位等技术。短距离通信技术和协同信息处理子层将采集到的数据在局部范围内进行协同处理，以提高信息的精度，降低信息冗余度，并通过具有自组织能力的短距离传感网接入广域承载网络。感知层中间件技术旨在解决感知层数据与多种应用平台间的兼容性问题，包括代码管理、服务管理、状态管理、设备管理、时间同步、定位等。

（2）网络层。网络层将来自感知层的各类信息通过基础承载网络传输到应用层，包括移动通信网、互联网、卫星网、广电网、行业专网，及形成的融合网络等。根据应用需求，可作为透明传送的网络层，也可升级以满足未来不同内容传输的要求。经过10余年的快速发展，移动通信、互联网等技术已比较成熟，在物联网的早期阶段基本能够满足物联网中数据传输的需要。网络层主要关注来自感知层的、经过初步处理的数据经由各类网络的传输问题。这涉及智能路由器，不同网络传输协议的互通、自组织通信等多种网络技术。

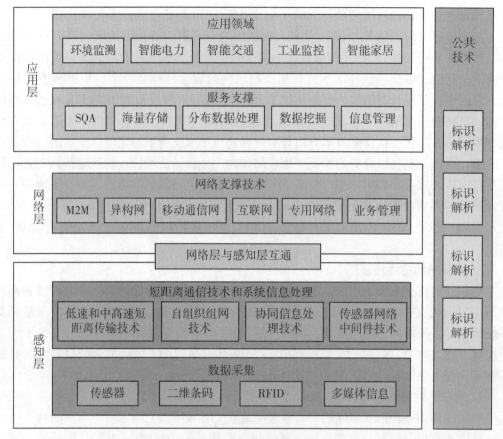

图 8-1 物联网体系架构

（3）应用层。应用层主要包括服务支撑层和应用子集层。物联网的核心功能是对信息资源进行采集、开发和利用。服务支撑层的主要功能是根据底层采集的数据，形成与业务需求相适应、实时更新的动态数据资源库。物联网涉及面广，包含多种业务需求、运营模式、技术体制、信息需求、产品形态均不同的应用系统，因此统一、系统的业务体系结构，才能够满足物联网全面实时感知、多目标业务、异构技术体制融合等需求。各业务应用领域可以对业务类型进行细分，包括绿色农业、工业监控、公共安全、城市管理、远程医疗、智能家居、智能交通和环境监测等各类不同的业务服务，根据业务需求不同，对业务、服务、数据资源、共性支撑、网络和感知层的各项技术进行裁剪，形成不同的解决方案；该部分可以承担一部分呈现和人机交互功能。应用层将为各类业务提供统一的信息资源支撑，通过建立、实时更新可重复使用的信息资源库和应用服务资源库，使各类业务服务根据用户的需求随需组合，使物联网的应用系统对于业务的适应能力明显提高。该层能够提升对应用系统资源的重用度，为快速构建新的物联网应用奠定基础，满足在物联网环境中复杂多变的网络资源应用需求和服务。除此之外，物联网还需要信息安全、物联网管理、服务质量管理等公共技术支撑，以采用现有标准为主。在各层之间，信息不是单向传递，有交互、控制等，所传递的信息多种多样，其中最为关键的是围绕物品信息，完成海量数据采集、标识解析、传输、智能处理等各个环节，与各业务领域应用融合，完成各业务功能。

因此，物联网的系统架构和标准体系是一个紧密关联的整体，引领了物联网研究的方向和领域。

8.7.2 物联网应用的关键技术

物联网不仅仅提供了传感器的连接，其本身也具有智能处理的能力，能够对物体实施智能控制。物联网将传感器和智能处理相结合，利用云计算、模式识别等各种智能技术，扩充其应用领域。从传感器获得的海量信息中分析、加工和处理出有意义的数据，以适应不同用户的不同需求，发现新的应用领域和应用模式。

目前影响全球物联网发展的4个最主要的技术有RFID识别技术，传感网络技术，智能运算技术和嵌入式技术。

（1）RFID识别技术。射频识别（radio frequency identification，RFID）射频识别是一种非接触式的自动识别技术，它通过射频信号自动识别目标对象并获取相关数据，识别过程无须人工干预，可工作于各种恶劣环境。RFID作为一种射频自动识别技术，通过物品标签与阅读器之间的配合，可以基于计算机互联网实现物品的自动识别和信息的互联与共享。在"物联网"中，RFID正是让物品由"死"变"活"，"开口说话"，从而能够基于互联网自动进行信息交换的一种技术，其主要为物联网中物品的身份标识提供技术支持。RFID标签中存储着数据格式规范的信息，通过RFID阅读器将物品的属性信息自动采集到系统中，实现对物品的自动识别；并按照一定的要求完成数据格式的转换，通过无线数据通信网络把它们传递到数据处理中心，便于后续"透明"管理。

（2）传感网络技术。传感器网络是物联网的核心，主要解决物联网中的信息感知问题。物品总是在流动中体现它的价值或使用价值的，如果要对物品的运动状态进行实时感知，就需要用到传感器网络技术传感器网络通过散布在特定区域的成千上万的传感器节点，构建了一个具有信息收集、传输和处理功能的复杂网络，通过动态自组织方式协同感知并采集网络覆盖区域内被查询对象或事件的信息，用于跟踪、监控和决策支持等，"自组织"、"微型化"和"对外部世界具有感知能力"是传感器网络的突出特点。这里需要注意的是，传感网只是物联网感知、获取信息的一种重要的技术手段，不是物联网所涉及技术的全部，不能因为传感网在物联网中的核心地位，或者从局部利益或个人目的角度出发将物联网等同于传感器网络。

（3）智能运算技术。传感器得到的信息后，需要对其进行语义的理解、推理和决策，这些需要智能运算技术来完成。智能运算需要泛在计算、普适计算，即无论何时何地，只要需要就可以通过各种设备访问到所需的信息进行实现智能控制。主要的研究内容和方向包括：①人工智能理论研究。智能信息获取的形式化方法；海量信息处理的理论和方法；网络环境下信息的开发与利用方法；机器学习。②先进的人-机交互技术与系统。声音、图形、图像、文字及语言处理；虚拟现实技术与系统；多媒体技术。③智能控制技术与系统。物联网就是要给物体赋予智能，可以实现人与物体的沟通和对话，甚至实现物体与物体互相间的沟通和对话。为了实现这样的目标，必须要对智能控制技术与系统实现进行研究。例如：研究如何控制智能服务机器人完成既定任务（运动轨迹控制、准确的定位和跟踪目标等)。④智能信号处理,信息特征识别和融合技术,地球物理信号处理与识别。

(4) 嵌入式技术。嵌入式技术是将计算机技术、自动控制技术、通讯技术等多项技术综合起来与传统制造业相结合的技术,是针对某一个行业或应用开发出的智能化机电产品,所实现的产品具有故障诊断、自动报警、本地监控或远程监控等功能,能够实现管理的网络化、数字化和信息化。"物联网"使物品具有"信息生命",将物理基础设施和信息基础设施有机地融为一个整体,使囊括其中的每一件物品都"活"了起来,具有"智慧",能够主动或被动地与所属的网络进行信息交换,从而更好地服务于人们的生产与生活,这其中离不开嵌入式技术的广泛应用。正是与嵌入式技术的结合,才使对物品的标识以及传感器网络等的正常和低成本工作成为可能,即把感应器或传感器嵌入和装备到如电网、铁路、桥梁、隧道、公路、建筑、大坝、油气管道、供水系统等各种物体中,形成物与物之间能够进行信息交换的"物联网",并与现有的互联网整合起来,从而实现人类社会与物理系统的整合,让所有的物品都能够远程感知和控制,形成一个更加智慧的生产生活体系。

8.8 云计算

8.8.1 云计算的特点

对云计算的定义有多种说法。对于到底什么是云计算,至少可以找到 100 种解释。现阶段广为接受的是美国国家标准与技术研究院(NIST)定义:云计算是一种按使用量付费的模式,这种模式提供可用的、便捷的、按需的网络访问,进入可配置的计算资源共享池(资源包括网络、服务器、存储、应用软件、服务),这些资源能够被快速提供,只需投入很少的管理工作,或与服务供应商进行很少的交互。云计算是通过使计算分布在大量的分布式计算机上,而非本地计算机或远程服务器中,企业数据中心的运行将与互联网更相似。这使企业能够将资源切换到需要的应用上,根据需求访问计算机和存储系统。

好比是从古老的单台发电机模式转向了电厂集中供电的模式。它意味着计算能力也可以作为一种商品进行流通,就像煤气、水电一样,取用方便,费用低廉。最大的不同在于,它是通过互联网进行传输的。被普遍接受的云计算特点如下:

(1) 超大规模。"云"具有相当的规模,Google 云计算已经拥有 100 多万台服务器,Amazon、IBM、微软、Yahoo 等的"云"均拥有几十万台服务器。企业私有云一般拥有数百上千台服务器。"云"能赋予用户前所未有的计算能力。

(2) 虚拟化。云计算支持用户在任意位置、使用各种终端获取应用服务。所请求的资源来自"云",而不是固定的有形的实体。应用在"云"中某处运行,但实际上用户无需了解、也不用担心应用运行的具体位置。只需要一台笔记本或者一个手机,就可以通过网络服务来实现我们需要的一切,甚至包括超级计算这样的任务。

(3) 高可靠性。"云"使用了数据多副本容错、计算节点同构可互换等措施来保障服务的高可靠性,使用云计算比使用本地计算机可靠。

（4）通用性。云计算不针对特定的应用，在"云"的支撑下可以构造出千变万化的应用，同一个"云"可以同时支撑不同的应用运行。

（5）高可扩展性。"云"的规模可以动态伸缩，满足应用和用户规模增长的需要。

（6）按需服务。"云"是一个庞大的资源池，你按需购买；云可以像自来水、电、煤气那样计费。

（7）极其廉价。由于"云"的特殊容错措施可以采用极其廉价的节点来构成云，"云"的自动化集中式管理使大量企业无需负担日益高昂的数据中心管理成本，"云"的通用性使资源的利用率较之传统系统大幅提升，因此用户可以充分享受"云"的低成本优势，经常只要花费几百美元、几天时间就能完成以前需要数万美元、数月时间才能完成的任务。云计算可以彻底改变人们未来的生活，但同时也要重视环境问题，这样才能真正为人类进步做贡献，而不是简单的技术提升。

（8）潜在的危险性。云计算服务除了提供计算服务外，还必然提供了存储服务。但是云计算服务当前垄断在私人机构（企业）手中，而他们仅仅能够提供商业信用。政府机构、商业机构（特别像银行这样持有敏感数据的商业机构）对选择云计算服务应保持足够的警惕。一旦商业用户大规模使用私人机构提供的云计算服务，无论其技术优势有多强，都不可避免地让这些私人机构以"数据（信息）"的重要性挟制整个社会。对于信息社会而言，"信息"是至关重要的。另一方面，云计算中的数据对于数据所有者以外的其他用户云计算用户是保密的，但是对于提供云计算的商业机构而言确实毫无秘密可言。所有这些潜在的危险是商业机构和政府机构选择云计算服务、特别是国外机构提供的云计算服务时不得不考虑的一个重要的前提。

8.8.2 云计算平台介绍

云计算平台也称为云平台。云计算平台可以划分为3类：以数据存储为主的存储型云平台，以数据处理为主的计算型云平台以及计算和数据存储处理兼顾的综合云计算平台。

1. 开源云计算平台

（1）AbiCloud（Abiquo 公司）。AbiCloud 是一款用于公司的开源的云计算平台，使公司能够以快速、简单和可扩展的方式创建和管理大型、复杂的 IT 基础设施（包括虚拟服务器、网络、应用、存储设备等）。Abiquo 公司位于美国加利福尼亚州红木市，它提供的云计算服务包括为企业创造和管理私人云服务、公共云服务和混合云服务，能让企业用户把他们的电脑和移动设备中的占据大量资源的数据转移到更大、更安全的服务器上。

（2）Hadoop（Apache 基金会）。该计划是完全模仿 Google 体系架构做的一个开源项目，主要包括 Map/Reduce 和 HDFS 文件系统。

（3）Eucalyptus 项目（加利福尼亚大学）。创建了一个使企业能够使用它们内部 IT 资源（包括服务器、存储系统、网络设备）的开源界面以建立能够和 Amazon EC2 兼容的云。

（4）MongoDB（10gen）。MongoDB 是一个高性能、开源、无模式的文档型数据库，它在许多场景下可用于替代传统的关系型数据库或键/值存储方式。mongodb 由 C++写就,其名字来自 humongous 这个单词的中间部分,从名字可见其就是海量数据的处理。

(5) Enomalism 弹性计算平台。它提供了一个功能类似于 EC2 的云计算框架。Enomalism 基于 Linux,同时支持 Xen 和 Kernel Virtual Machine(KVM)。与其他纯 IaaS 解决方案不同的是,Enomalism 提供了一个基于 Turbo Gears Web 应用程序框架和 Python 的软件栈。

(6) Nimbus(网格中间件 Globus)。Nimbus 面向科学计算需求,通过一组开源工具来实现基础设施即服务(IaaS)的云计算解决方案。

2. 商业化云计算平台

(1) 微软。技术特性:整合其所用软件及数据服务核心技术:大型应用软件开发技术企业服务:Azure 平台开发语言:.NET。

(2) Google。技术特性:储存及运算水平扩充能力核心技术:平行分散技术 MapReduce、BigTable、GFS 企业服务:Google AppEngine,应用代管服务开发语言:Python、Java。

(3) IBM。技术特性:整合其所有软件及硬件服务核心技术:网格技术、分布式存储,动态负载企业服务:虚拟资源池提供、企业云计算整合方案。

(4) Oracle。技术特性:软硬件弹性虚拟平台核心技术:Oracle 的数据存储技术,Sun 开源技术企业服务:EC2 上的 Oracle 数据库、OracleVM、Sun xVM。

(5) Amazon。技术特性:弹性虚拟平台核心技术:虚拟化技术 Xen 企业服务:EC2、S3、SimpleDB、SQS 开发语言。

(6) Saleforce。技术特性:弹性可定制商务软件核心技术:应用平台整合技术企业服务:Force.com 服务开发语言:Java、APEX。

(7) 旺田云服务。技术特性:按需求可定制平台化软件核心技术:应用平台整合技术企业服务:netfarmer 服务提供不同行业信息化平台开发语言:Deluge(Data Enriched Language for the Universal Grid Environment)。

(8) EMC。技术特性:信息存储系统及虚拟化技术核心技术:Vmware 的虚拟化技术,一流存储技术企业服务:Atoms 云存储系统,私有云解决方案。

(9) 阿里巴巴。技术特性:弹性可定制商务软件核心技术:应用平台整合技术企业服务:软件互联平台、云电子商务平台。

(10) 中国移动。技术特性:坚实的网络技术丰富的带宽资源核心技术:底层集群部署技术、资源池虚拟技术,网络相关技术企业服务:BigCloud-大云平台。

8.9 智慧城市

8.9.1 智慧城市的概念

随着人类社会的不断发展,未来城市将承载越来越多的人口。目前,我国正处于城镇化加速发展的时期,部分地区"城市病"问题日益严峻。为解决城市发展难题,实现城市可持续发展，建设智慧城市已成为当今世界城市发展不可逆转的历史潮流。

1. 智慧城市的定义

智慧城市经常与数字城市、感知城市、无线城市、智能城市、生态城市、低碳城市等区域发展概念相交叉，甚至与电子政务、智能交通、智能电网等行业信息化概念发生混杂。对智慧城市概念的解读也经常各有侧重，有的观点认为关键在于技术应用，有的观点认为关键在于网络建设，有的观点认为关键在人的参与，有的观点认为关键在于智慧效果，一些城市信息化建设的先行城市则强调以人为本和可持续创新。总之，智慧不仅仅是智能。智慧城市绝不仅仅是智能城市的另外一个说法，或者说是信息技术的智能化应用，还包括人的智慧参与、以人为本、可持续发展等内涵。综合这一理念的发展源流以及对世界范围内区域信息化实践的总结，《创新2.0视野下的智慧城市》一文从技术发展和经济社会发展两个层面的创新对智慧城市进行了解析，强调智慧城市不仅仅是物联网、云计算等新一代信息技术的应用，更重要的是通过面向知识社会的创新2.0的方法论应用。智慧城市通过物联网基础设施、云计算基础设施、地理空间基础设施等新一代信息技术以及维基、社交网络、Fab Lab、Living Lab、综合集成法、网动全媒体融合通信终端等工具和方法的应用，实现全面透彻的感知、宽带泛在的互联、智能融合的应用以及以用户创新、开放创新、大众创新、协同创新为特征的可持续创新。伴随网络帝国的崛起、移动技术的融合发展以及创新的民主化进程，知识社会环境下的智慧城市是继数字城市之后信息化城市发展的高级形态。从技术发展的视角，智慧城市建设要求通过以移动技术为代表的物联网、云计算等新一代信息技术应用实现全面感知、泛在互联、普适计算与融合应用。从社会发展的视角，智慧城市还要求通过维基、社交网络、Fab Lab、Living Lab、综合集成法等工具和方法的应用，实现以用户创新、开放创新、大众创新、协同创新为特征的知识社会环境下的可持续创新，强调通过价值创造，以人为本，实现经济、社会、环境的全面可持续发展。2010年，IBM正式提出了"智慧的城市"愿景，希望为世界和中国的城市发展贡献自己的力量。IBM经过研究认为，城市由关系到城市主要功能的不同类型的网络、基础设施和环境六个核心系统组成：组织（人）、业务/政务、交通、通讯、水和能源。这些系统不是零散的，而是以一种协作的方式相互衔接。而城市本身，则是由这些系统所组成的宏观系统。与此同时，国内不少公司也在"智慧地球"启示下提出架构体系，如"智慧城市5大核心平台体系"，已在智慧城市案例智慧徐州、智慧丰县、智慧克拉玛依等项目中得到应用。团队总结认为：21世纪的"智慧城市"，能够充分运用信息和通信技术手段感测、分析、整合城市运行核心系统的各项关键信息，从而对于包括民生、环保、公共安全、城市服务、工商业活动在内的各种需求做出智能的响应，为人类创造更美好的城市生活。综上所述，智慧城市就是运用信息和通信技术手段感测、分析、整合城市运行核心系统的各项关键信息，从而对包括民生、环保、公共安全、城市服务、工商业活动在内的各种需求做出智能响应。其实质是利用先进的信息技术，实现城市智慧式管理和运行，进而为城市中的人创造更美好的生活，促进城市的和谐、可持续成长。

2. 智慧城市的关键因素

有两种驱动力推动智慧城市的逐步形成，一是以物联网、云计算、移动互联网为代表的新一代信息技术，二是知识社会环境下逐步孕育的开放的城市创新生态。前者是技术创新层面的技术因素，后者是社会创新层面的社会经济因素。由此可以看出创新在智慧城市发展中的驱动作用。清华大学公共管理学院书记、副院长孟庆国教授提出，新一代信息技术与创新2.0是智慧城市的两大基因，缺一不可。智慧城市不仅需要物联网、云计算等新一代信息技术的支撑，更要培育面向知识社会的下一代创新。信息通讯技术的融合和发展消融了信息和知识分享的壁垒，消融了创新的边界，推动了创新2.0形态的形成，并进一步推动各类社会组织及活动边界的"消融"。创新形态由生产范式向服务范式转变，也带动了产业形态、政府管理形态、城市形态由生产范式向服务范式的转变。如果说创新1.0是工业时代沿袭的面向生产、以生产者为中心、以技术为出发点的相对封闭的创新形态，创新2.0则是与信息时代、知识社会相适应的面向服务、以用户为中心、以人为本的开放的创新形态。北京市城管执法局信息装备中心主任宋刚博士在"创新2.0视野下的智慧城市与管理创新"的主题演讲中，从三代信息通信技术发展的社会脉络出发，对创新形态转变带来的产业形态、政府形态、城市形态、社会管理模式创新进行了精彩的演讲。他指出智慧城市的建设不仅需要物联网、云计算等技术工具的应用，也需要微博、维基等社会工具的应用，更需要Living Lab等用户参与的方法论及实践来推动以人为本的可持续创新，同时他结合北京基于物联网平台的智慧城管建设对创新2.0时代的社会管理创新进行了生动的诠释。

8.9.2 建设智慧城市

近几年智慧城市的影响面很大，特别是地方政府建设智慧城市热情越来越高。智慧城市是中国新型城镇化发展、现代科学技术不断融入城市和行业、社会不断创新发展等背景下的必然产物，是有序推进新型城镇化，实现城镇科学健康持续发展的有效手段。

1. 建设智慧城市的重要意义

随着信息技术的不断发展，城市信息化应用水平不断提升，智慧城市建设应运而生。建设智慧城市在实现城市可持续发展、引领信息技术应用、提升城市综合竞争力等方面具有重要意义。

（1）建设智慧城市是实现城市可持续发展的需要。改革开放以来，我国城镇化建设取得了举世瞩目的成就，尤其是进入21世纪后，城镇化建设的步伐不断加快，每年有上千万的农村人口进入城市。随着城市人口不断膨胀，"城市病"成为困扰各个城市建设与管理的首要难题，资源短缺、环境污染、交通拥堵、安全隐患等问题日益突出。为了破解"城市病"困局，智慧城市应运而生。由于智慧城市综合采用了包括射频传感技术、物联网技术、云计算技术、下一代通信技术在内的新一代信息技术，因此能够有效地化解"城市病"问题。这些技术的应用能够使城市变得更易于被感知，城市资源更易于被充分整合，在此基础上实现对城市的精细化和智能化管理，从而减少资源消耗，降低环境污染，解决交通拥堵，消除安全隐患，最终实现城市的可持续发展。

（2）建设智慧城市是信息技术发展的需要。当前，全球信息技术呈加速发展趋势，信息技术在国民经济中的地位日益突出，信息资源也日益成为重要的生产要素。智慧城市正是在充分整合、挖掘、利用信息技术与信息资源的基础上，汇聚人类的智慧，赋予物以智能,从而实现对城市各领域的精确化管理,实现对城市资源的集约化利用。由于信息资源在当今社会发展中的重要作用,发达国家纷纷出台智慧城市建设规划,以促进信息技术的快速发展,从而达到抢占新一轮信息技术产业制高点的目的。为避免在新一轮信息技术产业竞争中陷于被动,我国政府审时度势,及时提出了发展智慧城市的战略布局,以期更好地把握新一轮信息技术变革所带来的巨大机遇,进而促进我国经济社会又好又快地发展。

(3) 提高我国综合竞争力的战略选择战略性新兴产业的发展往往伴随着重大技术的突破,对经济社会全局和长远发展具有重大的引领带动作用,是引导未来经济社会发展的重要力量。当前,世界各国对战略性新兴产业的发展普遍予以高度重视,我国在"十二五"规划中也明确将战略性新兴产业作为发展重点。一方面,智慧城市的建设将极大地带动包括物联网、云计算、三网融合、下一代互联网以及新一代信息技术在内的战略性新兴产业的发展;另一方面,智慧城市的建设对医疗、交通、物流、金融、通信、教育、能源、环保等领域的发展也具有明显的带动作用,对我国扩大内需、调整结构、转变经济发展方式的促进作用同样显而易见。因此,建设智慧城市对我国综合竞争力的全面提高具有重要的战略意义。

2. 国际上建设智慧城市的情况

2008年11月,在纽约召开的外国关系理事会上,IBM提出了"智慧地球"这一理念,进而引发了智慧城市建设的热潮。欧盟于2006年发起了欧洲Living Lab组织,它采用新的工具和方法、先进的信息和通讯技术来调动方方面面的"集体的智慧和创造力",为解决社会问题提供机会。该组织还发起了欧洲智慧城市网络。Living Lab完全是以用户为中心,借助开放创新空间的打造帮助居民利用信息技术和移动应用服务提升生活质量,使人的需求在其间得到最大的尊重和满足。2009年,迪比克市与IBM合作,建立美国第一个智慧城市。利用物联网技术,在一个有六万居民的社区里将各种城市公用资源(水、电、油、气、交通、公共服务等等)连接起来,监测、分析和整合各种数据以做出智能化的响应,更好地服务市民。迪比克市的第一步是向所有住户和商铺安装数控水电计量器,其中包含低流量传感器技术,防止水电泄漏造成的浪费。同时搭建综合监测平台,及时对数据进行分析、整合和展示,使整个城市对资源的使用情况一目了然。更重要的是,迪比克市向个人和企业公布这些信息,使他们对自己的耗能有更清晰认识,对可持续发展有更多的责任感。韩国以网络为基础,打造绿色、数字化、无缝移动连接的生态、智慧型城市。通过整合公共通讯平台,以及无处不在的网络接入,消费者可以方便的开展远程教育、医疗、办理税务,还能实现家庭建筑能耗的智能化监控等。新加坡2006年启动"智慧国2015"计划,通过物联网等新一代信息技术的积极应用,将新加坡建设成为经济、社会发展一流的国际化城市。在电子政务、服务民生及泛在互联方面,新加坡成绩引人注目。其中智能交通系统通过各种传感数据、运营信息及丰富的用户交互体验,为市民出行提供实时、适当的交通信息。

美国麻省理工学院比特和原子研究中心发起的Fab Lab(微观装配实验室)基于从个人通讯到个人计算再到个人制造的社会技术发展脉络,试图构建以用户为中心、面向应用的用户创新制造环境,使人们即使在自己的家中也可随心所欲地设计和制造他们想象中的产品，巴塞罗那等城市从 Fab Lab 到 Fab City 的实践则从另外一个视角解读了智慧城市以人为本可持续创新的内涵。欧洲的智慧城市更多关注信息通信技术在城市生态环境、交通、医疗、智能建筑等民生领域的作用，希望借助知识共享和低碳战略来实现减排目标，推动城市低碳、绿色、可持续发展，投资建设智慧城市，发展低碳住宅、智能交通、智能电网，提升能源效率，应对气候变化，建设绿色智慧城市。丹麦建造智慧城市哥本哈根（Copenhagen）有志在 2025 年前成为第一个实现碳中和的城市。要实现该目标，主要依靠市政的气候行动计划——启动 50 项举措，以实现其 2015 年减碳 20%的中期目标。在力争取得城市的可持续发展时，许多城市的挑战在于维持环保与经济之间的平衡。采用可持续发展城市解决方案，哥本哈根正逐渐接近目标。哥本哈根的研究显示，其首都地区绿色产业 5 年内的营收增长了 55%。瑞典首都斯德哥尔摩，2010 年被欧盟委员会评定为"欧洲绿色首都"；在普华永道 2012 年智慧城市报告中，斯德哥尔摩名列第五，分项排名中智能资本与创新、安全健康与安保均为第一，人口宜居程度、可持续能力也是名列前茅。2013 年全球超过 400 个城市竞逐最有智慧城市头衔，最后选出这 7 个城市，分别是：美国俄亥俄州的哥伦布市、芬兰的奥卢、加拿大的斯特拉特福、台湾地区的台中市、爱沙尼亚的塔林、台湾地区的桃园县、加拿大的多伦多。

3. 我国建设智慧城市的现状

2013 年 1 月，为规范和推动智慧城市的健康发展，住房城乡建设部启动了国家智慧城市试点工作。经过地方城市申报、省级住房城乡建设主管部门初审、专家综合评审等程序，首批国家智慧城市试点共 90 个，其中地级市 37 个，区（县）50 个，镇 3 个，试点城市将经过 3～5 年的创建期，住建部将组织评估，对评估通过的试点城市（区、镇）进行评定，评定等级由低到高分为一星、二星和三星。信息显示，国家发改委正着手起草智慧城市健康发展的指导意见，并研究在区域范围内启动智慧城市试点工作。三大运营商已经与 300 多个城市达成"智慧城市"战略合作协议。预计"十二五"期间，我国"智慧城市"投资总规模有望达 5000 亿元。发展智慧城市，是我国促进城市高度信息化、网络化的重大举措和综合性措施。从设备厂商角度来说，光通信设备厂商、无线通信设备厂商将充分发挥所属技术领域的优势，将无线和有线充分进行融合，实现网络最优化配置，以加速推动智慧城市的发展进程。与之相对应的通信设备厂商、芯片厂商等将从中获得巨大收益。《中国智慧城市发展水平评估报告》显示以下主要城市智慧城市发展水平处于全国领先水平：

（1）领跑者。北京、上海、广州、深圳、天津、武汉、宁波、南京、佛山、扬州、浦东新区、宁波杭州湾新区。

（2）追赶者。重庆、无锡、大连、福州、杭州、青岛、昆明、成都、嘉定、莆田、江门、东莞、东营。

（3）准备者。沈阳、株洲、伊犁、江阳。推动智能城市的模式分为全面推进或重点突破，大致区分为五类：中国已有上百个地区提出建设智慧城市，上海、天津、重庆、无锡、深圳、沈阳、武汉、成都等主要都市建立了 RFID 产业园区，期望能率先发展物联网产业，在智慧城市建设中走在国内前列。各主要城市智慧城市发展策略如下：
北京——《智能北京行动纲要》，包含智能交通、电子病历、远程医疗、智能家庭、电子商务等,形成覆盖全市的物联基础网络。上海——打造城市光网,发展3G、WIFI等多种技术的无线宽带,推动智能技术、云计算和物联网等新技术研发应用,加快三网融合。宁波——建设现代化国际港口城市,以杭州湾新区作为建设智慧城市的试验区,提出"智慧新城"及"生态家园"的目标定位。佛山——将佛山建设成战略性新兴产业聚集区、四化融合先行地,提出智慧服务基设施十大重点工程,希望做到以信息化带动工业化、提升城市化及加快国际化的作用。广州——建设第一个"由政府主导、牵手营运商"的无线城市官方门户网站,推动市民、企业及社会各界高效便捷的无线宽带网络服务。深圳——国家三网融合试点城市之一,致力完善智能基础设施、发展电子商务支撑体系、推动智能交通、培育智能产业基地。预计将来实现宽带无线网覆盖率100%,组建华南地区的物联网认证中心。城市化进程的加快,使城市被赋予了前所未有的经济、政治和技术的权利,城市被无可避免地推到了世界舞台的中心,发挥着主导作用。与此同时,城市也面临着环境污染、交通堵塞、能源紧缺、住房不足、失业、疾病等方面的挑战。在新环境下,如何解决城市发展所带来的诸多问题,实现可持续发展成为城市规划建设的重要命题。在此背景下,"智慧城市"成为解决城市问题的一条可行道路,也是未来城市发展的趋势。智慧城市建设的大提速将带动地方经济的快速发展,也将带动卫星导航、物联网、智能交通、智能电网、云计算、软件服务等多行业的快速发展,为相关行业带来新的发展契机。我国智慧城市发展进入规模推广阶段,截至目前,我国已有154个城市提出建设智慧城市,预计总投资规模达1.1万亿元,新一轮产业机会即将到来。国家鼓励开展应用模式创新,推进智慧城市建设。中国深圳市、昆明市、宁波市等多个城市与IBM签署战略合作协议,迈出了打造智慧城市的第一步。北京市拟在完成"数字北京"目标后发布"智能北京行动纲要",上海市将智慧城市建设纳入"十二五"发展规划。此外,佛山市、武汉市、重庆市、成都市等都已纷纷启动"智慧城市"战略,相关规划、项目和活动渐次推出。国内优秀的智慧产业企业愈来愈重视对智慧城市的研究,特别是对智慧城市发展环境和趋势变化的深入研究。正因为如此,一大批国内优秀的智慧产业企业迅速崛起,逐渐成为智慧城市建设中的翘楚!我国已有311个地级市开展数字城市建设,其中158个数字城市已经建成并在60多个领域得到广泛应用,同时最新启动了100多个数字县域建设和3个智慧城市建设试点。2013年,国家测绘地理信息局在全国范围内组织开展智慧城市时空信息云平台建设试点工作,每年将选择10个左右城市进行试点,每个试点项目建设周期为2至3年,经费总投入不少于3600万元。在不久的将来,人们将尽享智能家居、路网监控、智能医院、食品药品管理、数字生活等所带来的便捷服务,"智慧城市"时代即将到来。

8.10 "互联网+"

8.10.1 "互联网+"的概念

从现状来看,"互联网+"处于初级阶段,大家都在热谈,但是没有落实的理论阶段。各领域针对"互联网+"都会做一定的论证与探索,但是大部分商家仍旧会处于观望的阶段。从探索与实践的层面上,互联网商家会比传统企业主动,毕竟这些商家从诞生开始就不断用"互联网+"去改变更多的行业，他们有足够的经验可循，可以复制改造经验的模式去探索另外的区域，继而不断地融合更多的领域，持续扩大自己的生态。

1. "互联网+"的定义

"互联网+"是创新2.0下的互联网发展的新业态，是知识社会创新2.0推动下的互联网形态演进及其催生的经济社会发展新形态。"互联网+"是互联网思维的进一步实践成果，推动经济形态不断地发生演变，从而带动社会经济实体的生命力，为改革、创新、发展提供广阔的网络平台。通俗地说，"互联网+"就是"互联网+各个传统行业"，但这并不是简单的两者相加，而是利用信息通信技术以及互联网平台，让互联网与传统行业进行深度融合，创造新的发展生态。它代表一种新的社会形态，即充分发挥互联网在社会资源配置中的优化和集成作用，将互联网的创新成果深度融合于经济、社会各领域之中，提升全社会的创新力和生产力，形成更广泛的以互联网为基础设施和实现工具的经济发展新形态。"互联网+"概念的中心词是互联网，它是"互联网+"计划的出发点。"互联网+"计划具体可分为两个层次的内容来表述。一方面，可以将"互联网+"概念中的文字"互联网"与符号"+"分开理解。符号"+"意为加号，即代表着添加与联合。这表明了"互联网+"计划的应用范围为互联网与其他传统产业，它是针对不同产业间发展的一项新计划，应用手段则是通过互联网与传统产业进行联合和深入融合的方式进行；另一方面，"互联网+"作为一个整体概念，其深层意义是通过传统产业的互联网化完成产业升级。互联网通过将开放、平等、互动等网络特性在传统产业的运用，通过大数据的分析与整合，试图理清供求关系，通过改造传统产业的生产方式、产业结构等内容，来增强经济发展动力，提升效益，从而促进国民经济健康有序发展。

2. "互联网+"的发展历程

国内"互联网+"理念的提出，最早可以追溯到2012年11月于扬在易观第五届移动互联网博览会的发言。易观国际董事长兼首席执行官于扬首次提出"互联网+"理念。他认为在未来，"互联网+"公式应该是我们所在的行业的产品和服务，在与我们未来看到的多屏全网跨平台用户场景结合之后产生的这样一种化学公式。我们可以按照这样一个思路找到若干这样的想法。而怎么找到你所在行业的"互联网+"，则是企业需要思考的问题。"2014年11月，李克强出席首届世界互联网大会时指出，互联网是大众创业、万众创新的新工具。其中"大众创业、万众创新"正是此次政府工作报告中的重要主题，被称作中国经济提质增效升级的"新引擎"，可见其重要作用。2015年3月，全国两会上，全国人大代表马化腾提交了《关于以"互联网+"为驱动，推进我国经济社会创新发展的建议》的议案，表达了对经济社会创新的建议和看法。他呼吁，我们需要持续以"互联网+"为驱动，鼓励产业创新、促进跨界融合、惠及社会民生，推动我国经济和社会的创新发展。马化腾表示，"互联网+"是指利用互联网的平台、信息通信技术把互联网和包括传统行业在内的各行各业结合起来，从而在新领域创造一种新生态。他希望这种生态战略能够被国家采纳，成为国家战略。2015年3月5日上午十二届全国人大三次会议上，李克强总理在政府工作报告中首次提出"互联网+"行动计划。李克强在政府工作报告中提出,"制定"互联网+"行动计划,推动移动互联网、云计算、大数据、物联网等与现代制造业结合,促进电子商务、工业互联网和互联网金融(ITFIN)健康发展,引导互联网企业拓展国际市场。"2015年7月4日,经李克强总理签批,国务院印发《关于积极推进"互联网+"行动的指导意见》(以下简称《指导意见》),这是推动互联网由消费领域向生产领域拓展,加速提升产业发展水平,增强各行业创新能力,构筑经济社会发展新优势和新动能的重要举措。2015年12月16日,第二届世界互联网大会在浙江乌镇开幕。在举行"互联网+"的论坛上,中国互联网发展基金会联合百度、阿里巴巴、腾讯共同发起倡议,成立"中国互联网+联盟"。

3. "互联网+"的特征

"互联网+"是两化融合的升级版,将互联网作为当前信息化发展的核心特征,提取出来,并与工业、商业、金融业等服务业的全面融合。这其中关键就是创新,只有创新才能让这个+真正有价值、有意义。正因为此,"互联网+"被认为是创新2.0下的互联网发展新形态、新业态,是知识社会创新2.0推动下的经济社会发展新形态演进。互联网+有六大特征:

(1) 跨界融合。"+"就是跨界,就是变革,就是开放,就是重塑融合。敢于跨界了,创新的基础就更坚实;融合协同了,群体智能才会实现,从研发到产业化的路径才会更垂直。融合本身也指代身份的融合,客户消费转化为投资,伙伴参与创新,等等,不一而足。

(2) 创新驱动。中国粗放的资源驱动型增长方式早就难以为继,必须转变到创新驱动发展这条正确的道路上来。这正是互联网的特质,用所谓的互联网思维来求变、自我革命,也更能发挥创新的力量。

(3) 重塑结构。信息革命、全球化、互联网业已打破了原有的社会结构、经济结构、地缘结构、文化结构。权力、议事规则、话语权不断在发生变化。互联网+社会治理、虚拟社会治理会是很大的不同。

(4) 尊重人性。人性的光辉是推动科技进步、经济增长、社会进步、文化繁荣的最根本的力量,互联网的力量之强大最根本地也来源于对人性的最大限度的尊重、对人体验的敬畏、对人的创造性发挥的重视。例如UGC、卷入式营销、分享经济。

(5) 开放生态。关于"互联网+",生态是非常重要的特征,而生态的本身就是开放的。我们推进"互联网+",其中一个重要的方向就是要把过去制约创新的环节化解掉,把孤岛式创新连接起来,让研发由人性决定的市场驱动,让创业并努力者有机会实现价值。

(6) 连接一切。连接是有层次的,可连接性是有差异的,连接的价值是相差很大的,但是连接一切是"互联网+"的目标。

8.10.2 "互联网+"的商业模式

百度CEO李彦宏在2014年百度联盟峰会上表示,传统PC互联网商业模式在移动互联网时代面临挑战,用户数量不决定一切,不重视对移动互联网商业模式的探索,就像开着豪车酒驾,很刺激,但也很危险。因此,在移动互联网时代要尽早考虑商业模式。"互联网+"企业四大落地系统(商业模式、管理模式、生产模式、营销模式),其中最核心的就是商业模式的互联网化,即利用互联网精神(平等、开放、协作、分享)来颠覆和重构整个商业价值链,目前来看,主要分为六种商业模式。

(1) 工具+社群+商业模式。互联网的发展,使信息交流越来越便捷,志同道合的人更容易聚在一起,形成社群。同时互联网将散落在各地的星星点点的分散需求聚拢在一个平台上,形成新的共同的需求,并形成了规模,解决了重聚的价值。

如今互联网正在催熟新的商业模式即"工具+社群+电商/微商"的混合模式。比如微信最开始就是一个社交工具,先是通过各自工具属性/社交属性/价值内容的核心功能过滤到海量的目标用户,加入了朋友圈点赞与评论等社区功能,继而添加了微信支付、精选商品、电影票、手机话费充值等商业功能。为什么会出现这种情况?简单来说,工具如同一道锐利的刀锋,它能够满足用户的痛点需求,用来做流量的入口,但它无法有效沉淀粉丝用户。社群是关系属性,用来沉淀流量;商业是交易属性,用来变现流量价值。三者看上去是三张皮,但内在融合的逻辑是一体化的。

(2) 长尾型商业模式。长尾概念由克里斯·安德森提出,这个概念描述了媒体行业从面向大量用户销售少数拳头产品,到销售庞大数量的利基产品的转变,虽然每种利基产品相对而言只产生小额销售量。但利基产品销售总额可以与传统面向大量用户销售少数拳头产品的销售模式媲美。通过 C2B 实现大规模个性化定制,核心是"多款少量"。所以长尾模式需要低库存成本和强大的平台,并使得利基产品对于兴趣买家来说容易获得。例如 ZARA。

(3) 跨界商业模式。互联网预言帝凯文·凯利曾经说过:"不管你们是做哪个行业的,真正对你们构成最大威胁的对手一定不是现在行业内的对手,而是那些行业之外你看不到的竞争对手。"马云曾经说过一句很任性的话,他说,如果银行不改变,那我们就改变银行,于是余额宝就诞生了,余额宝推出半年规模就接近 3000 个亿。雕爷不仅做了牛腩,还做了烤串、下午茶、煎饼,还进军了美甲行业;小米做了手机,做了电视,做了农业,还要做汽车、智能家居。互联网为什么能够如此迅速的颠覆传统行业呢?互联网颠覆实质上就是利用高效率来整合低效率,对传统产业核心要素的再分配,也是生产关系的重构,并以此来提升整体系统效率。互联网企业通过减少中间环节,减少所有渠道不必要的损耗,减少产品从生产到进入用户手中所需要经历的环节来提高效率、降低成本。因此,对于互联网企业来说,只要抓住传统行业价值链条当中的低效或高利润环节,利用互联网工具和互联网思维,重新构建商业价值链就有机会获得成功。马化腾在企业内部讲话时说:"互联网在跨界进入其他领域的时候,思考的都是如何才能够将原来传统行业链条的利益分配模式打破,把原来获取利益最多的一方干掉,这样才能够重新洗牌。"反正这块市场原本就没有我的利益,因此让大家都赚钱也无所谓。正是基于这样的思维,才诞生出新的经营和赢利模式以及新的公司。而身处传统行业的人士在进行互联网转型的时候,往往非常舍不得或不愿意放弃依靠垄断或信息不对称带来的既得利益。因此,往往想得更多的就是,仅仅把互联网当成一个工具,思考的是怎样提高组织效率、如何改善服务水平,更希望获得更大利润。所以传统企业在转型过程中很容易受到资源、过程以及价值观的束缚。

（4）免费商业模式。小米科技董事长雷军说过，互联网行业从来不打价格战，它们一上来就免费。传统企业向互联网转型，必须要深刻理解这个"免费"背后的商业逻辑的精髓到底是什么。"互联网+"时代是一个"信息过剩"的时代，也是一个"注意力稀缺"的时代，怎样在"无限的信息中"获取"有限的注意力"，便成为"互联网+"时代的核心命题。注意力稀缺导致众多互联网创业者们开始想尽办法去争夺注意力资源，而互联网产品最重要的就是流量，有了流量，才能够以此为基础构建自己的商业模式，所以说互联网经济就是以吸引大众注意力为基础，去创造价值，然后转化成赢利。很多互联网企业都是以免费、好的产品吸引到很多的用户，然后通过新的产品或服务给不同的用户，在此基础上再构建商业模式。比如360安全卫士、QQ用户等。互联网颠覆传统企业的常用打法就是在传统企业用来赚钱的领域免费，从而彻底把传统企业的客户群带走，继而转化成流量，然后再利用延伸价值链或增值服务来实现盈利。如果有一种商业模式既可以统摄未来的市场，也可以挤垮当前的市场，那就是免费的模式。信息时代的精神领袖克里斯·安德森在《免费：商业的未来》中归纳基于核心服务完全免费的商业模式：一是直接交叉补贴，二是第三方市场，三是免费加收费，四是纯免费。

（5）O2O商业模式。2012年9月，腾讯CEO马化腾在互联网大会上的演讲中提到，移动互联网的地理位置信息带来了一个崭新的机遇，这个机遇就是O2O，二维码是线上和线下的关键入口，将后端蕴藏的丰富资源带到前端，O2O和二维码是移动开发者应该具备的基础能力。O2O是Online To Offline的英文简称。O2O狭义来理解就是线上交易、线下体验消费的商务模式，主要包括两种场景：一是线上到线下，用户在线上购买或预订服务，再到线下商户实地享受服务，目前这种类型比较多；二是线下到线上，用户通过线下实体店体验并选好商品，然后通过线上下单来购买商品。广义的O2O就是将互联网思维与传统产业相融合，未来O2O的发展将突破线上和线下的界限，实现线上线下、虚实之间的深度融合，其模式的核心是基于平等、开放、互动、迭代、共享等互联网思维，利用高效率、低成本的互联网信息技术，改造传统产业链中的低效率环节。1号店联合董事长于刚认为O2O的核心价值是充分利用线上与线下渠道各自优势，让顾客实现全渠道购物。线上的价值就是方便、随时随地，并且品类丰富，不受时间、空间和货架的限制。线下的价值在于商品看得见摸得着，且即时可得。从这个角度看，O2O应该把两个渠道的价值和优势无缝对接起来，让顾客觉得每个渠道都有价值。

（6）平台商业模式。互联网的世界是无边界的，市场是全国乃至全球。平台型商业模式的核心是打造足够大的平台，产品更为多元化和多样化，更加重视用户体验和产品的闭环设计。海尔集团首席执行官张瑞敏对平台型企业的理解就是利用互联网平台，企业可以放大，原因有：第一，这个平台是开放的，可以整合全球的各种资源；第二，这个平台可以让所有的用户参与进来，实现企业和用户之间的零距离。在互联网时代，用户的需求变化越来越快，越来越难以捉摸，单靠企业自身所拥有的资源、人才和能力很难快速满足用户的个性化需求，这就要求打开企业的边界，建立一个更大的商业生态网络来满足用户的个性化需求。通过平台以最快的速度汇聚资源，满足用户多元化的个性化需求。所以平台模式的精髓，在于打造一个多方共赢互利的生态圈。但是对于传统企业而言，不要轻易尝试做平台，尤其是中小企业不应该一味地追求大而全、做大平台，而是应该集中自己的优势资源，发现自身产品或服务的独特性，瞄住精准的目标用户，发掘出用户的痛点，设计好针对用户痛点的极致产品，围绕产品打造核心用户群，并以此为据点快速地打造一个品牌。

8.10.3 "互联网+"的应用前景

当前互联网与各个行业的融合发展已经成为一个不可阻挡的世界潮流，互联网时代已经来临，加快推进"互联网+"行动已势在必行。目前各地政府都在积极提出建设方案，招标或者外包给能够帮助企业转型的服务型企业去具体执行。在未来长期的"互联网+"实施过程中，政府将扮演的是一个引领者与推动者的角色。整个社会的发展也将跟随国家的政策方针在向前迈进，国家政府对"互联网+"的计划促进措施决定了整个社会对构建互联网知识体系的绝对重视以及对未来各传统行业顺利融合互联网的大力推动。事实上，"互联网+"不仅正在全面应用到第三产业，形成了诸如互联网金融、互联网交通、互联网医疗、互联网教育等新生态，而且正在向第一和第二产业渗透。工业互联网正在从消费品工业向装备制造和能源、新材料等工业领域渗透，全面推动传统工业生产方式的转变；农业互联网也在从电子商务等网络销售环节向生产领域渗透，为农业带来新的机遇，提供广阔发展空间。下面是"互联网+"的主要应用方向。

（1）"互联网+工业"：让生产制造更智能最近，德国"工业4.0"与中国元素碰撞，成为今年德国汉诺威IT展览（CeBIT2015）最大的看点，"工业4.0"是应用物联网、智能化等新技术提高制造业水平，将制造业向智能化转型，通过决定生产制造过程等的网络技术，实现实时管理，它"自下而上"的生产模式革命，不但节约创新技术、成本与时间，还拥有培育新市场的潜力与机会。

"互联网+制造业"和正在演变的"工业4.0"，将颠覆传统制造方式，重建行业规则，例如小米、乐视等互联网公司就在工业和互联网融合的变革中，不断抢占传统制造企业的市场，通过价值链重构、轻资产、扁平化、快速响应市场来创造新的消费模式，而在"互联网+"的驱动下，产品个性化、定制批量化、流程虚拟化、工厂智能化、物流智慧化等等都将成为新的热点和趋势。

（2）"互联网+农业"：催化中国农业品牌化道路农业看起来离互联网最远，但农业作为最传统的产业也决定了"互联网+农业"的潜力是巨大的。首先，数字技术可以提升农业生产效率。例如，利用信息技术对地块的土壤、肥力、气候等进行大数据分析，并提供种植、施肥相关的解决方案，能够提升农业生产效率。其次，农业信息的互联网化将有助于需求市场的对接，互联网时代的新农民不仅可以利用互联网获取先进的技术信息，也可以通过大数据掌握最新的农产品价格走势，从而决定农业生产重点以把握趋势；再次，农业互联网化，可以吸引越来越多的年轻人积极投身农业品牌打造中，具有互联网思维的"新农人"群体日趋壮大，将可以创造出更为多样化的"新农业"。同时，农业电商将成为农业现代化的重要推手，将有效减少中间环节，使农民获得更多利益,面对万亿元以上的农资市场以及近七亿的农村用户人口,农业电商的市场空间广阔,大爆发时代已经到来。而在此基础上,农民更需要建立农产品的品牌意识,将"品类"细分为具有更高识别度的"品牌"。例如,曾经的烟草大王褚时健栽种"褚橙";联想集团董事柳传志培育"柳桃";网易 CEO 丁磊饲养"丁家猪"等等,也有专注于农产品领域的新兴电商品牌获得巨大成功,例如三只小松鼠、新农哥等,都是在农产品大品类中细化出个人品牌,从而提升其价值。

(3)"互联网+教育":在线教育大爆发在 2015 年总理报告中表示,2015 年将会继续促进教育公平发展和质量提升,其中包括加快义务教育学校标准化建设,改善建设薄弱的学校和寄宿制学校基本办学条件,落实农民工随迁子女在流入地接受义务教育等政策,据称仅 2015 年教育部就将为教育信息化投入 700 亿元。在 2014 年,K12 在线教育、在线外语培训、在线职业教育等细分领域成为中国在线教育市场规模增长的主要动力,很多传统教育机构,例如新东方也正在从线下向线上教育转型,而一些在移动互联网平台上掌握了高黏性人群的互联网公司,也在转型在线教育,例如网易旗下的有道词典,就在英语垂直应用领域掌握了 4 亿的高价值用户,这部分用户对于在线学习英语的需求非常强烈。因此,有道词典推出了类似在线学英语、口语大师等产品和服务,将用户需求深度挖掘,而通过大数据技术,可以实现个性化推荐,而基于移动终端的特性,用户可以用碎片化时间进行沉浸式学习,让在线教育切中了传统教育的一些痛点和盲区。

(4)"互联网+医疗":移动医疗垂直化发展"互联网+医疗"的融合,最简单的做法是实现信息透明和资源分配不均等问题,例如,类似挂号网等服务,可以解决大家看病时挂号排队时间长,看病等待时间长、结算排队时间长的"三长一短"问题。而春雨医生、丁香园等轻问诊型应用的使用,则解决了部分用户的就诊难问题。而互联网医疗的未来,将会向更加专业的移动医疗垂直化产品发展,可穿戴监测设备就将会是其中最可能突破的领域。例如,iHealth 推出了 Align 性能强大的血糖仪能够直接插入智能手机的耳机插孔,然后通过移动应用在手机屏幕上显示结果,紧凑的外形和移动能力使其成为糖尿病患者最便利的工具;健康智能硬件厂商 Withings 发布了 ActivitePop 智能手表,计步器、睡眠追踪、震动提醒等功能,其电池续航时间长达 8 个月;南京熙健信息将心电图与移动互联网结合,建立随时可以监测心脏疾病风险的移动心电图。大数据和移动互联网、健康数据管理未来有较大的机遇甚至可能改变健康产品的营销模式。同时,随着互联网个人健康的实时管理的兴起,在未来传统的医疗模式也或将迎来新的变革,以医院为中心的就诊模式或将演变为以医患实时问诊、互动为代表的新医疗社群模式。

(5)"互联网+金融":全民理财与小微企业的发展从余额宝、微信红包再到网络银行的普及——互联网金融已悄然来到每个人身边。数据显示,2014 年上半年,国内 P2P 网络借贷平台半年成交金额近千亿元,互联网支付用户 2.92 亿。传统金融向互联网转型,金融服务普惠民生,成为大势所趋。"互联网+金融"的结合将掀起全民理财热潮,低门槛与便捷性让资金快速流动,大数据让征信更加容易,P2P 和小额贷款发展也越加火热。这也将有助于小微企业、工薪阶层、自由职业者、进城务工人员等普罗大众获得金融服务。小微企业是中国经济中最有活力的实体,小微企业约占全国企业数量的90%,创造约80%的就业岗位、约60%的GDP和约50%的税收,但央行数据显示,截至2014年年底,小微企业贷款余额占企业贷款余额的比例为30.4%,维持在较低水平。"互联网+"金融将让小微企业贷款门槛降低,激活小微企业活力。

互联网金融包括第三方支付、P2P小额信贷、众筹融资、新型电子货币以及其他网络金融服务平台都将迎来全新发展机遇,社会征信系统也会由此建立。

(6)"互联网+交通和旅游业":一切资源共享起来我们的物理空间越来越有限,住房越来越小,车位越来越少。很多产品,你并不一定需要完全拥有,你只需要考虑如何更好地使用,如果能便捷地使用,"拥有权"其实不再重要。"互联网+交通"不仅可以缓解道路交通拥堵,还可以为人们出行提供便利,为交通领域的从业者创造财富。例如,实时公交应用,可以方便出行用户对公交汽车的到站情况进行实时查询,减少延误和久等;嘀嘀和快的不仅为用户出行带来便捷,对于出租车而言,也减少了空车率;而易到用车、嘀嘀专车和PP租车则发挥了汽车资源的共享,掀起了新时代互联网交通出行领域的新浪潮。而在旅游服务行业,旅游服务在线化、去中介化会越来越明显,自助游会成为主流,基于旅游的互联网体验社会化分享还有很大空间,而类似Airbnb和途家等共享模式可以让住房资源共享起来,旅游服务、旅游产品的互联网化也将有较大的想象空间。

(7)"互联网+文化":让创意更具延展性和想象力,文化创意产业是以创意为核心,向大众提供文化、艺术、精神、心理、娱乐等产品的新兴产业。互联网与文化产业高度融合,推动了产业自身的整体转型和升级换代。互联网对创客文化、创意经济的推动非常明显,它再次激发起全民创新、创业,以及文化产业、创意经济的无限可能。互联网带来的多终端、多屏幕,将产生大量内容服务的市场,而在内容版权的衍生产品,互联网可以将内容与衍生品与电商平台一体化对接,无论是视频电商、TV电商等等都将迎来新机遇;一些区域型的特色文化产品,将可以使用互联网,通过创意方式走向全国,未来设计师品牌、族群文化品牌、小品类时尚品牌都将迎来机会;而明星粉丝经济和基于兴趣为细分的社群经济,也将拥有巨大的想象空间。

(8)"互联网+家电/家居":让家电会说话,家居更聪明。目前,大部分家电产品还处于互联阶段,即仅仅是介入了互联网,或者是与手机实现了链接。但是,真正有价值的是互联网家电产品的互通,即不同家电产品之间的互联互通,实现基于特定场景的联动,手机不仅仅是智能家居的唯一的入口,是让更多的智能终端作为智能家居的入口和控制中心,实现互联网智能家电产品的硬件与服务融合解决方案,"家电+家居"产品衍生的"智能化家居",将是新的生态系统的竞争。例如,在2015年中国家电博览会上,无论是海尔、美的、创维等传统家电大佬,还是京东、360、乐视等互联网新贵,或推出智能系统和产品或主推和参与搭建智能平台,一场智能家居的圈地大战进行得如火如荼。例如,海尔针对智能家居体系建立了七大生态圈,包括洗护、用水、空气、美食、健康、安全、娱乐居家生活,利用海尔U+智慧生活App将旗下产品贯穿起来;美的则发布了智慧家居系统白皮书,并明确美的构建的M-Smart系统将建立智能路由和家庭控制中心,提供除WiFi之外其他新的连接方案,并扩展到黑电、娱乐、机器人、医疗健康等品类。在智能电视领域，乐视在展示乐视 TV 超级电视的同时，还主推"LePar 超级合伙人"计划，希望通过创新的"O2O + C2B + 众筹"多维一体合作模式，邀请 LePar 项目的超级合伙人，共掘大屏互联网市场。

(9) "互联网+生活服务"：O2O 才刚刚开始的"互联网+服务业"将会带动生活服务 O2O 的大市场，互联网化的融合就是去中介化，让供给直接对接消费者需求，并用移动互联网进行实时链接。例如，家装公司，理发店，美甲店，洗车店，家政公司，洗衣店等等，都是直接面对消费者，如河狸家、爱洗车、点到等线上预订线下服务的企业，不仅节省了固定员工成本，还节省了传统服务业最为头疼的店面成本，真正地将服务产业带入了高效输出与转化的 O2O 服务市场，再加上在线评价机制，评分机制，会让参与的这些手艺人，精益求精，自我完善。当下 O2O 成为投资热点，事实上，这个市场才刚刚开始，大量规模用户，对传统垂直领域的改造、形成固定的黏性、打造平台还有很大的探索空间。

(10) "互联网+媒体"：新业态的出现互联网对于媒体的影响，不只改变了传播渠道，在传播界面与形式上也有了极大的改变。传统媒体是自上而下的单向信息输出源，用户多数是被动的接受信息，而融入互联网后的媒体形态则是以双向、多渠道、跨屏等形式，进行内容的传播与扩散，此时的用户参与到内容传播当中，并且成为内容传播介质。交互化、实时化、社交化、社群化、人格化、亲民化、个性化、精选化、融合化将是未来媒体的几个重要的方向。以交互化、实时化和社交化为例子，央视春晚微信抢红包就是这三个特征的重要表现，让媒体可以与手机互动起来，还塑造了品牌与消费者对话的新的界面。

社群化和人格化，一批有观点有性格的自媒体将迎来发展机遇，用人格形成品牌，用内容构建社群将是这类媒体的方向；个性化和精选化的表现则是一些用大数据筛选和聚合信息精准到人的媒体的崛起，例如今日头条等新的新闻资讯客户端就是代表。

(11) "互联网+广告"："互联网语境+创意+技术+实效的协同"是所有的传统广告公司都在思考的互联网时代的生存问题，显然，赖以生存的单一广告的模式已经终结，它的内生动力和发展动力已经终结。未来广告公司需要思考互联网时代的传播逻辑，并且要用互联网创意思维和互联网技术来实现。互联网语境的创意模式，过去考验广告公司的能力靠的是出大创意拍大广告片做大平面广告的能力，现在考验广告公司的则是实时创意，互联网语境的创意能力，整合能力和技术的创新和应用能力。例如，现在很多品牌都需要朋友圈的转发热图，要 HTML5，要微电影，要信息图，要与当下热点结合的传播创意，这些都在考验创意能力，新创意公司和内容为主导的广告公司还有很大的潜力。而依托于程序化购买等新精准技术，以及以优化互联网广告投放的技术公司也将成为新的市场。总的来说，"互联网语境+创意+技术+实效的协同"才是"互联网+"下的广告公司的出路。

(12) "互联网+零售"：零售体验、跨境电商和移动电商的未来李克强总理在两会答记者问时谈到，实体店与网店并不冲突，实体店不仅不会受到冲击，还会借助"互联网+"而重获新生。传统零售和线上电商正在融合，例如苏宁电器表示，传统的电器卖场今后要转型为可以和互联网互动的店铺，展示商品，让消费者亲身体验产品；2014

年5月,顺丰旗下的网购社区服务店"嘿客"店引入线下体验线上购买的模式,打通逆向O2O。1号店在上海大型社区中远两湾城开通首个社区服务点,成为上海第一个由电商开通,为社区居民提供现场网购辅导、商品配送自提等综合服务的网购线下服务站。这些都在阐明零售业的创新方向,线上线下未来是融合和协同而不是冲突。跨境电商也成为零售业的新机会,最近,国务院批准杭州设立跨境电子商务综合试验区,其中提出要在跨境电子商务交易、支付、物流、通关、退税、结汇等环节的技术标准、业务流程、监管模式和信息化建设等方面先行先试,随着跨境电商的贸易流程梳理得越来越通畅,跨境电商在未来的对外贸易中也将占据更加重要的地位,如何将中国商品借助跨境平台推出去,值得很多企业思考。此外,如果说电子商务对实体店生存构成巨大挑战,那么移动电子商务则正在改变整个市场营销的生态。智能手机和平板电脑的普及,大量移动电商平台的创建,为消费者提供了更多便利的购物选择,例如微信将推出购物圈,就在构建新的移动电商的生态系统,移动电商将会成为很多新品牌借助社交网络走向市场的重要平台。应该说,"互联网+"是一个人人皆可获得商机的概念,但是,"互联网+"不是要颠覆,而是要思考跨界和融合,更多是思考互联网时代产业如何与互联网结合创造新的商业价值,企业不能因此陷入"互联网+"的焦虑和误区,"互联网+"更重要的是+,而不是"-",也不是毁灭。

本章小结

本章主要介绍了电子商务发展中的各种前沿技术和新事物。电子商务作为一种新的商业模式,它综合运用了各种新技术,包括移动通信技术、互联网金融、大数据、数据挖掘、物联网、云计算、智慧城市和"互联网+"。移动电子商务基于移动互联网,主要通过二维码、移动搜索、基于LBS的O2O等应用模式,真正实现了无时不在、无所不在地连接和服务。作为新兴事物的互联网金融打破了传统金融服务的限制,使各项金融服务更加方便和高效,但是其中仍存在着政策、法律和安全方面的诸多问题。大数据和数据挖掘技术极大地利用了数据这一重要资源,结合多种技术来发现有价值的信息,从而极大地提高了企业的信息化程度和竞争力。物联网是互联网的扩展,主要借助传感器技术、嵌入式技术,智能化计算,使得电子商务的交易实现和物流更加便捷和智能化。另外,云计算、智慧城市的建设和"互联网+"的应用,使电子商务的发展拥有更加广阔的天地。

思考题

1. 移动电子商务可以如何进行网络营销?请举例说明。
2. 移动电子商务在应用中需要解决哪些问题,如何解决?

实训题

案例：今日头条背后的商业逻辑

自 2005 年大学毕业后，张一鸣先后参与和创建了酷讯、饭否和九九房，这三款产品中有两款是垂直搜索引擎（旅游搜索、房产搜索），而饭否则是早期的微博（启蒙自媒体平台），在这些经历指引下，张一鸣于 2012 年 3 月创建了字节跳动公司，并于 8 月份正式发布今日头条 APP。

同样是 2012 年 8 月份与此同时，在与微博的激烈竞争过程中，张小龙悟出微博产品的根本推动力——解放内容生产与分发限制，并将这种机制应用到微信产品中，并同样于 2012 年 8 月份推出微信公共平台。

至此，微信公众号和今日头条分别从分散订阅和集中推荐两个相反的维度开启了媒体变革浪潮，前者让每一个体都具有媒体的能力，后者让用户避开编辑思维直面自己兴趣，在两股力量的推动下，自媒体浪潮汹涌蓬勃地发展起来，就像欧洲文艺复兴带来了工业革命到来一样，这波自媒体浪潮会将国家带入全新的创新型发展进程。

四年之后的今天，我们看到国内几乎所有的网络媒体平台，无论是五大门户，还是搜索、手机浏览器，都在摒弃原先落后的生产模式，拥抱全新的自媒体发展浪潮，并先后推出了十多个媒体开放平台。

与此同时，今日头条也由几年前的小公司，发展成为如今近千人的团队，根据张一鸣（今日头条 CEO）在最近演讲中透露的今日头条数据，其已经颇具规模，如下：

（1）到 2015 年，今日头条用户日平均使用时长达 53 分钟；

（2）今日头条已经与超过 2000 家媒体机构展开了合作，超过了现有的门户网站合作规模；

（3）媒体在今日头条每天新增被推荐出的内容达到 22613 篇次，历史累计阅读量达到 1 亿次的媒体已经有 74 家，超过 5 亿的有 10 家，其中 1 家超过 30 亿次；

（4）由媒体机构生产，在今日头条平台上分发的内容，共有 60375 篇阅读总量达到 10 万＋。在今日头条上，爆款的底线是"100 万＋"，2015 年，媒体机构产生的 100 万＋内容数量有 4612 篇；

（5）媒体机构所发布的 598 万篇文章，总计被收藏 2 亿次，产生 6630 万条用户评论，被分享到包括微信、微博等社交平台的次数达到 1 亿次；

（6）目前"今日头条"上的资讯中有 70%以上来自头条号平台，包括传统媒体机构、政府、企业、个人在内的超过 3.5 万个创作者，另外不到 30%的内容来自版权合作的途径。

人类进入互联网时代后，就宣布人类进入信息过剩时期，但实际情况是垃圾信息异常过剩，而优质内容依然非常匮乏，虽然各大门户、垂直媒体、报纸、杂志等，均想解决这一问题，但全部无功而返。

于是我们看到各大门户、垂直媒体每天报道、更新的新闻大同小异，要么来源于彼此转载，要么就是同一故事稍作修改再次发布，着实让人不胜其烦，然而媒体人却没有深入反思、拷问内容匮乏的真正原因是什么。

然而一个做搜索的外行人，却看透了其中的本质，并果断将内容生产、内容分发和营收变现三个环节彻底分开，让生产者在竞争中调整内容去匹配用户喜好，这样每一环节做的事情变少而更专业，从而大大释放了内容生产能力，促使优质内容成倍地生成。

参考文献：

http：//www. chinaz. com/start/2016/0513/531161. shtml？qq－pf－to＝pc-qq. group

https：//www. sohu. com/a/116795090_463923

第 9 章　电子商务下的客户关系管理

本章学习目标

本章主要介绍客户关系的分类和客户价值，客户关系管理的含义、客户关系管理的基本理念，客户关系管理对现代企业管理的意义，客户关系管理系统的基本功能和分类以及客户关系管理系统的实施。通过本章的学习，读者应该掌握以下内容：
- 客户关系的分类和客户价值
- 客户关系管理的含义
- 客户关系管理的基本理念
- 客户关系管理系统的基本功能和分类
- 客户关系管理系统实施的流程和关键因素

 开篇案例

唯品会客户关系管理

一、唯品会企业背景

唯品会（vip.com）于 2008 年创立于广州，是一家专门做特卖的网站。唯品会率先在国内开创了"名牌折扣＋限时抢购＋正品保险"的商业模式，加上其"零库存"的物流管理以及与电子商务的无缝对接模式，唯品会得以在短时间内在电子商务领域生根发芽。唯品会与知名国内外品牌代理商及厂家合作，向中国消费者提供低价优质、受欢迎的品牌正品。唯品会定位于"一家专门做特卖的网站"，每天 100 个品牌授权特卖，以低至 1 折的深度折扣及充满乐趣的限时抢购模式，为消费者提供一站式优质购物体验，商品囊括时装、配饰、鞋、美容化妆品、箱包、家纺、皮具、香水、3C、母婴等，推崇精致优雅的生活理念，倡导时尚唯美的生活格调，主张有品位的生活态度，致力于提升中国乃至全球消费者的

时尚品位。

二、客户特征分析

唯品会客户群主要特征：年龄为18到35岁；大多为女性；教育程度较高；上班族居多。唯品会的客户大多是消费水平偏中上的，这和唯品会的产品定位为奢侈二线品牌息息相关。唯品会的客户也大都分布在一、二线城市。

三、唯品会的客户关系管理CRM

1. 经营理念

（1）对用户：用户是上帝，也是我们的衣食父母，坚持用户利益至上，不断倾听和深刻理解用户需求，不断给用户惊喜，不断提供超预期的体验和服务，不断创造新的用户价值；对合作伙伴尊重和善待合作伙伴，真诚合作，一起共建共生共赢的生态环境。

（2）对员工：员工是公司最大的资产，不断激发员工潜能，使员工与企业共赢、共成长；善待每一位员工，关爱员工身心健康。

2. 服务理念

"消费者满意"是唯品会最大的追求目标！因此唯品会坚持以安全诚信的交易环境和服务平台，为会员提供优质、高效、愉悦的售卖服务，以提升客户满意度为己任，让消费者提供畅快、安全、放心、便捷的消费流程体验和服务。唯品会遵循4F理念——Fast：有限的折扣上架时间 Fun：无穷无尽的购物乐趣 Fashion：享受时尚的生活方式 Fine：卓越的品质与体验。

3. 服务制度

8000多个合作品牌的优质产品，通过100%太平洋正品保险和70项专业质检确保品质，以超过70%的全网第一重复购买率成为近5000多万会员的信赖之选。唯品会关注客户服务的每一个细节，7天无条件退货并补贴运费，43种支付方式支付安全自由，500名客服365天贴心服务，5000位物流员工星夜兼程，全心全意将每一位客户视为VIP对待。

4. 服务流程

唯品会在经营管理过程中非常注重客户体验，购物体验好坏被看作衡量电商顾客黏性的重要指标唯品会重点把握各个关键顾客接触点（如网站页面及功能、呼叫中心、商品质量与价格、物流速度及服务等），不计成本，最大限度满足顾客需求，强调购物体验，提升顾客满意度及忠诚度。

对唯品会客户关系管理其重要作用的是虚拟呼叫中心，即在多个场点建立的、能够互联互通的呼叫中心。它可以帮助企业提供同意的呼叫中心服务，优化和协调呼叫中心资源，提高服务水平，降低呼叫中心的运营成本。由于代理技能的差异、语音差异、呼叫量的差异，以及客户所在地的变化，呼叫中心往往能够提供更好地服务。呼叫中心的主要功能：

（1）提高客户服务水平，能缩短客户请求的响应时间，由于后台数据库的支持，使客户的问题基本上都能得到解决，大大提高客户的满意度。

(2) 获取客户信息，呼叫中心是一个十分高效的客户互动窗口，通它可以收集客户方方面面的信息，如对产品的使用情况、评价，建议等。

(3) 改善内部管理，呼叫中心不但可以接收到客户对产品和服务的意见和建议，同时也可以不断听到他们对企业有关部门存在的问题的看法，有利于企业内部管理问题的及时发现和完善。

(4) 创造利润，如企业可以通过呼叫中心手机的客户信息主动地向客户推荐适用的产品，通过引导客户的潜在需求，实现销售额的增加，作为对呼叫中心提供优质服务的回报，满意的客户往往会免费为企业宣传，或引荐他人购买、了解产品，从而增加更多的客户。

四、唯品会客户满意度、忠诚度现状

1. 客户满意度现状分析

据相关调查显示，顾客对唯品会产品价格和质量的满意度都在95%左右，这取决于它的名牌折扣加正品保证以及服务宗旨。唯品会的目标在于让每张订单的用户获得最满意的服务，实现真正意义上的"一切为了客户满意"。为此，唯品会选择了全国最具实力的快递公司作为物流合作伙伴外，全面支持商品货到付款、开箱验货，并承诺15天无条件免费退换货。

但是唯品会在处理客户问题、投诉和留言方面客户的满意度较低，唯品会的服务相对产品质量和价格也并没有达到客户的期望。据相关调查显示，客户的总体满意度在83%左右，顾客继续购买欲望只有64%左右。

唯品会相对于其他作为B2C购物平台少了买家评价这一部分，虽然有留言板，但所能提供的有价值的信息有限。这一部分的缺失导致了客户不能够通过买家评价来很好的衡量自己的购买行为，以至于购买期望没有达到，这也可能是使客户对唯品会服务满意度感到一般的原因，唯品会的总体满意度也会因为其服务而受到一定影响。

2. 客户忠诚度现状分析

据相关调查显示，唯品会相对于同类网站其客户的访问量都要高一些，说明客户到唯品会重复购买的次数是比较高的，体现了客户对企业产品和品牌的关心。品牌质量的保证，并由中华保险公司承保，避免了购买风险；购买的便捷性、付款方式的多样化、服务特色化人性化、良好的物流服务，加上品牌因素，从一定程度上体现了客户价值和对品牌价值观的认同，符合了顾客的心理因素。这些都大大提高了客户的忠诚度。也正是其较高的客户忠诚度加上关系营销的推动使得唯品会将客户保持做得很好，并让唯品会在短短2年的时间成为中国名牌折扣第一网。

五、提高忠诚度计划

唯品会不断提高自身的服务效率，完善服务方式，通过制定忠诚度计划让客

户满意逐步培养起客户忠诚，从而为企业带来新的利润。

客户忠诚计划的目的主要在于奖励忠诚客户、刺激消费并留住核心顾客，它是实施关系营销的一种重要方式。客户忠诚计划运作的理论基础是通过提高客户可感知的程序、经济和情感等多方面转换成本，增加客户转化的难度和代价的方式来培养忠实客户。唯品会常以积分、会员折扣、礼券、代金券等形式出现，其中以积分奖励最为普遍。在各行各业，忠诚计划已经成为产品和服务差异化的一个显著特点和价值链的重要部分。

客户忠诚计划的会员资格获得方式可以是申请、邀请和购买。最常用的是申请，当顾客在唯品会的消费达到一定金额时，可以温馨提醒顾客，邀请其加入顾客忠诚计划。会员分为两类：基于积分的客户忠诚计划和以提供优惠的客户忠诚计划。基于积分的客户忠诚计划是根据邀请朋友或消费金额获取积分，然后这些积分就可以用来兑换奖励，基于优惠的客户忠诚计划则提供增值优惠，如更多的优惠、更多折扣、包邮和产品使用权利等。

要进行有效顾客忠诚计划的培育首先要保证产品的质量，优异的产品质量是任何一个企业发生交易关系的顾客最基本的追求。只有让有效顾客感觉到该企业为其提供的产品质量始终是卓越的且能满足其需要的，有效顾客才会持续地忠诚于该企业。再者是优质的服务，顾客购买和消费产品实际上是为了得到该产品的使用价值。而企业为顾客提供的一系列服务可以更好地帮助顾客实现该目的。所以为顾客提供持续、优质和贴心的服务，就必然可以使他们更长久的与唯品会保持交易关系。三是树立良好的企业。顾客购买往往把企业的形象和企业的信誉联系在一起，良好的企业形象，可以使有效顾客从交易中获得"升值"，进而更加忠诚于企业。四是强化与顾客的情感联系，自我价值的实现，往往是人们建立各种社会关系的主要目的。妥善处理顾客投诉、留言等，如在重大的节日、顾客的生日等通过电话访问或短信邮件等方式送上唯品会的祝福，体现对顾客的重视和尊敬，使顾客获得精神上的愉悦，从而继续这种关系。

企业应用 CRM 的一个重中之重的任务是：提高忠诚客户在所有客户中的比重，提升满意客户的忠诚度，并提高忠诚客户的利润贡献度。忠诚的顾客会向周围的人宣传和推荐网店信息，提高唯品会这一品牌知名度，导致无形资产价值的增加。而且他们还会积极地向唯品会中的产品或服务提出建议，使其能够改进管理水平和提高产品或服务质量，来增强网上商店的竞争力，使其又快又好地发展。

资料来源：https://wenku.baindu.com

9.1 客户关系概述

9.1.1 客户关系分类

客户关系是指围绕客户生命周期发生、发展的企业与客户之间的信赖和依存的状态。企业对客户关系的维护是需要逐步建设及维护的。企业完整的客户关系建设周期分为客户开发、双方初期合作、双方关系稳定、建立战略联盟四个阶段。在客户关系建设程度不断推进的过程中，双方从简单的买卖关系稳定到长期合作，到最后双方建立起高度信任与依赖的战略联盟关系。如无特殊贸易发生，客户关系发展多是一种循序渐进的建设过程。我们也按照此规律，将客户关系分为以下四种：

1. 短期交易关系（买卖关系）

这是企业与客户关系的开始阶段，双方仅展开一些简单的买卖或者短期交易，交易过程简单。客户对于企业的认知是表面的，企业尚未在客户心中建立起足够的知名度和好感。企业与客户接触的程度比较低，仅是销售或者市场人员的促销行为，收集的客户信息粗略、简单。此时对客户关系开发、维护的成本都极低，关系建设的成功与否对双方影响不大。

2. 优先供应关系

随着客户对于企业产品及服务的认知，初期信任建立，销售主体人员开始与关键客户建立良好关系，关键客户信息变成了企业优先或者独享的资源，显现出这些客户在企业效益上的价值。当关系推进到这个水平时，企业就要考虑投入一定的成本进行客户关系维护，例如给予重要客户一定的优惠政策、优先满足其产品需求、设置专门团队提供一对一客户服务等。虽然企业对于客户关系进行了一定程度的投入，对于客户价值的认识仍然局限在战术或者短期层面，缺乏对于客户资源战略程度的长期规划，只是依靠这种管理可以消弭企业与客户双方的一些信息不对称问题，降低交易成本和失败概率。

3. 稳定的合作伙伴关系

经过优先供应关系的建设、企业客户管理团队与客户的交流与合作，双方在利益基础上建立了一定的情理关系。部分客户开始与企业管理层，甚至企业最高管理层直接接触与合作，双方交易进入稳定长期化的状态。双方就产品、服务达成高度一致，建立起合作伙伴关系。通过双方全面、深入地共享信息，企业明确了解客户的需求，与客户一起建立产品研发计划及后续投放市场活动进程。通过这种关系建设，企业对竞争对手形成了极高的市场壁垒。作为客户，通过与企业长期的合作及接受企业高质量的个性化服务，认识到了企业对于自身发展的价值，建立起极高的忠诚度。此时双方建立的这种互惠互利关系带来的价值是由双方共同分享的。这种关系的维护与建设成本日渐高昂，企业对客户信息的认识由战术层面上升到战略层面，双方均考虑共同价值的进一步创造。

4. 战略联盟关系

美国 DEC 总裁简·霍普兰德（J. Hopland）和管理学家罗杰·奈格尔（R. Nigel）提出了战略联盟（Strategic Alliance）的概念。经营实力对等的两个或多个企业拥有共同的战略利益，企业利益共同体为了拥有更大市场份额和竞争力，需要共同拥有市场份额、共享彼此资源，通过各种协议、契约结合成风险共担、资源共享、信息共享、优势互补的正式或非正式合作模式。

当企业与客户建立起这种战略联盟关系就意味着双方一段时期的目标与蓝图高度一致，双方合作深度已经达到战略层面，一方对这种关系的舍弃都可以影响双方的生死存亡。此时企业对客户关系的管理与维护需要放置在较高优先级，必要时企业需要完善自身硬件条件、优化业务流程、配置优势人力资源来配合客户的需要。客户方也需要与企业分享关键信息，接纳企业方人员进入自己组织内部，让企业方熟悉了解其内部运作规律，掌握其对产品与服务的精确需求。

我们对这四种客户关系的探讨并不意味着每一个企业都需要遵循这样的建设规律。四种关系也没有孰优孰劣之分。例如战略联盟关系的建立就需要企业与客户拥有比较对等的经营实力，更重要的是双方的发展目标与蓝图是高度一致的，关系的建立需要企业资源的投入，如果关系经营带来的回报低于企业的投入，甚至为企业运营带来了障碍，这种类型的关系就应该舍弃。

9.1.2 客户价值

网络时代，让企业的经营范围由传统上受局限的物理地域转移到了虚拟的全球市场。消费者通过互联网逐渐掌握了信息获取的主动权、消费的主动权，变成了交易中的话事人，消费需求变得越来越个性化。企业传统的批量式生产和营销方式无法迎合这种个性化需求，"微营销"或者"个性化营销"时代悄然来临。个性化营销强调企业关注每一个消费者的独特性，去掌握尽可能完备的客户信息，分析他们各自的核心价值。企业结合自身发展战略与客户需求，开发出既有利润空间又能满足消费者需求的产品或服务，提高客户满意度和忠诚度，形成持续利润来源，达到企业与客户方的双赢。

什么是客户价值（customer Value）呢？价值一般是指客体所具有的促进主体生存和发展的属性和能力，即客体对主体的生存和发展具有的正面意义和正面价值。客户价值就是指客户资源对于企业生存与发展的正面意义与价值。对于客户价值的认识与开发涉及许多学科知识，包括经济学、企业管理、社会学、心理学、市场营销、人类学等。从不同角度对于客户价值的解读也存在着多样性。在企业管理领域，客户价值倾向于从经济价值角度衡量。在本书中，客户价值即是掌握这部分客户可以为企业创造多少经济价值。客户关系管理的意义就在于如何发现乃至创造有价值的客户。

目前对客户价值的研究正沿着三个不同的侧面展开：一是企业为客户提供的价值，即从客户的角度来感知企业提供产品和服务的价值；二是客户为企业提供的价值，即从企业角度出发，根据客户消费行为和消费特征等变量测度出客户能够为企业创造的价值，该客户价值衡量了客户对企业的相对重要性，是企业进行差异化决策的重要标准；三是企业和客户互为价值感受主体和价值感受客体的客户价值研究，称为客户价值交换研究。

愈加完善的数据库技术配合上优良的计算机，企业可以实现对单一消费者信息的追踪与分析。例如通过对客户注册信息可以分析出产品主要消费群体的特征；通过对客户浏览历史、点击率的分析，可以了解哪些产品更能满足消费者的需求，掌握不同客户的交易习惯，最大化挖掘和扩大客户价值。

9.2 客户关系管理概述

9.2.1 客户关系管理的定义

从20世纪70年代起，客户关系管理变成了企业管理、营销管理领域最炙手可热的关注焦点。企业认为不仅要生产出高质量的产品与服务，更要监测客户的需求变化，快速反应，才能真正达到客户满意。管理学大师彼德·德鲁克（Peter.Drucker）曾经有一句话精确道出客户关系管理的重要性："企业经营的真谛是获得并留住顾客。"国际优秀企业毫无例外地都将客户需求置于首位，不断开发出可以满足顾客需求的产品或服务，并注意维持与提高与客户的关系，增强客户满意度与对企业的忠诚度，增加客户重复购买的可能性。

要想让CRM应用系统成为企业竞争的利器，就首先要弄明白什么是客户关系管理、对企业发展的重要性以及CRM系统实施的必要条件和关键在什么地方。目前学术界并没有一个统一的客户关系管理定义，不同专家分别从管理思想、技术方法、系统体系各个方面给CRM下了定义。

Gartner.Group最早对于客户关系管理的定义中认为CRM为客户提供了全方位管理视角，从根本上改善企业与客户交流能力，让客户为企业带来最大的收益。

英国的格莱汉姆·罗波兹·弗埃尔珀斯（2001）认为CRM是企业对待客户资源的一种态度、倾向与价值观，把每一个客户都当作独立的个体去对待，要求在客户关系管理建设时要有差异性，企业要致力于创建和发展一个在市场和客户大脑中的企业。

Robert.Shaw（2003）把客户关系管理视为企业经营的重要战略，帮助企业实现资源投入与顾客需求满足之间的平衡，将企业利润最大化。这种战略的实施需要首先衡量企业整体资源的投入（管理成本、资金成本、人力成本、服务成本等）与产出（收入、利润、价值）；其次优化整合营销、销售、服务等活动，设定统一的目标；在此基础上建立客户关系系统，实现对客户知识、信息的收集、过滤、分析、决策支持与共享，企业还要根据市场需求的变化，不断调整营销、销售、服务的投入，以以上手段实现企业利润最大化。在这个定义中，Robert.Shaw强调了CRM的战略地位、成功实施的关键以及应用系统建设的要求。

著名统计软件及CRM方案平台的开发商，美国赛仕公司（SAS）则是从技术的角度定义了何谓CRM。他们认为CRM是一个企业不断掌握和利用用户信息的过程，通过孜孜不倦地将此过程进行强化和改善，可以帮助企业提升客户满意度，实现对客户的终生挽留。

笔者认为客户关系管理（CRM）的含义是通过对客户详细资料的深入分析，来提高客户满意度，从而提高企业竞争力的一种手段。CRM主要包含以下几个主要方面。

（1）客户概况分析（Profiling）包括客户的层次、风险、爱好、习惯等。

（2）客户忠诚度分析（Persistency）指客户对某个产品或商业机构的忠实程度、持久性、变动情况等。

（3）客户利润分析（Profitability）指不同客户所消费产品的边缘利润、总利润额、净利润等。

（4）客户性能分析（Performance）指不同客户所消费的产品按种类、渠道、销售地点等指标划分的销售额。

（5）客户未来分析（Prospecting）包括客户数量、类别等情况的未来发展趋势、争取客户的手段等。

（6）客户产品分析（Product）包括产品设计、关联性、供应链等。

（7）客户促销分析（Promotion）包括广告、宣传等促销活动的管理。

总之，CRM 就是一种通过提高客户满意度、归属感来增强企业竞争力，增加企业效益的手段。其核心就是深入挖掘经营客户所带来的价值，即开展客户价值管理。企业营销采用"一对一"原则，致力于满足不同价值客户的个性化需求实现客户价值持续贡献，全面提升企业盈利能力。

9.2.2 对客户关系管理的理解

客户关系管理起源于 20 世纪 80 年代初的美国，那时有了"接触管理"（Contact Management）的做法，指收集客户与企业联系的所有信息。1999 年，Gartner Group Inc 公司提出了 CRM 概念（Customer Relationship Management 客户关系管理），主要用来弥补当时 ERP 系统实施过程中对末端客户关注不足的缺陷。由于 IT 技术发展的局限性和 ERP 系统本身功能方面的欠缺，导致它并不能很好地处理客户个性化需求的问题。到了 20 世纪 90 年代末期，随着互联网的普及，各种信息技术蓬勃发展，已经有能力用技术手段实现对客户价值的挖掘，此时 Gartner Group Inc 提出了 CRM 概念。从 20 世纪 90 年代末期开始，CRM 市场一直处于爆炸性增长的状态。

对于客户关系管理的研究，主要集中在以下方面：

1. 认为 CRM 是一种管理理念

持这种观点的学者认为，CRM 引导企业将自身的客户资源（包括最终客户、分销商和合作伙伴）视为企业重要战略资源，企业要致力于建立完善的客户关系，深入挖掘客户资源，提高客户满意度与忠诚度，达到将客户价值及企业利润最大化的目标。

2. 认为 CRM 是一种管理机制

管理机制是指管理系统的结构和组成方式，即采用怎样的组织形式以及如何将这些组织形式结合成为一个合理的有机系统，并以怎样的手段、方法来实现管理的任务和目的。企业要将 CRM 的理念转化为企业经营实践，以搭建 CRM 系统的方式引导企业完善对于客户资源的建设，建立成熟的响应客户需求机制，优化以客户服务为核心的工作流程。利用这种新型管理机制，建立以市场为导向的营销、销售、服务机制，向客户提供更具体、更周到的便捷服务，以吸引和保持更多的客户资源。

3. 认为 CRM 是一套客户关系管理的技术方案与软件

许多知名软件公司将 CRM 视为信息技术、软硬件系统集成的管理办法和解决方案的总和，侧重从技术的角度帮助企业更好地实现对客户价值的管理与挖掘。诸如如何利用数据仓库、数据挖掘等技术来发现、建立、优化客户关系，强调知识发现；如何建设、改善企业软硬件条件；如何实施 CRM 系统。

这种研究角度认为成功的 CRM 是将成熟的经营思想与网络技术、企业集成业务平台技术、呼叫中心、数据仓库及数据挖掘技术紧密地结合在一起，为企业的销售、客户服务和决策支持等领域提供了一个智能化的解决方案。CRM 系统变成了企业一个基于电子商务的面向客户应用的系统，代表了企业向电子商务经营模式的转变。

9.2.3　客户关系管理基本理念

1. 客户是企业的一项重要资源

在当今以产品为中心的商业模式向以客户为中心的商业模式转化过程中，确立客户是企业的一项重要资源这一理念是尤为重要的关键。美国著名的研究机构 Hurwitz group 在一份白皮书中指出，"CRM 比 ERP 更进了几步，它可以帮助各企业最大限度地利用其以客户为中心的资源（包括人员和资产），并将这些资源集中应用于客户和潜在客户身上。正如实施 ERP 可改善企业的效率一样，CRM 的目标是通过缩减销售周期和销售成本，通过寻求扩展业务所需的新市场和新渠道，并且通过改进客户价值、满意度、赢利能力以及客户的忠诚度来改善企业的有效性。通过将 ERP 与 CRM 组合为一体并建立闭合的系统，企业可以更有效地处理客户关系，处理效率也更高，同时，该系统还能为企业在方兴未艾的关键领域如电子商务方面，抓住新的商业机遇开辟新的道路"。

在以产品为中心的商业模式向以客户为中心的商业模式转变的情况下，众多企业开始将客户视为其重要的资源，不断采取多种方式对企业的客户实施关怀，以提高客户对本企业的满意度和忠诚度。

2. 客户关怀是 CRM 的中心

在最初的时候，企业向客户提供售后服务是作为对其特定产品的支持。原因在于这部分产品需要定期进行修理和维护。例如，家用电器、电脑产品、汽车等。这种售后服务基本上被客户认为是产品本身的组成部分。如果没有售后服务，客户根本就不会购买企业的产品。那些在售后服务方面做得好的公司其市场销售就处于上升趋势；反之，那些不注重售后服务的公司其市场销售则处于不利地位。

售后服务与市场销售的正相关效应也使企业的决策者们尝到了甜头。逐渐产生了把售后服务合并到完全产品包装（Total Product Package）的概念。后来，这个概念又得到进一步提升，被称为增值（Added Value），产品由于有了售后服务才能得到增值。从字面上理解，增值就意味着基本产品以外的添加。这个概念不断地扩散到不同的领域，运用于不同的产品。提出这个概念的早期，增值意味着提供了产品标准版本以外的东西。后来又产生了客户关怀范围的"核心"（Core）与"外围"（Peripheral）概念。

最初，客户关怀发展的领域是服务领域。由于服务的无形特点，注重客户关怀可以明显地增强服务的效果，为企业带来更多的利益。于是客户关怀不断地向实体产品销售领域扩展。当前，客户关怀的发展都同质量的提高和改进紧密的联系在一起，贯穿始终。

客户关怀贯穿了市场营销的所有环节，包括如下方面：客户服务（包括向客户提供产品信息和服务建议等）、产品质量（应符合有关标准、适合客户使用、保证安全可靠）、服务质量（指与企业接触过程中客户的体验）、售后服务（包括售后的查询和投诉以及维护和修理）。

客户关怀活动包含在客户购买前、购买到购买后客户体验的全部过程中。购买前的客户关怀为公司与客户之间关系的建立打开了一扇大门，为鼓励和促进客户购买产品或服务做了前奏。购买期间的客户关怀则与公司提供的产品或服务紧紧联系在一起，包括订单处理以及各种有关的细节，都将要与客户的期望相吻合，满足客户的需求。购买后的客户关怀活动则集中于高效跟进和圆满完成产品维护和修理的相关步骤。售后的跟进和提供有效的关怀的目的是使客户能够重复购买公司的产品或服务。

无论从客户角度还是从公司角度考察，在许多方面客户关怀度是很难测度和评价的。综合而言，这种评价可以分为三个角度：寻求特征（Search Property）指客户在购买之前就能够决定的属性，如产品的包装、外形、规格、型号、价格等；体验特征（Experience Property）指的是在购买后或消费过程中才能够觉察到的属性，如品位合适、礼貌待人、安排周到和值得信赖等；信用特征（Credence Property）指的是客户在购买了产品或者是消费了产品和服务后仍然无法评价某些特征和属性（原因在于客户难以具备这方面的专业知识或技巧），因此必须要依赖提供该产品或服务的公司的职业信用和品牌影响力。

在所有营销变量中，客户关怀的注意力要放在交易的不同阶段上，营造出友好、激励、高效的氛围。对客户关怀意义最大的四个实际营销变量是产品和服务（这是客户关怀的核心）、沟通方式、销售激励和公共关系。

3. 建立客户忠诚是企业实施客户关系管理战略所追求的根本目标

客户忠诚是指高度承诺在未来一贯地重复购买偏好的产品或服务，并因此产生对同一品牌或同一品牌系列产品或服务的重复购买行为，而且不会因为市场态势的变化和竞争性产品营销努力的吸引而产生转移行为。

客户忠诚是企业取得竞争优势的源泉，因为忠诚客户趋向于购买更多的产品、对价格更不敏感，而且主动为本企业传递好的口碑、推荐新的客户。因此，拥有长期忠诚客户的企业比拥有低单位成本、高市场份额但客户流失率高的对手更有竞争优势。随着对客户忠诚重要性理解的不断加深，客户忠诚已替代客户满意而成为许多企业 CRM 战略追求的基本目标，企业实施 CRM 的目的就是通过合适的客户保持战略，不断强化客户的关系持续意愿，最终建立客户忠诚，从而实现长期稳定的客户重复购买。

4. 客户关系具有生命周期，客户忠诚的建立需要经历一个进化过程

完整的客户生命周期包括考察期、形成期、稳定期和退化期四个阶段。考察期是客户关系的孕育期，形成期是客户关系的快速发展期，稳定期是客户关系的成熟期，考察期、形成期、稳定期客户关系水平依次增高。稳定期是供应商期望达到的理想水平，但客户关系的发展具有不可逾越性，客户关系必须越过考察期、形成期才能进入稳定期。退化期是客户关系的逆转阶段，关系退化可能发生在考察期、形成期、稳定期三个阶段的任一时点。

满意、信任是忠诚的低级形式，精神忠诚、可持续忠诚是忠诚的高级形式，满意、信任、行为忠诚、精神忠诚和可持续忠诚，代表了不同的客户忠诚水平，它们通常按一定的时序出现在客户关系生命周期的不同阶段。

5. 识别和保持有价值客户是客户关系管理的两项基本任务

并不是每个客户都具有同样的价值，根据Pareto原理，一个企业80%的利润往往是由20%最有价值的客户创造的，其余80%的客户是微利、无利，甚至是负利润的。企业要保持的是有价值的客户，因此，有价值客户的识别是客户关系管理必须首先完成的一项基本任务。

有价值客户识别出来以后，如何留住他们（或者说培育他们的忠诚），并实现他们对企业的价值最大化，即所谓的客户保持，是客户关系管理必须完成的另一项基本任务。必须用发展的观点来看待客户保持问题：客户保持不只是现有关系水平的维持问题，而是一个驱动客户关系水平不断发展的问题，当客户关系处于低水平时必须积极促进其发展，使客户关系尽快进入稳定期，否则客户关系是难以保持的，而且低水平客户关系的保持，无法实现客户对公司的价值最大化。因此，客户保持是促进客户关系不断发展的过程，体现了"以关系发展促客户保持"的理念，具体包括如下三个方面：

（1）促进客户关系尽快进入稳定期。客户关系的发展需要一个从低级向高级不断进化的过程，考察期是关系的萌芽期，代表关系的起始状态，是关系水平的低级阶段；稳定期是关系的鼎盛期，代表了关系的成熟状态；形成期是关系水平从低级向高级快速过渡的重要阶段。如何促进关系从考察期进入形成期，再进入稳定期是客户关系保持的首要使命。

（2）持续延长稳定期。稳定期是客户关系水平的最高阶段，客户在此阶段对企业的价值最大，但是进入稳定期只不过是客户保持追求的第一个目标，不是最终目标，客户保持的终极目标是使客户关系持续保持在稳定期。如何使客户关系在高水平的稳定期延续是客户关系保持的核心任务。

（3）客户关系的修复。由于种种原因，客户关系在发展的任一阶段任一时点都可能出现倒退，不论出现在考察期、形成期还是稳定期，一旦出现这种情况，如果不能及时恢复关系的水平，都可能提前终结客户关系的生命，从而造成客户流失。因此，当客户关系出现倒退时，如何尽快恢复关系的水平也是客户保持十分重要的使命。

6. 客户全生命周期利润（CLP）是客户价值的判别依据

广义客户全生命周期利润（Customer Lifetime Profit，简称CLP）是指公司在与某客户保持买卖关系的全过程中从该客户处所获得全部利润的现值。对现有客户来说，其CLP可分成两个部分，一是历史利润，即到目前为止客户为公司创造的利润总现值，二是未来利润，即客户在将来可能为公司带来的利润流的总现值。公司真正关注的是客户未来利润，故CLP一般仅指客户未来利润。

CLP可看成由两部分构成：第一部分称为"客户当前价值"，它是假定客户现行购买行为模式保持不变时，客户未来可望为企业创造的利润总和的现值，这部分是根据客户关系的当前状态做出的对客户未来利润的保守估计；第二部分称为"客户增值潜力"，它是假定企业采用更积极的CRM策略，使客户购买行为模式向着有利于增大企业利润的方向发展时，客户未来可望为企业增加的利润总和的现值，这部分是对客户增值潜力的估计。根据当前价值和增值潜力，任何客户对公司的价值都一目了然。

7. 客户认知价值、客户满意、客户信任和转移成本共同决定客户忠诚

最新研究表明，客户认知价值、客户满意、客户信任和转移成本是驱动客户关系不断从低级向高级发展的主要决定因素，但四个因素不在同一个层次上：客户认知价值和转移成本是两个基本因素，客户满意和客户信任是两个派生因素。它们在不同阶段的作用也不尽相同：客户认知价值是客户关系保持的内在动力，贯穿于客户生命周期的每一个阶段；客户满意的基础是客户价值期望的满足，一系列的客户满意产生客户信任，长期的客户信任形成客户忠诚，客户满意和客户信任是通向客户忠诚的两个重要里程碑，分别在客户生命周期的前期和中期起着至关重要的作用；转移成本是在客户关系发展过程中自然或人为形成的产物，主要在客户生命周期的中后期起作用，是阻止客户关系倒退的缓冲力。该理念对 CRM 实践具有重大指导意义。

（1）仅仅管理客户满意无法控制客户流失。"满意为王"曾经风靡一时，产品或服务提供商以最大化客户满意为目标制定营销战略，并投入大量资源追踪和度量客户满意，但宣称满意或很满意的客户大量流失现象在各个行业均屡见不鲜，这一比例在 65%～85%，汽车行业在 85%～95%。该理念解释了这一现象：客户满意仅是决定客户关系主要因素之一，但不是唯一因素，甚至不是最重要的因素，如果企业在实施 CRM 时仅仅把注意力放在管理客户满意上的话，将无法有效地控制客户流失。因此，要保持住有价值的客户，企业必须全面管理客户认知价值、客户满意、客户信任和转移成本。

（2）树立"价值为本"的理念。客户认知价值是客户关系的本质决定因素，不仅有最重要的直接影响，而且决定了客户满意和客户信任。大量的企业实践和实证研究表明，向客户提供卓越的价值是唯一可靠获得持续客户忠诚的途径，即使在竞争性相对小的市场也是如此。如果供应商提供的价值不能满足客户不断提升的价值期望，将无法建立真正的客户满意和客户信任，更无法建立客户忠诚。因此，企业在实施 CRM 战略时必须牢固地树立一个理念，即"只有成为客户最有价值的供应商，才能赢得真正的客户忠诚，进而才能与客户建立长期稳定的关系"。这就要求供应商不仅能提供最好的公共价值，如提供卓越的产品质量、适时交货、高性能价格比等，而且必须提供竞争对手难以模仿的个性化增值服务，如提供个性化的信息、个性化的售后服务和技术支持，甚至个性化的全面解决方案。个性化增值是客户关系发展到一定程度时客户的必然要求，供应商如果不能满足客户的这种要求，将始终无法成为客户心目中最好的供应商，那样的话，客户会积极寻找更合适的供应商，一旦发现更好的可替代的供应商，客户便会从现有关系中退出，转向新的供应商。

（3）利用转移成本锁定目标客户。转移成本包括两个部分：一是过去投入的、在转移时将损失的关系投资，二是建立一个新的替代关系涉及的潜在的调整成本。转移成本的种类较多，在 B2B 背景下转移成本主要有：专有投资、风险成本、契约成本、学习与被学习成本、搜索成本等，广义的转移成本还包括可替代供应商的吸引力和人际关系。大多数转移成本是累积成本，随着时间的推移转移成本越来越大。转移成本是客户关系的重要决定因素，转移成本越大，客户流失的可能性越小，供应商应当重视转移成本对控制客户流失的作用，因为当客户面临着很高的转移成本时，即使供应商提供的价

值一时达不到客户的预期而出现关系退化,客户也不会轻易退出,转移成本的这种作用为供应商修复客户关系赢得了足够的时间。因此,供应商要想锁定客户,除了提高客户认知价值以外,必须同时设法提高客户的转移成本。

(4)客户关系的不同阶段应当制定不同的客户保持策略。在客户生命周期的不同时期,客户关系四个决定因素的内涵、作用、焦点不同;客户的价值期望不同;客户为企业创造的利润不同。因此,企业必须依据客户当前所处的生命周期阶段制定不同的保持策略。

在电子商务背景下,客户认知价值、客户满意、客户信任和转移成本仍是客户忠诚的四个主要决定因素,但各个因素的内涵和重要性将发生一定的变化,客户忠诚更难建立。

电子商务是一种全新的交易方式,它势必影响客户对供应商价值和转移成本的主观评价,进而影响客户满意、客户信任,并最终影响客户忠诚的发展模式。电子商务将给客户关系管理至少带来两个方面的变化。

1)客户关系四个决定因素的内涵和重要性将发生一定的变化。客户认知价值项目除了产品质量、交货速度、售后服务、技术支持外,将增加一些新的项目,如交易系统的性能、可靠性、安全性,电子支付的风险,网上售后服务和技术支持的比率等,另外因为沟通更加方便,客户对个性化价值的要求更高;客户满意的基础仍然是客户认知价值,但客户的价值期望将发生改变,价值期望的起点可能会更高,因为客户获取信息更容易、更快捷、更便宜;客户信任建立的基础仍是客户满意,但企业形象、企业声誉对客户信任的建立将变得更加重要,客户信任在客户关系四个决定因素中的地位也将更加突出;转移成本仍是客户关系的影响因素,但电子商务背景下客户转移成本降低,如学习与被学习成本降低、搜索成本降低、人际关系淡漠,转移成本作用被削弱。

2)客户忠诚更难建立,但忠诚客户带来的间接效益更大。为客户提供个性化增值是建立客户忠诚的关键,但在电子商务背景下个性化增值创新被竞争对手模仿的速度加快,因此要建立高水平的客户忠诚,供应商必须具有更强的个性化增值创新能力,另外由于转移成本的降低,当客户对供应商提供的价值不满意时,客户随时都可能退出关系,留给供应商修复关系的时间更短,这也使得建立客户忠诚更加困难。忠诚客户愿意为供应商传递好的"口碑"和推荐新的客户,这些给供应商带来巨大的间接效益,网络使得"口碑"的传递、新客户的推荐更快、更方便、更广泛,从而使间接效益被放大。

8. CRM 软件是实施客户关系管理的支持平台

客户关系管理是一套先进的管理模式,其实施要取得成功,必须有强大的技术和工具支持。CRM 软件是实施客户关系管理必不可少的一套技术和工具集成支持平台,它集合了当今最新的信息技术,包括 Internet 和电子商务、多媒体技术、数据仓库和数据挖掘、专家系统和人工智能、呼叫中心等,CRM 软件是以客户为中心思想的固化、程序化,用于协助管理者更好地完成客户关系管理的两项基本任务:识别和保持有价值客户。管理思想的融入程度反映了 CRM 软件的水平和成熟程度。

CRM 系统的核心是客户数据管理。利用客户数据库,企业可以记录在整个市场与销售过程中与客户发生的各种活动，跟踪各类活动的状态，建立各类数据的统计模型，以用于后期的分析和决策支持。CRM 的功能可以归纳为三个方面：对销售、营销和客户服务三部分业务流程的信息化；与客户进行沟通所需要的手段（如电话、传真、网络、Email 等）的集成和自动化处理；对上面两部分功能所积累下的信息进行加工处理，产生客户智能，为企业战略战术的决策作支持。

9.2.4 客户关系管理对现代企业管理的意义

（1）有效促进营销管理、降低营销成本。

传统企业的营销是以推式为主。传统企业多不重视与客户的互动，单纯投放广告，不考虑客户个性化需要，客户也是被动地接受信息。从一个现象就可以明确反映这一点：一部分企业网站的售后服务功能形同虚设，在线咨询的响应速度很慢，甚至没有响应。

实施 CRM 首先就要求企业在对客户信息全面掌握的基础上，开展一对一营销，客户与企业营销、销售、服务部门互动频繁，这样的营销管理是行之有效的，其投入规模、投放渠道、覆盖区域具有很强的针对性，极大地节约了营销成本。

（2）增强企业竞争力。

网络时代让消费者拥有获取信息的掌控权，企业的价格、服务、产品质量等信息越来越透明。电子商务模式为企业打开了全球市场之门。面对这样成长的消费者与市场，企业不顺应趋势，积极建设自己的电子商务应用系统，不重视对客户的服务质量与互动关系培养，如何在网络时代生存？电子商务应用系统、CRM 系统、ERP 系统不再是企业造势的噱头，而是为了生存必须踏踏实实做的功课。

（3）有利于加强企业内部管理。

企业网站、在线咨询系统、售后人员接收到客户的咨询、投诉、要求以后，首先是快速反应，避免客户等待，给出专业的技术与服务支持；再次对客户的响应还需要企业的制造、运输、配送等各个方面的辅助。CRM 的建设绝不能只体现在硬件建设上，还要对企业业务流程进行整合、改造以便于企业内部信息流通畅，各业务环节衔接良好。

（4）有利于促进企业技术革新。

网络经济的发展改变了客户的消费观念，也改变了社会经济模式，使产品的生产从批量生产（Mass production）向批量定制（Mass customization）转变。企业必须重视客户的个性化需求，追求更高层次的客户服务，才能使客户变成自己源源不断的利润源泉。为了完成这种转变，企业必须重视对企业经营、企业生产、企业服务的技术改革，增强企业经营效率。

从 Robert.Shaw 给出的 CRM 定义看出，以客户需求为导向来建设 CRM 需要企业全面衡量自身的资源投入与产出、相关业务流程的设计与管理。虽然 CRM 建设像个掘金地一样吸引众多企业投身其中，但是当真正实施时，许多企业就发现与其自身运营方式有诸多矛盾之处。业务流程不进行优化与整合，CRM 无法发挥它的效力。CRM 不单单是企业上一套系统就可以建成的，需要配套的软硬件设施、企业网络基础设施建设、工作流程的改变，更重要的是需要企业转换其管理思维模式。

9.3 客户关系管理系统（CRM）概述

9.3.1 CRM 应用系统基本功能

客户关系管理系统，即 CRM 系统是借助于互联网技术、信息技术、数据库技术、数据挖掘与知识发现等先进设施与设备，实现对企业市场与客户信息的全面获取、集成管理、共享，并深入挖掘与提炼的新型应用系统，为企业的营销、销售、客户管理等部门提供业务与决策支持。

CRM 系统中包含企业的营销渠道、每一级客户的基本数据还有客户与企业之间的互动信息，通过应用数据库系统与知识发现，对信息进行有效整理，让与客户接触的管理点，如客户经理、销售人员、售后服务人员在掌握这些信息的基础上，提升与客户接触的质量，使服务更加人性化。借助数据挖掘与知识发现，提炼数据中蕴藏的客户行为方式与规律，便于企业对客户关系管理做出一个统一规划。

20 世纪 80 年代初期的客户信息系统（CIS）是 CRM 应用系统的雏形，大型企业利用 CIS 记录客户完整的信息，并做一定程度的分析。随即出现了我们前面提到过的"接触管理"，代表软件是为前线销售人员量身定做的 ACT，进而发展成为销售自动化（SFA）。销售自动化（SFA）可以帮助销售人员建立完整的销售过程记录，并能对所有销售活动进行管理，例如订单管理、客户管理、销售机会管理、营销活动管理、报价管理等。电脑电话集成技术开发后，呼叫中心迅速成为标准化客户服务与支持的联系渠道。

成熟的 CRM 系统不仅要实现对客户数据的全面获取、获取的便利性，还要为企业提供数据分析、数据挖掘作为决策支持的依据。企业实施 CRM 系统要有助于自身信息化水平、管理水平和市场策略的提高。

我国从 1999 年开始关注对于 CRM 系统的建设，国内外很多软件公司适时地推出了各种 CRM 应用系统，也有大批的大型企业投入应用。CRM 系统到底需要多少个功能才算足够和完整，各开发商的产品不尽一致，企业要根据自身经营的特点、客户群体类型、行业特征等多个方面进行取舍。CRM 系统基本功能模块见表 9-1。

表 9-1　CRM 系统基本功能模块简介

基本功能	功能模块简介								
销售管理	报价	询价	采购	订单	合同	预测	发货	收款	发票
客户服务	客户基本信息管理		服务合同的管理		客户服务跟踪		现场服务		机会跟踪
营销管理	目标客户群管理		市场活动信息管理			营销策略制定		数据挖掘	
活动管理	任务划分		任务分配			任务管理		活动管理	
工具	导入/导出		邮件	短信	报表	统计分析	备忘录	提醒	系统日志	个人设置
系统设置	账号信息		基础数据库管理			权限管理		参数设置		系统升级

一般来讲，典型的 CRM 系统应具备以下基本功能：

1. 销售管理

此模块主要围绕销售机会、销售过程、预测、销售活动等方面。

销售机会，或称"商机"指的是成功发现潜在客户存在的购买意向，通过合理跟踪与沟通，有可能为企业创造盈利的机会。主要用来管理潜在客户的价值、购买实现可能性、预测可能购买时间等。

在市场竞争激烈的今天，企业除了需要节约成本以外，需要不断地寻找和获取新的客户，以增加销售量。目前国内的企业往往没有对潜在的销售机会进行系统化、科学化的管理，导致一些潜在的销售机会白白地流失。所流失的潜在客户往往会成为竞争对手的客户，不但对企业的市场份额会造成重大的影响，还减少了企业本身的潜在收入。

企业需要不断发掘和获取新的客户，扩大自己的市场份额。销售机会管理子模块是 CRM 系统的核心组成部分之一。遗憾的是国内大部分企业都缺乏成熟的系统帮助企业对潜在的销售机会进行系统、科学化的管理，由于企业意识淡薄与技术不成熟，白白流失了大量潜在销售机会，成就了竞争对手。销售机会管理恰恰是针对这部分空白设计的，通过对于整个销售过程（从确认销售机会到完成销售）进行系统化、科学化的管理，企业获得更多收入的机会。

很多企业对 CRM 中的销售管理模块认识片面，认为其最重要的功能就是实现销售过程的自动化。它的作用远不止于此，预测部分可以帮助大部分企业的营销管理从粗放型向精细型转变，引导企业注重过程管理和量化管理，将过程的分阶段管理和目标量化，对销售任务进行量化管理，达到在售前、售中和售后都能够对销售进行预测或控制的目的。

2. 客户服务

此模块主要负责四部分：客户基本服务、服务合同的管理、客户服务跟踪、现场服务。

其中客户基本服务部分，CRM 负责收集现有客户的基本信息，分配现有服务任务，建立服务技术人员档案，建立地域管理档案。

服务合同管理部分，CRM 系统可以创建和管理客户服务合同，自动跟踪保修单和合同的续订日期，利用事件功能表安排预防性的维护活动，通过对服务合同履行信息的收集与跟踪，保证客户获得物有所值的服务。

客户服务跟踪部分，CRM 系统通过设计的互动功能，接收来自客户的咨询、请求、投诉、建议等，并提供部分自助技术服务，帮助客户解决自己的问题。

现场服务部分，通过 CRM 系统提供的这部分功能，服务工程师能实时地获得关于服务、产品和客户的信息，还可以使用该组件与派遣总部进行联系。

3. 营销管理

此模块主要负责目标客户群的划分、设计营销组合策略、进行客户规律数据挖掘、管理各类市场活动。这些充足、大量的历史数据，借用先进的数据挖掘技术，合理搭建客户价值模型，有助于市场精确细分，对客户群进行合理划分，设定针对性的营销组合。通过对相关的市场营销活动投入、客户反馈等数据进行分析，帮助企业了解营销活动的有效性，总结出企业市场活动的规律，更有针对性地调整营销策略，为开展销售活动，把握销售机会提供支持。

4. 活动管理

此功能的设计是以组织内部所有参与交互活动和执行任务的个体为对象，如客户经理、销售人员、营销管理人员、客户服务代表、服务工程师等。主要作用是在考虑时间及能力限制的条件下，合理地将某项活动或任务分配给符合具体要求的人员，能够跟踪活动处理的全过程。有些 CRM 系统设计时考虑到时间安排，并基于日历显示和管理是活动管理中最为关键的环节，会将活动管理称为"时间管理"功能。活动管理是整个 CRM 系统中非常重要的一个功能，贯穿于各个模块中，通过对各种活动的内容、时间、方式等方面的管理，实现企业各种商业行为。

9.3.2 CRM 应用系统的基本分类

在 CRM 的发展过程中，根据企业应用重点与功能存在的差异，产生了多种类型的 CRM 系统，产品的性能也逐渐趋于成熟。对于 CRM 系统分类的角度千差万别，本书顺延上文对基本功能的介绍，从 CRM 的功能侧重点进行分类说明。按照目前主流 CRM 系统功能分类方法，CRM 系统主要可分为操作型 CRM、协作型 CRM、分析型 CRM 三种类型。

1. 操作型 CRM

这种类型的 CRM 将其功能重心置于客户信息管理与自动集成商业过程，即用于管理销售自动化、营销自动化和客户服务与支持这三部分业务流程，重视对客户接触点、渠道和前后台的集成。

2. 协作型 CRM

协作型 CRM 核心部分是 Call Center（客户呼叫中心），实现与客户沟通手段的集成与自动化，如电话、传真、网络即时对话、E – Mail 等。其典型的功能有客户服务、订购管理等。

3. 分析型 CRM

分析型 CRM 主要是对客户信息的捕捉、存储、提取、处理、解释并生成相应报告。系统的技术特征是利用数据仓库与数据挖掘技术，发现数据之间存在的深层次联系、趋势，理解客户真实的需求，预测将来的客户行为，帮助企业选择恰当的客户并将注意力集中在他们身上，以便为他们提供恰当的附加产品，帮助企业及时识别客户流失的倾向，便于采取相应的挽留销售行为。由此看出分析型 CRM 主要是对以上两部分所产生的数据进行分析，产生客户智能，为企业的战略、战术的决策提供支持。

分析型的客户关系管理应用主要有：客户群体分类分析和行为分析、客户效益分析和预测、客户背景分析、客户满意度分析、交叉销售、产品及服务使用分析、客户信用分析、客户流失分析、欺诈发现、市场分类分析、市场竞争分析、客户服务中心优化等。

目前国内市场上的主流为操作型 CRM 系统，占据了大部分的市场份额。操作型 CRM 系统是对企业业务流程的自动化处理、企业与客户间沟通以及相互协作等问题的管理，可以满足初级 CRM 管理的需求。随着市场的动态性、国际性、个性化趋势的不断发展，客户信息日趋复杂，操作型 CRM 系统将难以满足企业对于客户关系管理进行深层次管理的需要。在现有客户关系管理解决方案基础上扩展强大的业务智能和分析能力显得尤为重要，分析型 CRM 系统就恰好弥补了操作型 CRM 系统的不足，将成为企业实施的重点。

9.3.3 CRM 应用系统的实施管理

CRM 系统的实施不单纯是企业硬件、网络条件的改变，更是企业经营管理理念、业务流程、员工客户服务意识、行为的深化。它的实施会面临如何获取客户的反馈、政策决策或者管理层的支持等难题，也会面临标准化、系统清理和数据转换等棘手的具体问题。CRM 项目的实施比大多数企业的其他项目更加容易受到影响，项目实施者如何正确认识遇到的这些挑战，如何去协调各方面软硬件的不足、意识冲突、业务流程改造困难等各种难题，就成为成功实施 CRM 整体解决方案的关键。

1. CRM 系统基本实施流程

CRM 应用系统实施过程中涉及的内容很多，所处行业特征、企业要实现的客户关系管理战略、软件供应商的选择等均会与 CRM 功能模块有一定的关联性。企业 CRM 系统的实施是需要根据企业建设需求、企业经营规划及现状，具体问题具体分析，本书在这里只阐述 CRM 软件系统实施的一般步骤。

（1）确立业务计划。企业在考虑部署"客户关系管理（CRM）"系统之前，确定利用这一新系统实现的具体的生意目标，例如缩短销售周期 1/4、增加销售利润 2%、加快产品升级换代速度、提高客户满意度至 90% 等，即企业应了解这一系统的价值。

（2）建立 CRM 项目实施团队。系统的成功实施，关键之一在于对企业业务的统筹考虑，建立一支行之有效的项目实施方案，最重要的是包含从各个职能部门抽调业务代表组成的实施团队。CRM 项目实施团队是搭建 CRM 系统的指挥和执行人员的队伍，就 CRM 的实施做出各种决策，给出建议，就 CRM 的细节和带来的好处与整个公司的员工进行沟通，完成各项实施任务。

（3）分析、评估现有销售、服务流程。CRM 系统是对企业的营销、销售、服务流程进行管理，项目实施第一步就是要布置足够的资源和时间去分析、评估企业现有的营销、销售和服务流程，总结出目前流程中的优势与劣势，针对存在的问题给出改进措施，广泛征求企业员工的意见，了解企业内部对营销、销售和服务流程的业务需求。为了保证这些反馈意见得到良好的选择与处理，整个过程需要有企业管理高层的参与，保证决策的及时有效。

（4）选择 CRM 系统供应商。在供应商的选择过程中，供应商的业界口碑、系统价格、技术服务力量等均在考虑之列，最重要的是确定系统供应商对企业面临的客户关系管理问题有较充分的了解与理解，明确 CRM 系统需要提供哪些功能，帮助企业顺利掌握 CRM 系统的具体应用，确保所提交的每一软、硬设施都具有详尽的文字说明。

（5）组织企业管理人员及员工培训，保障系统正常运转。CRM 系统建设完成后，软件供应商与企业内部培训机构根据 CRM 系统的模块设计与业务流程，制定相应的培训计划，培训对象覆盖销售人员、服务人员以及管理人员，使员工明确系统应用中在管理与维护方面的操作，维持企业 CRM 成功运行。

（6）CRM 系统后续技术支持与维护。很多企业实施 CRM 系统后，都会忽略这一步骤的重要性。即使前期系统规划得当，员工使用正确，仍无法避免一个系统无法涵盖所有的需求的问题，总会有新的功能需求不断产生，系统应用效果也会受到外界网络因素、安全因素的影响。企业要重视对系统应用的跟踪、监控与评估，要求软件供应商提供必要的技术支持与维护。

2. CRM 系统成功实施的关键因素

如何能够引导 CRM 的项目实施走上成功的道路，需要管理者和项目发起者在项目启动前综合考虑多方因素。

企业需要在项目启动前、规划中、实施全过程兼顾各方面的因素，才能保证 CRM 系统的顺利实施。如何才能提升实施的成功率呢？国内企业与优秀软件供应商一般会考虑如下因素：

（1）企业高层重视。CRM 系统的实施是一项投资巨大、影响企业成败的重要工程，必须引起企业高层的重视，在管理层的推动下，CRM 系统与企业的管理制度、业务流程相配套，更好地协调各业务部门的资源，打通相关业务环节，必要时站到公司的角度上以行政命令的形式推行系统的实施与应用，也需要员工更好地理解企业实施 CRM 系统可以给企业、自身工作带来什么样的益处，这样会极大地提高 CRM 实施的成功率。

（2）实施过程建立起明确的阶段目标。CRM 系统本身具有的功能是非常全面的，如果搭建完整的 CRM 应用平台，需要企业投入巨大的财力、人力和时间。企业需要根据自身经营实际，对实施过程建立明确的分阶段目标，首先解决企业急需面临的问题，在应用的过程中，再不断扩展新功能，循序渐进地推进 CRM 的建设，这样可以保证系统短期内见到成效，树立员工信心。

（3）对软件供应商慎重选择。企业在选择软件供应商时，需要考察供应商在业界的技术实力、服务对象、服务项目、服务价格。供应商选择的优劣会直接影响系统实施的成败。一家优良的供应商可以帮助企业系统地实行业务流程梳理，建立以客户为中心的精细业务规则、完善客户价值评估体系等，并且由于其经验丰富，也可以很好地应对实施过程中出现的困难与风险。

（4）需要各参与个体良好配合。系统建设与实施的过程，是企业与供应商、企业内部各部门、企业管理者与普通员工之间、企业与客户之间多个主体之间的互动与配合。特别是企业与供应商之间，为了便于监控实施流程与避免纠纷，双方需要把实施过程规范化、细致化，要把实施工作计划到每天和每周，保证项目的层次推进和效率，从而有效地控制风险。

本章小结

客户关系是指围绕客户生命周期发生、发展的企业与客户之间的信赖和依存的状态。企业对于客户关系的维护是需要逐步建设及维护的。企业完整的客户关系建设周期分为客户开发、双方初期合作、双方关系稳定、建立战略联盟四个阶段。在客户关系建设程度不断推进的过程中，双方从简单的买卖关系稳定到长期合作，到最后双方建立起高度信任与依赖的战略联盟关系。

客户价值就是指客户资源对企业生存与发展的正面意义与价值。对客户价值的认识与开发涉及许多学科知识，包括经济学、企业管理、社会学、心理学、市场营销、人类学等。从不同角度对客户价值的解读也存在着多样性。目前对客户价值的研究正沿着三个不同的侧面展开：一是企业为客户提供的价值，即从客户的角度来感知企业提供产品和服务的价值；二是客户为企业提供的价值，即从企业角度出发，根据客户消费行为和消费特征等变量测度出客户能够为企业创造的价值，该客户价值衡量了客户对企业的相对重要性，是企业进行差异化决策的重要标准；三是企业和客户互为价值感受主体和价值感受客体的客户价值研究，称为客户价值交换研究。

客户关系管理 CRM 就是一种通过提高客户满意度、归属感来增强企业竞争力，增加企业效益的手段。其核心就是深入挖掘经营客户所带来的价值，即开展客户价值管理。企业营销采用"一对一"原则，致力于满足不同价值客户的个性化需求实现客户价值持续贡献，全面提升企业盈利能力。客户关系管理 CRM 是一种管理理念、管理机制，也是一套客户关系管理的技术方案与软件。企业理解并树立客户关系管理 CRM 的理念，才会将客户需求置于首位，不断开发出可以满足顾客需求的产品或服务，并注意维持与提高与客户的关系，增强客户满意度与对企业的忠诚度，增加客户重复购买的可能性，对现代企业的管理具有积极的作用。

客户关系管理系统，即 CRM 系统，是借助于互联网技术、信息技术、数据库技术、数据挖掘与知识发现等先进设施与设备，实现对企业市场与客户信息的全面获取、集成管理、共享，并深入挖掘与提炼的新型应用系统，为企业的营销、销售、客户管理等部门提供业务与决策支持。CRM 系统中包含企业的营销渠道、每一级客户的基本数据还有客户与企业之间的互动信息，通过应用数据库系统与知识发现，对信息进行有效整理，让与客户接触的管理点，如客户经理、销售人员、售后服务人员在掌握这些信息的基础上，提升与客户接触的质量，使服务更加人性化。借助数据挖掘与知识发现，提炼数据中蕴藏的客户行为方式与规律，便于企业对客户关系管理做出一个统一规划。CRM 系统的实施是企业经营管理理念、业务流程、员工客户服务意识、行为的深化。它的实施会面临如何获取客户的反馈、政策决策或者管理层的支持等难题，也会面临标准化、系统清理和数据转换等棘手的具体问题，如何去协调各方面软硬件的不足、意识冲突、业务流程改造困难等各种难题，就成为成功实施 CRM 整体解决方案的关键。

思考题

1. 试述客户关系的分类。
2. 什么是客户价值？
3. 客户关系管理的含义是什么？如何理解客户关系管理的含义？
4. 客户关系管理基本理念是什么？
5. 简述客户关系管理对现代企业管理的意义。
6. CRM 系统的基本功能和核心分别是什么？
7. 电子商务中的 SCM 有什么特点？

8. 简述 CRM 系统的基本分类。
9. CRM 系统基本实施流程是什么？
10. CRM 系统成功实施的关键因素是什么？

实训题

1. 某学生拟在校园网上开一服装店，请分析如何让那个客户增加对店铺的满意度和忠诚度？

2. 上网收集有关京东集团客户关系管理的资料，分析讨论京东集团客户关系管理的战略和特点，并分析京东客户关系管理实施的策略。

第10章 电子商务与国际贸易及电子商务法律、税收

本章学习目标

本章主要介绍电子商务在国际贸易中有哪些应用，电子商务的发展对国际贸易的影响；在电子商务交易中各行为主体的法律地位以及规范交易行为的法律、法规；电子商务的立法原则和国际组织的立法范本。电子商务交易实行税收征缴遇到的问题和征收实施办法。通过本章的学习，读者应该掌握以下内容：

- 电子商务在国际贸易中的基本功能
- 在国际贸易中运用电子商务的主要优势
- 电子商务交易中的法律问题
- 电子商务交易中的法律保护
- 国内外电子商务立法现状
- 电子商务下税收的问题
- 电子商务税收种类
- 电子商务税收问题探讨

 开篇案例

> 案例1："滴滴打车"和"滴滴"的商标诉讼战（商标侵权案）
>
> 2015年4月，广州市睿驰计算机科技有限公司（以下简称"睿驰公司"）诉称，公司拥有第38类第11122098号"嘀嘀"和第11282313号"滴滴"商标、第35类第11122065号"滴滴"商标，而北京小桔科技有限公司（以下简称"小桔公司"）通过软件信息平台向社会公众提供字样为"嘀嘀打车""滴滴打车"服务，并在提供服务的软件界面等处显著标注"嘀嘀""滴滴"字样，该服

务包含"基于网络的信息传送、全球网络用户打车服务、语音通讯服务、出租车司机商业管理"等，与原告商标核定使用的服务相同或近似。睿驰公司将小桔公司诉至北京市海淀区人民法院，认为小桔公司的行为侵犯了自己所享有的上述商标权，要求其停止侵权并消除影响。

在一审判决中，海淀法院经审理认为，第一，从标识本身来看，原告的商标显著性不如被告强，因此二者区别明显；第二，双方的服务类别并不构成近似；第三，原告现有证据未能证明其对商标在核定范围内进行了商标性使用，相对于被告的大量使用所形成的稳定消费群体，二者难以认为构成混淆。因此，一审法院判决驳回原告的全部诉请。

开篇案例

案例2：浙江省第一起利用微信平台售假入刑案（微信售假案）

从2013年5月起，何某开始通过两个微信号，在朋友圈发布各大名牌包包手表和高档化妆品的信息。何某接到单子后，转发给其在广州的朋友，由朋友从生产工厂直接发货给买家，何某赚取中间的差价。短短几个月的时间，何某发布的销售动态已达百余条，销售金额高达10余万元。

2013年12月，何某被用户举报售卖假货。公安机关在何某住所内搜出了假冒的"路易威登""普拉达"牌包包和手表等24件商品。

2015年4月1日，杭州市经济技术开发区人民法院对浙江省第一起利用微信平台售假入刑案件进行了宣判，微商何某以销售假冒注册商标的商品罪被判处有期徒刑一年，缓刑两年，并被处罚金人民币6万元。

法院认为，被告人何某明知是假冒注册商标的商品而予以销售，销售金额数额较大，其行为已构成销售假冒注册商标的商品罪。鉴于被告人何某归案后如实供述罪行，系坦白，又系初犯，有悔罪表现，经审前社会调查符合社区矫正条件，且属怀孕的妇女，可依法予以从轻处罚并适用缓刑。

【资料来源】https://www.zhihedongfang.com/2015/07/11550

10.1 电子商务与国际贸易

电子商务随着信息通信科技的发展而日渐普及化，由于电子商务具有跨国界的特性，配合全球自由贸易体制逐渐成形，在可预期的未来国际网络优势将对全球贸易体系产生革命性影响，透过国际网络来进行跨国境信息交换、付费、通关乃至电子化商品流通等将成为未来国际贸易的主流。

10.1.1 电子商务在国际贸易中的基本功能

传统的国际贸易活动，交易涉及的主体一般包括买方、卖方、银行、运输、税务、海关、商检等部门，环节众多，业务运作过程十分复杂，效率低，周期长，越来越不适应当今国际贸易业务快速发展的需要。电子商务通过因特网将交易涉及的各方连成一体，把其中部分或全部业务的处理过程转移到网上。与传统的国际贸易活动相对应，电子商务在国际贸易中具有以下基本功能。

1. 物色贸易伙伴

物色贸易伙伴是开展国际贸易的前提。在传统方式下，无论是买方还是卖方，为了寻找合适的贸易伙伴，必须付出极高的代价。而利用电子商务物色贸易伙伴，既省大量人力、物力的投入，而且还不受时间、地点的限制。一方面，企业可以通过建立自己的网站或借助有关国际贸易电子商务平台向全球范围内的潜在客户提供有关产品和服务的供求信息，吸引相关客户开展贸易；另一方面，企业可以主动上网搜索各种经贸信息，寻找理想的贸易伙伴。

2. 咨询、洽谈

咨询、洽谈是国际贸易业务的必经程序，也是交易能否成功的关键环节。在传统方式下，咨询、洽谈一般是由交易双方共同选择某一确定的时间和地点，双方当面进行。但因时间和空间的限制，咨询、洽谈的过程既漫长又不经济。因特网不仅具有便捷、低成本的通讯功能，而且具有高效、大容量的信息处理能力，在国际商务的咨询、洽谈活动中也具有十分重要的功能。买卖双方可借助电子邮件、新闻组和实时讨论组了解市场和商品信息，洽谈交易事务，如有进一步的需求，还可用网上的白板会议来交流即时的图形信息。通过因特网进行咨询和洽谈可以跨越面对面洽谈的限制，提供多种方便的异地交流方式。

3. 网上订购与支付

电子商务可借助网站中的邮件交互传递网上的订购信息，并可通过银行和信用卡公司的参与实现网上支付。网上订购通常在产品介绍中提供十分友好的订购交互格式框，当客户填完订购单后，系统会用交易确认信息单来保证订购信息的收悉，订购信息也可采用加密方法使客户和商家的商业信息不致泄露。国际贸易中的网上支付对可以直接通过因特网传递交付的软件、影音、咨询服务等无形产品交易来说极为便利，可节省人员开销，并且随着网络安全技术的不断发展，网上支付在国际贸易中的优势将会更加明显。

4. 交易管理

国际贸易的业务活动牵涉到政府的多个职能部门以及金融、保险、运输等众多配套服务部门，对国际贸易交易的管理包括有关市场法规、税务征管、报关、交易纠纷仲裁等多个环节。在传统的运作过程中，企业必须单独与各相关单位打交道，要花费大量的人力、物力，并且占用大量的时间。电子商务使国际贸易的交易管理做到无纸化、网络化，使从事进出口业务的企业可直接通过因特网办理与银行、保险、税务、运输各方有关的电子票据和电子单证，完成部分或全部结算以及索赔等工作，大大节省了交易过程的时间和费用。

10.1.2 在国际贸易中运用电子商务的主要优势

1. 显著降低国际贸易成本

与国内贸易相比，国际贸易的单证数量繁多，处理费用高昂。如1996年全球跨国贸易中以纸面单据为主的各种杂项开支达3500亿美元，占当年世界贸易总值的7%。通过电子商务进行国际贸易，既可节省大约90%的文件处理费用，又可缩短交单结汇时间，加快资金周转，还可节省利息开支，成本优势十分显著。交易成本的降低还表现在由于减少了大量的中间环节，使买卖双方可以通过网络直接进行商务活动，交易费用明显下降。

2. 交易效率显著提高

利用电子商务开展国际贸易，买卖双方可采用标准化、电子化的格式合同、提单、保险凭证、发票和汇票、信用证等，使各种相关单证在网上即可实现瞬间传递，大大节省了单证的传输时间，还能有效地减少因纸面单证中数据重复录入导致的各种错误，明显提高了交易效率。

在传统的国际贸易中，全部程序包括签约、洽谈、报关、租船订仓、保险以及支付结算等都必须由人工参与，交易效率低，错误发生率高，受时间的局限性大。而通过网上办理相关业务，可以最大限度地减少人工参与，并且不受时间限制，提高了业务处理的灵活性，为客户带来更多的便利。

3. 全天候业务运作，提高客户满意度

由于世界各地存在时差，国际商务谈判就相当不便，对企业来讲，在传统条件下，提供每周7天、每天24小时的客户服务往往感到力不从心。而利用电子商务可以做到全天候服务，客户可在全球任何地方、任何时间从网上得到相关企业的各种商务信息。如果得不到理想的答案，还可以通过电子邮件的形式进行询问，只要企业及时回复，即可使访问者得到满意的答复。电子商务全天候、不间断运作可使全球范围内的客户随时得到所需信息，为出口企业带来更多的订单，并且可大大提高交易的成功率。

4. 减少贸易壁垒，扩大贸易机会

因特网作为全球性的网络，彻底消除了地域的界限，对减少国际贸易中的有形和无形壁垒有着积极的意义。在网上做生意，没有宗教信仰的限制，也没有种族的歧视，甚至公司规模和经济实力的差别都显得不再重要。以美国为主的发达国家极力主张电子商务达成的国际贸易免征关税。这一方面有力地推动了国际贸易的发展，促进国际贸易业务量的迅速提高；另一方面也有力地促进了世界范围内电子商务的发展，使全球经济一体化进程更快地向前推进。

5. 减轻对实物基础设施的依赖

传统企业开展国际贸易业务必须拥有相应的基础设施，如办公用房、仓储设施、产品展示厅、销售店铺等。与开展国内贸易相比，进行国际贸易对实物基础设施的依赖程度要高得多。如果利用电子商务开展国际贸易业务，则在这方面的投入显然要小很多，如美国亚马逊网上书店与传统的实物书店相比，几乎找不到豪华的办公楼、宽敞的营业大厅,甚至除了少量的畅销书有部分库存外,其他绝大多数图书都是在接到顾客的订单后再向各出版社订购的,几乎不占库存。因此,利用电子商务开展国际贸易可以显著减少在实物基础设施方面的投入。

10.1.3 电子商务的发展对国际贸易的影响

1. 国际贸易的运作环境将发生变化

随着电子商务的迅速发展,国际贸易业务活动将会逐渐转移到电子虚拟市场进行。电子虚拟市场是传统市场的虚拟形态,从广义上讲,它是电子商务的运作空间。在电子虚拟市场上同样存在着生产商、进口商、出口商、经纪人、零售商店、消费者等各类经营主体,共同参与国际贸易业务的运作;在电子虚拟市场上,市场经营客体既可以是直接通过网络交付的无形产品,也可以是"在线交易,离线交付"的有形产品。与传统市场的运作方式明显不同的是:在电子虚拟市场上,国际贸易业务的实现形式基本上呈现电子化、数字化、网络化和虚拟化的特点。

2. 国际贸易的业务流程将发生改变

电子商务使国际贸易业务运作的流程发生深刻的变化,在交易前,买方通过因特网寻找满意的商品和服务,而卖方则可在网络上对产品进行宣传,及时了解买方的需求,寻找合适的贸易伙伴和恰当的贸易机会;在交易中,交易双方通过因特网对交易进行具体谈判,谈成后,用电子文件或书面文件的形式签订合同,并通过因特网传递各种贸易单证;交易后,卖方可通过因特网提供售后服务,如发生贸易纠纷,双方还可利用因特网进行必要的磋商。

在企业内部,电子商务的应用将使企业各职能部门有机地联合起来,既可提高效率,减少各种开支,同时还可精简机构和人员。在企业外部,电子商务通过电子化的贸易手段把贸易各方连接到一起,既使各种传统的纸质商贸单证被无纸化的"电子数据流"所取代,又使企业与企业之间、企业与消费者之间的联系更加便捷,客户将更加主动地参与到企业的运作过程中。业务流程的精简使业务运作的效率提高,成本降低,客户也将更加满意。

3. 国际贸易的竞争方式将有所不同

在电子商务环境下,企业之间的竞争不再是简单的产品或服务的竞争,而是商务模式和供应链之间的竞争。谁能以最快的速度把最先进的技术应用到产品及服务中去,同时把最具竞争力的价格交给客户,那么谁就能赢得市场竞争的主动权。要在市场竞争中取胜,越来越多的进出口企业已经意识到供应链管理的重要性。在电子商务条件下,供应链管理可依托电子交易方式,以最小的投资获取最高的利润,建立与供应商、分销商和客户更快捷、更方便、更精确的电子化联络方式,实现信息共享和管理决策支持,保证客户需要的产品及时生产、发货、调度,降低库存,减少在途时间,争取以最低的成本换取最大的效益。

4. 促进中小企业更好地进入国际市场

对广大的中小企业来说,进入国际市场往往由于人力、财力、物力的限制而显得力不从心,电子商务的发展为中小企业开展国际贸易开辟了广阔的天地。中小企业可以通过两种途径开展国际贸易：一种是在专门的电子商务平台注册开展电子商务，如阿里巴巴（http://www.alibaba.com/，见图10-1）、美商网（www.meetchina.com）等，这种方法投入少，难度小；二是中小企业建设自己的电子商务网站，直接开展电子商务，这种方法难度相对较大，但收效显著。电子商务为中小企业跻身国际市场创造了与大企业平等竞争的环境，有利于中小企业的发展壮大。

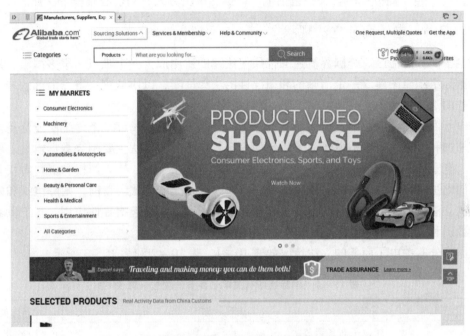

图10-1　阿里巴巴网（http://www.alibaba.com/）

5. 国际贸易的监管方式将发生变化

电子商务交易的无形化、网络化必将促使各国政府对国际贸易的监管方式进行创新，特别是在关税征收、海关监管、进出口检验等方面必须尽快适应电子商务的发展需要。对我国政府来说，一方面要积极与世界各国合作，共同推进电子商务在国际贸易中的发展；另一方面要在国际贸易的管理上加强电子商务的应用，如出口商品配额的发放、电子报关、进出口商品检验等方面要尽快与国际接轨，使政府在推动电子商务的发展中成为主导力量。

10.2　电子商务交易中的法律问题

电子商务带来了一些新的问题，给传统法律制度带来了前所未有的冲击和挑战。不仅传统商务活动涉及的法律问题会出现在电子商务活动中，而且电子商务的电子化、信息化和网络化的特征也引起许多新的法律问题。与电子商务和互联网有关的法律问题涉及众多领域，主要包括以下几个方面：

（1）与电子商务主体身份及行业准入有关，包括电子签名法、电子认证法等。

（2）与电子商务交易流程有关，包括电子合同法、电子支付法等。

(3) 与电子商务中的权益有关,包括消费者权益保护法、网络隐私权保护法、知识产权保护法等。

(6) 与电子商务安全有关,包括电子商务安全保护法、网络犯罪相关法律等。

(5) 与电子商务广告有关,包括电子商务中的广告法律制度等。

(6) 与电子商务税收有关,包括电子商务中税种、征税方式等法律。

(7) 与电子商务纠纷有关,包括电子证据、解决方式、司法管辖权等法律。

10.2.1 电子商务立法现状

电子商务跨地区、跨国界流通的性质使法律的适用成为一个难点,很多国家、地区甚至国际组织意图建立一个清晰的和概况性的法律框架,以协调统一市场内部的有关电子商务的法律问题。

电子商务法在保留和遵循商法基本原理的基础上,逐步扬弃规范传统商业活动的内容,增加和补充用以规范电子商务活动的内容。电子商务立法主要围绕数据电文、电子签名、电子认证、信息安全的法律问题展开,对于电子合同、知识产权和消费者权益等方面的立法,则是主要采取对原有法律进行修改或补充的方式。目前,国际组织和发达国家的立法占主导地位,对其他国家和地区的电子商务立法起指导性作用。基于世界的经验教训和我国国情,我国也制订了相关的法律规则。

国内外有关电子商务的立法情况如表10-1、表10-2和表10-3所示。

表10-1 国际组织有关电子商务的立法一览表

立法机构	法规名称	发布时间
联合国大会	《电子商务示范法》	1996年
	《电子签名示范法》	2000年
联合国国家贸易法委员会	《行政、商业和运输、电子数据交换规则》	1986年
	《国际贷记资金划拨示范法》	1992年
国际商会	《电传交换贸易数据统一行动守则》	1986年
	《国际数字化安全商务应用指南》	1997年
国际海事委员会	《电子提单规则》	1990年
	《信息系统安全性指南》	1992年
经济合作与发展组织	《在全球网络上保护个人隐私宣言》	1998年
	《关于在电子商务条件下包含消费者的宣言》	1998年
	《关于电子商务身份认证的宣言》	1998年
	《电子商务:税务政策框架条件》	1998年
	《电子商务中消费者保护的指南》	1999年
世界贸易组织	《信息技术协议》	1996年
	《全球基础电信协议》	1997年
	《开放全球金融服务市场协议》	1997年

续表 10-1

立法机构	法规名称	发布时间
欧盟	《欧盟关于处理个人数据及其自由流动中保护个人的指令》	1995 年
	《欧盟电子签名法律框架指南》	1999 年
	《电子签名指令》	1999 年
	《电子商务指令》	2000 年

表 10-2 国外有关电子商务的国家立法一览表

国家	法规名称	发布时间
美国	《数字签名法》（犹他州）	1995 年
	《统一计算机信息交易法》	1997 年
	《电子商务安全法》（伊利诺斯州）	1998 年
	《国际与国内商务电子签名法》	2000 年
俄罗斯	《俄罗斯联邦信息法》	1995 年
	《国际信息交流法》	1996 年
	《电子数字签名法》	2001 年
德国	《信息与通用服务法》	1986 年
日本	《电子签名与认证服务法》	2000 年
新加坡	《电子交易法》	1998 年
意大利	《数字签名法》	1997 年
法国	《信息技术法》	2000 年
加拿大	《统一电子商务法》	1999 年
澳大利亚	《电子交易法》	1999 年
韩国	《电子商务基本法》	1999 年
印度	《电子商务支持法》	1998 年
菲律宾	《电子商务法》	2000 年

表 10-3 我国有关电子商务的立法一览表

立法机构	法规名称	发布时间
人大常委会	《关于维护互联网安全的决定》	2000 年
	《中华人民共和国电子签名法》	2004 年
国务院	《计算机信息网络国际联网管理暂行规定》	1996 年
	《商用密码管理条例》	1999 年
	《互联网信息服务管理方法》	2000 年
	《电信条例》	2000 年
	《信息网络传播权保护条例》	2006 年

续表 10-3

立法机构	法规名称	发布时间
信息产业部	《中国公用计算机互联网国际联网管理方法》（原邮电部）	1996 年
	《互联网电子公告服务管理规定》	2000 年
	《互联网站从事登载新闻业务管理暂行规定》（联合国务院新闻办公室）	2000 年
	《关于互联网中文域名管理的通告》	2000 年
	《电信业务经营许可证管理办法》	2001 年
信息产业部	《互联网出版管理暂行规定》（联合新闻出版总署）	2002 年
	《中国互联网络域名管理办法》	2004 年
	《互联网电子邮件服务管理办法》	2005 年
	《电子认证服务管理办法》	2005 年
	《互联网著作权行政保护办法》（联合国家版权局）	2005 年
商务部	《关于网上交易指导意见（暂行）》	2007 年
	《电子商务模式规范》	2008 年
	《网络购物服务规范》	2008 年
中国互联网络信息中心	《中国互联网络信息中心域名争议解决办法程序规则》	2006 年
	《中国互联网络信息中心域名争议解决办法》	2006 年
公安部	《计算机信息网络国际联网安全保护管理办法》	1997 年
	《互联网安全保护技术措施规定》	2005 年
文化部	《互联网文化管理暂行规定》	2003 年
卫生部	《互联网医疗卫生信息服务管理办法》	2001 年
国家密码管理局	《电子认证服务密码管理方法》	2005 年
国家药品监督管理局	《互联网药品信息服务管理暂行规定》	2001 年
中国银行业务监督管理委员会	《电子银行业务管理办法》	2005 年
中国人民银行	《电子支付指引（第一号）》	2005 年
	《关于促进银行卡产业发展的若干意见》（联合九个部门）	2005 年
公共部、央行、国家工商总局	《关于加强银行卡安全管理预防和打击银行犯罪的通知》	2009 年
中国电子商务协会	《网络交易平台服务规范》	2005 年
最高人民法院、最高人民检察院	关于办理危害计算机信息系统安全刑事案件应用法律若干问题的解释	2011 年
上海市信息办	《上海市国际经贸电子数据交换管理规定》	1999 年

续表 10-3

立法机构	法规名称	发布时间
北京市工商局	《网站名称注册管理暂行办法》 《网站名称注册管理暂行办法实施细则》	2000 年
北京市工商局	《关于贯彻落实〈北京市信息化促进条例〉加强电子商务监督管理意见》	2008 年
广东省	《广东省电子交易条例》	2003 年
香港	《电子交易法令》	2000 年
台湾	《电子签章法》	2001 年

1. 联合国的《电子商务示范法》简介

1996 年 12 月 16 日，联合国国际贸易法委员会第 85 次全体大会通过了《电子商务示范法》，该法是世界上第一个电子商务的统一法规，其目的是向各国提供一套国际公认的法律规则，以供各国法律部门在制定本国电子商务法律规范时参考，促进使用现代通信和信息存储手段。

《电子商务示范法》共 17 条，有两部分。第一部分为电子商务总则，即一般条款；对数据电文的适用法律要求；数据电文的传递。第二部分为电子商务的特定领域，主要涉及货物运输中的运输合同、运输单据、电子提单的效力和证据效力等问题。该法对电子商务的一些基本法律问题做出的规定，有助于填补国际上电子商务的法律空白。虽然它既不是国际条约，也不是国际惯例，仅仅是电子商务示范的法律范本，但却有助于各国完善、健全其有关传递和存贮信息的现行法规和惯例，并给全球化的电子商务创造出统一的、良好的法律环境。

《电子商务示范法》体现了两个基本原则：

（1）数据电文的效力原则，该原则强调数据电文的法律效力、有效性和可执行性。

（2）中立原则，该原则包括技术中立、媒介中立、实施中立和同等保护。

2. 《中华人民共和国电子签名法》简介

2004 年 8 月 28 日，中华人民共和国第十届全国人民代表大会常务委员会第十一次会议通过《中华人民共和国电子签名法》，自 2005 年 4 月 1 日起施行。该法共计 36 条，包括总则、数据电文、电子签名与认证、法律责任和附则五个部分。主要规定了以下四个方面内容：

（1）确立电子签名的法律效力。对于确认电子签名的法律效力，该法通过对电子签名进行定义，要求电子签名必须起到两个作用，即识别签名人身份、保证签名人认可文件中的内容。在此基础上，该法明确规定了电子签名具有与手写签名或者盖章同等的效力（第 3 条、第 16 条）。在解决什么条件下电子签名具有效力的问题上，参照联合国贸易法委员会《电子签名示范法》的规定，以目前国际公认的成熟签名技术所具备的特点为基础，明确规定了与手写签名或者盖章同等有效的电子签名应当具备的具体条件（第十七条）。

（2）对数据电文做了相关规定。数据电文是指电子形式的文件，并且明确规定电子文件与书面文件具有同等效力，才能使现行的民商事法律同样适用于电子文件。

（3）设立电子认证服务市场准入制度。为了防止不具备条件的人擅自提供认证服务，该法对电子认证服务设立了市场准入制度（第20条、第21条）。同时，为了确保电子签名人身份的真实可靠，要求认证机构为电子签名人发放证书前，一方面必须对签名人申请发放证书的有关材料进行形式审查，同时还必须对申请人的身份进行实质性查验（第23条）。此外，为了防止认证机构擅自停止经营，造成证书失效，使电子签名人和交易对方遭受损失，还规定了认证机构暂停、终止认证服务的业务承接制度（第26条）。

（4）规定电子签名安全保障制度。该法明确了有关各方在电子签名活动中的权利、义务。

10.2.2 电子商务相关的主要法律问题

1. 数据电文的法律问题

（1）数据电文的含义。

根据《电子商务示范法》第2条的规定，数据电文是指经由电子手段、光学手段或类似手段生成、发送、接收、或储存的信息。这些手段包括但又不限于电子数据交换、电子邮件、电报、电传或传真。

贸法会在其《电子商务示范法实施指南》中，对数据电文做了详细的注释：

1）数据电文的概念并不仅限于通讯，它还包括计算机生成的，准备用于通讯的记录。

2）条文中"类似手段"一词，旨在反映《电子商务示范法》并不仅仅应用于现存通讯技术环境的事实，它还为可预见的技术发展提供保障。数据电文是指包括所有类型的、本质上是以无纸化形式生成、存储、或通讯的信息。在《电子商务示范法》的意义上讲，"相类似"是指"功能上的等价"。

3）数据电文定义，还意在包括其废除或修改的情况。某种暂时认为是具有确定信息内容的数据电文，但它可能被其他的数据电文所废除或改进。

（2）数据电文符合法定书面形式。

根据我国《电子签名法》第4条的规定，能够有形地表现所载内容，并可以随时调取查用的数据电文，视为符合法律、法规要求的书面形式。除了这两个条件外，数据电文要满足原件形式的要求，即能够可靠地保证自最初形成时起内容保持完整、未被更改。数据电文要满足文件保存的要求，还需要能够识别数据电文的发件人、收件人以及发送、接收的时间。数据电文的证据效力表现在数据电文的可采性和真实性。

（3）数据电文的归属和确认。

数据电文的归属，是指数据电文由谁发出，即谁是数据电文的发件人。我国《电子签名法》第9条规定，在以下三种情况下，数据电文可以视为由发件人发送的：

1）经发件人授权发送的，这种情况属于代理行为。

2）发件人的信息系统自动发送的，这种信息系统也称作"电子代理人"。

3）收件人按照发件人认可的方法对数据电文进行验证后结果相符的。

另外，基于当事人意思自治原则，我国《电子签名法》第9条还规定：当事人对前款规定的事项另有约定的，从其约定。

关于数据电文的确认收讫，我国《电子签名法》第10条规定：法律、行政法规规定或者当事人约定数据电文需要确认收讫的，应当确认收讫。发件人收到收件人的收讫确认时，数据电文视为已经收到。

确认收讫类似于邮政系统中的回执制度。确认收讫有多种方式。如果发件人与收件人约定必须采用某种特定形式或方法确认收讫，或发件人单方面要求如此，则收件人应以该方式确认收讫。如果未约定特定方式，则收件人可以通过任何一种方式确认收讫，包括由其信息系统自动发出确认收讫函的方式，只要该方式能明确表示该数据电文已经收到即可。对于必须经过确认收讫的，在发件人收到确认信息之前，数据电文可视为从未发送。

（4）数据电文的发送和接收时间。

1）数据电文发送时间的确认。《电子商务示范法》第15条前3款规定：除非发件人与收件人另有协议，一项数据电文的发送时间以它进入发件人或代表发件人发送数据电文的人控制范围之外的某一信息系统的时间为准。

2）数据电文接收时间的确认。除非发件人与收件人另有协议，数据电文的收到时间按下述办法确定：①如收件人为接收数据电文而指定了某一信息系统：以数据电文进入该指定信息系统的时间为收到时间；或如数据电文发给了收件人的一个信息系统但不是指定的信息系统，则以收件人检索到该数据电文的时间为收到时间。②如收件人并未指定某一信息系统，则以数据电文首次进入收件人的任一信息系统的时间为收到时间。

（5）数据电文的发送和接收地点。

《电子商务示范法》第15条的规定为：除非发件人与收件人另有协议，数据电文应以发件人设有营业地的地点为其发出地点，而以收件人设有营业地的地点视为其收到地点。如发件人或收件人有一个以上的营业地，应以对基础交易具有最密切关系的营业地为准，又如果并无任何基础交易，则以其主要的营业地为准；如发件人或收件人没有营业地，则以其惯常居住地为准。

2. 电子合同相关的法律问题

我国《合同法》已经将"数据电文"归属为合同的"书面形式"之一，根据有关规定，电子合同可以理解为：电子合同是平等民事主体之间通过电子信息网络，以数据电文形式达成的设立、变更、终止民事权利义务关系的电子协议。电子合同具有易改动性和易消失性、易保存和复制性、效力的特殊性等特征。

《合同法》第33条规定：当事人采用信件、数据电文等形式订立合同的，可在合同成立之前要求签订确认书。签订确认书时合同成立。这就是说，在签署合同时可以不签订确认书，直接使用电子签名；也可以根据实际情况，首先签订使用这种方法的确认书。后一种做法可以提高合同的可靠性，防止电子签名的伪造。而《电子签名法》在确立电子签名的法律效力问题上，解决了两个关键性问题：一是通过立法确认电子签名的合法性和有效性；二是明确合法有效的电子签名应当具备的条件。

(1) 电子合同的要约。

电子合同的要约和传统合同的要约的含义一样,《合同法》第 14 条规定：要约是希望和他人订立合同的意思表示。要约要取得法律效力，一般应具有以下五个条件：要约必须是特定人行为的意思表示；要约必须具有缔结合同的目的；要约必须向希望与之缔结合同的受要约人发出；要约的内容必须具体确定；要约必须送达受要约人。

1) 电子要约的生效时间。

《合同法》第 16 条规定：要约到达受要约人时生效。如果要约是以数据电文形式发出的，对其生效的时间做出了特别的规定，即采用数据电文形式发出的要约，其要约的生效时间为数据电文进入收件人指定的系统的时间；在未指定特定系统的情况下，其要约的生效时间为数据电文进入收件人的任何系统的首次时间。

2) 电子要约的撤回和撤销。

《合同法》第 17 条规定：要约可以撤回。撤回要约的通知应当在要约到达受要约人之前或者与要约同时到达受要约人。但是，采用数据电文订立合同时，由于信息传输的高速性，要约人一旦发出要约，受要约人即刻就可以收到，撤回要约实际上是不可能的。

《合同法》第 18 条规定：要约可以撤销。撤销要约的通知应当在受要约人发出承诺之前到达受要约人。

《合同法》第 19 条规定：有下列情形之一的，要约不得撤销：①要约人确定了承诺期限或者以其他形式明示要约不可撤销；②受要约人有理由认为要约是不可撤销的，并已经为履行合同做了准备工作。

在电子商务交易中，要约能否撤销取决于交易的具体方式。如果是通过电子邮件方式订立合同，在一般情形下，要约是可以撤销的。因为要约人以电子邮件方式发出要约后，受要约人并不一定立即承诺，在发出要约与最终做出承诺之间可能有一段时间间隔。但是，如果当事人采用电子自动交易系统从事电子交易，承诺的做出是即刻的，要约人就没有时间撤销要约了。

3) 电子要约的失效。

《合同法》规定，有下列四种情形之一的，要约失效：拒绝要约的通知达到要约人；要约人依法撤销要约；承诺期限届满；受要约人对要约的内容做出实质性变更。

(2) 电子合同的承诺。

电子合同的承诺和传统合同的承诺的含义一样,《合同法》第 21 条规定：承诺是指受要约人同意要约的意思表示。承诺的法律效力在于一经承诺并送达要约人，电子合同便成立。承诺必须具有以下四个条件才能产生效力：承诺必须由受要约人向要约人做出；承诺必须在要约的有效期限内达到要约人；承诺的内容必须与要约的内容一致；承诺的方式必须符合要约的要求。

在电子商务环境下，承诺由受要约人的电子代理人做出的，应视为受要约人的行为。同样，承诺也可向要约人的电子代理做出。

1) 电子承诺的迟延。

《合同法》第 28 条规定：受要约人超过承诺期限发出承诺的，除要约人及时通知受要约人该承诺有效的以外,该承诺为新要约。受要约人在承诺期限内发出的承诺,在电子商务环境下通常都能及时到达要约人,但因其他原因导致超出承诺期限的,除要约人及时通知受要约人因承诺超过期限不接受该承诺的以外,该承诺有效。

2) 电子承诺的撤回和撤销。

《合同法》第 27 条规定:承诺可以撤回。撤回承诺的通知应当在承诺通知达到要约人之前或者与承诺通知同时达到要约人。电子承诺的撤回存在着与电子要约撤回同样的问题。虽然法律并没有禁止电子承诺的撤回,但通过网络通信订立合同时,电子承诺的做出是在瞬间完成的,实际上要撤回几乎是不可能的。

由于在电子交易中当事人一旦做出承诺,合同即可成立,所以当事人不可能撤销承诺,撤销承诺的行为通常造成违约。

(3) 电子合同的效力。

电子合同的法律效力是指电子合同在当事人之间产生的法律约束力。《合同法》第 44 条规定:依法成立的合同,自成立时起生效。但是,依法成立的合同并非都有法律效力,对电子合同来说,影响其效力的主要原因有:

1) 无权代理订立的合同。在电子交易中可能有两种情形:一是双方或一方使用的是未经加密、认证的电子邮件系统。在这种情形下,传输的数据电文有被他人截获、篡改的可能,因此电子合同的效力很难得到保障。二是双方均采用了数字认证等安全系统。在这种情形下,如果交易一方认为已经成立的合同于己不利而想毁约时,可能会声称所作的意思表示是工作人员未经授权的擅自行为,对此,除非主张合同无效的一方有确凿的证据,否则相对一方可依据表见代理的规定主张该代理行为有效。

2) 限制民事行为能力人订立的合同。如果电子商务经营者一方已知购买方的购买行为与其年龄、智力、精神健康状况不相适应,在能够通知其法定代理人的情况下则应催告代理人追认,在不能通知的情况下应主动撤销合同。

3) 可撤销的合同。如果消费者对产品没有足够的认识与了解,就会对产品的基本情况产生重大误解,按照《合同法》的理论这样的合同属于可撤销合同,但消费者要在网络购物情形下证明这一点并不容易。

4) 格式合同及免责条款。由于网络购物的特殊性,在 B2C 的方式中,基本上都是采用格式合同。一些商家从自己的利益出发,在冗长的格式合同中掺杂了大量不利于消费者的条款,特别是免责条款。如果电子商务经营者有意免除自己责任、加重消费者责任、排除消费者主要权利,除合同无效外,还应赔偿消费者的损失。

5) 系统设置与系统障碍。在 B2B 方式下,交易一方或双方设置了系统自动确认或自动回复功能的,由于系统障碍造成错误回应的,在 B2B 方式下可解除合同的效力。在 B2C 方式下,如果出故障的是电子商务系统,则合同有效;如果出故障的是消费者一方的计算机,则可解除合同。

电子合同的履行、终止、违约救济等方面基本上与传统合同一样,可以适用于普通合同的规则。

3. 电子商务消费者权益的法律问题

根据我国《消费者权益保护法》的规定,消费者是指为生活消费需要而购买、使用商品或者接受服务的人。在电子商务环境中，消费者网上消费行为的本质和交易性质并没有因消费者环境的变化而发生改变，仅仅是消费形式发生了变化。由于我国《消费者权益保护法》并没有对交易形式做出专门规定，所以该法对消费者的定义也同样适用于电子商务领域。

（1）电子商务中消费者权益保护的主要问题。

目前网络交易中消费者权益不能得到强有力的保障的问题有很多，这些问题都在某种程度上对个人网络交易产生了负面影响，阻碍的个人网络交易的发展。网上消费者权益保护存在的问题主要有以下几个方面：

1）网络虚假信息问题。

在电子商务活动中，网上消费者只能通过广告对网上经营者的身份以及所销售的产品或提供的服务进行了解，其知情权无法得到保障。某些网上经营者利用互联网虚拟性的特点发布虚假的商业信息误导消费者，甚至利用广告进行网络欺诈活动，损害了消费者的合法权益。

2）网络交易安全问题。

消费者在进行网络交易时，从合同的订立到款项的支付都通过互联网进行，其交易信息（如消费者身份证号码、信用卡账号、密码等）可能由于技术原因而泄漏或被不法分子截获、破译、篡改、窃取，会极大地侵害网上消费者的财产安全权。

3）侵害消费者隐私问题。

网上消费者在网络交易过程中都会主动或被动地提供很多个人信息，网上经营者同时也会利用技术方法获得更多的消费者个人信息。经营者为了促销商品等目的，未经授权向网上消费者发送垃圾邮件，影响消费者个人生活安宁，构成侵害网络消费者隐私权的行为，有的甚至将这些信息卖给其他网上经营者以谋取经济利益。

4）电子商务合同问题。

电子商务合同的格式化以及网络交易过程的即时性对网上消费者权利的行使造成了很大的限制。网上经营者为了自身的利益往往利用这些格式合同中的免责条款减轻或免除其责任，或者使用一些技术手段将合同条款置于另外的网页上，令消费者无法直观地了解合同内容。对这些格式合同中的交易条件，网上消费者只能被动接受。

5）侵害消费者索赔权问题。

首先，在网络交易中的网上经营者并不总会很清楚地表明自己的真实身份或地址，无法得知经营者的真实身份或者经营者处于其他地区而无法或不便寻求索赔。其次，网络交易的完成需经过多个环节、多个主体参与，在发生纠纷时，往往难以确定网上经营者、银行、物流公司在各个环节上的责任，或者因法律无明文规定而造成对当事人不公平的情况。最后，电子商务活动的跨地域性增加了网上消费者退换货的难度。

（2）网上消费者权益的保护。

根据《消费者权益保护法》，我国消费者在购买、使用商品和接受服务时享有九项权利，即安全权、知情权、自主选择权、公平交易权、求偿权、结社权、获知权、受尊重权和监督权。

1)安全权的保护。

网上消费者人身安全权和财产安全权的一般性保护可适用《民法通则》《消费者权益保护法》《产品质量法》等法律法规的相关规定,网上经营者应根据其对消费者安全造成损害的性质、情节和危害程度依法承担相应的民事责任、行政责任和刑事责任。

电子商务安全技术是网上消费者安全权保护的有力保障,主要包括网络通信安全和支付安全两方面的内容。我国还没有专门法律对网络隐私权加以保护,《消费者权益保护法》也没有对消费者个人信息的保护做出具体规定,不利于电子商务活动中消费者隐私的保护。我国应借鉴欧美国家的立法经验,制定具体规则保护网上消费者的个人信息安全权。

2)知情权的保护。

网上消费者知情权保护的主要法律依据是《消费者权益保护法》,《合同法》《广告法》《产品质量法》等也提供了法律依据。

《消费者权益保护法》第 19 条规定了经营者应向消费者提供有关商品或者服务的真实信息的义务,不得作引人误解的虚假宣传的义务,对消费者提出的有关商品或者服务的质量和使用方法等问题做出真实、明确答复的义务;对提供的商品或者服务明码标价的义务。第 20 条规定了经营者对自己真实身份进行披露的义务。另外,网络服务提供者也应该负有信息披露义务。

3)公平交易权的保护。

消费者公平交易权是指消费者在购买商品或接受服务时,所享有的与经营者进行公平交易的权利。对网上格式合同内容的规制是网上消费者公平交易权保护的重点,《消费者权益保护法》和《合同法》都对格式合同的内容做出了相应的规定。这些规定不仅规制了格式合同的内容,还针对网上消费者和经营者对格式合同条款的理解发生争议的情况做出了规定。《合同法》第 39 条还规定网上经营者的告知义务,即网上经营者提供的格式合同必须具有可识别性,即采取合理的方式提醒消费者充分注意。

4)求偿权的保护。

根据《民法通则》《消费者权益保护法》《产品质量法》的有关规定,网上经营者侵害了网上消费者的人身权利和财产权利的,应承担赔偿责任。目前求偿权的保护存在的问题主要是数字化产品退换货以及交易当事人的责任分担问题。

对于实体商品的退换,按照传统法律的相关规定,允许消费者在一定的冷静期内有权退换货。但对于数字化商品的法律定位,尚处于空白与模糊地带。我国应借鉴他人经验,在《消费者权益保护法》中增加"犹豫期"的规定,并尽快解决数字化商品的法律定位问题。北京市《电子商务监督管理暂行方法》第 26 规定,对于数字化产品,除有严重错误或含有计算机病毒等破坏性程序的外,经营者可免除无条件退货的责任。

对电子商务损害责任的分担需根据损害产生的原因做出具体分析,在一般情况下,各方当事人在责任分担上应遵循以下原则[①]:

1)由于网上消费者输入错误且未及时通知网上银行加以纠正所造成的财产损失,

---

① 参见韩学平等《电子商务法》,东北财经大学出版社 2008 年版。

应由消费者自行承担。及时通知网上银行而银行未能及时做出纠正的，应由网上消费者与网上银行共同分担损失，但银行承担责任的范围应仅限于直接损失。

2）由于网络通信系统中断等原因造成的损失，应由网络服务提供者承担责任，但此种责任应限于直接损失。

3）由于第三方（如黑客攻击）而造成的损失的，网上经营者应承担责任。

4）由于物流公司的原因致使货物损失或货物灭失而造成网上消费者损失的，应由网上经营者承担责任。

5）由于计算机软硬件的缺陷或故障而造成网上经营者损失的，应由计算机软硬件设备提供者承担损失。

4. 电子商务知识产权的法律问题

电子商务知识产权的法律问题主要包括网络著作权、网络商标权和域名的知识产权法律保护。

（1）网络著作权。

网络著作权是指著作权人对受著作权法保护的作品在网络环境下所享有的著作权权利。根据《最高人民法院关于审理设计计算机网络著作权纠纷案例适用法律若干问题的解释》第2条规定：网上作品的著作权仍然属于原作品的著作权人。

网上作品是指以数字形式在互联网上出现的文学、艺术和科学作品。既包括传统作品的数字化形式，也包括以数字化形式在网上直接创作的作品。计算机软件、电子数据库和多媒体作品也属于网上作品。

网络著作权的内容主要包括两个部分：

1）人身权利，我国《著作权法》规定了著作权人的发表权、署名权、修改权和保护作品完整权四项人身权利。

2）财产权，也称为经济权利，是指著作权人利用其作品获得财产收益的权利。我国《著作权法》规定了著作权人享有的十三项经济权利，网上作品著作权人的财产权主要包括作品的网络复制权和信息网络传播权。

网络复制权应当是一种能够维护著作权人和社会公众广泛利益并兼顾网络技术发展的复制权。它所指向的复制应当有一定的限制，即网络环境中的复制应当包括用户为达到特定目的，通过进行特定的操作而固定作品的行为。而暂时复制，即互联网缓存中所发生的复制，不具有法律意义的复制。

《著作权法》第10条将信息网络传播权定义为作者以有线或者无线方式向公众提供作品，使公众可以在其个人选定的时间和地点获得作品的权利。《信息网络传播权保护条例》共27条，包括合理使用、法定许可、避风港原则、版权管理技术等一系列内容，区分了著作权人、图书馆、网络服务商、读者各自可以享受的权益。网络传播和使用都有法可依，体现了产业发展与权利人利益、公众利益的平衡。

网上作品著作权侵权的形式主要有三种：①网站、网络用户对传统作品的侵权行为；②传统媒体对网上作品的侵权行为；③网站、网络用户对网上作品的侵权行为。

网络著作权侵权的构成要件包括四个方面：①须有侵权网络著作权的不法行为；②有损害事实；③有主观过错；④不法行为和损害事实有联系。

(2) 网络商标权。

《商标法》规定：经商标局核准注册的商标为注册商标，商标注册人享有商标专用权，受法律保护。在电子商务环境下，商标的域名抢注、网页链接和搜索引擎中的商标侵权等商标侵权行为越来越突出，这些侵权行为的责任承担也因电子商务模式的不同而有所不同。

本质上讲，电子商务中商标侵权行为和传统的商标侵权行为认定没有根本的不同，相对于传统商务而言，电子商务只是改变了一种交易形式。但是电子商务中的商标侵权行为毕竟是一种新型的商标侵权，其构成要件主要除了侵害行为、损害结果、因果关系以外更应该强调行为人的主观过错。因为电子商务中的商标侵权的归责原则主要是过错责任原则，因而在电子商务商标侵权责任的认定中，过错要件是重要的必备要件之一，要求行为人主观上具有故意或过失，即明知或应当知道其行为侵犯他人商标权仍然实施或是为了牟取非法利益的，才能追究其法律责任。

在电子商务活动中，以下行为构成对商标权的直接侵权：

1）在 B2B、B2C 或 C2C 模式下，在网上直接销售假冒名牌产品的企业或个人，构成商标侵权的。

2）企业或个人在其网络商店的标志、网页设计以及广告宣传中未经许可使用他人注册的商标，构成商标侵权或者不正当竞争的。

3）企业或个人将他人注册商标或驰名商标恶意抢注为域名，构成商标侵权或者不正当竞争的。

(3) 域名的知识产权法律保护。

《中国互联网络域名注册暂行管理办法》和《中国互联网络域名注册实施细则》是目前中国域名管理与保护的基本法律依据。根据这两个文件的规定，我国目前对域名注册实行与商标注册类似的禁止性条款，如明确规定域名不得使用公众知晓的国家或地区名称、外国地名、国际组织名称，未经批准不得使用县级以上行政区划名称的全称或缩写，不得使用行业名称或商品的通用名称及其他对国家、社会或公共利益有损害的名称；不得使用他人已经在中国注册过的企业名称或者商标名称等。

《关于审理涉及计算机网络域名民事纠纷案件适用法律若干问题的解释》，该解释对域名纠纷案件的案由、受理条件和管辖，域名注册、使用等行为构成侵权的条件，对行为人恶意以及对案件中商标驰名事实的认定等，都做出了规定。

该解释同时列举了 4 种最为常见的恶意情形：一是为商业的目的将他人驰名商标注册为域名；二是为商业目的注册、使用与原告的注册商标、域名等相同或近似的域名，故意造成与原告提供的产品、服务或者原告网站的混淆，误导网络用户访问其网站或其他在线站点；三是曾要约高价出售、出租或以其他方式转让这个域名获取不正当利益；四是注册域名后自己不使用也未准备使用，而有意阻止权利人注册这个域名。

5. 电子商务安全与网络犯罪的法律问题

我国现行法律制度对计算机安全保护表现在两个方面：一个是对计算机系统的安全保护；另一个是对计算机犯罪的防范打击。

《全国人大常委会关于维护互联网安全的决定》分别从互联网的运行安全；国家安

全和社会稳定；社会主义市场经济秩序和社会管理秩序；个人、法人和其他组织的人身、财产等合法权利等四个方面共 15 款，规定了对构成犯罪的，依照刑法有关规定追究刑事责任。在《中华人民共和国刑法》妨害社会管理秩序罪分则中，规定了非法侵入计算机信息系统罪和破坏计算机信息系统罪共两条四款。《中华人民共和国计算机信息系统安全保护条例》规定了计算机信息系统的建设和使用、安全等级保护、国际联网备案、计算机信息系统使用单位的安全案件报告、有害数据的防治管理等计算机信息系统安全保护的九项制度。

2011 年 9 月 1 日开始实施的《最高人民法院、最高人民检察院关于办理危害计算机信息系统安全刑事案件应用法律若干问题的解释》共有 11 条，主要规定了以下几个方面的内容：

（1）明确了非法获取计算机信息系统数据、非法控制计算机信息系统罪，提供侵入、非法控制计算机信息系统程序、工具罪，破坏计算机信息系统罪等犯罪的定罪量刑标准；

（2）规定了对明知是非法获取计算机信息系统数据犯罪所获取的数据、非法控制计算机信息系统犯罪所获取的计算机信息系统控制权，而予以转移、收购、代为销售或者以其他方法掩饰、隐瞒的行为，以掩饰、隐瞒犯罪所得罪追究刑事责任；

（3）明确了对以单位名义或者单位形式实施危害计算机信息系统安全犯罪的行为，应当追究直接负责的主管人员和其他直接责任人员的刑事责任；

（4）规定了危害计算机信息系统安全共同犯罪的具体情形和处理原则；

（5）明确了"国家事务、国防建设、尖端科学技术领域的计算机信息系统""专门用于侵入、非法控制计算机信息系统的程序、工具""计算机病毒等破坏性程序"的具体范围、认定程序等问题；

（6）界定了"计算机信息系统""计算机系统""身份认证信息""经济损失"等相关术语的内涵和外延。

网络犯罪，是指运用计算机技术，借助于网络对计算机应用系统或信息进行攻击和破坏，或者利用网络进行其他犯罪的总称。网络犯罪包括两种类型：

（1）网络对象犯罪。

这类犯罪只能在计算机网络上实施，表现形式主要有袭击网站和在线传播破坏性病毒等其他破坏性程序。罪名主要包括：侵入计算机系统罪、破坏计算机信息系统功能罪、破坏计算机数据和应用程序罪和制作传播破坏性程序罪。

（2）网络工具犯罪。

这类犯罪是利用计算机网络实施的犯罪，表现形式主要有电子盗窃、网上洗钱、网络侮辱、诽谤与恐吓、网上诈骗、网络赌博、网上色情传播、网上非法交易等。

10.3 电子商务税收

到目前为止，美国已颁布了一系列有关电子商务的税收法规，其要点是：免征通过因特网交易的无形产品（如电子出版物、软件等）的关税；暂不征收（或称为延期征收）国内"网络进入税"（internetaccesstaxes）。美国国内在对电子商务免征关税问题上达成一致后，于 1998 年，美国依仗其电子商务主导国的地位，与 132 个世界贸易组织成员国签订了维持因特网关税状态至少一年的协议。1999 年，美国又促使世界贸易组织成员国通过了再延长维护因特网零关税状态一年的协议。

在电子商务发展规模上稍逊于美国的欧盟成员国，于 1998 年 6 月发表了《关于保护增值税收入和促进电子商务发展的报告》，并与美国就免征电子商务（在因特网上销售电子数字化产品）关税问题达成一致。但欧盟也迫使美国同意把通过因特网销售的数字化产品视为劳务销售征收间接税（增值税），并坚持在欧盟成员国内对电子商务交易征收增值税（现存的税种），以保护其成员国的利益。

在发展中国家，电子商务刚刚开展尚未起步。发展中国家，对国际上电子商务税收政策的研究、制定的反应多为密切的关注。发展中国家大多希望、主张对电子商务（电子数字化产品）征收关税，从而设置保护民族产业和维护国家权益的屏障。

10.3.1 电子商务下税收的问题

1. 关于免征电子商务交易（电子数据产品）关税问题

这一问题首先是由美国提出的，即免征通过因特网交易的无形产品（如电子出版物、软件等）的关税。目前，世界上从事电子商务的网络公司中，美国企业约占三分之二，在世界电子数字产品交易中，美国也占主要份额。若免征电子数字产品关税，即可使美国企业越过"关税壁垒"，长驱直入他国而获利。

2. 关于对电子商务实行税收优惠的问题

1998 年 10 月美国《互联网免税法案》（Internet Tax Freedom Act）规定：三年内（至 2001 年）暂不征收（或称为延期征收）国内"网络进入税"（Internet Access Taxes）；避免对电子商务多重课税或加以税收歧视；对远程销售的税收问题规定，访问远程销售商站点（该站点的服务器在境外）只被作为确定其具有税收征收的一个因素时，联邦、州不能对销售商征税。这样规定，一是避免不必要的税收和税收管制给电子商务造成不利影响，加速本国电子商务的发展（至于州、地方政府财政收入因免征电子商务税收而减少的部分，可通过联邦政府的转移支付予以弥补）；二是美国国内的相关法律（美国联邦政府税法与州及地方政府税法，州与州之间税法不尽一致）、征管手段等尚不统一和完善，难以对电子商务实行公正、有效的监管，故而美国政府制定并坚持对电子商务实行税收优惠政策。

3. 我国电子商务税收征管情况

电子商务是基于国际互联之上的商务活动，其贸易形式、途径、手段均与传统实物直接交易有本质的差别，由此带来的税收问题必然有其自身的特点。即出现了虚拟化、多国性、隐蔽性和便捷性。目前我国对于除了利用网络进行的实物商品之外的电子商务交易暂不征税，其原因有以下几个方面。

（1）鼓励电子商务加快发展。目前我国电子商务所占比例不高，就是对其征税收益也不大，国内电子商务尚处于发展的初级阶段，此时收税将影响它的发展，在经济发展战略上是不利的。

（2）现有的征税体系难以对电子商务交易进行有效征税。我国现行的税收征管模式、征管手段和业务流程主要是针对传统经济交易方式而做出的具体规定，而对电子商务活动引发的税收征管和税源管理问题还没有做出专门规定，更没有针对电子商务活动产生的影响进行税收征管方法方面的系统化调整；而且对现有税务人员培养和提高网络税务操作技能需要一定时间。

具体来说主要包括以下情况：

1）纳税主体身份确定困难。长期以来，税务行政机关对其地域管辖范围内纳税人身份判定及交易活动容易认定。而在电子商务这一虚拟的市场，网上交易主体和交易产品看似有形却无形。传统税务行政管理面临的商店、销售人员、商品，以及合同、单证、资金等商品交易的有形手续，现在都以虚拟形式在网络上呈现，这就为认定纳税人的身份带来了麻烦。

2）现行的税款征收方式与网上交易脱节。由于网上交易的电子化，电子货币、电子发票、网上银行等开始取代传统的货币银行和信用卡业务，使现行的税款征收方式与网上交易和支付明显脱节。

3）稽查难度加大。传统的税收征管离不开对账簿资料的审查，而网上贸易是通过大量无纸化操作达成交易，账簿、发票均可在计算机中以电子形式填制，而电子凭证易修改，且不留痕迹，税收审计稽查失去了最直接的纸质凭据，无法追踪。企业如不主动申报，税务部门一般不易察觉其贸易运作情况，从而助长了偷逃骗税活动。

4）相关问题一时难以解决。诸如关税和海关代征进口环节增值税和消费税问题、营业税问题、跨国经营所得问题、信息流产品交易收入的性质问题、网络平台交易费的性质问题、税收管辖权的划分问题、发票的开具方法问题，目前无论是国际或是国内都没有一个公认的有效解决办法。

10.3.2 电子商务税收种类

1. 国内税

对于国内税，目前的共识有：对电子商务征税不高于相当的非电子商务征税，即"税收中性原则"；明确电子商务征税的管辖权，以避免重复征税。

（1）对实体商品交易的征税。一些电子商务企业是以互联网作为交易媒体的实体商品交易，如电子购物、网上市场交易等。这类商务活动和传统商务活动在本质上没有大的区别，完全可以也应当按照传统的各种征税方式进行征税，而不应由于交易方式的变化而让企业承担额外的税负，或让国家损失大量的税金。例如，一个通过网上购物系统就能够营业的商场，可以像普通商场一样，根据其营业额、利润等征税，而无须考虑它的营业方式。

（2）对数字化信息产品的征税。对于网上交易的数字化信息产品，如计算机软件、书籍、音乐、图片、音像资料等。这种交易所得应属于"特许权费"，其收入"应属于产品销售收入还是服务收入"这个问题到目前为止各国还没有达成非常一致的意见，从计算机软件业兴起后就一直处于讨论之中。

（3）对新兴信息服务业的征税。对于伴随着电子通信手段的进步而发展起来的一些新兴的信息服务业。这类商务活动在商家和消费者之间并不进行任何有形物的交换，提供信息的商家通过把信息发布在自己的服务器上等待消费者来查询，或者按照一定的原则和约定把信息定期发送给特定的消费者，虽然这类信息商品的买卖是通过无形的方式，但伴随着信息商品流转，同时也有现金流转。这类活动的征税可以根据现金流量的大小确定合适的标准。

2. 电子商务国际税

对于电子商务的国际贸易，目前各国实行国际电子商务零关税的做法，意在刺激电子商务的快速发展。

10.3.3　电子商务税收方法——电子征税

随着计算机网络和通信技术日新月异的发展，架构于互联网络的电子商务活动也在快速的经济发展中逐渐被普及应用，电子商务活动的信息量大，应用方便等特点不但给商家带来巨大的发展机遇和丰厚利润，也对全球经济一体化产生巨大的推动作用。

电子征税就是税收方式电子化、网络化的具体方法，是指利用电子信息网络对商家网上交易和网下交易征税的新方式，包括电子申报和电子结算两个环节。电子申报指纳税人利用计算机或电话机，通过电话网、分组交换网、因特网等通信网络系统，直接将申报资料发送给税务局，从而实现纳税人不必亲临税务部门，即可完成申报的一种方式；电子结算则是根据纳税人的税票信息，直接从其开户银行划拨税款的过程。

同传统缴税方式相比，电子征税能够提高申报的效率和质量，降低了税收成本。其次，由于采用现代化的计算机网络技术，实现了申报、税票、税款结算等电子信息在纳税人、银行、国库间的传递，加快了票据的传递速度，缩短了税款在途滞留的环节和时间，从而确保国家税收及时入库。

目前，我国深圳、上海、青岛、广州等地都不同程度地在此方面进行了实践和探索，同时也取得了一定成果。广州市国税局网上税务系统如图10-2所示。

图10-2　广州市国税局

(http://wssw.12366.gov.cn:8801/sjwg/resources/nsfw/wsbs/start.htm?start=new)

10.3.4 电子商务税收问题探讨

1. 电子商务税收政策的选择

由前所述,电子商务的迅速发展,给我国税收制度带来了直接的挑战。政府应当尽快制订电子商务税收的相关政策,并对以下 5 个有关问题做出选择:征与不征的选择、是否开征新税的选择、税种的选择、关税的选择、国际税收管辖权的选择。

2. 征与不征的选择

无论是否通过电子商务方式进行交易,其本质都是实现商品或劳务的转移,其差别仅在于实现手段不同。因此,根据现行流转税制和所得税制的规定,都应对电子商务征税。如果对传统贸易方式征税,不对电子商务交易方式征税,则有违公平税赋和税收中性原则,对某一类纳税人的税收优惠就意味着对其他纳税人的歧视,这样会对经济资源的有效配置和社会经济的健康发展产生不利影响。从发展趋势上看,电子商务将会日渐成为一种重要的商务活动形式,如果不对之征税,国家将会失去很大的一块税源,不利于财政收入。另外,由于电子商务具有跨地域、无国界的特点,若不及时出台电子商务税收征管的可行办法,在日益复杂的国际税收问题面前,税收的国家主权和由此带来的国家利益就会受到不利的影响。就目前电子商务发展初期而言,为了有效地推动电子商务快速发展,国家应当制定相应的税收鼓励政策,可以延迟电子商务税收的开征时间和给予一定比例的税收优惠。

3. 是否开征新税的选择

电子商务是一种前所未有的商务运作模式,国际上对其是否开征新税也是说法不一。一种较有代表性的观点是以互联网传送的信息流量的字节数作为计税依据计算应纳税额,开征新税——比特税,这是按网络电子数据流量征税的办法。这种办法一经提出,即引起世界各国广泛的争议。

就目前我国来看,电子商务的发展仍处在初期阶段,在许多基本问题尚未搞清之前,如哪类信息的传输需要征税、哪类纳税人可以免税、跨国信息的征税权如何划分、国际重复征税如何避免等,匆忙制定征收新税种是不合适宜的。可行的做法是不开征新税种,而是依据现有税种,对一些传统的税收种类和范畴重新进行界定,对现行税法进行适当修订,在现行增值税、营业税、消费税、关税、所得税、印花税等税种里面补充有关电子商务的税收条款,将电子商务征税问题纳入现行的税收制度框架之下。

4. 税种的选择

对原有税种在电子商务下如何使用,应当根据不同情况分别对待。电子商务形成的交易一般分为两种,即在线交易和离线交易。

(1) 对在线交易征税。在线交易是指直接通过互联网完成产品或劳务交付的交易方式,如计算机软件、数字化读物、音像唱片的交易等。对于在线交易,可按"转让无形资产"税目征收营业税。

(2) 对离线交易征税。离线交易是指通过互联网达成交易的有关协议、依托互联网来完成商务信息的交流、合同签订等商务活动处理,以及资金转移等交易活动。交易中的标的物是有形商品或服务,交付方式以传统有形货物的交付方式来实现。因此,对于这样的离线交易,应当按"销售货物"征收增值税。

(3) 对于通过互联网提供收费性质的网上教学、医疗咨询等业务,可归入服务业,按"服务业"税目征收营业税。

5. 关税的选择

关税问题是国家的主权象征,也是财政收入的重要来源,跨国电子商务带来的关税问题在国际范围内已经多次引起争论。1998年5月20日WTO的132个成员国的部长们在日内瓦召开的电子商务大会上达成了一项临时性协议:"网上贸易免征关税的时限至少一年。"在1999年12月召开的WTO西雅图会议上,作为东道主的美国要求WTO能够颁布一项禁止对电子商务征税的永久性议案——《全球电子商务免税案》。但是该法案最终受到一些发展中国家的抵制而没有通过,主要原因是发展中国家处于电子商务国际竞争的弱势地位,经济基础本来就较差,政府担心不征收关税将极大地影响财政收入。可见,要对电子商务开征关税,无论从各国的意见上看,还是从技术实现的角度上来说,还存在很大的困难。

目前我国对待电子商务对外贸易采取的是《网上贸易零关税》政策,其政策导向是为了在现阶段推动电子商务在中国的快速发展。但是,WTO电子商务"零关税协议"中并不包括离线交易达成的贸易,对这部分交易仍视为传统的进出口业务而对其征收关税。同时在具体征收时可以根据灵活性原则,在一定时期内给予必要的优惠。

6. 国际税收管辖权的选择

在电子商务下,按传统的税收法则难以确定哪个国家拥有对网上商务所得的税收管辖权。由于电子商务的特征,如买卖双方身份是秘密的、交易数额较小、网上行为在现实中具有不确定性等,使得国际税收管辖权方面势必要弱化来源地税收,而转向侧重住所地税收。

目前,许多国家正在考虑对电子商务征税,而美国则极力主张将"网络空间"变为"免税区"。世界各国对待电子商务税收问题上的观念、态度和做法肯定是不一致的。各国经济条件不同,其电子商务税收政策势必不同,某个国家不可能将其国内的税收政策简单地推向境外,也不会将税收完全游离于互联网之外。基本的共识是:

(1) 为了促进电子商务的发展,网上交易的税率应低于实体商品交易的税率。

(2) 网上税收手续应简便易行,便于税务部门管理和征收。

(3) 网上税收应当具有高度的透明性,有利于互联网用户的了解和查询。

(4) 对国际电子商务征税应与国际税收的基本原则相一致,避免不一致的税收管辖权和双重征税。

7. 完善税收征管制度的有关问题

1) 积极参与制定有关电子商务的法律、法规、制度以及相应的实施细则,与相关部门合作,实施多方监控。现行的税收法律法规对新兴的网络贸易的约束已显得力不从心,应及时对由于电子商务的出现而产生的税收问题有针对性地进行税法条款的修订、补充和完善,对网上交易暴露出来的征税对象、征税范围、税种、税目等问题实时进行调整。税务机关应联合财政、金融、工商、海关、外汇、银行、外贸、公安等部门,共同研究电子商务运作规律及应对电子商务税收问题的解决方案,并通过纵横交错的管理信息网络，实现电子商务信息共享，解决电子商务数据信息的可控性处理，建立符合电子商务要求的税收征管体系。

2）建立网上交易经营主体工商注册、税务登记制度。在现有的税务登记制度中，应增加关于电子商务的税务登记管理条款。积极推行电子商务税务登记制度，即纳税人在办理了网上交易申请、登记手续之后必须到主管税务机关办理电子商务的税务登记，取得固定的网上税务登记号，所有从事网上经营的单位和个人，凡建有固定网站的都必须向税务机关申报网址、经营内容等资料，纳税人的税务登记号码和税务主管机关必须明显展示在其网站首页上。作为提供网上交易平台的电子商务运营商，在受理单位和个人的网上交易申请时，还应要求申请人提供工商营业执照和税务登记证传真件，并向工商机关和税务机关进行验证。这样既可从户籍管理的出发点确保税收监管初步到位，同时也有利于提高网上交易的信用度。

3）建立电子商务税款代扣代缴制度。电子商务交易的方式适合建立由电子商务运营商代扣代缴税款的制度，即从支付体系入手解决电子商务税收征管中出现的高流动性和隐匿性，可以考虑把电子商务中的支付体系作为监控、追踪和稽查的重要环节。在确认交易完成并由电子商务平台运营商支付给卖方货款时，就可以由交易系统自动计算货款包含的应纳税款，并由运营商在支付成功后及时代扣代缴应纳税款。如果从事网上经营的单位和个人自建网络交易平台的，则应通过银行、邮局等金融机构的结算记录进行代扣代缴，凡是按税法规定达到按次征收或月营业额达到起征点的，一律由金融机构代扣代缴应纳税款。

4）进一步加大税收征管投入力度，培养面向"网络税收时代"的税收专业人才。电子商务与税收征管，偷逃与堵漏，避税与反避税，归根结底都是技术与人才的较量。电子商务本身就是一门前沿学科，围绕电子商务的各种相关知识也在不断发展，而目前我国税务部门大多缺乏网络技术人才，更缺乏相关的电子商务知识。因此，税务机关必须利用高科技手段来鉴定网上交易的真实性，审计追踪电子商务活动流程，从而对电子商务实行有效税收征管。通过立法，建立税务机关与银行、电子商务交易平台运营商之间的网上交易数据共享机制，通过在运营商交易平台安装税控器，用信息技术对电子支付进行有效监控，获得纳税人真实的网上交易数据等等，使税收监控走在电子商务的前面。

5）应适应经济信息化和税收征管信息化的要求，统一和制定符合现代网络经济和网络社会特点的税收征管业务规程。计算机技术和信息技术，不仅提供了高技术产品和信息承载处理手段，而且以此为基础，诞生了高效的管理科学。它能改变组织结构、增强管理功能、革新管理思想、完善管理办法。我们应运用这一科学，建立新的税务信息系统运行和管理体制，形成新的税收管理模式。

6）应加快税收征管信息化建设和国民经济信息化建设，建立与海关、金融机构、企业、工商甚至外国政府间的信息共享网络（这一网络已初步形成），对企业的生产和交易活动进行有效监控。

7）在城市一级建设现代化的、以广域网络为依托的、充分实现部门间信息共享的税收监控体系和税收征管体系（中国税务部门已建立了国家、省、地（市）三级联网的广域网,并正向县级税务部门延伸),并以此为基础建设完善的全国各级宏观税收征收、管理、分析、预测、计划信息库,形成全国税收征收、管理、分析、预测、计划体系和机制。

8) 总结税务部门已建设和运行的以增值税发票计算机交叉稽核、防伪税控、税控收款机为主要内容的"金税工程"的经验,针对电子商务的技术特征,开发、设计、制定

监控电子商务的税收征管软件、标准,为今后对电子商务进行征管做好技术准备。

9) 加强税务干部的教育、培训工作,使广大税务干部既懂得信息网络知识,又熟悉电子商务税收征管业务,逐步建立一支高素质的适应新形势下税收征管的税务队伍。

本章小结

电子商务使国际贸易业务运作流程发生深刻的变化,随着电子商务的迅速发展,国际贸易的业务活动将会逐渐转移到电子虚拟市场进行。透过国际电子商务网络进行跨国境的信息交换、采购、付费、通关,乃至于电子化商品的流通等,将成为未来国际贸易的主流。

电子商务立法是推动电子商务发展的前提和保障。电子商务交易以 Internet 为载体,计算机处理为特征,电子商务双方的谈判记录、身份、交易权限、交易流程、使用的资金、签订的电子合同甚至是交易标的本身都是数字化的,并以电子信息的形式存在和传输,这就与当前建立在实体化形态上的传统法律观念和体系相背离,产生了新的问题。由此可见,传统的法律观念无法满足电子商务发展的需要,只有推动电子商务相关的法律法规建设才能保障电子商务的进一步发展。

电子商务是基于国际互联之上的商务活动,其贸易的形式、途径、手段均与传统实物直接交易有本质的差别,由此带来的税收问题具有虚拟化、多国性、隐蔽性和便捷性等特点。从发展趋势上看,电子商务将会日渐成为一种重要的商务活动形式,如果不对其征税,国家将会失去很大一块税源,不利于财政收入。但目前电子商务发展还属于初期阶段,在日益复杂的国际税收问题背景下,为了有效地推动电子商务快速发展,国家应当制定相应的税收鼓励政策,延迟电子商务税收的开征时间和给予一定比例的税收优惠。目前,我国对除了利用网络进行实物商品交易之外的其他电子商务交易暂不征税。

思考题

1. 电子商务及互联网涉及的法律问题有哪几类?
2. 在电子商务活动中,网络服务提供商有可能承担哪些法律责任?
3. 针对电子商务中出现的新问题,你认为我国现行法律还有哪些亟待完善之处?
4. 如果你的隐私照片被他人擅自发到 BBS 上,并被很多网站转载,对你造成极坏的影响,你准备采取什么对策?
5. 什么情况下,通过信息网络提供他人作品,可以不经著作权人许可,不向其支付报酬?
6. 互联网安全的法律规范有哪些?

7. 网络犯罪的主要形式有哪些？其发展趋势如何？
8. 电子商务发展所带来的税收问题有哪些？

实训题

利用阿里巴巴国际站进行国际电子商务

一、阿里巴巴国际站账号注册

打开阿里巴巴国际站主页，点击"join free"，进入注册页面，填写账户注册信息，提交后完成注册。

二、建立并管理子账号

（一）建立子账号

1. 登陆阿里巴巴国际站账号，进入"My Alibaba"界面，选择"账号设置"中的"添加子账号"。

2. 进入"子账号设置"页面，填写子账号信息，点击提交完成子账号的添加。

（二）管理子账号

1. 登陆账号进入"My Alibaba"界面，选择"账号设置"中的"管理子账号"。

2. 在"管理子账号"页面，可以进行删除、冻结、解冻子账号的操作，也可以看到子账号目前的账号类型、状态以及在线的产品。

三、产品发布

1. 进入全球速卖通，登陆账户，在"我的速卖通"界面选择发布产品。

2. 在发布产品页面，选择产品的类目。

3. 填写产品的基本信息、包装信息、物流设置等信息之后，点击提交进行发布。

第 11 章　电子商务网站建设

本章学习目标

本章主要介绍电子商务的网站的建设。包括电子商务网站的分类,以及相关软件的学习,通过本章的学习,读者应该掌握:
- 电子商务网站应具备的基本功能
- 电子商务网站的建设流程
- 域名注册流程及架设网上站点的主要方式

 开篇案例

旅游公司电子商务网站建设需求分析报告

一、背景分析

随着社会的发展,旅游业已成为全球经济中发展势头最强劲和规模最大的产业之一。旅游业在城市经济发展中的产业地位、经济作用逐步增强,旅游业对城市经济的拉动性、社会就业的带动力,以及对文化与环境的促进作用日益显现。

尽管中国旅游业的发展仍存在诸多问题和障碍,旅游电子商务还不完善,特别是旅游业管理体制和投资机制的市场化程度较低。但总体上看,中国旅游业的投资环境呈不断优化的趋势,旅游电子商务是不可逆转的,它必将取代传统的旅游经营方式。

面对近年来电子商务的兴起与壮大,互联网为传统旅游业提供新的机遇及提高服务水平和运作水平的手段,但同时,没有开展网上业务的中小旅行社则面临严峻的挑战。万径旅游有限公司(以下简称"万径")希望借助互联网,解决传统旅游业不能解决的适应游客行、吃、住、游、玩一体化的需求;同时还由于旅游也作为一个整体的商业生态链,涉及旅行服务机构、酒店、景区、交通等等,万径希望将这些环节连成一个统一的整体,从而提高服务的水平和业务的来源。

二、目标客户的调查与分析

个性自由行凭借万径数十年的优质服务和资质,由传统的自由行形态上创新演化发展而成。在专业、安全、省心的行程推荐基础上,提供灵活自由可选的旅游组合元素,让旅行者可以根据自己的时间、出发地、目的地、行程以及预算,自由地选择符合个人需求的酒店、机票及当地地接服务,随意搭配出安全、满意、高性价比的自由行产品。

万径旅游旨在为游客提供高性价比的旅游产品,精心设计的旅游线路,集合国内及世界各国经典景点,独家旅游线路屡创先锋。并且,万径坚持创新,不断改进优化,已成功组织近百个旅游目的地首发团,独家品质旅游线路屡创先锋。

三、竞争对手的调查与分析

1. 对手核心优势

目前中国旅游市场正在逐渐趋于饱和,携程网、E龙网、芒果网等旅游电子商务网站引领此领域网站飞速发展,几所知名旅游电子商务网站与同全球138个国家和地区的32000余家酒店建立了长期稳定的合作关系,其机票预订网络已覆盖国际国内绝大多数航线,送票网络覆盖国内60多个主要城市。并建立了一整套现代化服务系统,包括:客户管理系统、房量管理系统、呼叫排队系统、订单处理系统、机票预订系统、服务质量监控系统等。同时各大公司将服务过程分割成多个环节,以细化的指标控制不同环节,并建立起一套测评体系。

2. 对手自身问题

人性化服务和优惠服务较少;宣传力度不够;盈利模式较为单一,核心竞争力不强;战略合作仍未形成。

3. 自身优势

万径相对于各大旅游电子商务网站的最大优势,在于其本土化做得比较好。虽然其服务网点没有达到与其余几家旅游电子商务网站相竞争的地步,但是也有一定的固定客户与广泛的宣传。同时加入万径最具特色的本土化、个性化旅游的优势,与当地农家院、自主游览景点充分的恰接,使万径能在旅游电子商务网站中取得一席之地。

四、市场定位分析

万径的战略目标就是通过最低成本、最简便的交易、最智能的信息为客户提供最好的、最个性化的旅行服务,打造中国最大的、最智能的旅行服务市场,让万径旅游成为出行者寻求资讯和帮助的首选,为广大出行者提供完善的、个性化的服务。

根据万径旅游的定位于目标,其网站作为旅游休闲度假专业网站,市场定位上以出境旅游为主、国内旅游为重要补充;在商业模式上依托技术手段,立足标准化产品体系,需建立在线预订、在线签约、在线支付平台;并致力于建立一个以万径品牌为依托和保证,具备个性、开放性、全国性的旅游度假产品预订及旅行服务网站。

五、业务分析

1. 信息内容

（1）景点、农家院、旅游线路等方面的信息。

（2）旅游常识、旅游注意事项、旅游新闻、货币兑换、旅游目的地天气、环境、人文等信息以及旅游观感等。

（3）与旅游相关的产品和服务信息，以及各种优惠、折扣。

（4）农家院、汽车租赁服务的检索和预订等。

2. 服务功能

（1）旅游信息的检索和导航。旅游产品和服务的在线销售，包括票务、饭店、餐饮、汽车、旅游组团等。

（2）个性化定制服务。针对性地推送旅游信息，并及时用电子邮件的方式提醒客户。同时根据选择的目的地，提供当地的天气、人文环境、旅游特色等信息。

3. 业务

（1）旅游类中分国内游、国际游、自助游三个子栏目，其中包括旅游方面的相关政策、新闻、信息、路线等相关内容。

（2）各地旅行社将逐步收集全国各地区旅行社相关资料，并可提供给各旅行社免费发布旅行线路及旅行产品信息的平台，使网友能够有更多更大的线路选择性及性价比参考。各旅行社可以免费注册企业会员，免费发布旅行线路信息，并可升级诚信企业会员可合作在线预订旅行线路服务，可对自己的线路进行竞价排名及推荐等服务。

（3）酒店将逐步收集全国各地酒店信息，酒店方可免费注册企业会员，可升级诚信会员，与酒店方合作可支持在线预订房间服务。可免费发布房价信息，可对自己发布的信息做竞价排名及推荐等服务。

（4）票务该栏目可分为机票与火车票订购，机票可支持在线订购。包括航班时刻表、列车时刻表、轮船时刻表、租车、公交车线路信息等。

（5）景区将逐步收集世界各地景区信息，可与景区洽谈合作在线订票服务。景区将于星级和地域性分类。

六、技术可行性

1. 系统

Travel系统，是万径旅游采用的一套专业系统，其为合作网站、企业商旅专门打造的高效快捷的酒店、机票预订平台，并可以用于合作网站快速开展机票、酒店预订业务，也可以用作企业内部商旅服务平台，使企业的整个差旅流程更加顺畅、便捷，成本控制更加有效。

2. 数据库

万径旅行网还独立研发了集用户数据、市场资源、业绩统计等综合的公司信息管理系统 MIS，并引入了国际领先的 CRM 客户关系管理系统，对所有注册用户的信息及其每一次消费情况都进行了详细的记录，为万径旅行网更好地根据用户需求、偏好等提供更具个性化和人性化的服务提供了强有力的支持。

3. 硬件设备

网通/电信双线 10～20 M 光纤服务；4～6 台 WEB 应用服务器；2～3 台 DB 服务器；1 台图片服务器；1 台视频服务器；2 台内部测试服务器。

七、经济可行性

1. 网站设计费用

整体规划、首页设计、栏目设计、网页制作、数据库设计、系统订制（会员注册管理系统）、新闻自动发布系统、邮件管理系统等。

2. 域名注册费

要拥有独立的域名，就需要每年缴纳网站注册费。

目前一个要求不高的企业网站，价格在 3000 元到 12000 元之间。大型信息站是以信息为主，信息带动流量，用流量带动广告收入。其中广告收入占绝大比重。这些网站无疑有很大的资金和门户的支持，强大的后备力量。万径旅游有限公司，成立于 2003 年，近些年发展迅速的万径从 2003 年的赤字亏损，达到现在拥有过亿资产的大中型旅游公司。对于建立这样一个信息巨大的旅游门户网站，其拥有充足的资金支持以及后续维护能力。

八、用户环境可行性分析

大众旅游时代很快就要到来，旅游市场需求也将转变。当前我国旅游市场正处于由初级阶段向中高级阶段转化之中，旅游消费将渐趋理性化、个性化。在众多旅游项目中，"体现个性审美"的民俗文化、生态体验、体育健身等特色旅游，自行组织、自驾私家车等独特的、个性的旅游方式逐渐成为主流。

资料来源：https://wenku.baidu.com

11.1　电子商务网站的定义

电子商务网站是指一个企业、机构或公司在互联网上建立的站点，是企业、机构或公司开展电子商务的基础设施和信息平台，是实施电子商务的公司或商家与客户之间的交互界面，是电子商务系统运行的承担者和表现者。

11.2　电子商务网站的基本功能

（1）企业形象宣传。
（2）产品和服务项目展示。

(3) 商品和服务订购。
(4) 转账与支付、运输。
(5) 信息搜索与查询。
(6) 客户信息管理。
(7) 销售业务信息管理。
(8) 新闻发布、供求信息发布。

11.3 电子商务网站的类别

1. 按照网站商务目的和业务功能分类
(1) 基本型电子商务网站。
(2) 宣传型电子商务网站。
(3) 客户服务型电子商务网站。
(4) 完全电子商务运作型网站。
2. 按照网站销售产品范围分类
(1) 销售单一产品的电子商务网站。
(2) 销售一类产品的电子商务网站。
(3) 销售各类产品的电子商务网站。

11.4 电子商务网站的建设流程

1. 网站的规划和分析
(1) 明确电子商务网站构建的目标。
(2) 分析网上能够开展的业务。
(3) 对目标客户进行调查分析。
(4) 对竞争对手进行调查和分析。
(5) 确定网站的市场定位。
(6) 技术可行性分析。
(7) 经济可行性分析。
2. 网站域名注册（国内）
(1) 构造、选择企业要注册的域名，查询确认要注册的域名是否被别人注册。
(2) 在中国互联网网络信息中心授权代理注册管理机构网站上填写域名注册申请表，填好后，点击提交。
(3) 等候注册管理机构对申请表进行初审，并准备营业执照复印件等申请材料。
(4) 注册管理机构审查邮寄的书面申请材料，并采用电子邮件通知审查结果。
(5) 按照要求通过邮政汇款、银行电汇或来访交纳域名注册的费用。
(6) 注册管理机构收到域名注册费用后，发出"域名注册证"和付款发票。域名注册成功。
3. 网站域名注册（国际）
(1) 检索确认要注册的域名是否被别人注册。

(2) 填写注册管理机构的"在线订单",并传真至该网站,同时将缴费款项汇至注册管理机构的账户。

(3) 收到申请人的"在线订单"及汇款后,注册管理机构开始输申请注册。

(4) 注册成功后,注册管理机构将缴费发票邮寄给申请人。

4. 架设网上站点

(1) 构造自有服务器。

1) 自行购置。

2) 自行测试。

3) 自行配置软件。

4) 自行安装、维护。

5) 自行接入。

(2) 主机托管。

服务器等硬件设备由 ISP(电信部门)代维;企业可以通过最简单的拨号上网或其他方式利用自己的计算机实现对网站的维护和数据库的管理。

优点:服务可靠、收费合理、成本低、不间断的技术支持。

(3) 虚拟主机。

虚拟专用服务器如同独立的服务器一样,系统管理员拥有系统的所有权限。可以完全控制和配置"服务器"。比如为您自己的用户提供 CGI;ASP,PHP 程序,安装动态模块、调整自己的数据库等等;提供独立的系统管理及软件运行环境,在一台主机上可以配置多个 IP 地址。每一个虚拟服务器都是在专用的加密区域内运行,如同独立服务器一样操作,是专为中小型企业用户提供可负担得起的"主机租用服务"类型,而它的系统性能、安全性及可扩展性与专用服务器不相上下。

5. 网页设计

略。

6. 网站的维护

略。

11.5 网页制作技术

11.5.1 网页的分类

1. 静态网页

是实际存在的,无需经过服务器的编译,直接加载到客户浏览器上显示出来。静态页面需要占一定的服务器空间,且不能自主管理发布更新的页面,如果想更新网页内容,要通过 FTP 软件把文件下载下来用网页制作软件修改。常见的静态页面举例:.html 扩展名的、.htm 扩展名的。

优点:结构简单,不需要后台数据库支持,执行效率高。

缺点:当网页内容需要更改时,必须重新制作网页。

适用范围:内容相对稳定,不需要经常更改的场合。

2. 动态网页

跟静态网页相对的一种网页编程技术。静态网页，随着 html 代码的生成，页面的内容和显示效果就基本上不会发生变化了——除非你修改页面代码。而动态网页则不然，页面代码虽然没有变，但是显示的内容却是可以随着时间、环境或者数据库操作的结果而发生改变的。不要将动态网页和页面内容是否有动感混为一谈。这里说的动态网页，与网页上的各种动画、滚动字幕等视觉上的动态效果没有直接关系，动态网页也可以是纯文字内容的，也可以是包含各种动画的内容，这些只是网页具体内容的表现形式，无论网页是否具有动态效果，只要是采用了动态网站技术生成的网页都可以称为动态网页。

总之，动态网页是基本的 html 语法规范与 Java、VB、VC 等高级程序设计语言、数据库编程等多种技术的融合，以期实现对网站内容和风格的高效、动态和交互式的管理。因此，从这个意义上来讲，凡是结合了 HTML 以外的高级程序设计语言和数据库技术进行的网页编程技术生成的网页都是动态网页。常见的动态页面举例：.asp 扩展名的、.aspx 扩展名的、.php 扩展名的、.jsp 扩展名的等。

优点：由后数据库和相应的应用程序构成，内容可根据用户的不同选择动态生成。

缺点：结构相对复杂，需要后台数据库支持。

适用范围：需要频繁更新数据的场合。

11.5.2 网页设计的原则与要求

网页设计要符合受众者心理与社会心理的需求。设计者要正确分析用户需求，注意网页内容的搭配与布局；设计主题要定位准确，网页下载的时间也不能过长，必须保证网页对不同操作系统和浏览器的兼容性，并经常性地进行调试及数据更新。设计应追求一种和谐的单纯，即追求清晰的视觉冲击力和巨大的张力，把美的形式规律同网页设计结合起来。

- 网页内容的合理布局与排版

网页设计既有文字、图片、色彩，又有动画、声音。文字有大有小，还有标题和正文之分。图片也有大小、纵横之别。图片和文字都需要同时展示给观众，但又不能简单地罗列在一个页面上，否则会搞得页面杂乱无章。因此，必须根据内容的需要，将图片和文字按照一定的次序进行合理编排和布局，使它们组合成一个有机的整体，展现给访客。具体的页面排版可从如下几个方面入手：

- 主次分明，中心突出在网页界面设计中，设计者必然要考虑视觉的中心，也就是"最佳视域"，它一般位于电脑屏幕的中央，或者在屏幕中间偏上的部位。
- 明确的导航，彰显有价值的信息网站中的栏目导航对网站内容起到提纲挈领的作用，引导着用户浏览网站的相关信息。
- 图文并茂，相辅相成的文字和图片具有一种相互补充的视觉关系。
- 图形与字体、色彩等因素协调统一。
- 注意空白的设置和运用。
- 网页设计的基本原则。

- 符合大众心理与社会心理需求。
- 分析用户需求，注意内容布局设计者在设计网页时应该明确网站的类别。
- 设计主题定位准确。
- 网页下载的时间不能过长。
- 网页兼容不同操作系统与浏览器。
- 网页界面设计的要求。
- 导航清晰，标题具有可读性。
- 风格统一，色彩和谐，重点突出网站中各个页面要保持统一风格，不要在不同的网页中使用不同的主题风格。
- 界面清爽，设计避免"一般化"页面设计整洁、清爽有着不可忽视的作用。
- 技术为内容服务，一些网页初学者经常在所做的网页中加入尽可能多的特效，以充实自己的页面，这样往往会适得其反。一定要明确技术是为内容服务的这个前提，不要过分沉迷于技术的运用，坚决摒弃那些华而不实的特效。适当的动态效果可以起到画龙点睛的作用，但过多的动态效果会让人眼花缭乱而抓不住主题。

11.5.3 网页制作使用的工具

1. 网页编辑器（Adobe Dreamweaver）

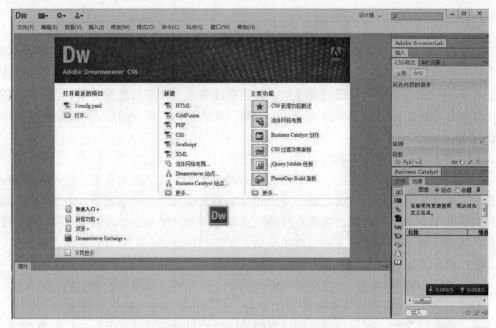

图 11-1　Dreamweaver 启动界面

Adobe Dreamweaver，简称"DW"，中文名称"梦想编织者"，是美国 MACROMEDIA 公司开发的集网页制作和管理网站于一身的所见即所得网页编辑器。DW 是第一套针对专业网页设计师特别发展的视觉化网页开发工具，利用它可以轻而易举地制作出跨越平台限制和跨越浏览器限制的充满动感的网页。

软件优点：
- 制作效率

Dreamweaver 可以用最快速的方式将 Fireworks、FreeHand 或 Photoshop 图像文件移至网页上。使用检色吸管工具选择荧幕上的颜色可设定最接近的网页安全色。Dreamweaver 能与您喜爱的设计工具，如 PlaybackFlash、Shockwave 和外挂模组等搭配，不需离开 Dreamweaver 便可完成，整体运用流程自然顺畅。除此之外，只要单击便可使 Dreamweaver 自动开启 Firework 或 Photoshop 来进行编辑与设定图像的最佳化。

- 网站管理

使用网站地图可以快速制作网站雏形、设计、更新和重组网页。改变网页位置或档案名称，Dreamweaver 会自动更新所有链接。使用支援文字、HTML 代码、HTML 属性标签和一般语法的搜寻及置换功能，使得复杂的网站更新变得迅速又简单。

- 控制能力

Dreamweaver 是唯一提供 RoundtripHTML、视觉化编辑与原始码编辑同步的设计工具。它包含 HomeSite 和 BBEdit 等主流文字编辑器。帧元（frames）和表格的制作速度快的令您无法想象。进阶表格编辑功能使您简单的选择单格、行、栏。甚至可以排序或格式化表格群组，Dreamweaver 支援精准定位，利用可轻易转换成表格的图层以拖拉置放的方式进行版面配置。所见即所得 Dreamweaver 成功整合动态式出版视觉编辑及电子商务功能，提供超强的支援能力给 Third-party 厂商，包含 ASP、Apache、BroadVision、ColdFusion、iCAT、Tango 与自行发展的应用软体。当您正使用 Dreamweaver 在设计动态网页时，所见即所得的功能，让您不需要透过浏览器就能预览网页。梦幻样板和 XMLDreamweaver 将内容与设计分开，应用于快速网页更新和团队合作网页编辑。建立网页外观的样板，指定可编辑或不可编辑的部分，内容提供者可直接编辑以样式为主的内容。您也可以使用样板正确地输入或输出 XML 内容。利用 Dreamweaver 设计的网页，可以全方位的呈现在任何平台的热门浏览器上。对于 cascadingstylesheets 的动态 HTML 支援和鼠标换图效果，声音和动画的 DHTML 效果资料库可在 Netscape 和 Microsoft 浏览器上执行。使用不同浏览器检示功能，Dreamweaver 可以告知您在不同浏览器上执行的成效如何。当有新的浏览器上市时，只要从 Dreamweaver 的网站在下载它的描述文档，便可得知详尽的成效报告。

2. 图形制作工具（Adobe Photoshop）

Adobe Photoshop，简称"PS"，是由 Adobe Systems 开发和发行的图像处理软件。

Photoshop 主要处理以像素所构成的数字图像。使用其众多的编修与绘图工具，可以有效地进行图片编辑工作。ps 有很多功能，在图像、图形、文字、视频、出版等各方面都有涉及。

软件优点：
- 支持多种图像格式

Photoshop 支持的图像的图像格式包括 PSD、EPS、DCS、TIF、JEPG、BMP、PCX、FLM、PDF、PICT、GIF、PNG、IFF、FPX、RAW 和 SCT 等多种，利用 Photoshop 可以将某种格式的图像另存为其他格式，以满足特殊的需要。

图11-2 Photoshop工作界面

- 支持多种色彩模式

Photoshop 支持的色彩模式包括位图模式、灰度模式、RBG 模式、CMYK 模式、Lab 模式、索引颜色模式、双色调模式和多通道模式等,并且可以实现各种模式之间的转换,另外,利用 Photoshop 还可以任意调整图像的尺寸,分辨率及布大小,既可以在不影响分辨率的情况下图像尺寸,又可以在不影响图像尺寸的情况下增减分辨率。

- 提供了强大的选取图像范围的功能

利用矩形,椭圆面罩和套取工具,可以选取一个或多个不同尺寸,形状的选取范围。磁性大过工具可以根据选择边缘的像素反差,使选取范围紧贴要选取的图像,利用魔术棒工具或颜色范围命令可以根据颜色来自动选取所要部分,配合多种快捷键的使用,可以实现选取范围的相加,相减和反选等效果。

- 可以对图像进行各种编辑

如移动、复制、粘贴、剪切、清除等,如果在编辑时出了错误,还可以进行无限次撤销和恢复,Photoshop 还可以对图像进行任意的旋转和变形,例如按固定方向翻转或旋转。

- 可以对图像进行色调和色彩的调整

使色相、饱和度、亮度、对比度的调整变得简单容易,Photoshop 可以单独对某一选取范围进行调整,也可以对某一种选定颜色进行调整,使用色彩平衡倒序可以在彩色图像中改变颜色的混合,使用色阶和曲线命令可以分别对图像的高光,暗调和中间调部分进行调整,这是传统的绘画技巧难以达到的效果。

- 提供了绘画功能

使用喷枪工具、笔刷工具、铅笔工具、直线工具,可以绘制各种图形,通过自行设定的笔刷形状、大小和压力,可以创建不同的笔刷效果,利用渐变工具可以产生多种渐变效果，加深和减淡工具可以有选择地改变图像的曝光度。

- 使用 Photoshop 的用户可以建立普通图层、背景层、文本层、调节层等多种图层

方便地对各个图层进行编辑，用户可以对图层进行任意的复制、移动、删除、翻转、合并和合成，可以实现图层的排列，还可以应用添加阴影等操作制造特技效果，调整图层可在不影响图像的同时，控制图层的透明度和饱和度等图像效果，文本层可以随时编辑图像中的文本，用户还可以对不同的色彩通道分别进行编辑，利用蒙版可以精确地选取范围，进行存储和载入操作。

- Photoshop 共提供了将近 100 种的滤镜

每种滤镜各不相同，用户可以利用这些滤镜实现各种特殊效果，如利用风滤镜可以增加图像动感，利用浮雕滤镜呆以制作浮雕效果等。

3. 动画制作工具（Flash）

图 11-3　Flash 工具界面

Flash 是由 macromedia 公司推出的交互式矢量图和 Web 动画的标准，由 Adobe 公司收购。做 Flash 动画的人被称之为闪客。网页设计者使用 Flash 创作出既漂亮又可改变尺寸的导航界面以及其他奇特的效果。

Flash 广泛用于创建吸引人的应用程序，它们包含丰富的视频、声音、图形和动画。可以在 Flash 中创建原始内容或者从其他 Adobe 应用程序（如 Photoshop 或 illustrator）导入它们，快速设计简单的动画，以及使用 Adobe ActionScript 3.0 开发高级的交互式项

目。设计人员和开发人员可使用它来创建演示文稿、应用程序和其他允许用户交互的内容。Flash 可以包含简单的动画、视频内容、复杂演示文稿和应用。

软件优点：

- Flash 动画生动、活泼，可以吸引、刺激网站浏览者点击动画页面，强烈的视觉冲击力可以给浏览者留下深刻的印象。
- 占用的存储空间只是位图的几千分之一，非常适合在网络上使用。
- 做到真正的无级放大，无论用户的浏览器使用多大的窗口，图像始终可以完全显示，并且不会降低画面质量。
- 使用插件方式工作。用户只要安装一次插件，以后就可以快速启动并观看动画。
- 可插入 MP3、AVI 音乐及动画。
- 使用组件，重复使用及共享。

4. 代码编辑工具（HBuilder）

HBuilder 是 DCloud（数字天堂）推出的一款支持 HTML5 的 Web 开发 IDE。[1] HBuilder 的编写用到了 Java、C、Web 和 Ruby。HBuilder 本身主体由 Java 编写。

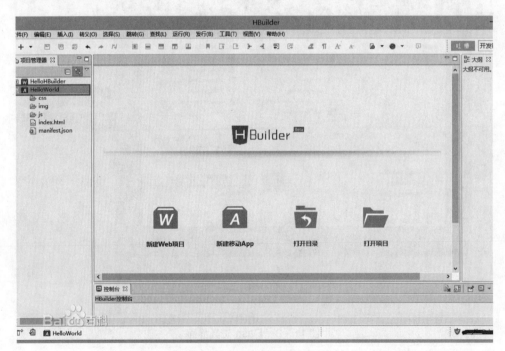

图 11-4　HBuilder 工作界面

软件优点：

- 编码比其他工具快 5 倍够不够？对极客而言，追求快，没有止境！
- 代码输入法：按下数字快速选择候选项。
- 可编程代码块：一个代码块，少敲 50 个按键。
- 内置 emmet：tab 一下生成一串代码。

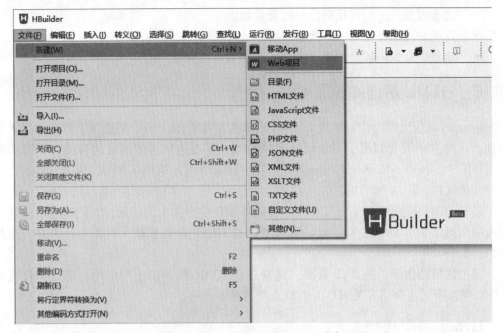

图 11-5　HBuilder 建立 web 站点

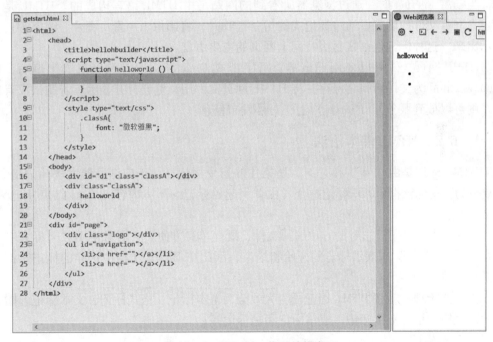

图 11-6　HBuilder 代码编辑窗口

- 无死角提示：除了语法，还能提示 ID、Class、图片、链接、字体等。
- 跳转助手、选择助手，不用鼠标，手不离键盘。
- 多种语言支持：php、jsp、ruby、python、nodejs 等 web 语言，less、coffee 等编译型语言均支持。

- 边改边看：一边写代码，一边看效果。
- 强悍的转到定义和一键搜索。
- 这里还有最全的语法库、最全的语法浏览器兼容库。

11.6 HTML 基础知识

Internet 风行世界，作为展现 Internet 风采的重要载体，Web 页受到了越来越多人的重视。好的 Web 页可以吸引用户频频光顾站点，从而达到宣传网站的目的。Web 页是由 HTML（Hypertext Markup Language，超文本标记语言）组织起来的，由浏览器解释显示的一种文件。

最初的 HTML 语言功能极其有限，仅能够实现静态文本的显示，人们远远不满足于死板的类似于文本文件的 Web 页。后来增强的 HTML 语言扩展了对图片、声音、视频影像的支持。

通过浏览器访问到的 Web 页面，通常是在 HTML 的基础上形成的。那么，什么是 HTML 呢？下面将介绍有关 HTML 的概念及其基本语法。

11.6.1 HTML 概念

当畅游 Internet 时，通过浏览器所看到的网站是由 HTML 语言构成的。HTML 是一种建立网页文件的语言，通过标记式的指令（Tag），将影像、声音、图片、文字等连接显示出来。这种标记性语言是因特网上网页的主要语言。

HTML 网页文件可以使用记事本、写字板或 Dreamweaver 等编辑工具来编写，以.htm 或.html 为文件后缀名保存。将 HTML 网页文件用浏览器打开显示，若测试没有问题，则可以放到服务器（Server）上，对外发布信息。

11.6.2 HTML 基本语法

HTML 标记是由"＜"和"＞"所括住的指令标记，用于向浏览器发送标记指令。主要分为：单标记指令、双标记指令（由"＜起始标记＞"+内容+"＜/结束标记＞"构成）。

HTML 语言使用标志对的方法编写文件，既简单又方便。它通常使用"＜标志名＞内容＜/标志名＞"来表示标志的开始和结束，因此在 HTML 文档中这样的标志对都必须是成对使用的。

为了便于理解，将 HTML 标记语言大致分为基本标记、格式标记、文本标记、图像标记、表格标记、链接标记、表单标记和帧标记等。

1. 基本标记

基本标记是用来定义页面属性的一些标记语言。通常一份 HTML 网页文件包含 3 个部分：标头区＜HEAD＞……＜/HEAD＞、内容区＜BODY＞……＜/BODY＞和网页区＜HTML＞……＜/HTML＞。

（1）＜html＞……＜/html＞。＜html＞标志用于 HTML 文档的最前边，用来标识 HTML 文档的开始。而＜/html＞标志恰恰相反，它放在 HTML 文档的最后边，用来标识

HTML 文档的结束，两个标志必须一块使用。

（2）<head>……</head>。<head>和</head>构成 HTML 文档的开头部分，在此标志对之间可以使用<title></title>、<script></script>等标志对。这些标志对都是用来描述 HTML 文档相关信息的，<head>和</head>标志对之间的内容是不会在浏览器的框内显示出来的，两个标志必须一块使用。

（3）<body>……</body>。<body>和</body>是 HTML 文档的主体部分，在此标志对之间可包含<p>……</p>、<h1>……</h1>、
、<hr>等众多的标志。它们所定义的文本、图像等将会在浏览器的框内显示出来。<body>标志主要属性如表 1-1 所示。

表 11-1 <body>标志主要属性

属　　性	用　　途	范　　例
<body bgcolor = "#rrggbb">	设置背景颜色	<body bgcolor = "#red">红色背景
<body text = "#rrggbb">	设置文本颜色	<body text = "#0000ff">蓝色文本
<body link = "#rrggbb">	设置链接颜色	<body link = "blue">链接为蓝色
<body vlink = "#rrggbb">	设置已使用的链接的颜色	<body vlink = "#ff0000">链接为红色
<body alink = "#rrggbb">	设置鼠标指向的链接的颜色	<body alink = "yellow">黄色

以上各个属性可以结合使用，如<body bgcolor = "red" text = "#0000ff">。引号内的 rrggbb 是用 6 个十六进制数表示的 RGB（即红、绿、蓝 3 色的组合）颜色，如#ff0000 对应的是红色。

（4）<title>……</title>。使用过浏览器的人可能都会注意到浏览器窗口最上边蓝色部分显示的文本信息，那些信息一般是网页的主题。要将网页的主题显示到浏览器的顶部其实很简单，只要在<title></title>标志对之间加入需要显示的文本即可。

下面是一个简单的网页实例。通过该实例，读者便可以了解以上各个标志对在一个 HTML 文档中的布局或所使用的位置。

```
<html>
  <head>
    <title>显示在浏览器窗口最顶端中的文本</title>
  </head>
  <body bgcolor = "red" text = "blue">
    <p>红色背景、蓝色文本</p>
  </body>
</html>
```

※ 注意：<title></title>标志对只能放在<head></head>标志对之间。

2. 格式标记

这里所介绍的格式标记都是用于<body></body>之间的。

（1）<p>……</p>。<p></p>标志对是用来创建一个段落，在此标志对之间加入的文本将按照段落的格式显示在浏览器上。<p>标志还可以使用 align 属性，它用来说明对齐方式，语法如下所示。

    <p align = "参数"> </p>

Align 的参数可以是 Left（左对齐）、Center（居中）和 Right（右对齐）3 个值中的任何一个。例如 < p align = " center" > </p > 表示标志对中的文本使用居中的对齐方式。

（2）< br >。< br >是一个很简单的单标记指令，它没有结束标志，因为它用来创建一个回车换行，即标记文本换行。

% 注意：如果把< br >加在 < p > </p >标志对的外边，将创建一个大的回车换行，即< br >前边和后边的文本的行与行之间的距离比较大。若放在< p > </p >的里边则< br >前边和后边的文本的行与行之间的距离将比较小。

（3）< blockquote >……</blockquote >。在< blockquote > </blockquote >标志对之间加入的文本将会在浏览器中按两边缩进的方式显示出来。

（4）< dl >……</dl >、< dt >……</dt >、< dd >……</dd >。< dl > </dl > 用来创建一个普通的列表；< dt > </dt >用来创建列表中的上层项目；< dd > </dd > 用来创建列表中最下层项目，< dt > </dt >和 < dd > </dd >都必须放在 < dl > </dl > 标志对之间。通过下面的实例，读者可以更好地理解这几个相近的标记。

```
<html>
  <head>
    <title>一个普通列表</title>
  </head>
  <body text = "blue">
    <dl>
      <dt>中国城市</dt>
        <dd>北京</dd>
        <dd>上海</dd>
        <dd>广州</dd>
      <dt>美国城市</dt>
        <dd>华盛顿</dd>
        <dd>芝加哥</dd>
        <dd>纽约</dd>
    </dl>
  </body>
</html>
```

该实例在网页中的效果，如图 1 – 29 所示。

（5）< ol >……</ol >、< ul >……</ul >、< li >……</li >。< ol > </ol >标志对用来创建一个标有数字的列表。< ul > </ul >标志对用来创建一个标有圆点的列表。< li > </li >标志对只能在 < ol > </ol > 或 < ul > </ul >标志对之间使用，此标志对用来创建一个列表项，若 < li > </li >放在 < ol > </ol >之间，则每个列表项加上一个数字；若放在 < ul > </ul >之间，则每个列表项加上一个圆点。例子如下所示：

第 11 章 电子商务网站建设

图 11-7 格式标记执行效果

```
<html>
  <head>
    <title></title>
  </head>
  <body text = "blue">
    <ol>
      <p>中国城市</p>
      <li>北京</li>
      <li>上海</li>
      <li>广州</li>
    </ol>
    <ul>
      <p>美国城市</p>
      <li>华盛顿</li>
      <li>芝加哥</li>
      <li>纽约</li>
    </ul>
  </body>
</html>
```

以上在 IE 中的运行效果如图 11-8 所示。

(6) <div>……</div>。<div></div>标志对用来排版大块 HTML 段落,也用于格式化表,此标志对的用法与<p></p>标志对非常相似,同样有 align 对齐方式属性。

3. 文本标记

文本标记主要针对文本的属性设置进行标记说明,如斜体、黑体字、加下划线等。

(1) <pre>……</pre>。<pre></pre>标志对用来对文本进行预处理操作。

(2) <h1></h1>……<h6></h6>。HTML 语言提供了一系列对文本中的标题进行操作的标志对:<h1></h1>、<h2></h2>、……、<h6></h6>。<h1></h1>是最大的标题,而<h6></h6>则是最小的标题。如果在 HTML 文档中需要输出标题文本,可以使用这 6 对标题标志对中的任何一对。

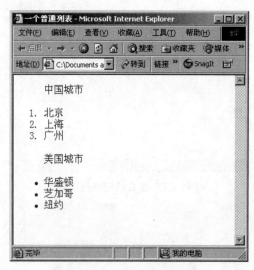

图11-8　格式标记执行效果

（3）<b>……</b>、<i>……</i>、<u>……</u>。经常使用 Word 的人对这3个标志对一定很快就能掌握。<b></b>用来使文本以黑体字的形式输出；<i></i>用来使文本以斜体字的形式输出；<u></u>用来使文本以下加一画线的形式输出。

（4）<tt>……</tt>、<cite>……</cite>、<em>……</em>、<strong>……</strong>。这些标志对的用法和上边的一样，差别只是在于输出的文本字体不太一样而已。<tt></tt>用来输出打字机风格字体的文本；<cite></cite>用来输出引用方式的字体，通常是斜体；<em></em>用来输出需要强调的文本（通常是斜体加黑体）；<strong></strong>则用来输出加重文本（通常也是斜体加黑体）。

（5）<font>……</font>。<font></font>可以对输出文本的字体大小、颜色进行随意的改变。这些改变主要是通过对它的两个属性 size 和 color 的控制来实现的。size 属性用来改变字体的大小，它可以取值为 -1、1 和 +1；而 color 属性则用来改变文本的颜色，颜色的取值是十六进制 RGB 颜色码或 HTML 语言给定的颜色常量名。

文本标记的具体用法如以下代码所示：

```
<html>
<head>
  <title>文本标记的综合示例</title>
</head>
<body text = "blue">
  <h1>最大的标题</h1>
  <h3>使用 h3 的标题</h3>
  <h6>最小的标题</h6>
    <p><b>黑体字文本</b></p>
    <p><i>斜体字文本</i></p>
    <p><u>下加一画线文本</u></p>
```

      <p><tt>打字机风格的文本</tt></p>
      <p><cite>引用方式的文本</cite></p>
      <p><em>强调的文本</em></p>
      <p><strong>加重的文本</strong></p>
      <p><font size="+1" color="red">size 取值"+1"、color 取值"red"时的文本</font></p>
   </body>
 </html>

此例在浏览器中的显示如图 11-9 所示。

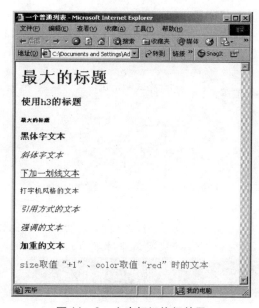

图 11-9　文本标记执行效果

4. 图像标记

再简单朴素的网页如果只有文字而没有图像将失去许多活力，图像在网页制作中是非常重要的一个方面，HTML 语言也专门提供了 <img> 标志来处理图像的输出。

（1）<img>。<img> 标志并不是真正地把图像加入到 HTML 文档中，而是将标志对的 src 属性赋值。这个值是图像文件的文件名，其中包括路径，这个路径可以是相对路径，也可以是网址。所谓相对路径是指所要链接或嵌入到当前 HTML 文档的文件与当前文件的相对位置所形成的路径。

假如网站的 HTML 文件与图像文件（文件名假设是 logo.gif）在同一个目录下，则可以将代码写成 <img src="logo.gif">。假如网站的图像文件放在当前的 HTML 文档所在目录的一个子目录（子目录名假设是 images）下，则代码应为 <img src="images/logo.gif">。

注意：通常图像文件都会放在网站中一个独立的目录里。必须注意一点，src 属性在 <img> 标志中是必须赋值的，是标志中不可缺少的一部分。

除此之外，<img>标志还有 alt、align、border、width 和 height 属性。align 是图像的对齐方式，在上边已经提到过。border 属性是图像的边框，可以取大于或者等于 0 的整数，默认单位是像素。width 和 height 属性是图像的宽和高，默认单位也是像素。alt 属性是当光标移动到图像上时显示的文本。

（2）<hr>。<hr>标志是在 HTML 文档中加入一条水平线。它可以直接使用，具有 size、color、width 和 noshade 属性。

size 用来设置水平线的厚度，而 width 用来设定水平线的宽度，默认单位是像素。noshade 属性不用赋值，而是直接加入标志即可使用，它是用来加入一条没有阴影的水平线，不加入此属性水平线将有阴影。

图像标记的使用如以下代码所示，效果如图 11－10 所示。

```
<html>
<html>
<head>
<title>图像标记的综合示例</title>
</head>
<body>
<p align = "center"><img src = "../logo468_60.gif" alt = "网页设计" width = "468" height = "60"></p>
<hr width = "600" size = "1" color = "#0000FF">
</body>
</html>
```

图 11－10　图像标记效果

5. 表格标记

表格标记对制作网页是很重要的，现在很多网页都是使用多重表格，主要是因为表格不但可以固定文本或图像的输出，而且可以任意地进行背景和前景颜色的设置。

（1）<table>……</table>。<table></table>标志对用来创建一个表格。它的属性较多，诸如 bgcolor、bordercolor、cellpadding 等。具体的属性参数将在使用 Dreamweaver 整合页面时作详细介绍。

（2）<tr>……</tr>、<td>……</td>。<tr></tr>标志对用来创建表格中的每一行。此标志对只能放在<table></table>标志对之间使用，而在此标志对之间加入文本将是无效的。

<td></td>标志对用来创建表格中一行中的每一个表格，此标志对只有放在<tr></tr>标志对之间才是有效的。

（3）<th>……</th>。<th></th>标志对用来设置表格头，通常是黑体居中文字。

表格标记使用如下代码,效果如图 11-11 所示。

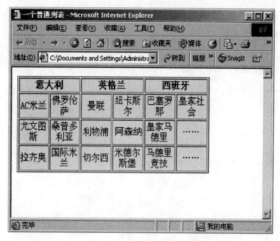

图 11-11　表格标记效果

表格标记的综合示例。

```
<html>
<head>
<title>表格标记的综合示例</title>
</head>
<body>
<table border = "1" width = "80%" bgcolor = "#E8E8E8" cellpadding = "2" bordercolor = "#0000FF"
   bordercolorlight = "#7D7DFF" bordercolordark = "#0000A0">
  <tr>
    <th width = "33%" colspan = "2" valign = "bottom">意大利</th>
    <th width = "36%" colspan = "2" valign = "bottom">英格兰</th>
    <th width = "36%" colspan = "2" valign = "bottom">西班牙</th>
  </tr>
  <tr>
    <td width = "16%" align = "center">AC 米兰</td>
    <td width = "16%" align = "center">佛罗伦萨</td>
    <td width = "17%" align = "center">曼联</td>
    <td width = "17%" align = "center">纽卡斯尔</td>
    <td width = "17%" align = "center">巴塞罗那</td>
    <td width = "17%" align = "center">皇家社会</td>
  </tr>
  <tr>
    <td width = "16%" align = "center">尤文图斯</td>
    <td width = "16%" align = "center">桑普多利亚</td>
    <td width = "17%" align = "center">利物浦</td>
```

```
                <td width = "17% " align = "center" >阿森纳< /td >
                <td width = "17% " align = "center" >皇家马德里< /td >
                <td width = "17% " align = "center" >……< /td >
            < /tr >
            < tr >
                <td width = "16% " align = "center" >拉齐奥< /td >
                <td width = "16% " align = "center" >国际米兰< /td >
                <td width = "17% " align = "center" >切尔西< /td >
                <td width = "17% " align = "center" >米德尔斯堡< /td >
                <td width = "17% " align = "center" >马德里竞技< /td >
                <td width = "17% " align = "center" >……< /td >
            < /tr >
        < /table >
    < /body >
< /html >
```

6. 链接标记

链接是 HTML 语言的一大特色，正因为有了链接，网站内容的浏览才能够具有灵活性和网络性。

（1） < a href = "……" >……< /a >。该标志对的属性 href 是无论如何不可缺少的，标志对之间加入需要链接的文本或图像（链接图像即加入 < img src = " " >标志）。

href 的值可以是 URL 形式，即网址或相对路径，也可以是 mailto：形式，即发送 E-mail 形式。当 href 为 URL 时，语法为 < a href = "URL" > < /a >，这样就构成一个超文本链接了。示例如下：

< a href = "http://xld.home.chinaren.net/" >这是我的网站< /a >

当 href 为邮件地址时，语法为 < a href = " mailto：EMAIL" > < /a >，这就创建了一个自动发送电子邮件的链接，mailto：后边紧跟想要自动发送的电子邮件的地址（即 E-mail 地址）。

例如： < a href = " mailto：xiaolida@ 263. net" > 这是我的电子信箱（E-mail 信箱）< /a >

此外， < a href = " " > < /a >还具有 target 属性，此属性用来指明浏览的目标帧，这些内容将在讲帧标记时作详细的说明。

（2） < a name = "……" >……< /a >。 < a name = " " > < /a >标志对要结合 < a href = " " > < /a >标志对使用才有效果。< a name = " " > < /a >标志对用来在 HTML 文档中创建一个标签（即做一个记号），属性 name 是不可缺少的，它的值即是标签名。例如： < a name = "标签名" >此处创建了一个标签< /a >。

创建标签是为了在 HTML 文档中创建一些链接，以便能够找到同一文档中有标签的地方。要找到标签所在地，就必须使用 < a href = " " > < /a >标志对。

例如要找到"标签名"这个标签，就要编写如下代码： < a href = "#标签名" >单击此处将使浏览器跳到"标签名"处< /a >。

注意：href 属性赋的值若是标签的名字，必须在标签名前边加一个"#"号。

7. 帧标记

帧是由英文 Frame 翻译过来的,它可以用来向浏览器窗口中装载多个 HTML 文件。每个 HTML 文件占据一个帧,而多个帧可以同时显示在同一个浏览器窗口中,它们组成了一个最大的帧。帧通常的使用方法是在一个帧中放置目录(即可供选择的链接),然后将 HTML 文件显示在另一个帧中。

(1) < frameset >……</frameset >。< frameset ></frameset >标志对用来定义主文档中有几个帧并且各个帧是如何排列的。此标志对放在帧的主文档的< body ></body >标志对的外边,也可以嵌在其他帧文档中,并且可以嵌套使用。

它具有 rows 和 cols 属性,使用< frameset >标志时这两个属性至少必须选择一个,否则浏览器只显示第一个定义的帧,< frameset ></frameset >标志对也就没有起到任何作用了。

rows 用来规定主文档中各个帧的行定位,而 cols 用来规定主文档中各个帧的列定位。这两个属性的取值可以是百分数、绝对像素值或星号"*",其中星号代表那些未被说明的空间,如果同一个属性中出现多个星号,则将剩下的未被说明的空间平均分配。

(2) < frame >。< frame >标志放在< frameset ></frameset >之间,用来定义某一个具体的帧。< frame >标志具有 src 和 name 属性,这两个属性都是必须赋值的。

src 是此帧的源 HTML 文件名(包括网络路径,即相对路径或网址),浏览器将会在此帧中显示 src 指定的 HTML 文件。name 是此帧的名字,这个名字是用来供超文本链接标志< a href = " " target = " " >中的 target 属性指定链接的 HTML 文件将显示在哪一个帧中。

例如定义了一个帧,名字是 main,在帧中显示的 HTML 文件名是 jc. htm,则代码是< frame src = " jc. htm" name = " main" >。当单击这个链接后,文件 new. htm 将要显示在名为 main 的帧中,则代码为< a href = " new. htm" target = " main" >需要链接的文本</a >。

此外,< frame >标志还有 scrolling 和 noresize 属性,scrolling 用来指定是否显示滚动轴,取值可以是"yes"(显示)、"no"(不显示)或"auto"(若需要则会自动显示,不需要则自动不显示)。noresize 属性直接加入标志中即可使用,不需赋值,它用来禁止用户调整一个帧的大小。

(3) < noframes ></noframes >。< noframes ></noframes >标志对也是放在< frameset ></frameset >标志对之间,用来在那些不支持帧的浏览器中显示文本或图像信息。在此标志对之间先紧跟< body ></body >标志对,然后才可以使用前面所讲过的任何标志。

8. 表单标记

表单在 Web 网页中用来给访问者填写信息,从而获得用户信息,使网页具有交互的功能。

(1) < form >……</form >。< form ></form >标志对用来创建一个表单,即定义表单的开始和结束位置,在标志对之间的一切都属于表单的内容。< form >标志具有

action、method 和 target 属性。

action 的值是处理程序的程序名（包括网络路径：网址或相对路径）。例如：<form action="http://xld.home.chinaren.net/counter.cgi">，当用户提交表单时，服务器将执行网址 http://xld.home.chinaren.net/ 上的名为 counter.cgi 的 CGI 程序。

method 属性用来定义处理程序从表单中获得信息的方法，可取值为 GET 和 POST。GET 方法是从服务器上请求数据，POST 方法是发送数据到服务器。两者的区别在于 GET 方法所有参数会出现在 URL 地址中，而 POST 方法的参数不会出现在 URL 中。通常 GET 方法限制字符的大小，POST 则允许传输大量数据。

事实上，POST 方法可以没有时间限制地传递数据到服务器，用户在浏览器端是看不到这一过程的，所以 POST 方法比较适合用于发送一个保密的（比如信用卡号）或者比较大量的数据到服务器。而 GET 方法会将所要传输的数据附在网址后面，然后一起送达服务器，因此传送的数据量会受到限制，但是执行效率却比 POST 方法好。

target 属性用来指定目标窗口或目标帧。

(2) <input type="">。<input type=""> 标志用来定义一个用户输入区，用户可在其中输入信息。此标志必须放在 <form></form> 标志对之间。<input type=""> 标志中共提供了 8 种类型的输入区域，具体是哪一种类型由 type 属性来决定。

(3) <select>……</select>、<option>。<select></select> 标志对用来创建一个下拉列表框或可以复选的列表框。此标志对用于 <form></form> 标志对之间。<select> 具有 multiple、name 和 size 属性。

multiple 属性不用赋值，直接加入标志中即可使用，加入了此属性后列表框就成为可多选的了；name 是此列表框的名字，它与上边讲的 name 属性作用是一样的；size 属性用来设置列表框的高度，默认时值为 1，若没有设置 multiple 属性，显示的将是一个弹出式的列表框。

<option> 标志用来指定列表框中的一个选项，它放在 <select></select> 标志对之间。此标志具有 selected 和 value 属性：selected 用来指定默认的选项；value 属性用来给 <option> 指定的那一个选项赋值，这个值是要传送到服务器上的，服务器正是通过调用 <select> 区域的名字的 value 属性来获得该区域选中的数据项的。

(4) <textarea>……</textarea>。<textarea></textarea> 用来创建一个可以输入多行的文本框，此标志对用于 <form></form> 标志对之间。<textarea> 具有 name、cols 和 rows 属性。cols 和 rows 属性分别用来设置文本框的列数和行数，这里列与行是以字符数为单位的。

11.7 DIV+CSS 概述

11.7.1 DIV+CSS 介绍

<div> 可定义文档中的分区或节（division/section）。<div> 标签可以把文档分割为独立的、不同的部分。它可以用作严格的组织工具，并且不使用任何格式与其关联。

如果用 id 或 class 来标记 <div>，那么该标签的作用会变得更加有效。

<div id="id名">＊＊＊</div>

<div class="class名">＊＊＊</div>

　　DIV 是 HTML 的一个标签，<DIV></DIV>标签可以把网页文档分割为不同的独立部分，能支持不同类型的主流浏览器。

　　CSS 是用于控制网页样式并允许将样式信息与网页内容分离的一种标记性语言。具体说，CSS 是一组样式，样式中的属性在 HTML 元素中依次出现，并且显示在浏览器中。样式可以定义在 HTML 文档的标志（TAG）里，也可以在外部附加文档作为外加文档，此时，一个样式表可以用于多个页面，甚至整个站点，因此，具有更好的易用性和扩展性。CSS 对网页中元素位置的排版分布能够做到像素级的精确控制，页面内容所涉及的字体样式、字号样式、颜色样式几乎都能实现。

　　DIV + CSS 是一种网页的布局方法，也是 WEB 设计的一种标准，它在网页布局中内容和样式的分离，使页面和样式的调整变得更加方便，在团队开发中更容易分工合作而减少相互关联性，简洁的代码能提高网页的访问速度，有利于搜索引擎优化、收录。最终能支持浏览器的向后兼容，符合 W3C 标准保证技术不会因为网络应用的升级而被淘汰。

　　在 DIV + CSS 网页版面布局中，主要用 DIV 标签来对网页的布局做整体的框架划分，DIV 布局结构如下图 11 - 12 所示。

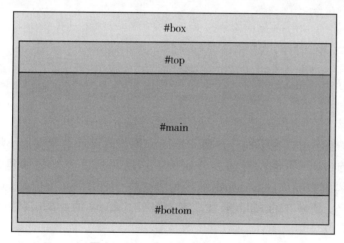

图 11 - 12　DIV 网页布局主结构

　　在上图（1）中的每个方格色块都是 <DIV></DIV>标签，每对 DIV 标签都用 id 标识相应的名字。#box 块主要表示整个页面的范围，也是所有 DIV 标签的父元素。有利于对整体网页调整。在#box 内的中主要使用从上到下的行结构布局，#top、#main、#bottom 分别表示网页头部、网页主体和网页底部，整体布局标签代码如下：

```
<div id="box">
    <div id="top"> </div>
    <div id="main"> </div>
    <div id="bottom"> </div>
```

```
</div>
```
在上方代码中每对 DIV 标签设置 CSS 样式，进行自适应宽度比例分布：#Box 宽度属性值设为 90% 且居中，表示网页显示能占整个浏览器宽度的 90%；#Box 内的各子 DIV 宽度属性值设置为 100%，表示子 DIV 的宽度与父 DIV 的宽度相等。CSS 样式设置代码如下：

```
*{border:0px;margin:0px;padding:0px;}
#box{margin:0px auto;width:90%;}
#top,#main,#bottom{ width:100%;}
```

11.7.2 自适应布局技术

以上#Main 中的两个子 DIV 自适应宽度布局的实现方法：
- 一种是两列宽度均为自适应布局
- 一种是单列自适应宽度

在#Main 的 DIV 中划分两个子 DIV，使它形成左右结构，根据网页内容与扩展要求对左右两 DIV 进行自适应宽度属性设置。如图（2）所示，#left 和#right 分别为#Main 左右子 DIV。具体标签代码如下：

```
<div id = "Box">
<div id = "Top"> </div>
<div id = "Main">
    <div id = "left"> </div>
    <div id = "right"> </div>
</div>
<div id = "Bottom"> </div>
</div>
```

1. 两列情形

即两列宽度显示可以在不同分辨率和不同浏览器的窗口上宽度大小均可自由伸缩，一般是把两列的 width 属性设置为百分比例，并且两列百分比之和建议设置略小于 100%，避免误差细数导致页面布局错乱。此种技术可使用 float 定位或 position 定位来实现。如图 11-13，将#left 的 width 属性设置为 69%，#right 的 width 属性设置为 30%。

- Float 定位

float 定位只要设置左右两列分别为左浮动和右浮动，这样设置两列均为自适应宽度的布局就变得更为简单，CSS 代码实现如下：

```
#left{float:left;width:69%;}
#right{float:left;width:30%;}
```

- Position 定位

使用 position 布局定位时，必须考虑 position 定位的基准元素。以上图 11-13 可以看出，#Main 是#left 和#right 的父元素，也是它们二者的 position 基准，因此设置#Main 的 position：relative，然后将#left 设置为 position：absolute，这样#left 脱离的标准流，#right 与#left 发生重叠，被#left 覆盖，这时将#right 的左边空隙设置为 margin – left：69%，这样就保证两者紧紧挨着且不会发生重叠。CSS 代码实现如下：

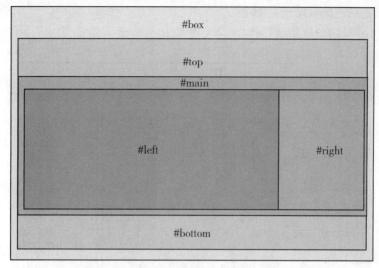

图 11-13 列的布局

```
#main{position:relative;}
#left{position:absolute;top:0px;left:0px;width:69%;}
#rigth{width:30%;margin-left:69%;}
```

2. 单列情形

单列自适应宽度布局指其中一列为固定宽度，另一列为自适应宽度的布局。在实际应用中，有时候需要左栏固定宽度，右栏根据浏览器窗口大小自动适应。同样也可使用 float 定位或 position 定位来实现。举例说明：如将#right 设置为固定宽度 300px，#left 为宽度自适应。

- float 定位

一边固定宽度，一边自适应宽度，使用 float 定位主要考虑如何使#left 在自身可以自由伸缩的同时，又能给#right 空出合适的宽度位置。以下图 11-14 布局结构。在#left 标签外加一对父 DIV，命名为#main_left，#main_left 与#right 属同一级。布局标签代码如下：

```
<div id="Box">
<div id="Top"></div>
<div id="Main">
<div id="main_left">
<div id=" left"></div>
</div>
<div id=" right"></div>
</div>
<div id=" Bottom"></div>
</div>
```

设置#main_left 的 width 属性为 100%，float 属性为 left，margin-left 属性为 -300px。具体布局 CSS 代码如下：

```
#main_left{float: left; width: 100%; margin-left: -300px;}
```

```
#left {margin-left: 300px;}
#right {float: right; width: 300px;}
```

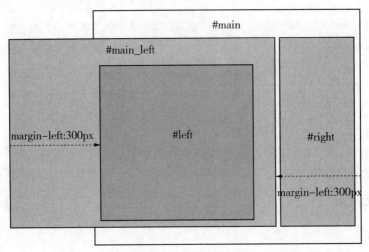

图 11-14　内部布局图

- position 定位

position 定位方法可参照上节思路及图（2）所示，将#right 设置为固定宽度，绝对定位在左边或者右边，而#left 设置为自适应宽度。同样需要设置#Main 的 position 属性设置为 relative。CSS 代码实现如下：

```
#Main{position:relative;}
#right{position:absolute;top:0px;right:0px;width:300px;}
#left{margin-right:300px;}
```

11.8　JavaScript 简介

11.8.1　认识 JavaScript

- 什么是 JavaScript
- JavaScript 的特点
- JavaScript 与 Java 的区别

1. 什么是 JavaScript

JavaScript 一种直译式脚本语言，是一种动态类型、弱类型、基于原型的语言，内置支持类型。它的解释器被称为 JavaScript 引擎，为浏览器的一部分，广泛用于客户端的脚本语言，最早是在 HTML（标准通用标记语言下的一个应用）网页上使用，用来给 HTML 网页增加动态功能。

在 1995 年时，由 Netscape 公司的 Brendan Eich，在网景导航者浏览器上首次设计实现而成。因为 Netscape 与 Sun 合作，Netscape 管理层希望它外观看起来像 Java，因此取名为 JavaScript。

2. JavaScript 的特点

JavaScript 是一种属于网络的脚本语言,已经被广泛用于 Web 应用开发,常用来为网页添加各式各样的动态功能,为用户提供更流畅美观的浏览效果。通常 JavaScript 脚本是通过嵌入在 HTML 中来实现自身的功能的。

(1) JavaScript 是一种解释性脚本语言(代码不进行预编译)。

(2) JavaScript 主要用来向 HTML(标准通用标记语言下的一个应用)页面添加交互行为。

(3) JavaScript 可以直接嵌入 HTML 页面,但写成单独的 js 文件有利于结构和行为的分离。

(4) JavaScript 具有跨平台特性,在绝大多数浏览器的支持下,可以在多种平台下运行(如 Windows、Linux、Mac、Android、iOS 等)。

Javascript 脚本语言同其他语言一样,有它自身的基本数据类型,表达式和算术运算符及程序的基本程序框架。Javascript 提供了四种基本的数据类型和两种特殊数据类型用来处理数据和文字。而变量提供存放信息的地方,表达式则可以完成较复杂的信息处理。

3. JavaScript 与 Java 的区别

一般认为,当时 Netscape 之所以将 LiveScript 命名为 JavaScript,是因为 Java 是当时最流行的编程语言,带有" Java" 的名字有助于这门新生语言的传播。

它们的相同之处包括:

- 它们的语法和 C 语言都很相似;
- 它们都是面向对象的(虽然实现的方式略有不同);
- JavaScript 在设计时参照了 Java 的命名规则;

它们的不同之处包括:

- JavaScript 是动态类型语言,而 Java 是静态类型语言;
- JavaScript 是弱类型的,Java 属于强类型;
- JavaScript 的面向对象是基于原型的(prototypE-based)实现的,Java 是基于类(class – based)的;

11.8.2 JavaScript 编写工具

JavaScript 是一种以文本形式存在的脚本语言,代码不需要编译成二进制,因此任何文本编辑器都可以作为其开发工具。通常使用的 JavaScript 编辑器有 EditPlus、HBuilder.exe、Dreamweaver 等。

- EditPlus 介绍

EditPlus 是一款由韩国 Sangil Kim(ES – Computing)出品的小巧但是功能强大的可处理文本、HTML 和程序语言的 Windows 编辑器。

- Hbuilder 介绍

HBuilder 是专为前端打造的开发工具,具有飞一样的编码、最全的语法库和浏览器兼容数据、可以方便的制作手机 APP、最保护眼睛的绿柔设计等特点。支持 HTML、CSS、JS、PHP 的快速开发。从开放注册以来深受广大前端朋友们的喜爱。

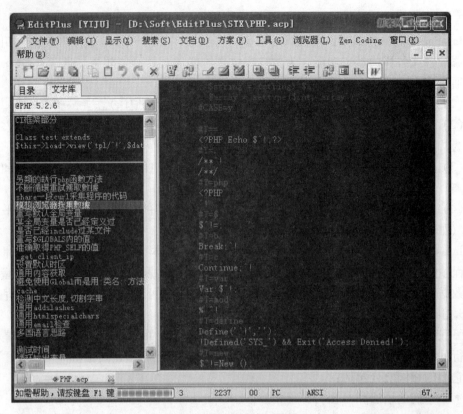

图 11-15 EditPlus 窗口

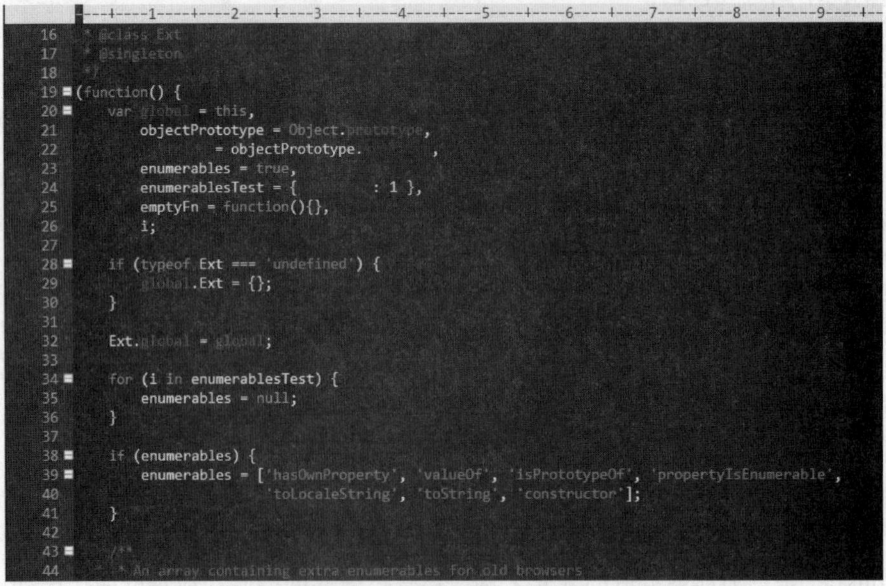

图 11-16 EditPlus 编辑窗口

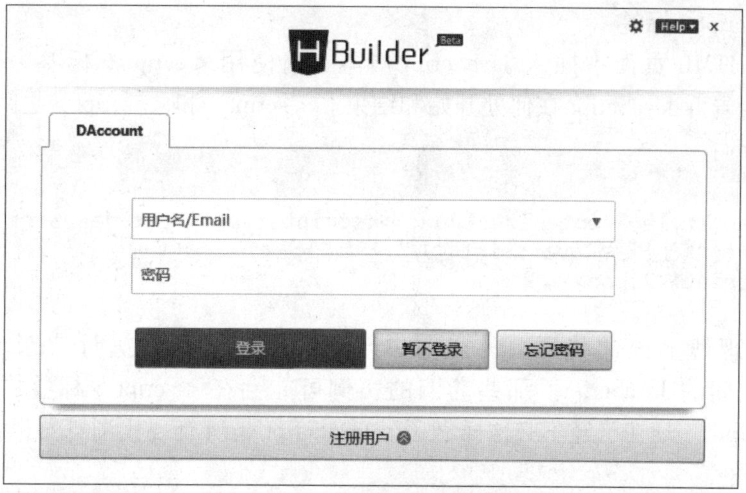

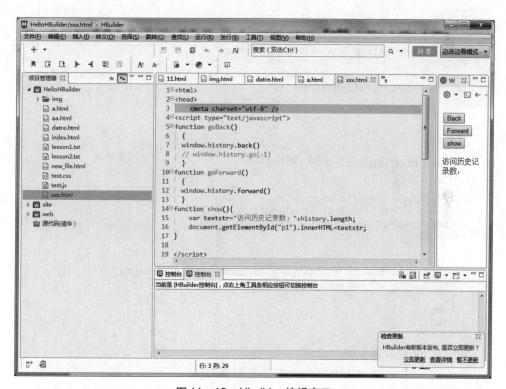

图 11-17 Hbuilder 登录界面

图 11-18 Hbuilder 编辑窗口

11.8.3 JavaScript 在 HTML 中的使用

HTML 中的 JavaScript 脚本必须位于 <script> 与 </script> 标签之间，JavaScript 脚本可被放置在 HTML 页面的 <body> 标签和 <head> 标签中，这种视情况而定，一般放在 <head> 标签内。

- \<script\>标签

如需在 HTML 页面中插入 JavaScript 脚本，请使用 \<script\> 标签。\<script\> 和 \</script\> 会告诉 JavaScript 在何处开始和结束。\<script\> 和 \</script\> 之间的代码行包含了 JavaScript：

```html
<span style="font-size:18px;"><script type="text/javascript">
alert("欢迎来到JavaScript世界！！！");
</script></span>
```

您无需理解上面的代码。只需明白，浏览器会解释并执行位于 \<script\> 和 \</script\> 之间的 JavaScript。那些老旧的实例可能会在 \<script\> 标签中使用 type = "text/javascript"。现在已经不必这样做了。JavaScript 是所有现代浏览器以及 HTML5 中的默认脚本语言。

- \<body\> 中的 JavaScript

在本例中，JavaScript 会在页面加载时向 HTML 的 \<body\> 写文本：

实例代码：

```html
<html xmlns="http://www.w3.org/1999/xhtml">
<head>
<meta http-equiv="Content-Type" content="text/html; charset=gb2312" />
<title>JavaScript脚本语言</title>
>
</head>

<body>
<p>
JavaScript 能够直接写入 HTML 输出流中:
</p>

<script type="text/javascript">
document.write("<h1>This is a heading</h1>");
document.write("<p>This is a paragraph.</p>");
</script>

<p>
您只能在 HTML 输出流中使用 <strong>document.write</strong>。
如果您在文档已加载后使用它（比如在函数中），会覆盖整个文档。
</p>
</body>
</html>
```

1. JavaScript 函数和事件

上面例子中的 JavaScript 语句，会在页面加载时执行。通常，我们需要在某个事件发生时执行代码，比如当用户点击按钮时。如果我们把 JavaScript 代码放入函数中，就可以在事件发生时调用该函数。

2. \<head\> 或 \<body\> 中的 JavaScript

您可以在 HTML 文档中放入不限数量的脚本。脚本可位于 HTML 的 \<body\> 或 \<head\> 部分中，或者同时存在于两个部分中。通常的做法是把函数放入 \<head\> 部分中，或者放在页面底部。这样就可以把它们安置到同一处位置，不会干扰页面的内容。

- \<head\>中的 JavaScript 函数

在本例中,我们把一个 JavaScript 函数放置到 HTML 页面的\<head\>部分。该函数会在点击按钮时被调用:

实例代码:

```html
<html xmlns="http://www.w3.org/1999/xhtml">
<head>
<meta http-equiv="Content-Type" content="text/html; charset=gb2312" />
<title>JavaScript脚本语言</title>
<script type="text/javascript">
function myFunction()
{
document.getElementById("demo").innerHTML="My First JavaScript Function";
}
</script>
</head>

<body>
<h1>My Web Page</h1>

<p id="demo">A Paragraph.</p>

<button type="button" onclick="myFunction()">点击这里</button>

</body>
</html>
```

运行的结果为:

点击按钮后的效果为:

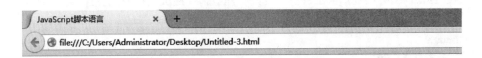

- ＜body＞中的 JavaScrip 函数

在本例中，我们把一个 JavaScript 函数放置到 HTML 页面的＜body＞部分。该函数会在点击按钮时被调用：

实例代码：

```html
<html xmlns="http://www.w3.org/1999/xhtml">
<head>
<meta http-equiv="Content-Type" content="text/html; charset=gb2312" />
<title>JavaScript脚本语言</title>
</head>

<body>
<h1>My First Web Page</h1>

<p id="demo">A Paragraph.</p>

<button type="button" onclick="myFunction()">点击这里</button>

<script type="text/javascript">
function myFunction()
{
document.getElementById("demo").innerHTML="My First JavaScript Function";
}
</script>
</body>
</html>
```

运行的结果与上述五的结果一样！

提示：我们把 JavaScript 放到了页面代码的底部，这样就可以确保在＜p＞元素创建之后再执行脚本。

3. 外部的 JavaScript

我们也可以把脚本保存到外部文件中。外部文件通常包含被多个网页使用的代码。外部 JavaScript 文件的文件扩展名是 .js。如需使用外部文件，请在＜script＞标签的 "src" 属性中设置该 .js 文件，如果有大量的 JavaScript 代码，我们提倡使用外部的 JavaScript 方式，一般我们也采用分离的方式连接到 HTML 文档中。

实例 HTML 代码：

```html
<html xmlns="http://www.w3.org/1999/xhtml">
<head>
<meta http-equiv="Content-Type" content="text/html; charset=gb2312" />
<title>JavaScript脚本语言</title>
<script type="text/javascript" src="/js/myScript.js"></script>
</head>

<body>
<h1>My Web Page</h1>

<p id="demo">A Paragraph.</p>

<button type="button" onclick="myFunction()">点击这里</button>

<p><b>注释：</b>myFunction 保存在名为 "myScript.js" 的外部文件中。</p>
</body>
</html>
```

myScript.js 代码：

```javascript
function myFunction()
{
document.getElementById("demo").innerHTML="My First JavaScript Function";
}
```

运行的结果和上述一致！

提示：在<head 或<body>中引用脚本文件都是可以的。实际运行效果与您在<script>标签中编写脚本完全一致。外部脚本不能包含<script>标签。

本章小结

本节主要介绍电子商务网站的定义，电子商务网站的基本功能，电子商务网站的建设流程，域名注册的流程，网页的分类，网页设计的基本原则，以及设计网页的制作工具，重点介绍 html 的基础知识，包括 html 文档的结构，html 标签的基础知识，简单介绍了 div + css 的设置，javascript 脚本介绍等。

习题

1. HTML 的文件由什么组成的？请给出一个标准的 HTML 文档的结构。
2. 请编写一个在浏览器是显示日期和时间的程序。

```
<HTML>
<HEAD>
<TITLE>一个 Date 对象的属性和方法的使用</TITLE>
<SCRIPT LANGUAGE = javascript>
<!--
Stamp = new Date();
document.write('<font size = "2"><B>' + Stamp.getYear() + "年" + (Stamp.getMonth() + 1) + "月" + Stamp.getDate() + "日" + '</B></font><BR>');
var Hours;
var Mins;
var Time;
Hours = Stamp.getHours();
if (Hours > = 12)
{ Time = "下午"; }
else
{Time = "上午"; }
if (Hours > 12) {Hours - = 12;}
if (Hours = = 0) {Hours = 12;}
Mins = Stamp.getMinutes();
if (Mins < 10) {Mins = "0" + Mins;}
document.write('<font size = "2"><B>' + Time + Hours + ":" + Mins + '</B></font>');
```

```
        //-->
    </script>
    </HEAD>
    <BODY>
    </BODY>
    </HTML>
```

3. 试用 JavaScript 制作一个乘法口诀表的 WEB 程序。

```
<HTML>
<HEAD>
<TITLE>一个 JavaScripte 程序测试</TITLE>
<SCRIPT LANGUAGE=javascript>
<!--

    var i,j;
    for(j=1;j<=9;j++)
      {
      for(i=1;i<=9;i++){
        document.write(j+" * " + i+" = "+i*j+"   ");
        }
        document.write("<br>");
      }
  //-->
</SCRIPT>
</HEAD>
<BODY>
</BODY>
</HTML>
```

实训

1. 使用 HBuild 软件请制作一个个人网站发布到互联网上。

2. 编写一个客户认证程序，制作一个表单，以下内容：姓名、年龄、密码、确认密码，"提交"按钮和"重置"填写按钮，要求如下：

(1) 各项内容在提交之前不能为空。

(2) 姓名仅能输入 8 个字符。

(3) 年龄必须是数字型数据。

(4) 密码和确认密码不能为空。

如果用户输入不符合以上要求，要能分别给出提示；如果达到要求，显示提示信息"恭喜您，您已经通过了客户验证。"请上机练习，并给出相应的 HTML 源代码。

```
<HTML>
<HEAD>
<TITLE>一个 JavaScripte 程序测试</TITLE>
```

```
<SCRIPT LANGUAGE=javascript>
<!--
function kkk(){
    var flag=1;
    if(document.form1.text1.value.length<8)
    {
        alert("用户名不能少于8位!");
        flag=0;
    }
    if((document.form1.password1.value!=document.form1.password2.value)||(form1.password1.value==""))
    {
        alert("密码不能为空或者密码与确认密码不相同!")
        flag=0;
    }
    if(form1.text2.value=="")
    {
        alert("电话号码不能为空!!")
        flag=0;
    }
    if(flag) alert("恭喜您,您已经通过了我们的客户验证")
}
//-->
</SCRIPT>
</HEAD>
<BODY>
<FORM action="" method=post id=form1 name=form1>
<P>用户名:<INPUT id=text1 name=text1 ></P>
<P>密  码:<INPUT type="password" id=password1 name=password1></P>
<P>确认密码:<INPUT type="password" id=password2 name=password2></P>
<P>姓  别:<INPUT type="radio" id=radio1 name=radio1 value=男>男
<INPUT type="radio" id=radio2 name=radio1 value=女>女</P>
<P>电话号码:<INPUT id=text2 name=text2 ></P>

<INPUT type="button" value=你敢碰我吗? name=button1 onclick="kkk()">
</FORM>
</BODY>
</HTML>
```

参考文献

[1] 纪宝成,吕一林. 市场营销学教程 [M]. 北京:中国人民大学出版社,2004.

[2] 冯英健. 网络营销基础与实践 [M]. 北京:清华大学出版社,2002.

[3] 苗杰. 现代广告学 [M]. 3版. 北京:中国人民大学出版社,2004.

[4] 杨坚争,汪芳等. 网络广告学 [M]. 北京:电子工业出版社,2002.

[5] 刘友林. 网络广告实务 [M]. 北京:中国广播电视出版社,2003.

[6] 金江军. 电子政务导论 [M]. 北京:北京大学出版社,2003.

[7] 赵国俊. 电子政务 [M]. 北京:电子工业出版社,2003.

[8] 侯卫真. 公务员信息化与电子政务读本 [M]. 北京:中央文献出版社,2003.

[9] 陈庆云. 电子政务行政与社会管理 [M]. 北京:电子工业出版社,2002.

[10] 马士华,等. 供应链管理 [M]. 北京:机械工业出版社,2000.

[11] 宋文官. 电子商务实用教程 [M]. 2版. 北京:高等教育出版社,2002.

[12] 邵兵家. 电子商务概论 [M]. 北京:高等教育出版社,2003.

[13] 方真,孙百鸣,等. 电子商务教程 [M]. 北京:清华大学出版社,2004.

[14] 张宽海,梁成华,等. 电子商务概论 [M]. 北京:电子工业出版社,2003.

[15] 李荆洪. 电子商务概论 [M]. 北京:中国水利水电出版社,2002.

[16] 梁玉芬. 电子商务基础与实务 [M]. 北京:清华大学出版社,2003.

[17] 孙秋菊主编. 现代物流概论 [M]. 北京:高等教育出版社,2003.

[18] http://www.eworks.info/ewkArticles/Category39/article7537_1.htm.

[19] http://www.boraid.com/darticle3/first.asp.

[20] http://www.bioon.com/VIP/books/harvad/200407/62377.asp.

[21] http://www.cio.cn/kejian/jdkc/XDGLLLYFF/cb.htm.

[22] http://www.xslx.com.

[23] 李一军,于洋. 电子商务环境下企业资源计划(ERP)的新进展 [J]. 高技术通讯. 2002(9).

[24] http://wenda.so.com/q/1363524428061317.

[25] http://www.233.com/ec/zl/fudao/20061014/085956725.html.

[26] http://field.10jqka.com.cn/20161119/c595093226.shtml.

[27] http://www.szhulian.com/new/112.html.

[28] https://baike.so.com/doc/838338-886557.html.

[29] https://baike.so.com/doc/5456679-5695067.html.